Mensch
Technik
Umwelt

für die Klassen
7 + 8

Herausgeber	Siegfried Henzler
	Kurt Leins
Autoren	Reiner Erlewein
	Harald Heinisch
	Siegfried Henzler
	Kurt Leins
	Herbert Schlegel

3., überarbeitete Auflage

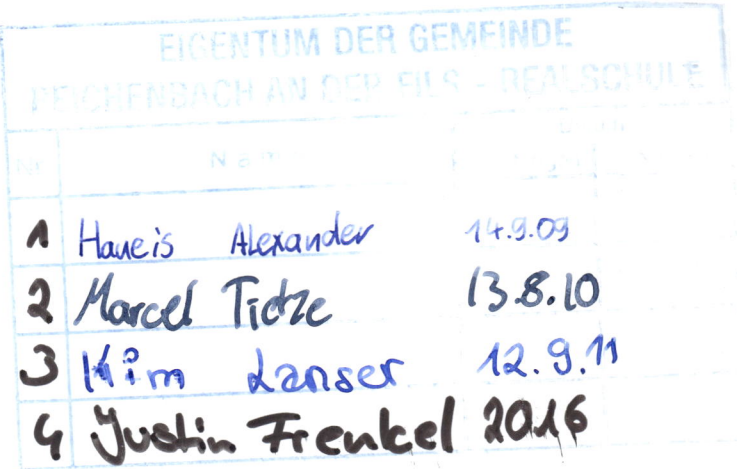

Handwerk und Technik · Hamburg

Vorwort

Unser Leben wird in seiner Gesamtheit durch die Technik beeinflusst. Es ist daher eine wichtige Aufgabe der Schule, Schülerinnen und Schülern Verflechtungen, wie sie zwischen der Natur, dem Menschen und der Technik bestehen, einsichtig zu machen, damit sie sich altersgemäß verantwortungsvoll mit den technischen Entwicklungen in ihrer Lebenswelt auseinander setzen können.
Die Buchreihe „Mensch · **Technik** · Umwelt" dient diesem Ziel.

Während das Buch für die Klassen 5 und 6 altersbedingt Themen aus dem Umfeld der Schüler wählt und Unterrichtshilfen im konkret anschaulichen Bereich anbietet, steht im Buch für die Klassen 7 und 8 der Aufbau der technikspezifischen Sach- und Fachstruktur im Vordergrund. Die Themen orientieren sich an der technischen Wirklichkeit. Sie helfen Schülerinnen und Schülern, sich mit Fragen zur Gestaltung der eigenen Lebenssituation und der Verantwortung gegenüber der Umwelt auseinander zu setzen.
Das Buch für die Klassen 9 und 10 fördert vermehrt das Abstraktionsvermögen in der Auseinandersetzung mit der realen Umwelt. Dies fördert die selbstständige eigenverantwortliche Mitgestaltung der Technik durch den Menschen.

Das Buch für die Klassen 7 und 8 ermöglicht den Schülerinnen und Schülern,
– dass sie Einblicke in geschichtliche und aktuelle Entwicklungen der Technik wie auch in naturwissenschaftliche Zusammenhänge gewinnen, um zu lernen, ökonomisch und ökologisch verantwortungsvoll mit der Technik und unserer Umwelt umzugehen,
– dass sie mit unterschiedlichen Materialien, Werkzeugen, Maschinen und Geräten arbeiten und sich dadurch praktische Fähigkeiten und Fertigkeiten aneignen,
– dass sie grundlegende Erfahrungen darüber sammeln, wie man sachgerecht und sicherheitsbewusst arbeitet,
– dass sie erste Erfahrungen für die eigene Berufswahl gewinnen,
– dass sie lernen, im Team zu arbeiten, gemeinsam Situationen zu erörtern, Entscheidungen zu treffen und dementsprechend zu handeln,
– dass sie Vorgehensweisen üben, die es ihnen ermöglichen, positive wie negative Aspekte technischer Entwicklungen zu werten und daraus ihre grundsätzliche Einstellung zur Technik aufzubauen.

Das Arbeitsbuch „Mensch · **Technik** · Umwelt" für die Klassen 7 und 8 der Realschule trägt dem Bildungsplan Rechnung. Es behandelt anschaulich mit vielen Beispielen alle Inhalte des Lehrplans „Natur und Technik".

Im Informationsteil des Buches werden durch sachlich klare Darstellungen an für die Altersstufe verständlichen Beispielen die für die Erarbeitung der Themen wichtigen Informationen gegeben: anschaulich mit vielen Bildern und Skizzen und in altersgemäßer Sprache.
Alle vorgestellten Arbeiten sind von den Autoren im Unterricht erprobt. Das Arbeitsbuch kann deshalb Schülerinnen und Schülern Hilfen, Anregungen und Informationen geben, welche die Unterrichtsarbeit erleichtern, ohne ein starres Konzept vorgeben zu wollen. Das bedeutet, dass nicht jede Aufgabe, die hier als Thema vorgestellt wird, im Unterricht auch so erarbeitet werden soll. Vielmehr werden für jedes Thema zwei oder drei Zugangsmöglichkeiten in ihrer unterrichtlichen Umsetzung so dargestellt, dass sie wie Bausteine im Unterricht eingesetzt werden können. Dies eröffnet die Möglichkeit, auf die jeweilige didaktische Situation abgestimmt auszuwählen, verlangt aber auch für den allgemein bildenden Technikunterricht die Beschränkung auf didaktisch sinnvolle Schwerpunkte.
Dieses Arbeitsbuch bekennt sich in der getroffenen Auswahl ausdrücklich zu diesen Entscheidungen, weil die Komplexität unserer technischen Umwelt die gezielte exemplarische Auswahl erfordert.
So ist das Buch als Grundlage für den Unterricht und als Nachschlagewerk zu verstehen, das selbstständiges Arbeiten anregt und fördert.
Hilfen zum Gebrauch (Seite 1) und das Sachwort (ab Seite 164) erleichtern die Arbeit mit dem Buch.

So wird dieses Buch für Jungen und Mädchen zum Wegbegleiter
– für den Natur- und Technikunterricht,
– für Arbeitsgemeinschaften und Projekte an der Schule,
– für die Verwirklichung eigener Ideen in der Freizeit.

ISBN 978-3-582-0**7272**-6

Das Werk und seine Teile sind urheberrechtlich geschützt. Jede Nutzung in anderen als den gesetzlich zugelassenen Fällen bedarf der vorherigen schriftlichen Einwilligung des Verlages.
Hinweis zu § 52 a UrhG: Weder das Werk noch seine Teile dürfen ohne eine solche Einwilligung eingescannt und in ein Netzwerk eingestellt werden. Dies gilt auch für Intranets von Schulen und sonstigen Bildungseinrichtungen.
Verlag Handwerk und Technik G.m.b.H.,
Lademannbogen 135, 22339 Hamburg; Postfach 63 05 00, 22331 Hamburg – 2007
E-Mail: info@handwerk-technik.de – Internet: www.handwerk-technik.de

Computersatz: comSet Helmut Ploß, 21031 Hamburg
Druck: Himmer AG, 86167 Augsburg

Hilfen zum Gebrauch des Buches

Im Buch hat jedes Kapitel ein eigenes Symbol

Zum schnellen Auffinden sind die dazugehörigen Seiten auf gleicher Höhe mit demselben Symbol gekennzeichnet.

Durch dieses Symbol ist der Informationsteil im Buch gekennzeichnet. Dort kannst du immer dann, wenn du bei deiner Arbeit wissen willst, wie man Werkzeuge handhabt, Material bearbeitet, mit Maschinen umgeht, nachschlagen. Außerdem findest du dort Zusammenstellungen von Materialien und Bauteilen sowie weiter gehende Erklärungen.

Erscheint im Text diese Hand, so findest du auf den angegebenen Seiten die entsprechenden Hilfen.

Achtung! Mit einem roten Rahmen oder durch rote Unterlegung sind Sicherheitshinweise gekennzeichnet.

Versuche und Experimente, die du selbst durchführen kannst, sind grün gekennzeichnet.

Arbeitsaufträge und Aufgaben sind blau gekennzeichnet.

Gelb bedeutet: praktische Tipps und hilfreiche Anleitungen.

Hinweis:
Alle **Begriffe**, die im Buch behandelt werden, wie Werkzeuge, Verfahren, Werkstoffe und Materialien, Bauteile, Maschinen usw., sind im Sachwortverzeichnis alphabetisch aufgelistet und mit der Angabe versehen, auf welchen Seiten die Informationen hierzu zu finden sind. Die Begriffe sind zudem auf den entsprechenden Seiten fett gedruckt.

Seite 6–7
Arbeiten und Lernen im Technikunterricht

Seite 8–17
Von der Idee zum Gegenstand aus Holz

Seite 18–25
Arbeiten mit Kunststoffen
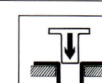

Seite 26–37
Serienfertigung von Gegenständen

Seite 38–43
Vom Erz zum Gebrauchsgegenstand aus Metall

Seite 44–57
Verwendung und Funktion von Maschinen

Seite 58–67
Nutzung des elektrischen Stroms

Informationen

Seite 68–72
Informationen zum **sicheren Arbeiten** im Technikunterricht

Seite 73
Informationen zur Durchführung von **Experimenten**
 Ex

Seite 74–87
Informationen zum Lesen und Anfertigen von **technischen Zeichnungen**

Seite 88–101
Informationen zum Bearbeiten von **Holz** und zu **Holzwerkstoffen**

Seite 102–110
Informationen zu **Kunststoffen** und deren Bearbeitung

Seite 111–117
Informationen zur **Serienfertigung**

Seite 118–132
Informationen zur Bearbeitung von **Metall** und zu **Metallwerkstoffen**

Seite 133–142
Informationen zum **Montieren**, zu **Maschinen** und ihrer Funktionsweise

Seite 143–155
Informationen zu **elektrischen Bauteilen** und deren **Schaltung**

Seite 156–159
Informationen zur **Bewertung des Arbeitens** und **Lernens** im Technikunterricht

Seite 160–163
Anhang: **Messen, Formeln und Symbole**

Arbeiten und Lernen im Technikunterricht ... 6
Erwartungen an den Technikunterricht ... 7

Von der Idee zum Gegenstand aus Holz ... 8

Beispiele: Karteikasten und Nistkasten ... 8
Gebrauchsanforderungen – Grundlage der Planung ... 8
Gebrauchsgegenstände aus Holz planen und fertigen ... 9
  Beispiele: Karteikasten und Nistkasten 9
  Weitere Möglichkeit: Salzstreuer 9
Wir stellen einen Holzkasten für eine Lernkartei her ... 10
Überlegungen zur Bewertung des selbst gefertigten Karteikastens ... 10
Planung ... 10
Fertigung des Kastens ... 11
Entwicklung eines Fertigungsplans ... 11
Fertigungsplan Karteikasten ... 13

Fertigung des Trenners ... 14
  Fertigungsablauf 14
  Bewertung ... 14
Projekt Nistkasten ... 15
Bewertung ... 15
  Überlegungen zur Bewertung 15
Planung ... 15
  Maße entwickeln, zeichnen, Stückliste 15 – Konstruktion zum Öffnen und Schließen der Vorderseite 16 – Konstruktion des Fluglochs 16 – Konstruktion der Aufhängung 16 – Planung des Fertigungsablaufs, Erstellen des Fertigungsplans 17
Fertigung ... 17
  Fertigung der Teile 17 – Zusammenbau 17
Bewertung ... 17

Arbeiten mit Kunststoffen ... 18

Für jeden Bedarf der spezielle Kunststoff ... 18
Probleme mit Kunststoffen ... 18
Werkstücke aus Kunststoffen, selbst hergestellt ... 19
  Schlüsselanhänger, Uhren und Bilderhalter als Beispiele 19
Kunststoffe – „junge" Werkstoffe aus dem Labor ... 20
Eigenschaften von Kunststoffen erkunden ... 21
Schlüsselanhänger aus Kunststoff, selbst gefertigt ... 22
  Fertigungsablauf für Schlüsselanhänger 22
  Fertigungsablauf für Münzhalter 22
Ein Bilderhalter aus Acrylglas, selbst gefertigt ... 22
Überlegungen zur Bewertung ... 22
Planung ... 23
  Fertigung planen 23 – Fertigungsablauf 23

Fertigung ... 23
  Tipps zum Warmumformen 23
Bewertung ... 23
Kunststoffzifferblatt für eine Uhr, selbst gefertigt ... 24
  Gebrauchseigenschaften 24
Überlegungen zur Bewertung ... 24
Planung ... 24
  Fertigung planen 25
  Fertigungsplan 25
Fertigung ... 25
  Tipps zum Warmumformen 25
Bewertung ... 25
Kunststoffabfälle ... 25

Serienfertigung von Gegenständen ... 26

In der industriellen Fertigung angewandte Verfahren ... 26
Serienfertigung im Technikunterricht ... 27
Serienfertigung von Holzspielzeug – SOMA-Würfel ... 28
Planung ... 28
  Prototyp Arbeitsgänge Vorrichtungen Fertigungsablauf 28
Bewertung ... 29
  Organisation der Fertigung 29
Vorrichtungsbau und Arbeitsplatzgestaltung ... 29
Fertigungsablauf ... 30
  Arbeitsplätze 30 – Arbeitsplatzbeschreibung 30
  Fertigung 31
Erkundung: Serienfertigung von Holzspielzeug im Betrieb 32
  Auszüge aus Schülerberichten: Entwicklung des Prototyps, Fertigungszeichnung Arbeitsgänge Arbeitsplatzeinrichtung Vorrichtungsbau Fertigungsablauf Probedurchlauf Fertigung 32
Kuverts in Serie gefertigt ... 33
Planung ... 33
  Prototyp Arbeitsgänge Vorrichtungen Fertigungsablauf Organisation der Fertigung 33

Bewertung ... 33
Vorrichtungsbau ... 33
Arbeitsplatzeinrichtung und Fertigungsablauf ... 34
  Arbeitsplätze Personal 34
  Arbeitsplatzbeschreibung, Tätigkeiten 34
  Fertigung 35
Industrielle Fertigung von Briefumschlägen und Versandtaschen ... 35
Plaketten in Serie gefertigt ... 36
Planung/Vorbereitung ... 36
  Arbeitsgänge Vorrichtungen Probeguss 36
  Organisation der Fertigung 36
Bewertung ... 36
Fertigungsablauf ... 37
  Mitarbeiter 37
  Fertigung 37
  Ausformen, Wiederaufbereitung 37
Meine Erfahrungen bei der Arbeit in der Serienfertigung 37
Arbeit in der Serienfertigung im Betrieb – Gespräch mit einem Experten ... 37

Vom Erz zum Gebrauchsgegenstand aus Metall 38

Werkstücke aus Metall, selbst hergestellt 39	Grundlagen der Planung 41
Verstellbarer Schraubenschlüssel und Schraubendreher als Beispiele 39 – Weiteres Beispiel:: Kerzenständer 39	Planung des Schraubendrehers 41
	Fertigung des Schraubendrehers 41
Vom Halbzeug zum Werkzeug:	Bewertung 42
Herstellung eines Schraubendrehers oder eines	Planung des verstellbaren Schraubenschlüssels 42
Schraubenschlüssels 40	Fertigung des verstellbaren Schraubenschlüssels 43
Überlegungen zur Bewertung 40	Bewertung 43

Verwendung und Funktion von Maschinen 44

Maschinen und technische Anlagen zur Wasserförderung: Wir erkunden – experimentieren – bauen ... 45	**Pumpen fördern Flüssigkeiten** 52
	Aufbau und Funktion einer Kreiselpumpe 53
Trinkwasser ist kostbar – Möglichkeiten zur Einsparung *ein Projekt der Klasse 8* 46	**Wir bauen eine Kreiselpumpe** 54
Weitere Vorgehensweise planen:	Planung 54
Wir müssen uns detailliert informieren 47	Überlegungen zur Fertigung 54
Weitere Vorgehensweise planen: Die Fülle der beschafften Infos sichten, aufarbeiten, übersichtlich ordnen,	Überlegungen zur Bewertung 54
zusammenfassen 48	Fertigung 55
Weitere Vorgehensweise planen: Sachverhalte darstellen,	Fertigung des Gehäuses 55 – Fertigung des Rotors 56 – Fertigung der E-Motorkapselung 56
werten, Aktionsziele vereinbaren 49	Montage 57
Weitere Vorgehensweise planen: Aktionen vorbereiten, dokumentieren, Modelle herstellen, Programm erstellen 50	Bewertung 57
Reflektion des Projekts:	Gestaltung des Zimmerspringbrunnens 57
Ergebnisse – Meinungen – Bewertung 51	

Nutzung des elektrischen Stroms 58

Einfache elektrotechnische Anlagen:	Gestell mit Dreh- und Kippeinrichtung 63
Wir bauen – testen – optimieren 59	Funktion testen – Arbeit bewerten 63
Elektrische Schaltungen – Grundlagen 60	**Aufbau und Funktion eines Elektromotors** 64
Der einfache Stromkreis 60	**Ein Gleichstrommotor, selbst gebaut** 65
Unterbrechen und Schließen des einfachen Stromkreises 61	Eisenkern fertigen 65 – Anker wickeln 65 – Kollektor fertigen und montieren 65 – Gestell, Statoren 66
Antrieb eines Elektromotors mit Solarzellen 61	Schleifer 66
Experiment mit Solarzellen 61	Funktion testen, Arbeit bewerten 66
Bau eines Akku-Solarladegeräts 62	Leistungsmessung
Universal-Trägerplatte für Solarzellen 62	an den selbst gebauten Elektromotoren 67

Informationen

Informationen zum sicheren Arbeiten im Technikunterricht 68

Grundregeln 68	**Arbeiten mit Geräten, die man als Hitzequelle benötigt** 71
Hilfen im Notfall 69	Sicherheit beim Weichlöten 71 – Sicherheit beim Umgang mit Gasbrennern 71 – Sicherheit beim Warmumformen 71 –
Elektrischer Strom:	Sicherheit am Glühofen 71
Nutzen und Gefahr 70	**Sicherer Umgang mit Gefahrstoffen** 72
Sicherheits- und Schutzhinweise 70	Lösungsmittel 72 – Holzstäube 72 – Umgang mit Gasflaschen 72
Prüfzeichen 70	

Informationen zur Durchführung von Experimenten 73

Informationen zum Lesen und Anfertigen von technischen Zeichnungen — 74

Beispiele von zeichnerischen Darstellungen 75
Zeichengeräte und ihre Handhabung 76
Der Computer als Zeichenwerkzeug 77
Regeln zum Zeichnen und Eintragen von Maßen............ 78
Zeichnungen anfertigen, Zeichnungen lesen.................. 80
    Darstellung in zwei Ansichten: Vorderansicht und Seitenansicht 80 – Vorderansicht und Draufsicht 80

Darstellung in drei Ansichten: Vorderansicht, Seitenansicht und Draufsicht 81 – Konstruktion einer dritten Ansicht 82
Schnittdarstellungen 82
Zeichnerische Darstellung von Gewinden 83
    Innengewinde 83 – Außengewinde 83
    Bemaßung von Gewinden 83
Zeichnen mit dem Computer 84
    Wie man beim Erstellen einer Zeichnung vorgeht 85

Informationen zum Bearbeiten von Holz und zu Holzwerkstoffen — 88

Bedeutung des Waldes 88
    Staubfilter und Sauerstofferzeuger 88 – Wasserspeicher 88
    Klimaausgleich 89
Forstwirtschaft... 89
Vom Stamm zum Brett 90
Profile 91
Holzwerkstoffe 91
Sägen 92
Sägen mit der Dekupiersäge 93
    Mit der Dekupiersäge sicher arbeiten 93
    Mögliche Probleme beim Sägen 93

Schleifen mit der Maschine 94
    Schwingschleifer 94
    Stationäre Bandschleifmaschine 94
    Stationäre Tellerschleifmaschine 94
Bohren mit der Maschine 95
Holzverbindungen 96
    Schrauben 96
    Leimen 98 – Pressen, Stiften 98
    Dübeln 100
Oberflächenbehandlung 101
    Lackieren 101
    Wachsen 101

Informationen zu Kunststoffen und deren Bearbeitung — 102

Eigenschaften von Kunststoffen 102
Beispiele gebräuchlicher Kunststoffe –
Eigenschaften und Verwendung 103
Kunststoffe bearbeiten 104
    Anreißen 104
    Sägen 104
    Scheren, Ritzen und Brechen 105
    Bohren 105
    Feilen, Entgraten, Versäubern 105

Formen mittels Wärme 106
    Wärmequellen 106 – Biegen 106 – Tiefziehen 106
Trennen mittels Wärme 107
Verbinden 107
    Schweißen 107 – Kleben 107
Verfahren zur industriellen Verarbeitung
von Kunststoffen 108
Kunststoffmüll – ein Problem 109

Informationen zur Serienfertigung — 111

Fertigungsarten 111
    Einzelfertigung 111 – Serienfertigung 111 –
    Massenfertigung 111
Organisationsformen der Fertigung 112
    Werkstattfertigung nach dem Verrichtungsprinzip 112
    Reihenfertigung 112 – Fließfertigung 112
    Automatisierte Fertigung 112
    Prototyp 112
Arbeitsformen in der Serienfertigung 113
    Einzelarbeit 113 – Arbeitsteilung 113
    Arbeitsgang 113
    Darstellung des Fertigungsablaufs in einem Flussdiagramm 113

Fertigungsverfahren 114
    Urformen 114
    Umformen 114
    Trennen 114
    Fügen 115
    Beschichten 115
    Stoffeigenschaften ändern 115
Metallgießen in Formsand 116
    Das Modell 116
    Das Zinn 116
    Herstellen der Form 116
    Das Gießen 117
    Ausformen/Versäubern 117

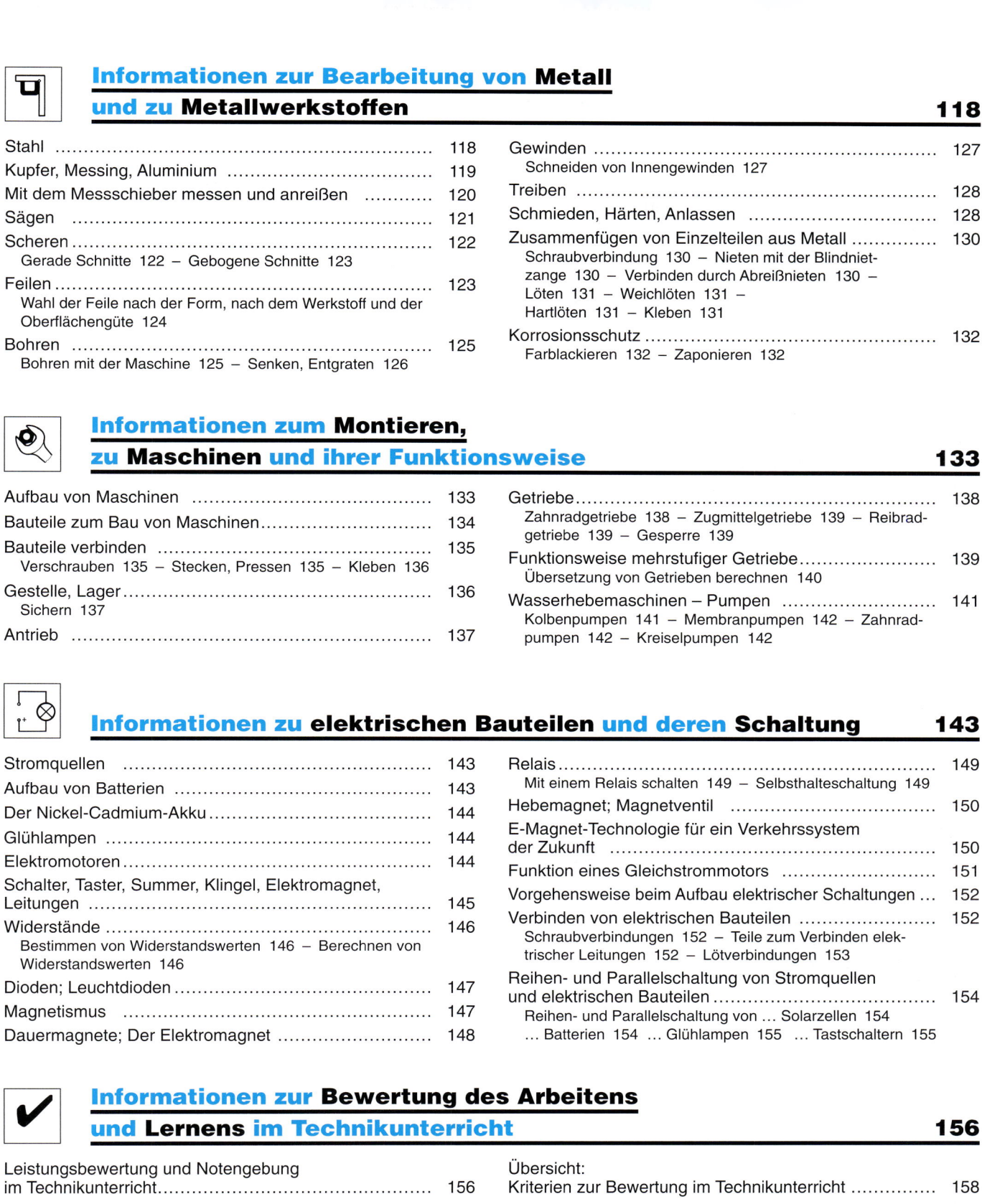

Informationen zur Bearbeitung von Metall und zu Metallwerkstoffen — 118

Stahl ... 118	Gewinden ... 127
Kupfer, Messing, Aluminium ... 119	Schneiden von Innengewinden 127
Mit dem Messschieber messen und anreißen ... 120	Treiben ... 128
Sägen ... 121	Schmieden, Härten, Anlassen ... 128
Scheren ... 122	Zusammenfügen von Einzelteilen aus Metall ... 130
Gerade Schnitte 122 – Gebogene Schnitte 123	Schraubverbindung 130 – Nieten mit der Blindnietzange 130 – Verbinden durch Abreißnieten 130 – Löten 131 – Weichlöten 131 – Hartlöten 131 – Kleben 131
Feilen ... 123	
Wahl der Feile nach der Form, nach dem Werkstoff und der Oberflächengüte 124	
Bohren ... 125	Korrosionsschutz ... 132
Bohren mit der Maschine 125 – Senken, Entgraten 126	Farblackieren 132 – Zaponieren 132

Informationen zum Montieren, zu Maschinen und ihrer Funktionsweise — 133

Aufbau von Maschinen ... 133	Getriebe ... 138
Bauteile zum Bau von Maschinen ... 134	Zahnradgetriebe 138 – Zugmittelgetriebe 139 – Reibradgetriebe 139 – Gesperre 139
Bauteile verbinden ... 135	
Verschrauben 135 – Stecken, Pressen 135 – Kleben 136	Funktionsweise mehrstufiger Getriebe ... 139
	Übersetzung von Getrieben berechnen 140
Gestelle, Lager ... 136	Wasserhebemaschinen – Pumpen ... 141
Sichern 137	Kolbenpumpen 141 – Membranpumpen 142 – Zahnradpumpen 142 – Kreiselpumpen 142
Antrieb ... 137	

Informationen zu elektrischen Bauteilen und deren Schaltung — 143

Stromquellen ... 143	Relais ... 149
Aufbau von Batterien ... 143	Mit einem Relais schalten 149 – Selbsthalteschaltung 149
Der Nickel-Cadmium-Akku ... 144	Hebemagnet; Magnetventil ... 150
Glühlampen ... 144	E-Magnet-Technologie für ein Verkehrssystem der Zukunft ... 150
Elektromotoren ... 144	Funktion eines Gleichstrommotors ... 151
Schalter, Taster, Summer, Klingel, Elektromagnet, Leitungen ... 145	Vorgehensweise beim Aufbau elektrischer Schaltungen ... 152
Widerstände ... 146	Verbinden von elektrischen Bauteilen ... 152
Bestimmen von Widerstandswerten 146 – Berechnen von Widerstandswerten 146	Schraubverbindungen 152 – Teile zum Verbinden elektrischer Leitungen 152 – Lötverbindungen 153
Dioden; Leuchtdioden ... 147	Reihen- und Parallelschaltung von Stromquellen und elektrischen Bauteilen ... 154
Magnetismus ... 147	Reihen- und Parallelschaltung von ... Solarzellen 154 ... Batterien 154 ... Glühlampen 155 ... Tastschaltern 155
Dauermagnete; Der Elektromagnet ... 148	

Informationen zur Bewertung des Arbeitens und Lernens im Technikunterricht — 156

Leistungsbewertung und Notengebung im Technikunterricht ... 156	Übersicht: Kriterien zur Bewertung im Technikunterricht ... 158
Bewertung außerhalb des Unterrichts ... 157	Beispiele für Bewertungsbogen ... 159
Beispiele: Stiftung Warentest 157 – Aufgaben aus Tests 157	

Anhang: Messen, Formeln und Symbole — 160

Messen von Spannungen, Strömen und Widerständen ... 160	Ohmsches Gesetz ... 162
Messgeräte 160 – Kennzeichnung von Messgeräten 160 – Vorbereitung des Messgeräts 160 – Spannungen messen 161 – Ströme messen 161 – Widerstände messen 161 – Übungen 162	Widerstände in Reihe und parallel geschaltet ... 162
	Farbcode für Widerstände/Leistung von Widerständen ... 163
	Schaltzeichen/Symbole ... 163

Sachwort — 164

Arbeiten und Lernen im Technikunterricht

„Zwei, die miteinander sprechen und gemeinsam entscheiden, haben meistens bessere Ideen als einer!" So lautet ein wichtiger Grundsatz in der heutigen Arbeitswelt.
Teamarbeit lernt man am besten durch **Arbeiten im Team!**
Bei bestimmten Arbeiten ist es außerdem hilfreich, wenn man zu den *„zwei Köpfen noch vier Hände"* hat.

Hilfen zur Verwirklichung von Ideen.
Wie man sich Informationen beschafft, diese auswertet und umsetzt, können wir im Technikunterricht lernen. Schaut auf Seite 1 nach, wie man sich im Buch zurechtfindet und wie mithilfe der Symbole und Farbmarkierungen Informationen schnell gefunden werden können.

Bei der **Planung** von Gegenständen wird überlegt und entschieden,
– welche Anforderungen ein Gegenstand erfüllen soll,
– wie er aussehen soll,
– aus welchen Materialien er sein soll,
– wie er konstruiert ist,
– wie er umweltschonend hergestellt werden kann.

Erwartungen an den Technikunterricht

Swetlana: *Wir haben drei Stunden Technikunterricht am Stück. Da kann ich endlich einmal etwas länger an meiner Arbeit bleiben ...*

Kurt: *Man kann sich bewegen und muss nicht immer am Platz sitzen ...*

Gabriele: *Hier kann man selber etwas praktisch machen ...*

Swetlana: *... und ich lerne etwas für meinen späteren Beruf ...*

Kurt: *Toll finde ich, dass ich an Maschinen ran darf und Tipps für mein Hobby „Modellflugzeuge" bekomme ...*

- Welche Erwartungen habt ihr an den Technikunterricht? Sprecht darüber.
- Die Abb. ② – ⑧ beschreiben Lern- und Arbeitssituationen im Technikunterricht. Vergleicht diese Lern- und Arbeitssituationen mit euren Erwartungen an den Technikunterricht.

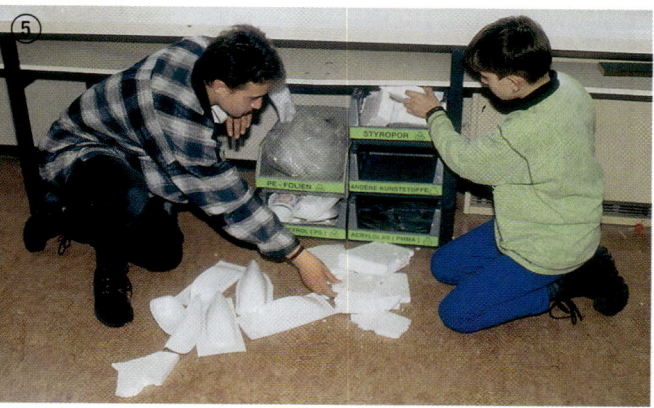

Die Verwendung von umweltfreundlichen Materialien und die Vermeidung von Abfällen ist der beste **Umweltschutz!**
Anfallende Reste sortieren wir. Für die richtige, umweltgerechte Entsorgung sind wir verantwortlich.

In einem Bewertungsbogen können Kriterien zur **Bewertung** eines Produktes bzw. eines Herstellungsprozesses festgehalten werden. Diese Kriterien sollten bereits bei der Planung erarbeitet werden.
Der Bewertungsbogen ist Grundlage für die abschließende Bewertung unserer Arbeit.

Zu den eigenen Erfahrungen im Technikunterricht können durch **Erkundungen** und **Expertenbefragungen** Einblicke gewonnen werden in die Arbeitswelt und in die Entwicklungen von Technik.

Den sachgerechten **Umgang mit Werkzeugen, Maschinen und Material** erlernt und übt man im Technikunterricht.
Dabei achten wir besonders auf unsere Sicherheit.

Von der Idee zum Gegenstand aus Holz

Beispiele: Karteikasten und Nistkasten

Wie können wir einen **Karteikasten** selbst herstellen?

- Beschreibt, welchen Zweck die Kästen erfüllen sollen.
- Welche Werkstoffe wurden zur Herstellung der Kästen verwendet?
- Wie wurden die Kästen gefertigt?
- Überlegt, was ihr berücksichtigen müsst, wenn ihr für eine Lernkartei einen Kasten selbst herstellen wollt.

Die Schülergruppe hat bei der Analyse für die Herstellung von Karteikästen folgendes Ergebnis notiert:
- Werkstoffe: Furnierplatten, Kunststoff, Pappe
- Größe: für Karten DIN A5, DIN A6, DIN A7
- Zweck: ...
- ...

Wenn man einen Gegenstand selbst herstellen will, kann man zuvor die wesentlichen **Gebrauchsanforderungen** des Gegenstandes mithilfe einer Analyse ermitteln.
Der Gegenstand wird dann nach den gewonnenen Kriterien geplant und gefertigt.

Die AG „Naturschutz" mit Frau Hartmann vom Bund für Vogelschutz bei der Beobachtung von Vögeln

Die Schüler der AG „Naturschutz" informieren:

Am Mittwoch der vorigen Woche war die „Naturschutz"-AG zur Vogelbeobachtung mit Frau Hartmann im Wasengrund. Wir erfuhren, dass **Nistkästen** aufgehängt werden sollten, weil in der Natur immer weniger Nistmöglichkeiten vorhanden sind.

Peter hatte die Idee, im Technikunterricht Nistkästen zu bauen.

Frau Hartmann erklärte uns daraufhin, wie ein Nistkasten gebaut sein muss, damit er den Lebens- und Brutgewohnheiten und dem Schutz der Vogelart, für die er bestimmt ist, entspricht:
- Innenmaße entsprechend der Vogelart
- Witterungsschutz
- Durchmesser des Flugloches (Vogelart)
- geeignete Materialien
- ...

Wenn man eine Idee verwirklichen will, muss man zuvor die Gebrauchsanforderungen an das zu planende Produkt festlegen. Diese Gebrauchanforderungen sind dann für die Planung entscheidend.

Gebrauchsanforderungen – Grundlage der Planung

Kosten — Gebrauchsanforderungen

- Maße / Form
- Werkstoffe / Materialien
- Lager: – Halbzeuge – Normteile
- Fertigung: Eckverbindung

Gebrauchsgegenstände aus Holz planen und fertigen

- Gebrauchsanforderungen ermitteln
- Material
- Modell zur Maßentwicklung
- Material sparende Planung
- Verbindungstechniken
- Skizze, Zeichnung
- Stückliste
- Fertigungsplan
- anreißen, sägen, feilen, schleifen, leimen, stiften, bohren, dübeln
- Oberfläche behandeln
- Bewertung

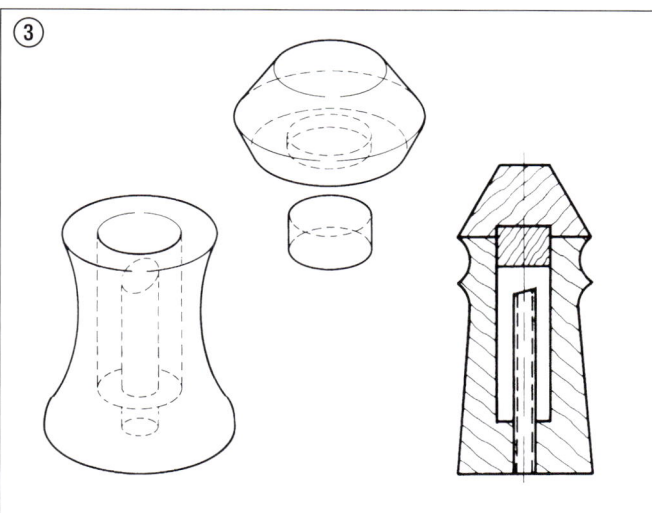

- Gebrauchsanforderungen
- Umwelt
- Material sparende Planung
- Maße
- Material, Verbindungstechniken
- Skizze, Zeichnung
- Stückliste
- Fertigung planen, Arbeitsabfolge
- anreißen, sägen, feilen, schleifen, leimen, bohren, schrauben
- Oberfläche behandeln
- Bewertung

**Weitere Möglichkeit:
Salzstreuer**

- Gebrauchsanforderungen
- Maße
- Formgestaltung
- Skizze, Zeichnung
- anreißen, sägen, raspeln, feilen, schleifen, bohren
- Oberfläche behandeln
- Bewertung

Bei der Planung und Fertigung von Gebrauchsgegenständen aus Holz erfahren wir,

- wie man Gebrauchsgegenstände entwirft, plant und fertigt,
- wie man technische Skizzen und technische Zeichnungen liest und anfertigt,
- wie man Holzwerkstoffe umweltbewusst und zweckentsprechend auswählt,
- wie man nach einem Fertigungsplan arbeitet,
- wo Holzwerkstoffe herkommen und wie man sie wirtschaftlich verwendet,
- wie man Holzoberflächen verschönt und schützt,
- wie man Erkundungen vorbereitet, sich Informationen beschafft und wie man Experten befragt,
- wie man im Team und in der Gruppe arbeitet,
- wie man sicher und gesundheitsbewusst arbeitet,
- wie man mit Werkzeugen und Maschinen sachgerecht arbeitet,
- wie man die eigene Arbeit und die Qualität der gefertigten Produkte bewertet.

Wir stellen einen Holzkasten für eine Lernkartei her

Eine Technikgruppe hat 3 Karteikästen untersucht, um herauszufinden, welche Möglichkeiten die einzelnen Kästen bieten und wie sie konstruiert sind.

Als gängige Karteikartengrößen, die im Handel erhältlich sind, hat die Gruppe ermittelt:
- A5: 210 mm x 148 mm
- A6: 148 mm x 105 mm und
- A7: 105 mm x 74 mm.

Die Technikgruppe hat sich nach der Analyse verschiedener Kästen (Abb. ①) für die Herstellung eines **Karteikastens** aus Holzwerkstoff entschieden.

Er soll
- für Lernkarteien in Mathematik verwendet werden,
- das Kartenformat DIN A6 aufnehmen,
- bis 500 Karten fassen,
- Trenner zur Unterteilung erhalten (☞ S. 11, Abb. ② und ③),
- so konstruiert sein, dass die Rubriken veränderbar sind.

Überlegungen zur Bewertung des selbst gefertigten Karteikastens

Bei der Bewertung von Leistungen im Technikunterricht können viele Gesichtspunkte, wie Konstruktionsideen, Ordnung am Arbeitsplatz, sachgerechter Umgang mit Werkzeug und Material, Fähigkeit zur Zusammenarbeit, Genauigkeit, Funktion des Werkstücks, Kenntnisse, einfließen. Deshalb ist es wichtig, dass man sich bereits in der Planungsphase damit auseinandersetzt. Gemeinsam sollte man deshalb festlegen, welche Leistungen von der Idee bis zum fertigen Produkt berücksichtigt werden und wie sie gewichtet werden.

Geht dabei so vor:
- Informiert euch (☞ S. 156) über die Grundlagen der **Bewertung**.
- Einigt euch auf einige wichtige **Bewertungskriterien** für die Planung und Fertigung des Karteikastens.
- Lasst euch die Möglichkeit offen, Kriterien während der Herstellung des Karteikastens noch hinzuzufügen, zu ändern bzw. zu streichen.

● Untersucht, welche Möglichkeiten die einzelnen Kästen bieten und wie sie konstruiert sind.

①

	Was kann der Kasten?	Wie wird dieses Ziel erreicht?
	Karten sind: – sortiert (in Rubriken einteilbar) – nach Gebrauch ablegbar – geschützt – … – …	wird erreicht durch: – Trenner, Reiter – verschiedene Farben – Deckel als Ablage – Deckel – … – …
	– … – … – …	– … – … – …
	– … – … – …	– … – … – …

Planung

Geht folgendermaßen vor und überlegt, wo euch die Tipps von Seite 11 helfen können.
- Ermittelt eine günstige Schräglage der Karten und legt den Neigungswinkel fest.
- Bestimmt den Überstand der Karten über den Holzrahmen, damit diese noch gut greifbar sind.
- Ermittelt die Maße für die Einzelteile des Kastens in Abhängigkeit von der Plattenstärke und der gewählten Konstruktion (☞ S. 11, Abb. ① und S. 91).
- Für das „Sägezahnprinzip" (Seite 11, Abb. ② b) muss die Höhe entsprechend geplant werden (☞ S. 11, Abb. ④).
- Legt Form und Maße für die Trenner fest.
- Fertigt zu jedem Einzelteil die technische Zeichnung und bemaßt sie (☞ S. 75 ff.).
- Erstellt eine Stückliste (☞ S. 75).
- Überlegt, wie die Trenner rationell ausgesägt und eingesetzt werden können. Jeder Trenner kann zwei „Trennaufgaben" erfüllen.

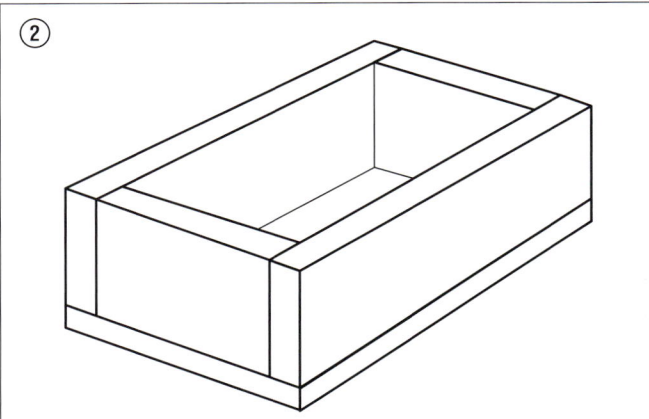

② Eine von mehreren Möglichkeiten, wie Wände und Boden zusammengesetzt werden können

Tipps

- Zum Festlegen der Kastengröße verwendet man am besten zwei Holzbrettchen (Abb. ①).
- Beachte bei der Festlegung der Breite eine Zugabe, damit die Karten nicht klemmen.
- Wände mit einer Stärke von ≥ 6 mm lassen sich einfacher leimen, nageln, dübeln, usw.
- Für das „Dübelsystem" (Abb. ②a) sollte die Dicke der Längswand mindestens doppelt so stark sein wie der Dübeldurchmesser.

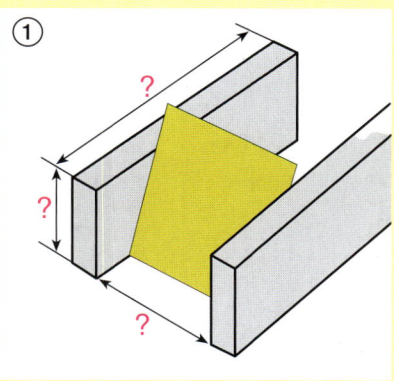

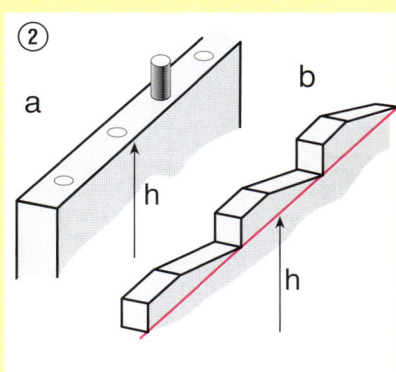 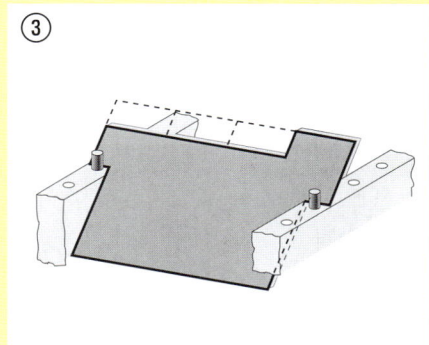 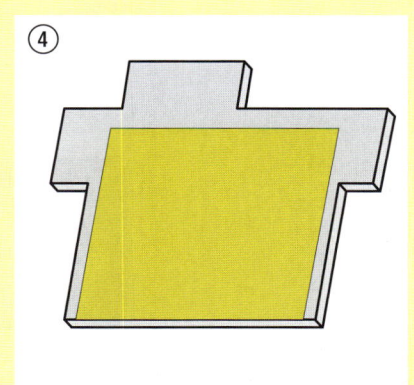

Fertigung des Kastens

Der Einsatz von Werkzeugen, Hilfsmitteln, Maschinen und die Sicherheit beim Arbeiten müssen für die Fertigung eines Werkstücks sorgfältig geplant werden. Dafür sollten zunächst alle erforderlichen **Arbeitsgänge** ermittelt werden. Dann erfolgt die Anordnung der Arbeitsgänge in einer sinnvollen Abfolge. So wird der **Fertigungsablauf** festgelegt. Das Aussägen der Aussparungen (Abb. ②b) muss z. B. erfolgen, bevor der Kasten zusammengebaut wird.
Der Fertigungsablauf kann wie in Abb. ① S. 14 dargestellt werden.
Auf der Grundlage des festgelegten Fertigungsablaufs kann der **Fertigungsplan** erstellt werden (☞ S. 13). Dieser enthält neben den Arbeitsgängen Angaben zu den benötigten Werkzeugen, Maschinen, Hilfsmitteln sowie Tipps und Sicherheitshinweise.
Am Beispiel des Karteikastens ist nachfolgend die Planung des Fertigungsablaufs dargestellt.

- Betrachtet den Fertigungsablauf und klärt Fragen
- Stimmt den Fertigungsablauf auf euren Karteikasten ab, ändert den dargestellten Plan gegebenenfalls.
- Erstellt einen Fertigungsplan nach dem Beispiel S. 13.

Entwicklung eines Fertigungsplans

Arbeitsgänge	mögliche Ausführung	Hinweise
auf Länge sägen (Boden, Seiten)	⑤	• Mit dem Anschlag erreicht man gleich lange Teile. • Mit der Gehrungssäge wird der Schnitt rechtwinklig. ☞ S. 92

Arbeitsgänge	mögliche Ausführung	Hinweise
Leimflächen schleifen, Kanten entgraten (Boden, Seiten) **Benutzen von Schleifmaschinen** ☞ S. 94	①	• Nur Leimflächen kurz plan schleifen, • Kanten der Leimfläche entgraten. ☞ S. 94
Kontrolle	②	• Seitenteile auf dem Boden probeweise anordnen und Maßhaltigkeit prüfen. ☞ S. 11
anreißen, sägen (Seitenteile)	③	• Einen Streifen anreißen, • beide Längsseiten zusammenheften, • gemeinsam auf Dekupiersäge aussägen. ☞ S. 93
verbinden	④	• Zuerst Rahmen bauen, dann Rahmen mit Boden verbinden, • Leim sparsam und gleichmäßig auftragen, • Senkkopfstifte verwenden, versenken. ☞ S. 99

Arbeitsgänge	mögliche Ausführung	Hinweise
feilen, schleifen, versäubern	 ①	• Nur vorsichtig eben schleifen, • nicht zu viel Material abtragen, • versäubern von Hand. ☞ S. 101
Oberfläche behandeln	 ②	☞ S. 101

Fertigungsplan Karteikasten

③

Arbeitsgang	Werkzeuge / Maschinen / Hilfsmittel	Sicherheit / Hinweise
1 Auf Länge sägen (Boden / Seiten)	Gehrungssäge mit Anschlag	
2 Leimflächen schleifen, (Boden / Seiten)	Tellerschleifmaschine mit Winkelanschlag	Staubabsaugung! Drehrichtung des Schleiftellers beachten. Werkstück plan auflegen. Eng anliegende Kleidung!
3		

Fertigung des Trenners
Fertigungsablauf

① ablängen ▶ anreißen ▶ aussägen ▶ feilen/schleifen ▶ Oberfläche behandeln

Überlegt, wie die Trenner rationell ausgesägt und eingesetzt werden können, z.B. kann ein Trenner, der sein Beschriftungsfeld ganz links hat, auch als Trenner für das Beschriftungsfeld ganz rechts verwendet werden.

- Erstellt einen **Fertigungsplan** für die Trenner.
- Fertigt die Trenner entsprechend dem Fertigungsplan.

Bewertung

Die Technikgruppe (Abb. ③) bewertete ihre Arbeit von der Planung bis zur Fertigstellung des Kastens. Die **Bewertung** erfolgte auf der Grundlage der gemeinsam entwickelten Kriterien (S. 10).

Bewertungen wie
- Ausführung der Zeichnung,
- Ideen zur Gestaltung der Trenner,
- Teamarbeit

wurden bereits im Laufe des Arbeitsprozesses vorgenommen.

Abschließend wurde das einzelne Werkstück bewertet.

Kriterien wie
- Qualität der Verarbeitung und
- Maßhaltigkeit

wurden dabei berücksichtigt.

- Bewertet eure Karteikästen in ähnlicher Art und Weise nach den von euch festgelegten Kriterien (☞ S. 10).

Projekt Nistkasten

Bei einem Gespräch mit Frau Hartmann vom Bund für Vogelschutz (☞ S. 8, Abb. ②) ergab sich, dass ein Bedarf an Nistkästen besteht. Der Bund für Vogelschutz wäre daran interessiert, dass im Technikunterricht 6–10 **Nistkästen** gefertigt werden. Diese sollten dann gemeinsam mit dem Bund für Vogelschutz angebracht und von dem Team „Naturschutz"-AG betreut werden.

Das Team hat von seiner Erkundung Informationen über Vogelschutz und Nistkästen mitgebracht, diese ausgewertet, für das Projekt in einer Übersicht dargestellt (Abb. ①) und der Technikgruppe erläutert. Diese plant aufgrund dieser Informationen den Bau der Nistkästen.

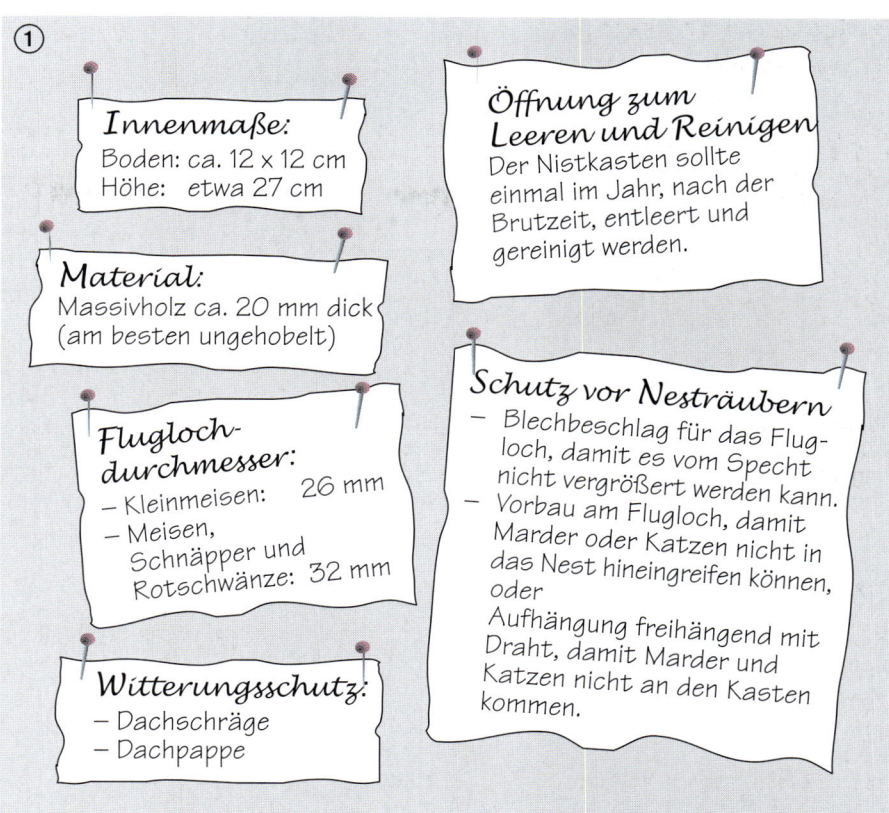

Bewertung
Überlegungen zur Bewertung

Bei der Planung und Fertigung eines Gegenstandes ergeben sich viele Punkte, die bei einer Bewertung berücksichtigt werden können.

- Beachtet die Überlegungen zur Bewertung eurer Leistungen im Technikunterricht (☞ S. 10 und S. 156).
- Einigt euch im Verlauf eurer Arbeit auf weitere Kriterien für die Bewertung.

Planung
Maße entwickeln, zeichnen, Stückliste

- Betrachtet Abb. ① und die Tabelle in Abb. ③. Formuliert den Erkundungsauftrag für ein Erkundungsteam eurer Technikgruppe bei einem örtlichen Holzhändler oder Sägewerk.
- Bildet Gruppen. Betrachtet Abb. ②, ③ und ☞ S. 16, Abb. ① und entwickelt die Maße für die Teile des Nistkastens so, dass möglichst wenig gesägt werden muss und wenig Abfall entsteht. Berücksichtigt dabei die Daten eures Erkundungsteams.
- Beachtet die Brettbreiten (Abb. ③) und passt die Innenmaße (Abb. ①) entsprechend an.

Tipp
- Von den in Abb. ① angegebenen Maßen kann um wenige Zentimeter abgewichen werden, wenn dadurch die erhältlichen Bretter mit ihrer gegebenen Breite verwendet werden können.

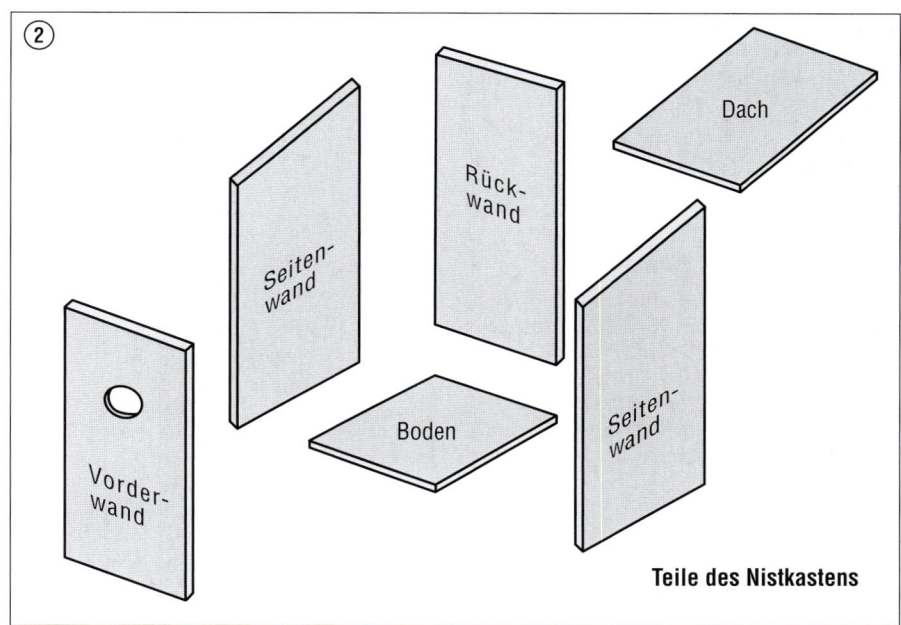

Teile des Nistkastens

③ Vollholz, Handelsform		Breite	€/m
Fichte, Tanne	18,5 mm dick (gehobelt)	12,0 cm	1,50
		14,5 cm	1,80
		17,0 cm	2,10
		19,0 cm	2,55
Fichte, Tanne	24 mm dick (sägerau)	8,0 cm	…
		10,0 cm	…
		12,0 cm	…
		14,0 cm	…
		16,0 cm	…
		18,0 cm	…
		20,0 cm	…
		22,0 cm	…

- Erstellt zu jedem Einzelteil entsprechend eurer Planung eine Zeichnung und bemaßt sie (☞ S. 75 ff.).
- Legt eine Stückliste an (☞ S. 75).

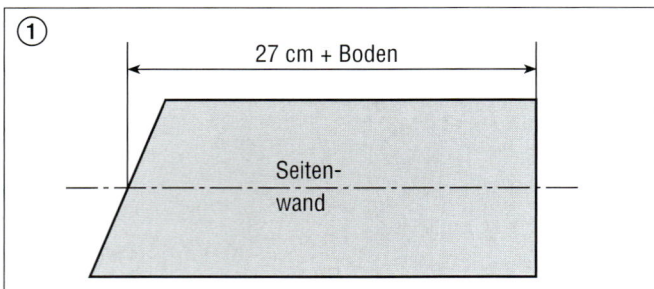

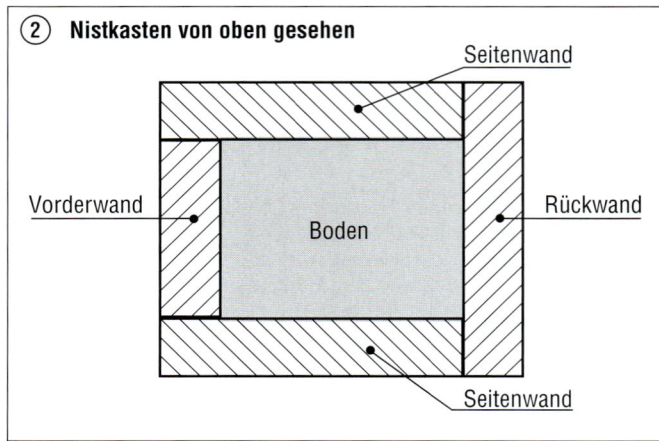

Konstruktion zum Öffnen und Schließen der Vorderseite

Zum Leeren und Reinigen des Nistkastens ist es erforderlich, dass er geöffnet werden kann.

- Erfindet eine geeignete Konstruktion zum Öffnen und Schließen der Vorderseite (Abb. ③, ④).
- Arbeitet im Team.
- Beschreibt eure Konstruktion.

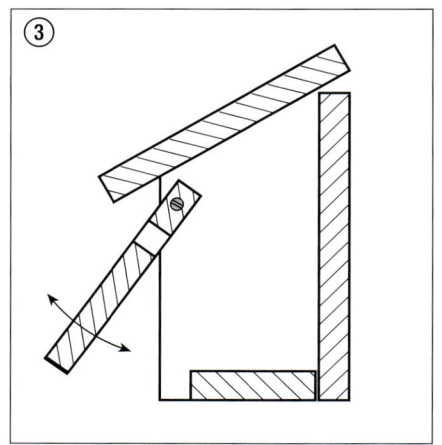

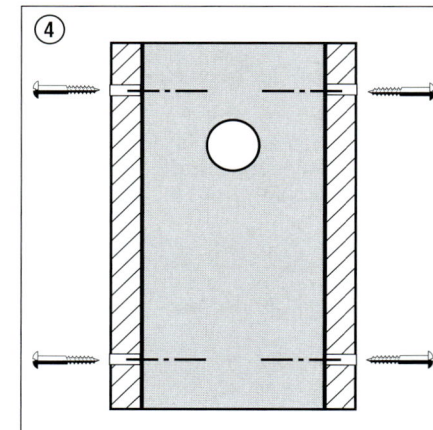

Konstruktion des Flugloches

Der Durchmesser des Flugloches muss nach den Angaben S. 15, Abb. ① festgelegt werden. Zum Schutz vor Nesträubern kann eine große Unterlegscheibe mit dem gewünschten Innendurchmesser angeschraubt werden (Abb. ⑤ und ☞ S. 96).

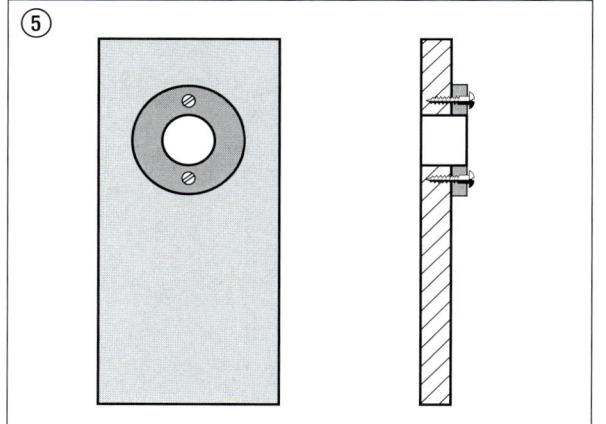

Konstruktion der Aufhängung

Soll der Nistkasten an einer Wand befestigt werden, so empfiehlt sich eine Aufhängeleiste (Abb. ⑥).

Für eine frei hängende Befestigung eignet sich ein Drahtbügel wie in Abb. ⑦ dargestellt.

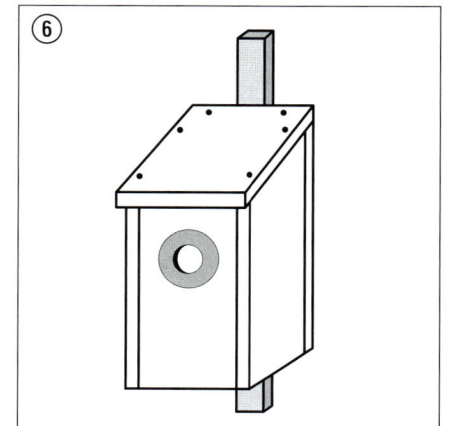

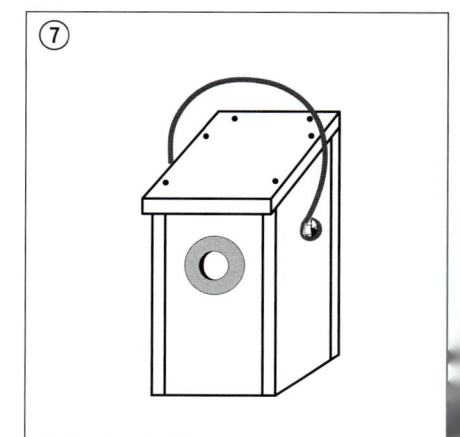

Planung des Fertigungsablaufs,
Erstellen des Fertigungsablaufs ☞ S. 11 ff.

- Lest den Text „Fertigung des Kastens" S. 11

In Abb. ① ist ein Beispiel für den **Fertigungsplan** zum Bau des Nistkastens dargestellt.

- Betrachtet den Fertigungsablauf Abb. ① und klärt Fragen.
- Stimmt den Fertigungsablauf auf euren Nistkasten ab. Ändert den dargestellten Plan gegebenenfalls.
- Erstellt einen Fertigungsplan nach dem Beispiel S. 13, Abb. ③.

Fertigung
Fertigung der Teile

- Fertigt die Einzelteile (S. 15, Abb. ②) nach eurer Zeichnung und der Stückliste.
- Informiert euch zu den notwendigen Fertigungstechniken ☞ sägen, bohren, und zur ☞ Sicherheit im Umgang mit Werkzeugen und Maschinen.

Zusammenbau

Die Teile müssen passgenau zusammengebaut werden. Es empfiehlt sich, die Teile zur Kontrolle zusammenzustellen und dabei eine günstige Reihenfolge des Zusammenbaus zu überlegen.

Die Teile können durch **Nageln** oder Schrauben oder Leimen (wasserfester Leim) und Stiften verbunden werden (☞ S. 99).

Die Abb. ② – ④ zeigen, wie das Verrutschen der Teile beim Verbinden verhindert werden kann.

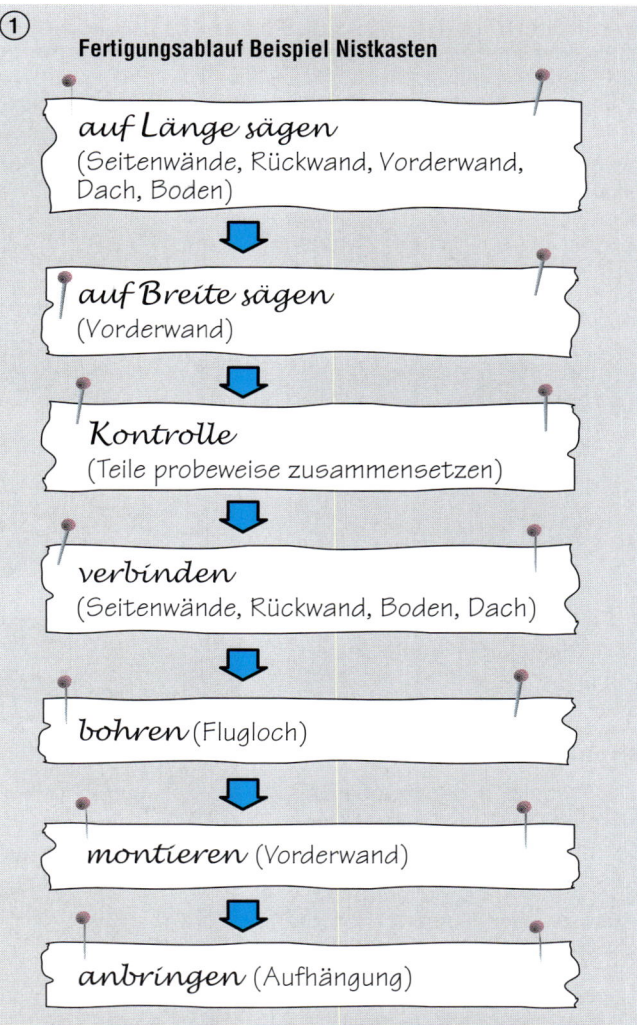

① Fertigungsablauf Beispiel Nistkasten
- auf Länge sägen (Seitenwände, Rückwand, Vorderwand, Dach, Boden)
- auf Breite sägen (Vorderwand)
- Kontrolle (Teile probeweise zusammensetzen)
- verbinden (Seitenwände, Rückwand, Boden, Dach)
- bohren (Flugloch)
- montieren (Vorderwand)
- anbringen (Aufhängung)

Tipps

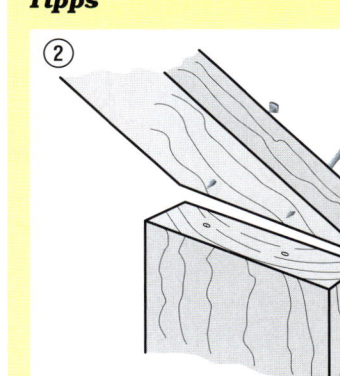

Den Nagel so in das Brett einschlagen, dass die Spitze des Nagels auf der Rückseite ein wenig durchbricht.

Das Brett mit der Nagelspitze an das anzufügende Teil ansetzen und mit einem kurzen Schlag anheften.

Sitz überprüfen.

Nagel vollends einschlagen.

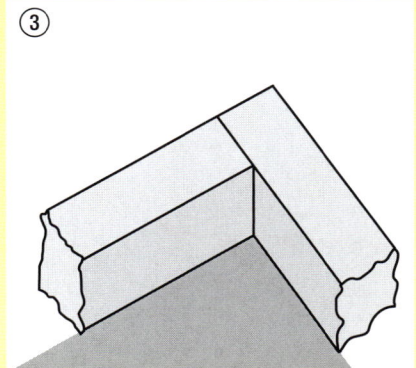

Um Überstände und Ungenauigkeiten beim Zusammenfügen zu verhindern, kann eine Raumecke als Anschlag hilfreich sein.

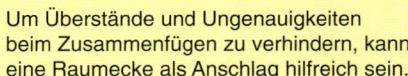

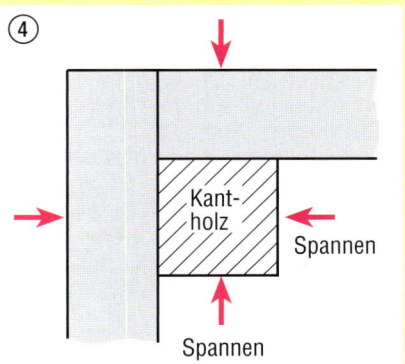

Ein Kantholz kann als Leim- und Spannhilfe die Genauigkeit des (Zusammen-)Fügens verbessern helfen.

Bewertung

- Bewertet eure Nistkästen nach den von euch festgelegten Kriterien (☞ S. 14 und ☞ S. 156).

Arbeiten mit Kunststoffen

Für jeden Bedarf der spezielle Kunststoff

Kunststoffe sind „junge" Werkstoffe. Ihre Entwicklung und vielfache Verwendung begann vor ca. 50 Jahren. Seither wurden und werden immer mehr Kunststoffe mit neuen Eigenschaften entwickelt.

- Welche Gegenstände braucht ihr in der Schule (Abb. ②)? Schreibt auf, aus welchem Material sie gefertigt sind.
- Betrachtet Abb. ① und versucht festzustellen, aus welchem Material die Utensilien gefertigt sind.
- Nennt Gründe für die massenhafte Verwendung von Kunststoffen (Abb. ③ und ⑤).

Probleme mit Kunststoffen

Die Produktion, die Verarbeitung, der Gebrauch und die Entsorgung von Kunststoffen können für unsere Umwelt und damit auch für uns Menschen negative Auswirkungen haben: Bei der Produktion und Verarbeitung von Kunststoffen können Schadstoffe entstehen, die als Dampf, als Abwasser oder als feste Stoffe schädlich sind.

Weil Kunststoffe sich nicht wie natürliche Stoffe im Laufe der Zeit zersetzen, verrotten oder vermodern, können sie den natürlichen Kreislauf und damit das Gleichgewicht der Natur empfindlich stören. Ausgebrauchte Kunststoffe können nicht kompostiert werden. Deshalb müssen sie zur Wiederverwertung sortiert werden (Abb. ⑥).

Probleme bereiten die Kunststoffe bei Bränden, weil dabei oft giftige Dämpfe entstehen (Abb. ⑦). Verbrennen dabei größere Mengen von Kunststoff, kann dies zu katastrophalen Schädigungen der Natur führen.

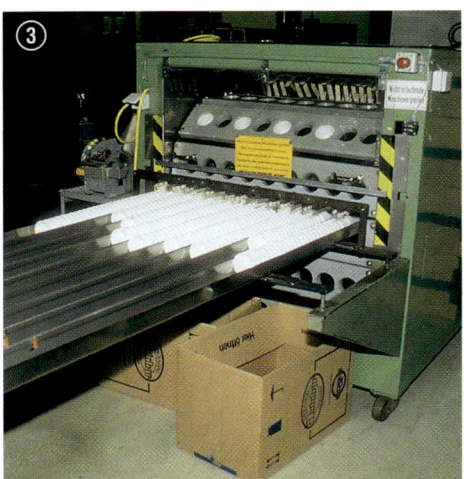

Produktion von Kunststoffbechern

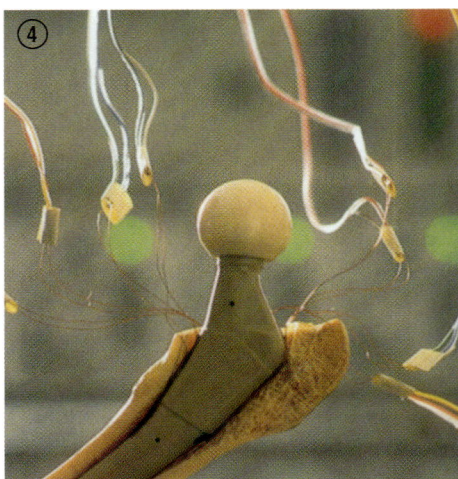

Künstliches Hüftgelenk

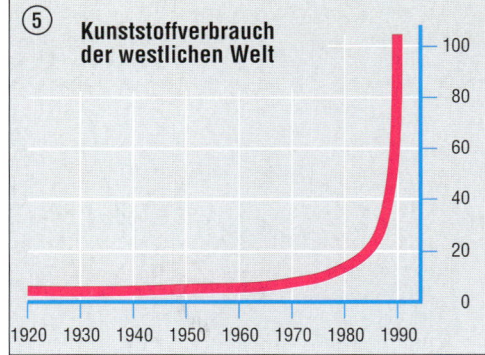

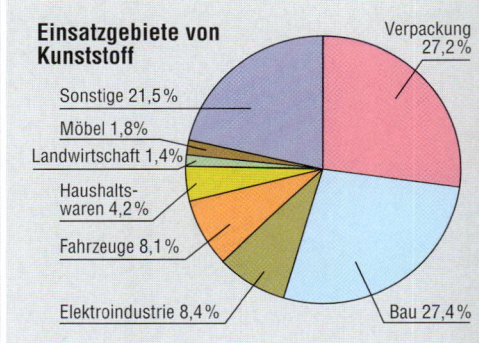

Werkstücke aus Kunststoffen, selbst hergestellt

Schlüsselhalter (Abb. ②), **Uhren** (Abb. ③) **und Bilderhalter** (Abb. ④) **als Beispiele**

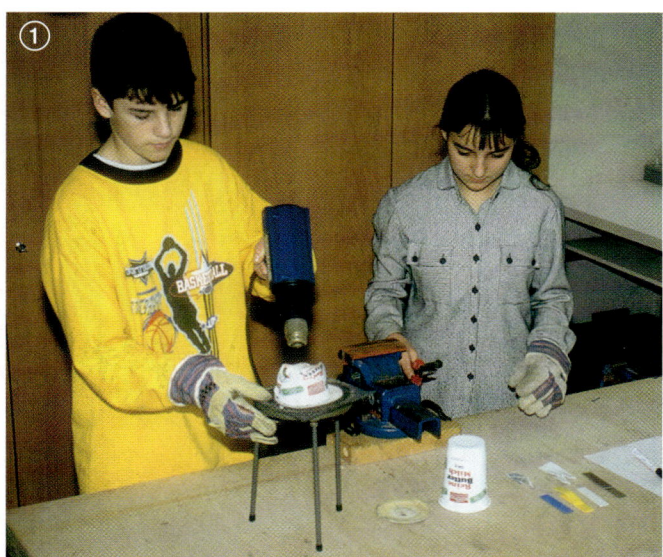

- Experimente: Eigenschaften von Kunststoffen
- Sicherheit
- beobachten, dokumentieren, auswerten

- gestalten
- anzeichnen, sägen, feilen, schleifen, bohren, entgraten, senken, kleben
- Bewertung

- Gebrauchsanforderungen
- gestalten
- fertigen
- Bewertung

- Gebrauchsanforderungen
- Fertigungsplanung
- Maße, Skizze, Papiermodell
- anreißen, ritzen und brechen, feilen/schleifen
- warmformen
- Bewertung

Beim Bearbeiten von Kunststoffen und beim Experimentieren mit Kunststoffen erfahren wir und lernen wir,

- wie über Experimente Eigenschaften von Kunststoffen festgestellt werden,
- wie Kunststoffe sicher und sachgerecht bearbeitet werden,
- mit welchen Werkzeugen und Geräten Kunststoffe bearbeitet werden,
- wie ein Gebrauchsgegenstand aus Kunststoff geplant und gefertigt wird,
- wie die Werkstücke und der Herstellungsprozess bewertet werden,
- wie Kunststoffe verantwortungsvoll ausgewählt und entsorgt werden,
- wie man im Team zusammenarbeitet.

Kunststoffe – „junge" Werkstoffe aus dem Labor

Zu allen Zeiten bemühten sich die Menschen, neben den Stoffen, die ihnen von der Natur gegeben waren, neue zu finden, die sich für bestimmte Zwecke besonders eignen.

Im vorigen Jahrhundert beginnt die Geschichte der Kunststoffe.

Den ersten **Kunststoff** verdanken wir einem amerikanischen Billardspieler, der sich darüber ärgerte, dass seine Billardkugeln aus Elfenbein nicht immer geradeaus liefen. Schuld daran waren die vielen kleinen Unregelmäßigkeiten, die in Naturstoffen – in diesem Fall den Elefanten-Stoßzähnen – immer vorkommen. Um den Bedarf zu decken, wurden bis zur Jahrhundertwende jährlich 12 000 Elefanten getötet. Der Billardspieler bot 10 000 Dollar demjenigen, der ihm ein besseres und gleichmäßigeres Material bringen würde.

Der Zufall wollte es, dass die amerikanischen Brüder **Hyatt** gerade dabei waren, die in Deutschland gemachte Entdeckung zu nutzen, dass sich Baumwolle durch die Behandlung mit Salpetersäure zu einem neuen, aber sehr gefährlichen Stoff umwandelt, nämlich zu „Schießbaumwolle", die man als Sprengstoff verwenden kann. Das Ergebnis war ein neuer Stoff, den sie „**Celluloid**" nannten. Er hatte Eigenschaften, die damals sensationell waren: Er war klar wie Glas, aber zäher als Leder, man konnte ihn färben und, das war das Tollste, er war bei niedrigen Temperaturen schmelzbar. Er schmolz nicht wie Wachs zu einer flüssigen Schmelze, sondern zu einer plastischen Schmelze, die sich leicht in jede gewünschte Form bringen ließ.

Das Celluloid dient unter anderem zur Herstellung von Tischtennisbällen, Knöpfen, Spangen, Zeichen- und Messgeräten. Wegen seiner großen Zähigkeit und klaren Transparenz (Lichtdurchlässigkeit) diente es als Filmmaterial. Die Filmindustrie wurde der große Verbraucher. Wegen seiner leichten Entflammbarkeit wird das Celluloid heute durch andere Kunststoffe ersetzt.

- Angenommen, du könntest einen neuen Kunststoff erfinden. Für welchen Zweck würdest du diesen Kunststoff erfinden, und welche Eigenschaften sollte er haben?

Von den rund 3 Millionen Tonnen Kunststoffabfällen, die 1993 in Deutschland anfielen, wurden ca. 1,3 Millionen Tonnen deponiert und ca. 570 000 Tonnen in Abfallanlagen verbrannt und damit thermisch genutzt. Mehr als 1,1 Millionen Tonnen wurden einer werkstofflichen Verwertung zugeführt.

- Was macht ihr mit Gegenständen aus Kunststoffen, die nicht mehr benötigt werden?

Die Abbildung zeigt **Fritz Klatte** in seinem Labor. Ihm gelang 1912 die Erforschung der Grundlagen für die technische Herstellung von PVC.

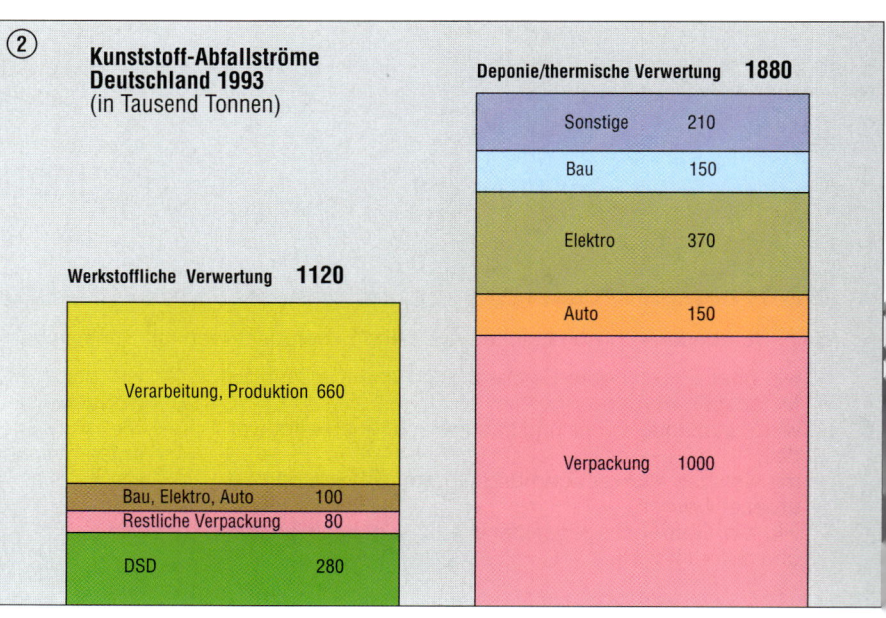

Kunststoff-Abfallströme Deutschland 1993 (in Tausend Tonnen)

Werkstoffliche Verwertung 1120
- Verarbeitung, Produktion 660
- Bau, Elektro, Auto 100
- Restliche Verpackung 80
- DSD 280

Deponie/thermische Verwertung 1880
- Sonstige 210
- Bau 150
- Elektro 370
- Auto 150
- Verpackung 1000

Eigenschaften von Kunststoffen erkunden

EXPERIMENT zum Biegen von Kunststoffen (Abb. ①)

Fragestellung: Lassen sich Kunststoffe biegen? Welche dieser Kunststoffe gehen nach dem Biegen in die Ausgangslage zurück?
Vermutung zum Ergebnis: Das Biegeverhalten der Kunststoffe ist unterschiedlich.
Planung: Wir benötigen Kunststoffstreifen als Biegeproben mit gleichen Abmessungen (z. B. 80 x 20 x 2 mm) aus Polystyrol, Acrylglas, Hartpapier (Pertinax), einen Schraubstock, eine Schutzbrille und ggf. Schutzhandschuhe, eine Tabelle (Abb. ④).
Durchführung: Die Kunststoffstreifen werden so in den Schraubstock eingespannt, dass 50 mm über die Backen nach oben hinausragen.
Versucht, mit der Flachzange die Streifen mehrmals rechtwinklig hin und her zu biegen. Notiert, wie sich die einzelnen Kunststoffe verhalten.
Auswertung: Tragt eure Ergebnisse in eine Tabelle (vgl. Abb. ④) ein. Vergleicht.
Formuliert eure Erkenntnisse und vergleicht sie mit den Informationen ☞ S. 103.

EXPERIMENT zur Verformbarkeit (Abb. ②)

Fragestellung: Lassen sich Kunststoffe durch Erwärmen umformen?
Vermutung zum Ergebnis: Was vermutet ihr?
Planung: Wir benötigen Biegeproben wie im Experiment zum Biegen, eine Heißluftpistole als Wärmequelle, Schutzhandschuhe, ein feuchtes Tuch zum Abkühlen der Kunststoffstreifen, eine Tabelle zum Eintragen der Beobachtungsergebnisse (Abb. ④).
Durchführung: Auf die Biegeproben werden die Biegelinien (halbe Länge) eingezeichnet. Die Streifen werden an der Biegelinie erwärmt (Raum lüften). Versucht, ob und wann sie sich biegen lassen. Notiert das Ergebnis.
Auswertung: Tragt eure Ergebnisse in eine Tabelle (vgl. Abb. ④) ein. Formuliert eure Erkenntnisse und vergleicht sie mit den Informationen ☞ S. 102 und 106.

EXPERIMENT zum Verhalten von Kunststoffen bei wiederholtem Erwärmen (Abb. ③)

Fragestellung: Lassen sich mittels Wärme verformte Kunststoffe wieder in ihre Ausgangsform zurückführen?
Vermutung zum Ergebnis: Durch erneutes Erwärmen sind sie wieder verformbar.
Planung: Wir benötigen mittels Wärme verformte Kunststoffstreifen, eine feuerfeste Unterlage, eine Heißluftpistole, eine Zange und Handschuhe.
Durchführung: Der verformte Kunststoffstreifen wird auf die Unterlage gelegt und an der Biegestelle erwärmt. Beobachtet und beschreibt das Verhalten des Kunststoffstreifens.
Auswertung: Lest die Informationen ☞ S. 106 und vergleicht eure Beobachtungen.

④

Kunststoffart	Verhalten beim Biegen (kalt)
Polystyrol	– gut biegbar
Acrylglas	–
Pertinax	

Kunststoffart	Verhalten beim Biegen (erwärmt)
Polystyrol	
Acrylglas	
Pertinax	

Kunststoff	Verhalten bei wiederholtem Erwärmen
verdrehter Plexiglasstreifen	
geformter Bootsrumpf (Polystyrol)	
Joghurtbecher	

Muster

Schlüsselanhänger aus Kunststoff, selbst gefertigt

Um Bearbeitungsverfahren von Kunststoffen kennen zu lernen und zu üben, eignet sich die Fertigung eines Schlüsselanhängers. Ihr könnt einen der dargestellten **Schlüsselanhänger** (Abb. ①) auswählen und mithilfe der Fertigungsanleitungen herstellen.

Wenn ihr Informationen über die sachgerechte Bearbeitung von Kunststoffen braucht, findet ihr diese auf den Seiten 104 ff. Als Material verwenden wir geeignete Reste von Kunststoffplatten.

Fertigungsablauf für Schlüsselanhänger:

Material: Acrylglasstreifen, 8 mm dick, 20 mm breit

- Länge anzeichnen
- ablängen, entgraten
- Bohrung für Schlüsselring anzeichnen und mit Vorstecher markieren
- Bohrung ⌀ 8 mm bohren
- Zierbohrungen anzeichnen und mit Vorstecher markieren
- Zierbohrungen bohren
- Rundungen feilen
- Sägeflächen glätten
- Kanten brechen

Fertigungsablauf für Schlüsselanhänger mit Münzhalter (Abb. ②)

- Teile 1 und 2 anzeichnen und ablängen
- Teile entgraten, versäubern
- Bohrung für Münze in Teil 2 einbringen. (Tipps S. 55)
- Bohrung entgraten
- Ecken runden
- Sägeflächen glätten
- ein Teil von Nr. 1 anschrauben, sichern
- Schlüsselring anbringen

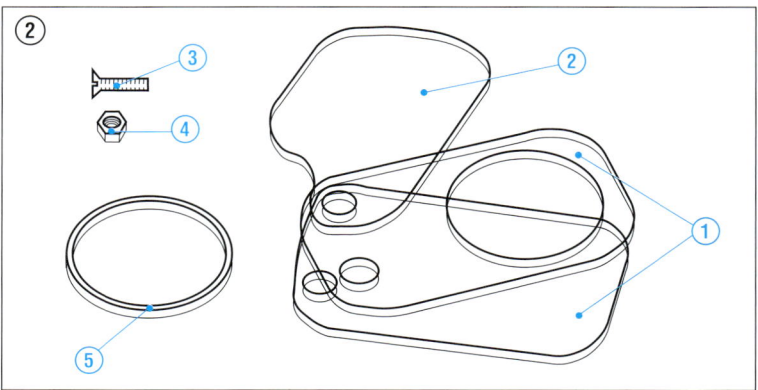

Stückliste für Münzhalter

Lfd.-Nr.	Anzahl	Benennung	Material	Maße in mm
1	2	Grundplatte	Acrylglas	45 x 30 x 3 dick
2	1	Deckplatte	Acrylglas	35 x 30 x 2 dick
3	1	Senkkopfschraube	Messing	M 3 x 8
4	1	Mutter	Messing	M 3
5	1	Schlüsselring	Stahl	12 mm ⌀

Ein Bilderhalter aus Acrylglas, selbst gefertigt

Die Technikgruppe in Abb. ③ berät,
- welche Gebrauchseigenschaften der Bilderhalter haben soll,
- welche Gesichtspunkte bei der Planung berücksichtigt werden müssen und
- wie der **Bilderhalter** gefertigt werden könnte.

● Legt fest, welche Gebrauchseigenschaften euer Bilderhalter haben soll.

Überlegungen zur Bewertung

Bereits jetzt solltet ihr bedenken, dass ihr nach der Fertigstellung eure Bilderhalter bewertet. Dabei wird überprüft, ob der gefertigte Bilderhalter die geforderten Eigenschaften hat.
Einigt euch auf wichtige Bewertungskriterien.

Planung

- Bildet Gruppen und fertigt aus Pappstreifen entsprechend den festgelegten Gebrauchseigenschaften ein Modell. Stellt eure Modelle vor und besprecht Möglichkeiten der Optimierung.
- Erstellt eine bemaßte Skizze des Bildhalters (Abb. ①) für das von euch gewählte Bild.
- Zeichnet die Abwicklung des Bildhalters (Abb. ②) und tragt darauf die Biegelinien farbig ein.

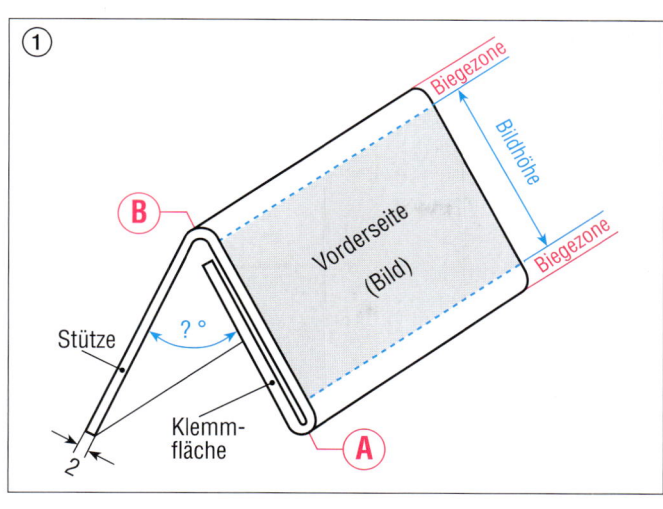

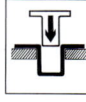

Fertigung planen

Der Einsatz von Werkzeugen, Hilfsmitteln und die Sicherheit beim Arbeiten müssen für die Fertigung sorgfältig geplant werden.
Dafür werden zunächst die erforderlichen Arbeitsgänge ermittelt. Diese werden dann in eine sinnvolle Abfolge gebracht (die Flächen, die umgebogen werden sollen, müssen z.B. vor dem Biegen gereinigt werden). Der Fertigungsablauf wird festgelegt und in einem Fertigungsplan dargestellt.
Dieser enthält wie nachfolgend die Arbeitsgänge. Diese werden durch Angaben zu den benötigten Werkzeugen und Hilfsmitteln sowie durch Tipps und Sicherheitshinweise ergänzt ☞ S. 13.

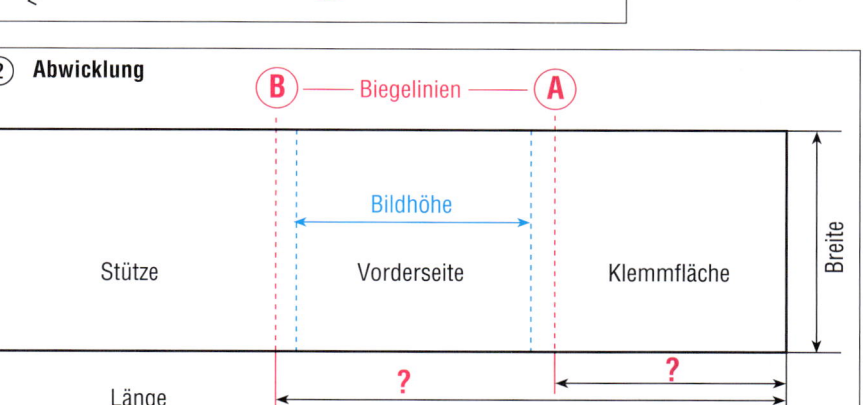

Fertigungsablauf

- Kunststoffstreifen beim Lehrer/bei der Lehrerin anfordern
- Streifen auf Länge sägen oder ritzen und brechen
- Sägeflächen bzw. Bruchflächen entgraten und runden
- Biegung A warmformen
- Biegung B warmformen

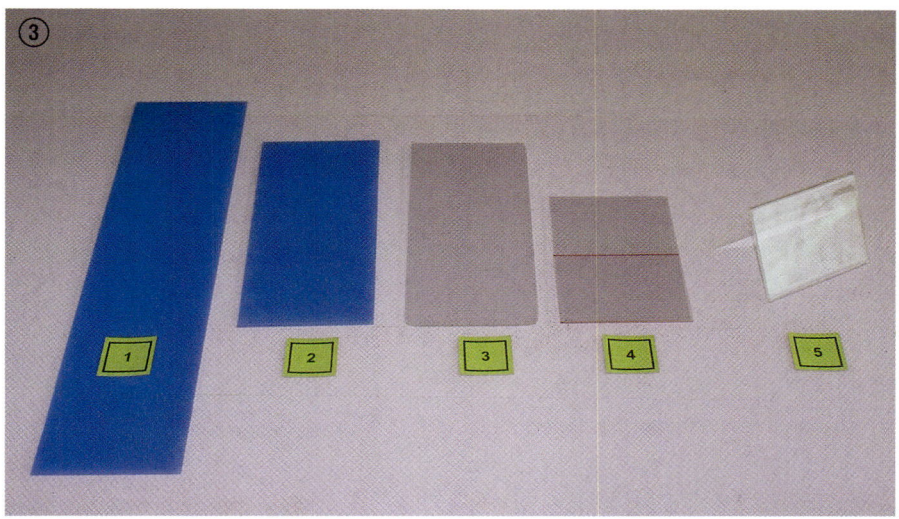

Fertigung

Fertigt entsprechend dem von euch erstellten Fertigungsplan und beachtet die folgenden Tipps:

Tipps zum Warmumformen:

- Probiert mit Reststücken und ermittelt die Erwärmzeit. Vermeidet Überhitzung des Kunststoffs (Blasenbildung). Gegebenenfalls muss der Abstand zwischen Werkstück und Heizdraht vergrößert werden.
- Betrachtet Abb. ④ und klärt Fragen. Die Erwärmung der Biegezonen über einem Heizdraht gewährleistet eine exakte Biegung. Achtet darauf, dass die Biegelinie rechtwinklig zur Bezugskante über dem Heizdraht liegt, damit der Bilderhalter rechtwinklig wird.

Bewertung

Grundlage der Bewertung sind die von euch aufgestellten Kriterien ☞ S. 22.

Kunststoffzifferblatt für eine Uhr, selbst gefertigt

Für ein vorgegebenes elektrisches Uhrwerk (Abb. ①) mit Zeigern soll aus Acrylglas das **Zifferblatt** mit Standfuß entworfen und gefertigt werden.

Gebrauchseigenschaften

Die Technikgruppe hat festgelegt und auf Kärtchen notiert, welche Gebrauchseigenschaften das Zifferblatt mit Standfuß haben muss:

Es soll
- sicher stehen
- gut ablesbar sein
- entsprechend der Zeigerlänge gestaltet sein
- ...

● Schreibt eure Festlegungen für die Gebrauchseigenschaften eures Zifferblatts mit Standfuß auf und begründet sie.

Überlegungen zur Bewertung

Bereits jetzt solltet ihr bedenken, dass ihr nach der Fertigung eure Zifferblätter bewertet. Dabei wird überprüft, ob das gefertigte Zifferblatt die geforderten Eigenschaften hat. Einigt euch auf Bewertungskriterien, die euch bei dieser Arbeit wichtig sind.

Vorgehensweise bei der Planung:

– Aus Pappstreifen DIN A6 entsprechend den festgelegten Gebrauchseigenschaften ein Modell fertigen
– Zeiger und Uhrwerk vorsichtig einbauen
– Biegelinie für die Standfläche festlegen
– Das Zifferblatt (Abb. ②) entwerfen und die Länge der Zeiger entsprechend anpassen. Sollen 12 Markierungen für die Stundenanzeige aufgebracht werden (Abb. ③), kann man eine exakte Konstruktion mit Zirkel und Geodreieck erreichen.

● Überlegt, wie ihr die äußere Form eures Zifferblattes gestalten wollt und schneidet euer Pappmodell entsprechend zu oder ergänzt es mit anderen Teilen.

① Zeichnung aus Datenblatt des Herstellers

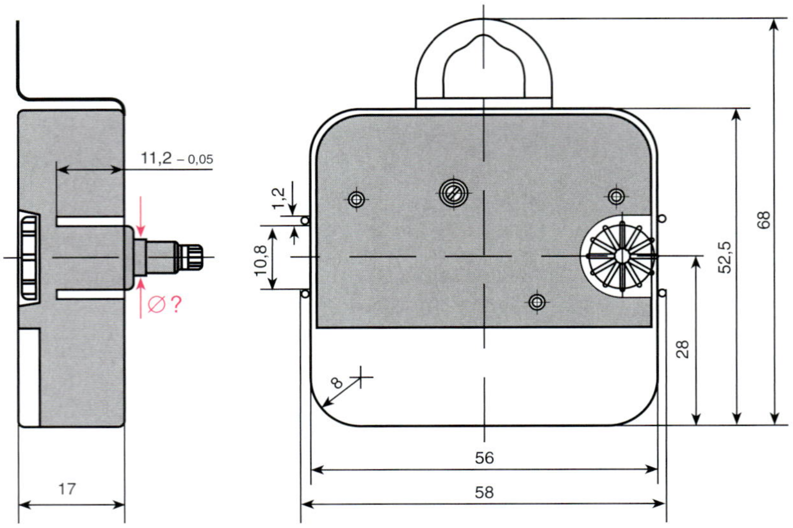

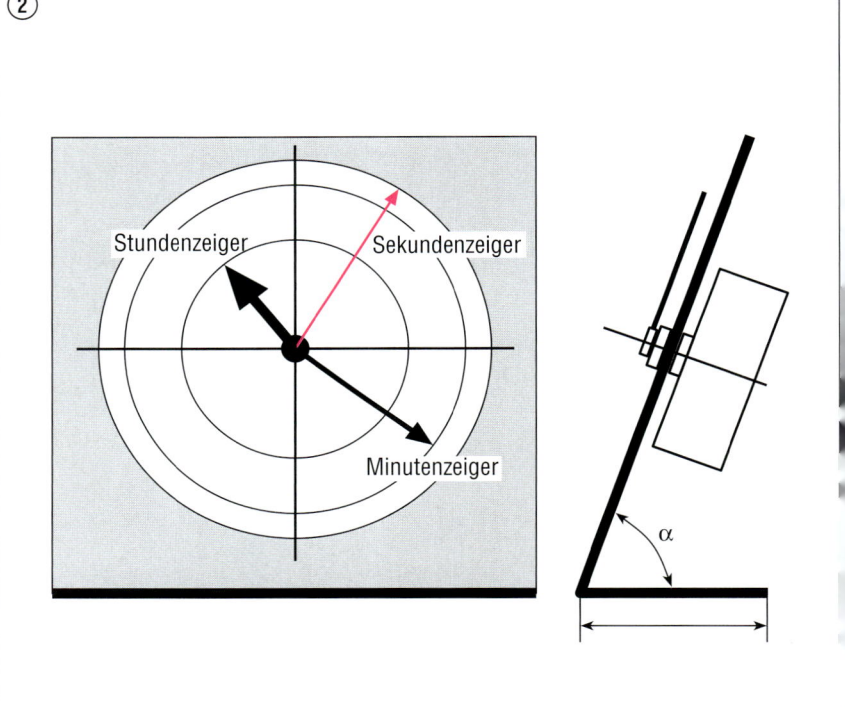

Tipps zur Gestaltung der Zifferblätter

Die Abb. ③ – ⑤ zeigen Beispiele von Gestaltungsmöglichkeiten, die von der Technikgruppe gefunden wurden.

  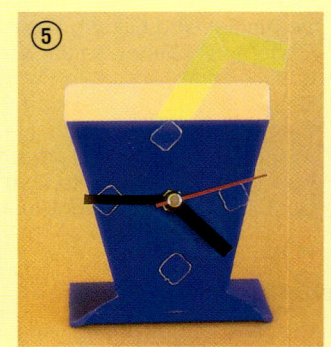

Fertigung planen

Der Einsatz von Werkzeugen, Hilfsmitteln, und die Sicherheit beim Arbeiten müssen für die Fertigung sorgfältig geplant werden. Dafür werden zunächst die erforderlichen Arbeitsgänge ermittelt (Abb. ①). Diese werden dann in eine sinnvolle Abfolge gebracht (welche Arbeiten müssen z. B. vor dem Biegen der Standfläche gemacht werden?). Der Fertigungsablauf wird festgelegt und in einem **Fertigungsplan** dargestellt. Darin können die Arbeitsgänge durch Angaben zu den benötigten Werkzeugen und Hilfsmitteln sowie durch Tipps und Sicherheitshinweise ergänzt werden (Abb. ②).

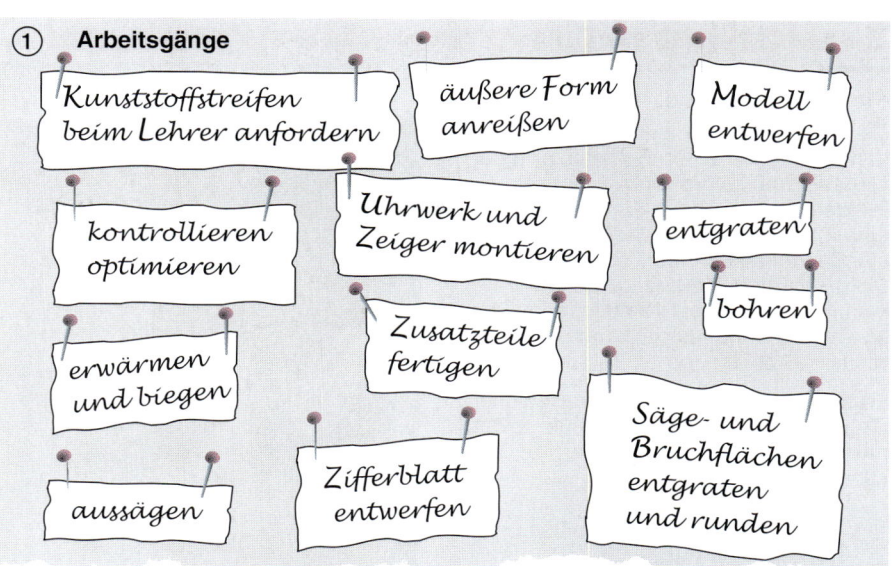

① Arbeitsgänge: Kunststoffstreifen beim Lehrer anfordern; äußere Form anreißen; Modell entwerfen; kontrollieren optimieren; Uhrwerk und Zeiger montieren; entgraten; erwärmen und biegen; Zusatzteile fertigen; bohren; aussägen; Zifferblatt entwerfen; Säge- und Bruchflächen entgraten und runden

Fertigungsplan Zifferblatt mit Standfuß

②

Arbeitsgang	Werkzeuge / Maschinen / Hilfsmittel	Sicherheit / Hinweise
1 Streifen auf Länge sägen		
2 Sägeflächen entgraten und runden	Muster	

Fertigung

Die am Pappmodell festgelegten Formen und Maße werden auf die Acrylglasplatte übertragen. Danach wird die Platte entsprechend dem aufgestellten Fertigungsplan bearbeitet. Gegebenenfalls werden nach dem Entwurf zusätzliche Kunststoffteile gefertigt und angebracht.

Tipps
- Probiert vor dem Biegen eures Werkstücks mit Reststücken und ermittelt die Erwärmungszeit. Vermeidet Überhitzung des Kunststoffs (Blasenbildung). Gegebenenfalls muss der Abstand zwischen Werkstück und Heizdraht vergrößert werden.
- Betrachtet Abb. ③ und ④ und klärt Fragen. Die Erwärmung der Biegezone über einem Heizdraht gewährleistet eine exakte Biegung. Achtet darauf, dass die Biegelinie rechtwinklig zur Bezugskante über dem Heizdraht liegt, damit das Zifferblatt rechtwinklig gebogen wird.

Bewertung
- Bewertet eure Arbeit nach den von euch aufgestellten Kriterien.

Kunststoffabfälle

Bei der Planung und während der Fertigung achten wir darauf, dass Material sparend vorgegangen wird und für Probearbeiten Reststücke verwendet werden. Trotzdem entstehen Abfälle.

- Informiert euch über Fragen der Wiederverwertung von Kunststoffen, die als Wertstoffe gesammelt werden, und über die Probleme bei der Entsorgung von Kunststoffmüll und Kunststoffabfällen ☞ S. 109.

Serienfertigung von Gegenständen

Die Technikgruppe der 7b übernimmt den Auftrag, für einen Schulbazar einen Gegenstand in größerer Stückzahl zu fertigen. Die SMV der Schule hat durch eine Umfrage ermittelt, welche Gegenstände verkauft werden könnten: SOMA-Würfel, Kerzen oder Teelichte, keramische Gefäße, Plaketten, Schmuckschachteln und poppig aufgemachte Kuverts (Abb. ①).

Wenn ihr die Fertigung eines solchen Gegenstandes für eure Schule plant, müssen einige Fragen geklärt werden (Abb. ① und ②):

- Bildet Gruppen. Wählt je Gruppe einen Gegenstand und besprecht, wie dieser in der Schule gefertigt werden könnte.
- Übertragt die Tabelle in Abb. ② auf eine Wandzeitung und tragt eure Ergebnisse aus den Gruppen ein.

②

Gegenstand	Werkstoffe	mögliche Fertigungsverfahren	gewünschte Stückzahl
Kuverts	poppiges Papier	schneiden/kleben	?
Plaketten	schmelzbares Metall	gießen in Sandformen	ca. 20
SOMA-Würfel	Holzwürfel	leimen	ca. 50
Schachfiguren	Holz	sägen/kerben	10 Spiele
Kerzen	Wachs	gießen/ziehen	50
Teelichte	Ton	aufbauen	100
Gefäße	Gießton	in Formen gießen	20

In der industriellen Fertigung angewandte Verfahren

- Betrachtet die Abb. ③ – ⑤, beschreibt jeweils das Produkt und besprecht, wie es gefertigt wird. Vergleicht mit den von euch vorgeschlagenen **Fertigungsverfahren** in der Wandzeitung (Abb. ②). Informiert euch ☞ S. 114 ff.
- Klärt Fachbegriffe zur **Serienfertigung** ☞ S. 111 ff.

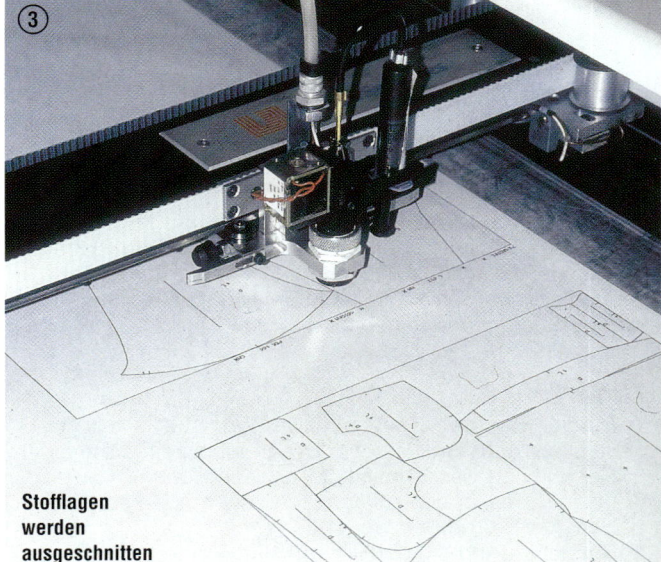

Stofflagen werden ausgeschnitten

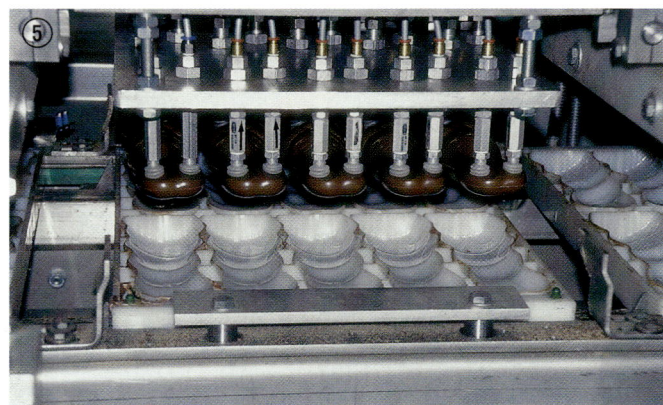

Schokofiguren werden aus der Form gehoben

Fertigung von Kunststoffbechern

Serienfertigung im Technikunterricht

- Werkstoff
- Stückzahl
- Prototyp
- Arbeitsgänge
- Vorrichtungen
- Arbeitsplätze
- Fertigungsablauf organisieren
- Fertigung in Serie
- prüfen, bewerten
- Erkundung vorbereiten, durchführen, auswerten

- Werkstoff
- Arbeitsgänge
- Formenbau
- Sicherheit
- Metallguss
- Arbeitsplätze
- Vorrichtungen
- Fertigungsablauf organisieren
- Fertigung in Serie
- prüfen, bewerten
- Vergleich mit industrieller Serienfertigung

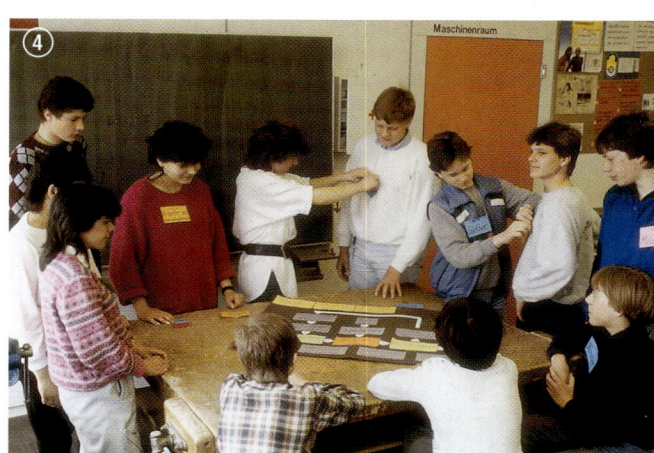

- Stückzahl
- Werkstoff
- Gestaltung
- Prototyp
- Arbeitgänge
- Vorrichtungen
- Fertigungsablauf organisieren
- Fertigung in Serie
- prüfen, bewerten
- Vergleich mit industrieller Serienfertigung

Beim Fertigen eines Gegenstandes in Serie und im Vergleich mit industrieller Serienfertigung

erfahren wir
- Gründe für die Fertigung in Serie,
- welche Produkte sich für die Serienfertigung eignen,
- welche Anforderungen Serienprodukte erfüllen müssen,
- wie bei Serienfertigung Arbeitsplätze eingerichtet werden,
- dass die Serienfertigung den Einsatz von Vorrichtungen, Formen und speziellen Werkzeugen erfordert,
- wie der Fertigungsablauf organisiert wird,
- welche Auswirkungen dies auf den Menschen hat,
- welche Bedeutung der Formenbau für die Präzision und die Qualität von Produkten industrieller Fertigung hat,

üben wir,
- im Team bzw. in der Gruppe zu arbeiten und mit anderen Teams zu kooperieren,

lernen wir,
- die Präzision der eigenen Arbeit und die Qualität des Produkts zu bewerten.

Serienfertigung von Holzspielzeug – SOMA-Würfel

Gegenstand	Werkstoffe	mögliche Fertigungsverfahren	gewünschte Stückzahl
SOMA-Würfel	Holzwürfel	leimen	ca. 50

Eine Technikgruppe entscheidet sich für die Fertigung von SOMA-Würfeln, wie sie im nachstehenden Prospekt beschrieben sind.

Der aus sieben Elementen zusammengesetzte Würfel soll eine Kantenlänge von 60 mm haben.

Hallo Spiele-Fan!

Sie haben ein hochinteressantes Spiel gekauft, das auf der ganzen Welt verbreitet ist und überall zu immer neuen Zusammensetzvarianten anreizt,

den SOMA*-Würfel:

Die sieben Elemente:

a) 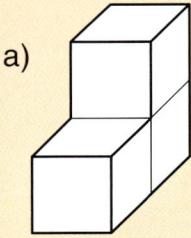 b) 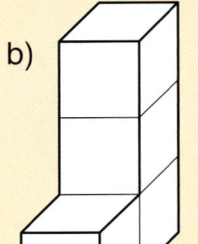 c)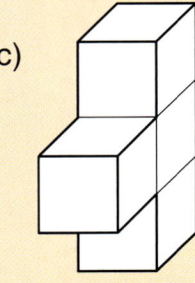

d) 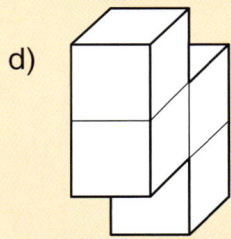 e) 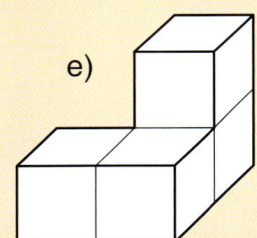 f) 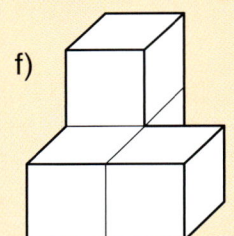 g)

Die sieben Elemente a) bis g) können in vielen Variationen zu Raumgebilden zusammengebaut werden. An der Universität von Malaya in Singapur wurden 230 verschiedene Möglichkeiten gefunden. **Viel Spaß beim Knobeln!**

* SOMA bedeutet Körper

Planung

Prototyp   Arbeitsgänge   Vorrichtungen   Fertigungsablauf

- Stellt in Partnerarbeit einen SOMA-Würfel als Prototyp her.
- Notiert auf Kärtchen für jeden Arbeitsgang, welche Tätigkeiten auszuführen sind, welche Werkzeuge benötigt werden, welche Hilfsmittel/Vorrichtungen eingesetzt werden könnten.
- Stellt eure Ergebnisse vor.

- Entscheidet danach,
  – wie viele Würfel gefertigt werden sollen,
  – wie ihr die Fertigung der Würfel durchführen wollt (Organisation, Vorrichtungen, etc.).
- Überlegt, wie ihr die 27 kleinen Würfel geschickt anordnen und in Teilschritten zusammenleimen könnt.

Bewertung

- Lest die Ausführungen zur Bewertung ☞ S. 156 ff. und besprecht, welche Gesichtspunkte bei einer Serienfertigung stärker bewertet werden sollten als bei der Einzelfertigung.
- Einigt euch auf Bewertungskriterien und deren Gewichtung.

Organisation der Fertigung

Jeder SOMA-Würfel besteht aus 27 Einzelwürfeln, die in Teilschritten, ausgehend von Element a) als Grundelement zu den weiteren 6 Elementen (S. 28) verleimt werden können.

Bei Fertigung von 50 SOMA-Würfeln ergibt dies eine hohe Stückzahl gleicher Teile. Da bietet es sich an, dass nicht jede Schülerin/jeder Schüler einen oder mehrere SOMA-Würfel herstellt, sondern dass arbeitsteilig (☞ S. 113) gefertigt wird.

Dies bedeutet, dass jeder Arbeiter/jede Gruppe entweder einzelne Arbeitsgänge (z. B. „Sägekanten versäubern", „Zweierquader leimen") am jeweiligen Arbeitsplatz übernimmt oder dass Arbeitsplätze zu Fertigungsinseln („Schleifen", „Kleben", „Oberflächenbehandlung") nach dem Werkstattprinzip ☞ S. 112 zusammengefasst und von je einer Arbeitgruppe besetzt werden.

Vorrichtungsbau

- Entwickelt und baut in Gruppenarbeit Vorrichtungen, um die Teile schnell, passgenau und in stets gleicher Qualität in Serie fertigen zu können.
- Betrachtet die Tipps Abb. ① – ④ und überlegt, ob sie euch helfen können, eure Ideen zum Bau von Vorrichtungen zu verwirklichen.
- Testet und optimiert eure Vorrichtungen.

Tipps zum Vorrichtungsbau

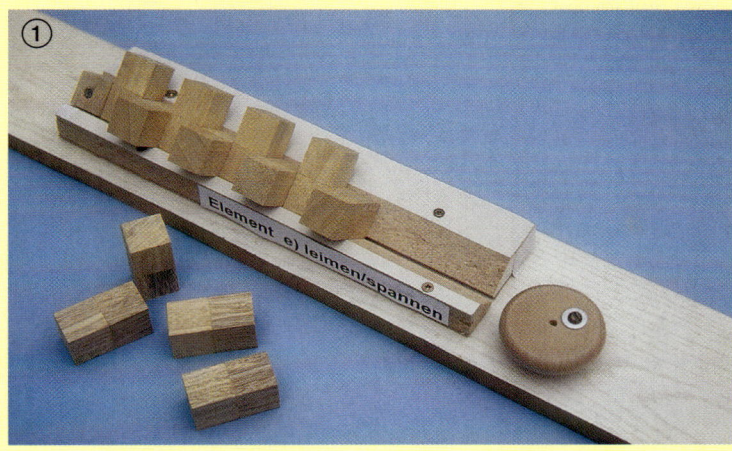

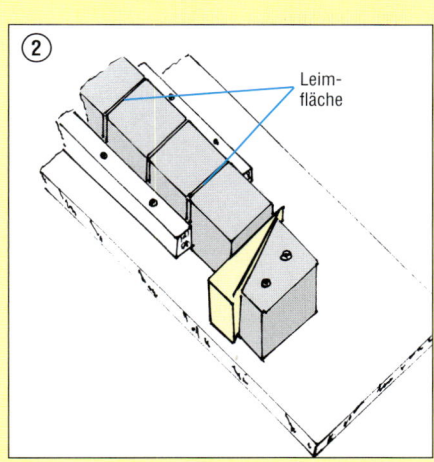

Spannhilfe durch Keile

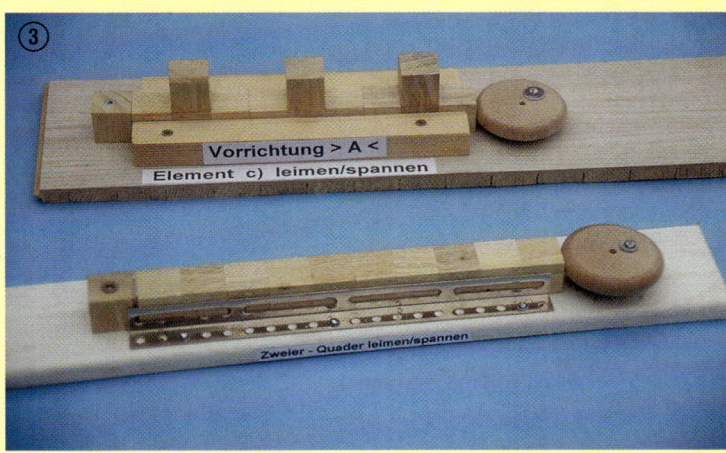

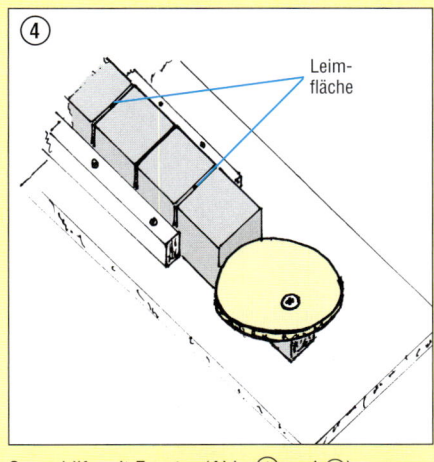

Spannhilfe mit Exenter (Abb. ① und ③)

Arbeitsplatzeinrichtung

Für jeden Arbeitsplatz muss entsprechend den dort vorgesehenen Arbeitsgängen entschieden werden,
- welche Vorrichtungen benötigt werden und wie viele,
- welche Hilfsmittel (Leim, Lappen, …) bereitzustellen sind,
- ob die Möglichkeit der Zwischenlagerung (Trocknungszeit) geschaffen werden muss,
- wie die Weitergabe zum nächsten Platz erfolgt,
- wie von der Kontrolle zurückgegebene Stücke neu überarbeitet werden,
- wie Sicherheit und saubere Arbeitsplätze gewährleistet werden.

Fertigungsablauf

Arbeitsplätze

- Betrachtet Abb. ② und informiert euch (☞ S. 113). Sprecht darüber, wie ein Flussdiagramm aufgebaut ist und was die Symbole bedeuten.

- Teilt für jeden Arbeitsplatz die Mitarbeiter ein. Achtet bei der Besetzung der Arbeitsplätze/Fertigungsinseln Abb. ② und Abb. ①, S. 31 darauf, dass während der Fertigung möglichst kein Stau und kein Leerlauf entsteht.

- Ordnet die Arbeitplätze so an, dass ein sinnvoller Ablauf eurer Fertigung erreicht wird. Stellt den Ablauf eurer Fertigung wie in Abb. ② in einem Flussdiagramm als Wandzeitung dar.

Arbeitsplatzbeschreibung

Auf einer Arbeitskarte werden die Einrichtung des Arbeitsplatzes und die Tätigkeiten genau aufgelistet. In Abb. ① ist dies für „Leimen von Element c)" dargestellt.

① **Arbeitsplatz: Element c) des SOMA-Würfels leimen**

Einrichtung:
- Arbeitstisch
- Zwei gleiche Spannvorrichtungen A und B
- Leim mit Pinsel
- Leimbrett, Schwamm, Küchenpapierrolle

Zulieferung:
- fertige Elemente a) in Behälter
- Einzelwürfel in Behälter

Tätigkeiten:
- Leim auf Leimbrett auftragen
- Ein Element a) in Spannvorrichtung einlegen
- Einen Würfel durch „Tupfen" Leim auftragen
- Würfel in Spannvorrichtung an Element a) → Vorgang dreimal durchführen
- trocknen lassen → währenddessen zweite Vorrichtung befüllen, spannen
- erste Vorrichtung entleeren
- fertige Elemente in Behälter einlegen
- Vorrichtung ggf. reinigen, neu befüllen …

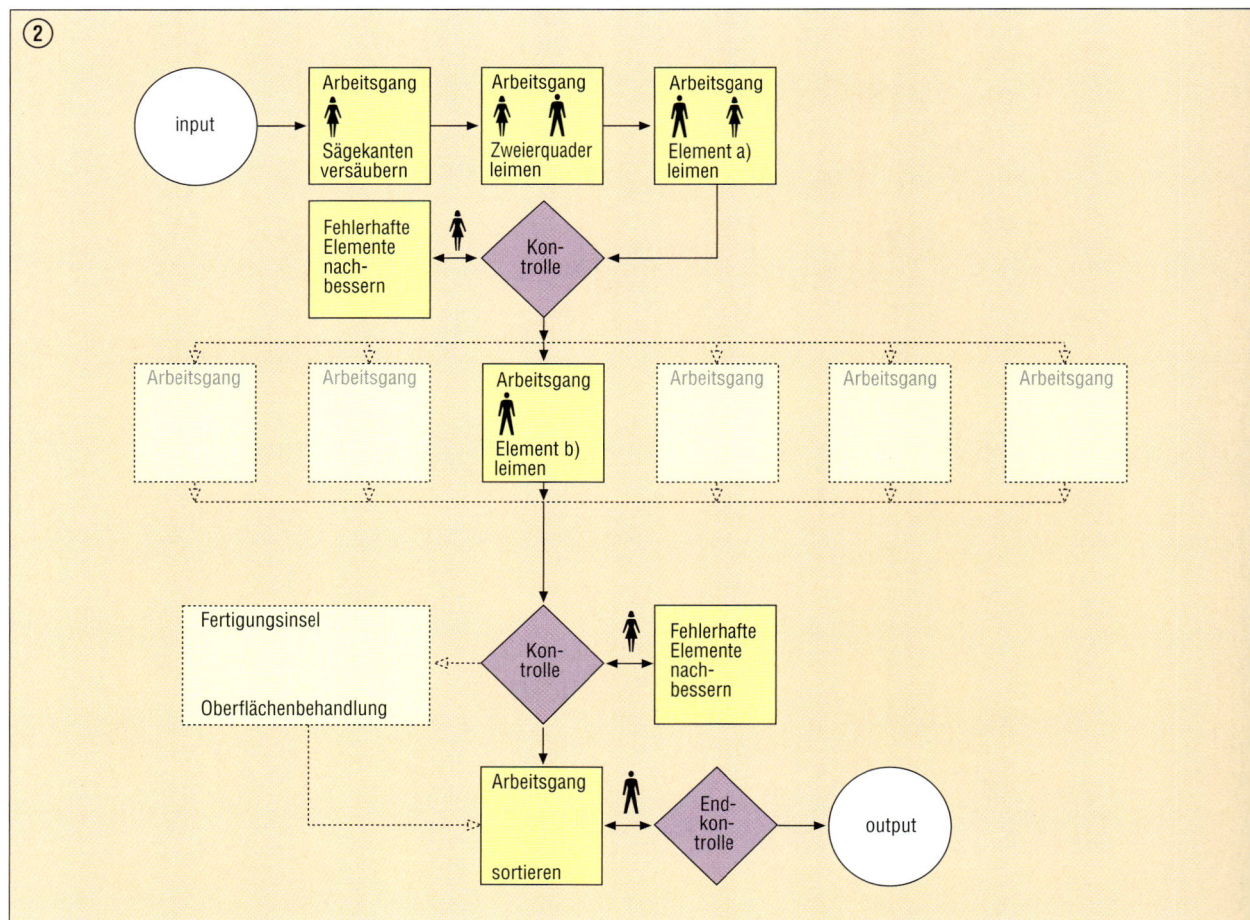

Fertigung

Und nun

viel Erfolg bei der Fertigung der SOMA-Würfel in Serie!

Die Elemente des SOMA-Würfels könnt ihr unbehandelt belassen oder die Oberfläche der 7 Elemente behandeln durch Wachsen o. Ä., ☞ S. 101.

Interessant ist es, die einzelnen Elemente farblich unterschiedlich zu gestalten.

Im Flussdiagramm in Abb. ① sind die Arbeitsgänge für die Oberflächenbehandlung zu einer „Fertigungsinsel" zusammengefasst.

● Stellt die von euch vorgesehenen Arbeitgänge in einem Flussdiagramm nach Abb. ① übersichtlich dar.

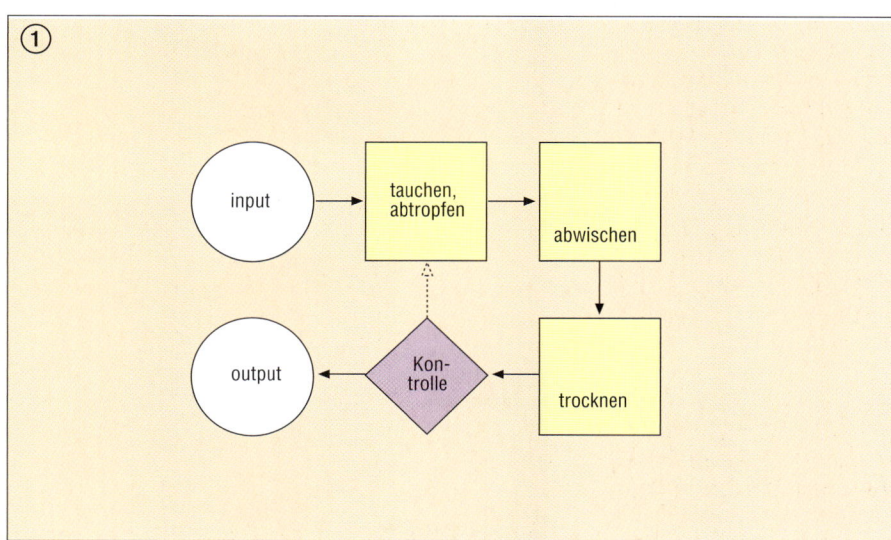

Flussdiagramm: Fertigungsinsel „Oberflächenbehandlung"

Tipps
Oberflächenbehandlung durch Tauchen; Hilfsmittel zum Trocknen der Elemente

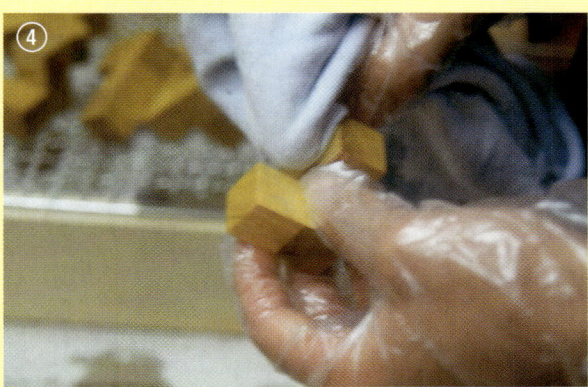

Sortieren   prüfen   verpacken   ausliefern

Erkundung:
Serienfertigung von Holzspielzeug im Betrieb

Nach der Fertigung des SOMA-Würfels in unserem „Schulbetrieb" erkundeten wir die Fertigung in einem Industriebetrieb.
Die Firma stellt Holzspielzeuge her und beschäftigt dazu in der Fertigung 15 Mitarbeiter.

Auszüge aus Schülerberichten:

Entwicklung des Prototyps

Der Chef, Herr Beck aus Hülben, erklärte die Grundsätze für die Planung eines neuen Produkts in seinem Betrieb:
- *Holzspielzeug ist für Kinder gedacht und muss deshalb formschön, griffig (abgerundete Kanten) und haltbar sein. Es muss aus gesundheitlich unbedenklichem Material gefertigt werden.*
- *Das Produkt muss so kostengünstig wie möglich gefertigt werden, ohne dass die Qualität darunter leidet. Deshalb ist es günstig, wenn das Produkt mit den bereits vorhandenen Möglichkeiten des Betriebes (Arbeitskräfte, Werkzeuge, Maschinen, Einrichtungen) gefertigt werden kann, um teure Neuanschaffungen zu vermeiden.*

Fertigungszeichnung Arbeitsgänge Arbeitplatzeinrichtung

Vom Prototyp (Abb. ④) wird die Fertigungszeichnung für das Serienprodukt erstellt, werden Arbeitsgänge, Arbeitsplatzeinrichtung und Personalbesetzung festgelegt, der Fertigungsablauf geplant, eventuell notwendige Zwischenlager bereitgestellt und der Zeitaufwand für die Fertigung ermittelt.
Entsprechend den Festlegungen des Prototyps werden die Werkstoffe für die geplante Stückzahl eingekauft und bereitgestellt.

Probedurchlauf Fertigungsablauf Vorrichtungsbau

Vor dem Probedurchlauf werden die benötigten Vorrichtungen gebaut und ein günstiger Fertigungsablauf eingerichtet. Beim Durchlauf
- *werden die Vorrichtungen ausprobiert und optimiert,*
- *werden Probleme im Fertigungsablauf (Stau oder Leerlauf) festgestellt und behoben,*
- *wird immer wieder geprüft, bei welchen Arbeiten sich für die herzustellende Stückzahl der Bau von Vorrichtungen und der Einsatz von Maschinen lohnt.*

Speziell entwickelte Vorrichtungen bzw. Maschinen werden eingesetzt, um rationell und kostengünstig zu produzieren:
In einer Schleiftrommel werden die Kanten der Holzteile „automatisch" abgerundet. Es können viele Holzteile in der sich drehenden Trommel geschliffen werden. Dies geschieht mittels kleiner Schleifpapier- und Schleifscheibenresten die zum Teil auf Holzstückchen befestigt sind. Die Trommel kann durchgehend Tag und Nacht arbeiten.

Fertigung in Serie

Aufgrund der Erfahrungen aus dem Probedurchlauf wird die Produktion großer Stückzahlen eingerichtet und durchgeführt.

- Lest die Auszüge aus den Erkundungsberichten der Technikgruppe.
- Betrachtet die Bilder (Abb. ① – ④) und schreibt auf, welche Funktionen die dargestellten technischen Einrichtungen haben. Vergleicht mit eurer Fertigung.
- Schreibt Fragen auf, die ihr bei einer Erkundung stellen möchtet.

In langsam drehenden Trommeln werden Holzteile geschliffen

Teile der Kugelbahn werden geleimt

Die Kugelbahn wird in der Werkbank eingespannt

Kuverts in Serie gefertigt

Gegenstand	Werkstoffe	mögliche Fertigungsverfahren	gewünschte Stückzahl
Kuverts	poppiges Papier	schneiden/ kleben	

Eine Technikgruppe entscheidet sich für die Fertigung von **Kuverts** in Serie. Diese sollen nicht so eintönig sein wie die gebräuchlichen Kuverts, sondern aus einem Papier gefertigt werden, das als Kuvert „pfiffig" aussieht.

Planung

Prototyp   Arbeitsgänge   Vorrichtungen   Fertigungsablauf

- Bildet Gruppen.
- Öffnet die Klebestellen von Kuverts unterschiedlichen Formats und unterschiedlicher Anordnung der Klebestellen.
- Zeichnet das Netz und stellt fest, wo gefalzt und wo geklebt wird. Bezeichnet die Stellen. Beachtet, dass der Klebstoffauftrag so erfolgen muss, dass nicht durch vorquellenden Klebstoff die Vorder- und die Rückseite des Kuverts miteinander verkleben.
- Erkundigt euch, welche Formate gebräuchlich sind bzw. nach deren Portokosten, wenn die Kuverts mit der Post verschickt werden sollen.
- Wählt eure Papiere (Abb. ①) aus (Gestaltung, Falzbarkeit, Gewicht etc.).
- Bedenkt den Platz für das Adressfeld.

- Fertigt in Partnerarbeit je ein Kuvert als Prototyp (☞ S. 112).
- Notiert auf Kärtchen für jeden Arbeitsgang, welche Tätigkeiten dabei auszuführen sind, welche Werkzeuge benötigt werden und welche Hilfsmittel/Vorrichtungen eingesetzt werden können.
- Stellt eure Ergebnisse vor.
- Entscheidet anhand der Prototypen
  – welches Format die Kuverts haben sollen und wie die Klebestellen angeordnet werden,
  – wie viele Kuverts gefertigt werden sollen,
  – welche Papiere ihr verwenden wollt,
  – wie ihr die Kuverts fertigen wollt (Organisation, Vorrichtungen etc.).

Organisation der Fertigung

Bei hoher Stückzahl bietet es sich an, dass nicht jede Schülerin/jeder Schüler ein paar Kuverts als Einzelstücke fertigt, sondern dass arbeitsteilig ☞ S. 113 gefertigt wird. Das bedeutet, dass jeweils Gruppen bestimmte Arbeiten übernehmen, z. B. „Schneiden der Papiere", „Falzen".

Bewertung

- Lest die Ausführungen zur Bewertung (☞ S. 156 ff.) und besprecht, welche Gesichtspunkte bei einer Serienfertigung besonders gewichtet werden sollten.
- Einigt euch auf Kriterien und deren Gewichtung.

Vorrichtungsbau

- Entwickelt und baut in Gruppenarbeit Schablonen/Vorrichtungen für
  – das Schneiden der Papiere,
  – das Falzen,
  – das Zusammenkleben der Kuverts,
  – den Auftrag des Klebestreifens für das Verschließen der Kuverts,
  damit die Kuverts schnell, passgenau und in stets gleich bleibender Qualität gefertigt werden können.
- Testet und optimiert eure Vorrichtungen.

Tipps zum Vorrichtungsbau

● Betrachtet die Tipps Abb. ① – ④ und überlegt, ob sie euch helfen können, eure Ideen zum Bau der Vorrichtungen zu verwirklichen.

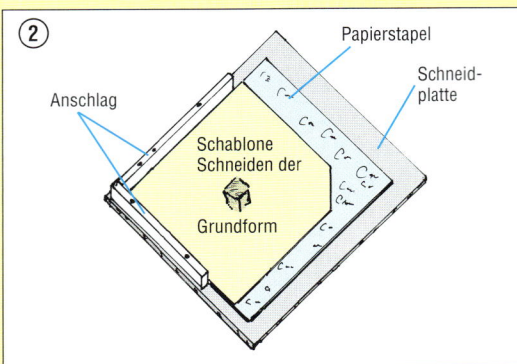

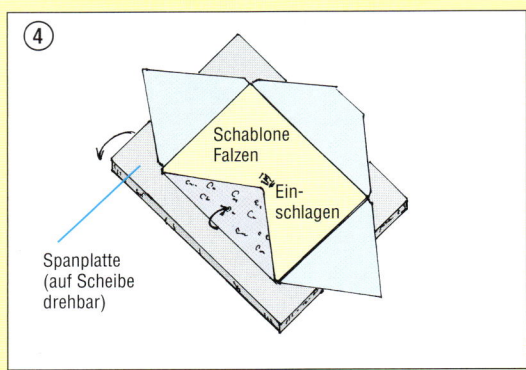

Arbeitsplatzeinrichtung

Für jeden Arbeitsplatz muss entsprechend den dort vorgesehenen Arbeitsgängen entschieden werden,
– welche Schablonen/Vorrichtungen benötigt werden und wie viele,
– welche Hilfsmittel bereitzustellen sind,
– ob die Möglichkeit zur Zwischenlagerung (Trocknungszeit) geschaffen werden muss,
– wie die Weitergabe zum nächsten Platz erfolgt,
– wie von der Kontrolle gemeldete Fehler vermieden werden,
– wie saubere Arbeitsplätze gewährleistet werden.

Fertigungsablauf

● Ordnet die Arbeitsplätze so an, dass ein sinnvoller Ablauf eurer Fertigung erreicht wird. Stellt den Ablauf eurer Serienfertigung wie in Abb. ⑤ in einem Flussdiagramm dar.
● Teilt für jeden Arbeitsplatz die Mitarbeiter so ein, dass während der Fertigung möglichst wenig Leerlauf oder Stau entsteht.

Arbeitplatzbeschreibung Tätigkeiten

Auf einer Arbeitskarte können die Einrichtungen und die Tätigkeiten für jeden Arbeitsplatz genau aufgelistet werden (Abb. ⑥).

⑥ **Arbeitsplatz:**
Arbeitsgang „Kleber auftragen"
Arbeitsgang „Kleben"

Einrichtung: Arbeitstisch – Schablonen, Kleber, Schwamm, Küchentuch

Zulieferung in Behältern: Umschläge (Boden und Seitenklappen gefalzt)

Tätigkeiten: Umschlag auflegen ➔ Schablone passgenau darauflegen ➔ Kleber an den Aussparungen auftragen ➔ Schablone abnehmen ➔ Bodenklappe einschlagen ➔ Seitenklappen einschlagen ➔ Klebestellen andrücken ➔ Umschlag in Behälter ablegen.

Fertigung

> **Tipps** zum Verschließen der Kuverts
> Für das Kleben der Seitenklappen eignet sich ein Klebestift. Der Kleber soll lösungsmittelfrei sein, rasch abbinden und das Papier wenig wellen. Auf die Verschlussklappe muss ein Kleber aufgetragen werden, der wasserlöslich ist, damit er nach dem Trocknen wieder klebt, wenn er befeuchtet wird.
> Der Kleber muss „physiologisch unbedenklich", also z.B. auf Stärke- oder Zuckerbasis hergestellt sein.

Sortieren prüfen verpacken ausliefern

Industrielle Fertigung von Briefumschlägen und Versandtaschen

Herr Fink, der Leiter der Aus- und Fortbildung der Fa. B., erläutert am „Tag der offenen Tür":

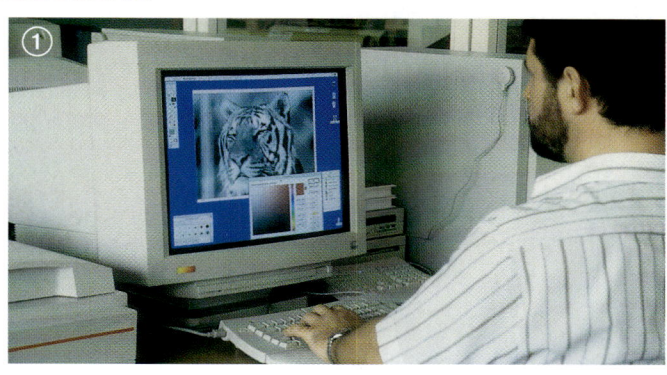

Wir fertigen täglich ca. 8 Millionen Einheiten und verarbeiten auf 120 Fertigungsmaschinen ca. 65 t Papier.
In der Firma werden vor der Auftragsannahme für Briefumschläge oder Versandtaschen mit dem Kunden das Aussehen (Standard- oder Sonderformat, Gewicht, Aufdruck, farbliche Gestaltung, Sichtfenster), die Stückzahl, der Liefertermin und der Preis vereinbart. Mithilfe von CAD ist es möglich, die Gestaltung mit dem Kunden zu entwickeln bzw. kurzfristig Änderungen vorzunehmen, z.B. bei Versandtaschen für Kataloge. Oft werden dann Prototypen in kleiner Stückzahl hergestellt, damit der Kunde diese vor der endgültigen Bestellung testen kann.
Durch die Vernetzung des Entwicklungsbüros mit dem Einkauf und der Fertigung können die benötigten Daten, Formate und Liefermöglichkeiten für die Papierbahnen durch die Papierfabrik bei der Planung sofort mit einbezogen werden. So ist es möglich, neben den gängigen Standardumschlägen, die meistens in Großserien bis zu 50 Mill. Stück laufen, vor allem spezielle Aufträge anzunehmen. Diese werden schon in Kleinstserien von 2 000 – 5 000 Stück oder in Kleinserien von 10 000 – 30 000 Stück z.B. für besonders gestaltete Umschläge oder große Versandtaschen aufgelegt.

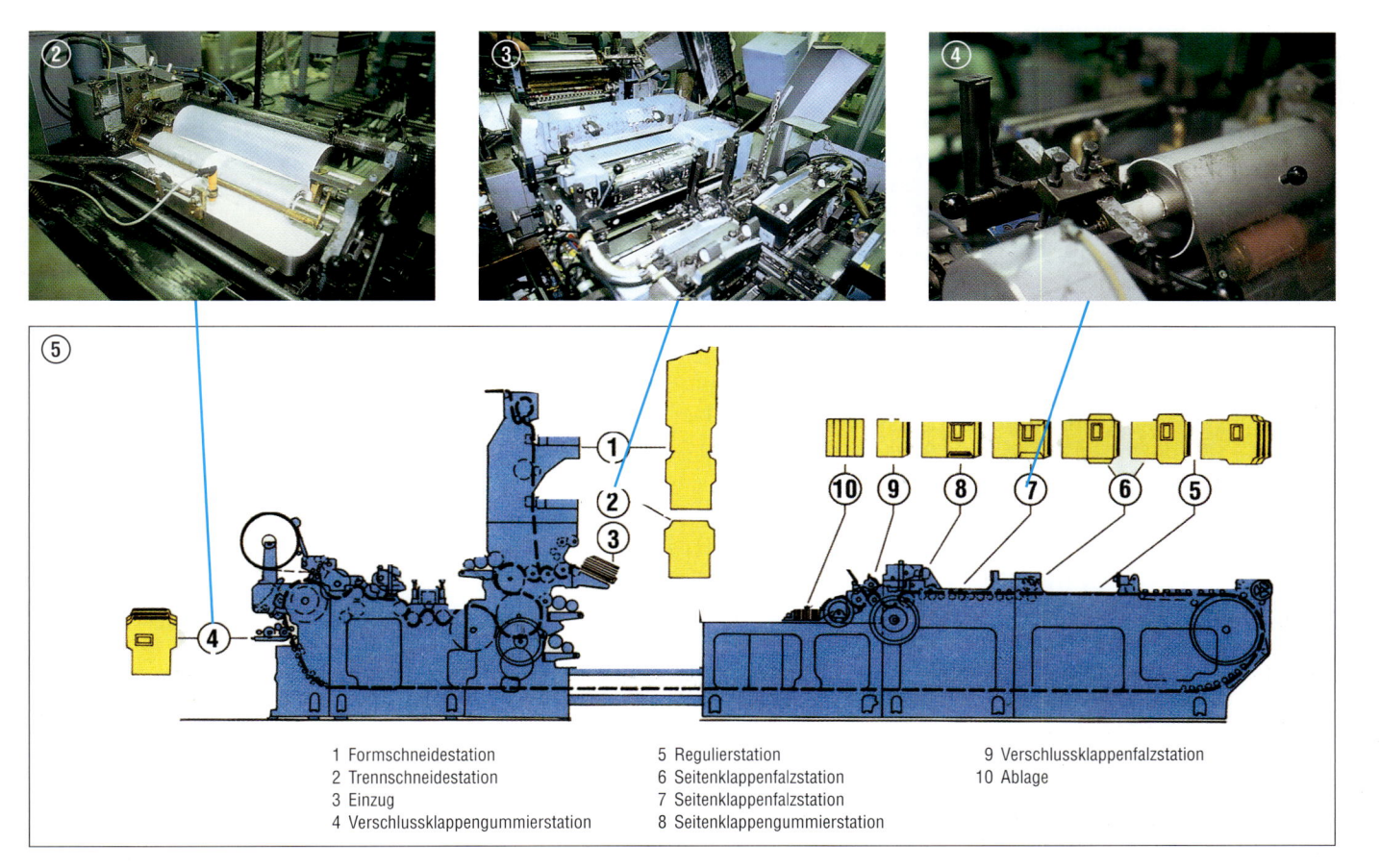

1 Formschneidestation	5 Regulierstation
2 Trennschneidestation	6 Seitenklappenfalzstation
3 Einzug	7 Seitenklappenfalzstation
4 Verschlussklappengummierstation	8 Seitenklappengummierstation
	9 Verschlussklappenfalzstation
	10 Ablage

- Sprecht darüber, wo sich eure Fertigung und die industrielle Serienfertigung ähnlich sind und wo sie sich unterscheiden. Nennt Gründe.
  Vergleicht die Tätigkeiten bei eurer Fertigung mit den Anforderungen, die an eine Mitarbeiterin/einen Mitarbeiter in der industriellen Fertigung z.B. am abgebildeten Automaten gestellt werden.

Plaketten in Serie gefertigt

Gegenstand	Werkstoffe	mögliche Fertigungsverfahren	gewünschte Stückzahl
Plaketten	schmelzbares Metall	gießen in Sandformen	ca. 20

Eine Technikgruppe entscheidet sich für die Fertigung von **Plaketten** in Serie im **Sandgussverfahren**.
Dieses Verfahren ermöglicht es, eine einmal als Modell angefertigte Plakette oder eine bereits vorhandene Plakette beliebig oft durch Gießen abzubilden. Als Modell können Gegenstände aus den verschiedensten Materialien dienen.
Die Hohlform, oder Gießform, die ausgegossen werden soll, wird durch öl- oder tongebundenen Formsand gebildet. Dieser wird um das Modell herum in einem Formkasten verdichtet (Abb. ①). Um das Modell herausnehmen und dadurch die Hohlform bilden zu können, sind die Formkästen zweiteilig. Damit beim Eingießen des flüssigen Metalls die verdrängte Luft und überschüssiges Metall hochsteigen können, wird zu dem Eingusstrichter ein weiterer Trichter als Steiger (Abb. ①) angelegt.

Sicherheitshinweise beachten! ☞ S. 116, 117

Planung/Vorbereitung

- Bildet Gruppen.
- Bereitet je Gruppe anhand der Beschreibung und der Abbildung ☞ S. 116 und 117 einen Probeguss vor und gießt nach der Beschreibung ☞ S. 117 euren Prototyp.
- Notiert auf Kärtchen die notwendigen Arbeitsgänge, die benötigten Formen, Materialien und Hilfsmittel.

Bewertung

- Lest die Ausführungen zur Bewertung ☞ S. 156 und besprecht, welche Kriterien bei einer Serienfertigung im Gegensatz zur Einzelfertigung stärker berücksichtigt werden sollten.
- Einigt euch auf Bewertungskriterien und deren Gewichtung.

Arbeitsgänge Vorrichtungen Probeguss

- Stellt eure Ergebnisse den anderen Gruppen vor und besprecht eure Erfahrungen.
- Besprecht, bei welchen Arbeitgängen Schwierigkeiten auftraten und wie ihr sie gelöst habt.
- Entscheidet euch aufgrund der von euch gemachten Erfahrungen und der Ergebnisse für eine Plakette als Prototyp und legt die zu gießende Stückzahl fest.
- Stellt die dafür benötigte Anzahl von Formen, Materialien und die Hilfsmittel bereit.

Organisation der Fertigung

Das Gießverfahren ist besonders geeignet, um arbeitsteilig ☞ S. 113 zu fertigen. Dabei können
– die einzelnen Arbeitsgänge wie „Einlegen der Plakette", „Einfüllen des Formsands" jeweils an einem Arbeitsplatz von einem oder gleichzeitig an mehreren Plätzen durch weitere Mitarbeiter erledigt werden (Abb. ②),
– bestimmte Arbeitsgänge zu Fertigungsinseln zusammengefasst werden, wo Arbeitsgruppen z.B. „Einbringen des Formsandes", „Formen der Mulden", „Gießen" nach dem Werkstattprinzip ☞ S. 112 übernehmen (S. 37, Abb. ①).

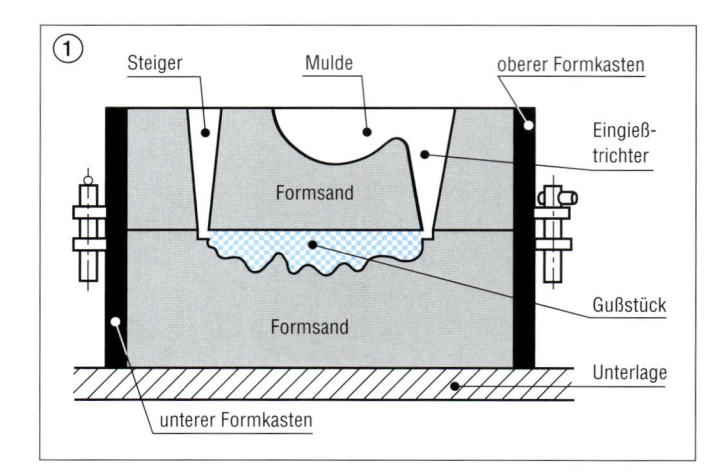

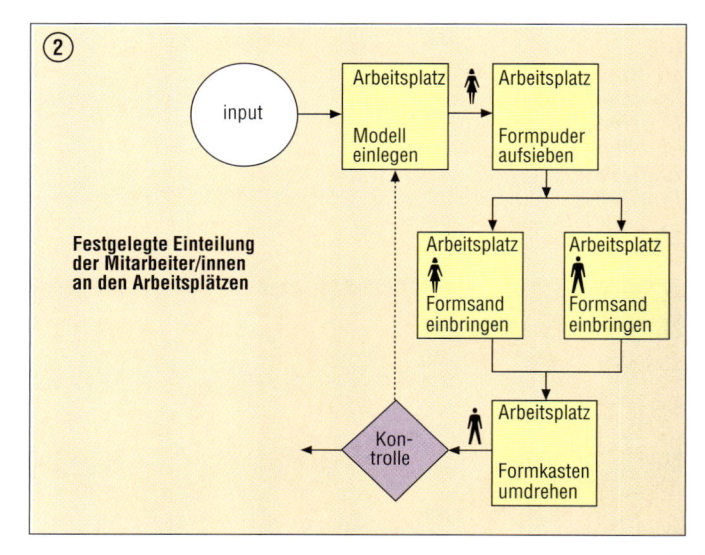

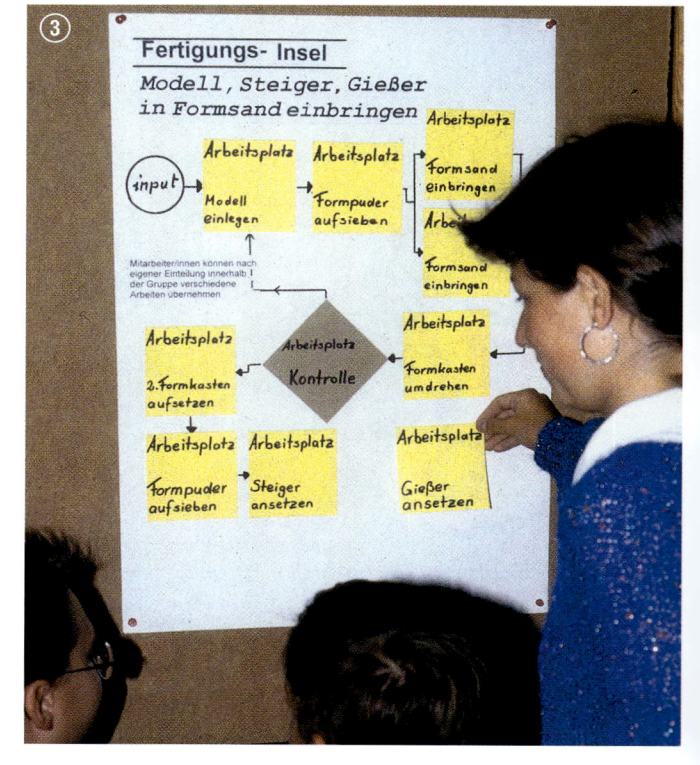

Fertigungsablauf

Mitarbeiter

- Organisiert den Arbeitsablauf so, dass
  - sich die Arbeitsgruppen nicht behindern,
  - der Weitertransport reibungslos läuft,
  - kein Leerlauf oder Stau entsteht.
- Stellt den Ablauf eurer Serienfertigung wie in Abb. ① in einem Flussdiagramm als Wandzeitung dar.

Fertigung ☞ S. 116 und 117

Und nun

viel Spaß und Erfolg

bei der Serienfertigung in eurem Gießereibetrieb!

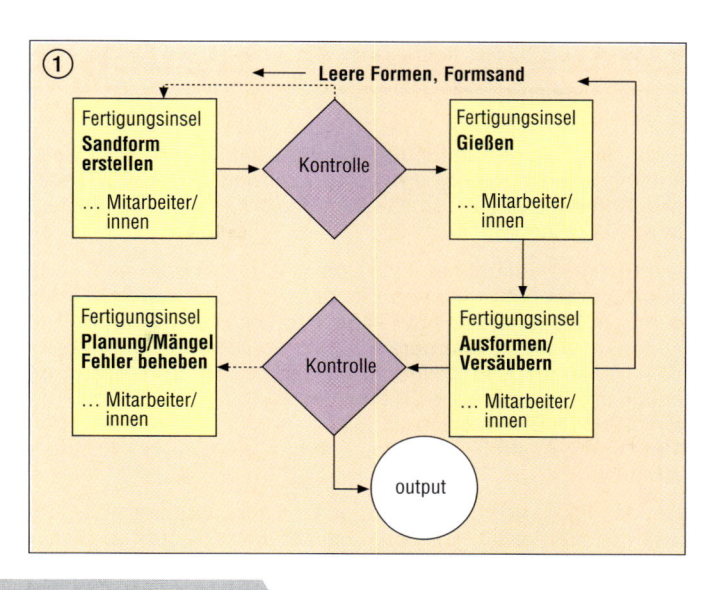

Ausformen Wiederaufbereitung ☞ S. 117

① Leere Formen, Formsand — Fertigungsinsel **Sandform erstellen** … Mitarbeiter/innen → Kontrolle → Fertigungsinsel **Gießen** … Mitarbeiter/innen → Fertigungsinsel **Ausformen/Versäubern** … Mitarbeiter/innen → Kontrolle → Fertigungsinsel **Planung/Mängel Fehler beheben** … Mitarbeiter/innen → output

Meine Erfahrungen bei der Arbeit in der Serienfertigung

- Beschreibt, wie ihr eure Arbeit in der Serienfertigung erlebt habt und berichtet über eure Erfahrungen.
- Bildet Gruppen. Stellt aus euren Berichten Aussagen zusammen, die euch wichtig sind, und formuliert dazu Fragen, die ihr einem Experten stellen wollt. Vergleicht mit Abb. ②.
- Berufsausbildung: ja oder nein? Lest die Aussagen dazu in Abb. ③. Diskutiert darüber!

② *Ich kann mir nicht vorstellen, dass ich für solche Arbeiten eine dreijährige Berufsausbildung brauche. Welche Ausbildung haben die in Ihrem Betrieb Beschäftigten, und wie wird das in der Zukunft?*

Bisher fertigte ich „mein Werkstück" so, wie ich es haben wollte. Bei der Serienfertigung war es mir zunehmend egal, wie ich meine Arbeit ausführte. Hauptsache, sie war fertig! Empfinden das Ihre Mitarbeiter auch so?

Mir war es langweilig und stressig, die gleiche einfache Arbeit immer wieder zu machen. Kann es sein, dass eine Arbeiterin im Betrieb die gleiche einfache Arbeit jahrelang macht?

Arbeit in der Serienfertigung im Betrieb – Gespräch mit einem Experten

Tipps zu Expertengesprächen

- Fragen vorbereiten (Abb. ②).
- Fragen dem Experten zur Vorbereitung übermitteln.
- Den Experten bitten, Anschauungsmaterial mitzubringen (Abb. ③).
- Termin frühzeitig vereinbaren.
- Raum (Sitzordnung, Tageslichtprojektor, Tonbandgerät …) vorbereiten.
- Festlegen, wie die Ergebnisse festgehalten und ausgewertet werden.

③ Von 100 Beschäftigten hatten

Jahr	Lehre BFS	keine Ausbildung	FHS/UNI
1976	50	36	14
1991	59	20	21
2010	63	10	27

Industrielle Fertigung

Tätigkeiten	Qualifikation
manuelle Fertigung	Grund-Berufe
Maschinen warten, bedienen, umrüsten	Spezialisierung
prüfen, messen	Angelernte, Umschulung

Vom Erz zum Gebrauchsgegenstand aus Metall

Eisen ist eines der am häufigsten verwendeten Metalle. Eisen kommt selten in reiner Form vor, sondern als Eisenerz (Eisenerz: Gemenge aus Eisen, Gestein und Mineralien mit mindestens 20% Eisenanteil).

Die Eisenerzvorkommen sind über die ganze Erde verteilt. In der Bundesrepublik können Eisenerzvorkommen wegen ihres geringen Eisengehaltes (10–45%) zur Zeit nicht wirtschaftlich abgebaut werden. **Eisenerz** aus Übersee ist trotz der anfallenden Transportkosten billiger, weil es in den Hauptlieferländern häufig im Tagebau abgebaut werden kann (Abb. ①). So lieferten 1996 z.B. Brasilien 55,3%, Kanada 14%, Schweden 13,1% und Australien 9% des Eisenerzbedarfes der Bundesrepublik.

Um das Eisen aus dem Erz herauszulösen, muss es im Hochofen geschmolzen werden. Ein großer **Hochofen** liefert 11000t Roheisen pro Tag. Dazu müssen 18000t Erz (einschließlich Zuschlägen), 5000t Koks und 15000–20000t Heißwind (also 13,2 Milliarden Liter) herangeschafft werden. Zum Kühlen des Ofens fließen täglich 96 Millionen Liter Wasser durch das Kühlsystem.

Ein Hochofen, der eine Lebensdauer von etwa 6 Jahren hat, wird während dieser Zeit nie abgeschaltet.

Das so gewonnene Roheisen wird im Stahlwerk weiterverarbeitet, indem der im Roheisen enthaltene Kohlenstoff auf unter 1,5% reduziert wird.

Noch in glühendem Zustand wird der Stahl im Walzwerk zu Blechen und Profilen (Abb. ⑤) geformt. So sind große Industrieanlagen (Abb. ②) mit Hochöfen, Stahl- und Walzwerken erforderlich, um aus Eisenerz den vielseitig verwendbaren Werkstoff Stahl (☞ S. 118) zu erzeugen.

- Welche Metalle kennt ihr? Sammelt kleine Gegenstände aus verschiedenen Metallen. Erstellt eine Tabelle wie in Abb. ③ auf Karton, befestigt darauf die Metallgegenstände und füllt die Tabelle aus.

③

Metall	Gegenstand	Chemisches Kurzzeichen	Aussehen	Eigenschaften	Verwendung	...
Kupfer	Kabel	Cu	rötlich	weich	elektrischer Leiter	
Aluminium						

- Erklärt mithilfe der Grafik Abb. ④ den Weg vom Eisenerz zum Stahl.

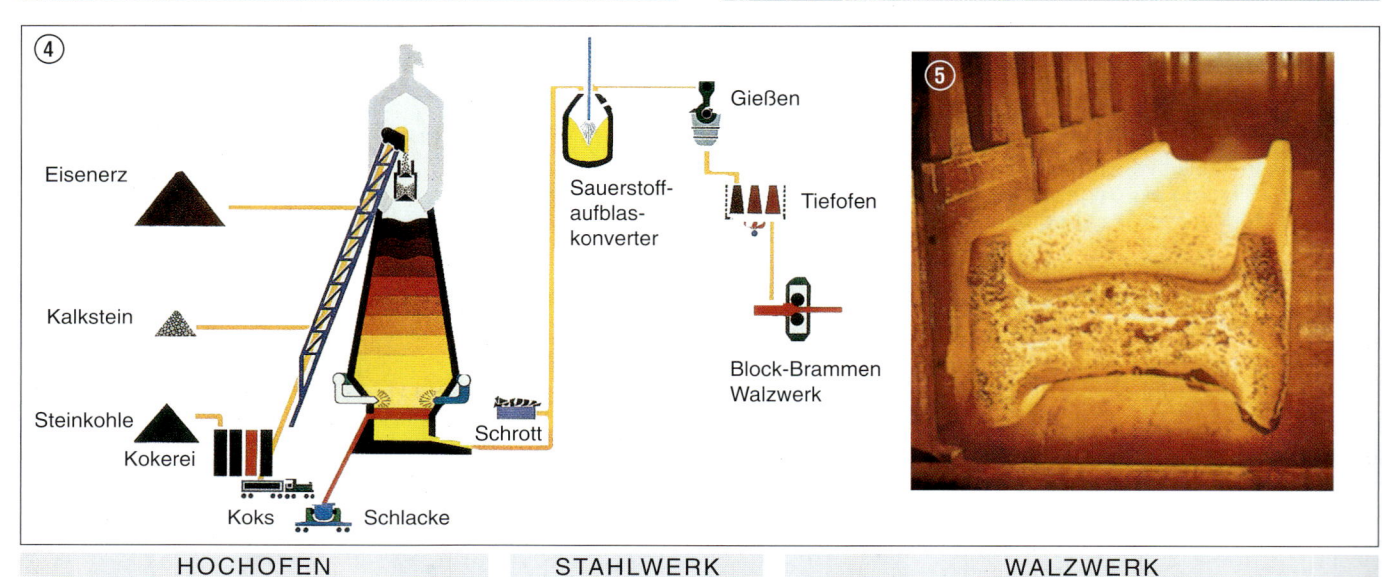

HOCHOFEN — STAHLWERK — WALZWERK

38

Werkstücke aus Metall, selbst hergestellt

Verstellbarer Schraubenschlüssel und Schraubendreher als Beispiele

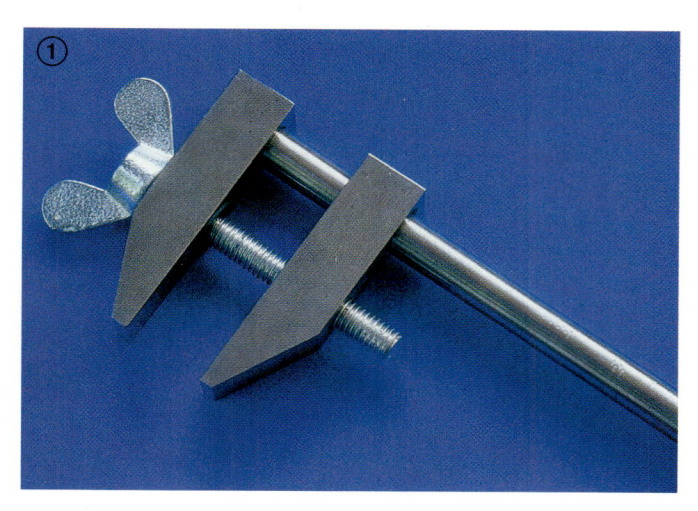

①

- Funktion erkunden
- Anforderungen festlegen
- Bewertungskriterien
- Maße entwickeln
- Skizze/Zeichnung erstellen
- Material auswählen
- anreißen, sägen, feilen, bohren, gewinden
- Oberfläche behandeln
- Bewertung

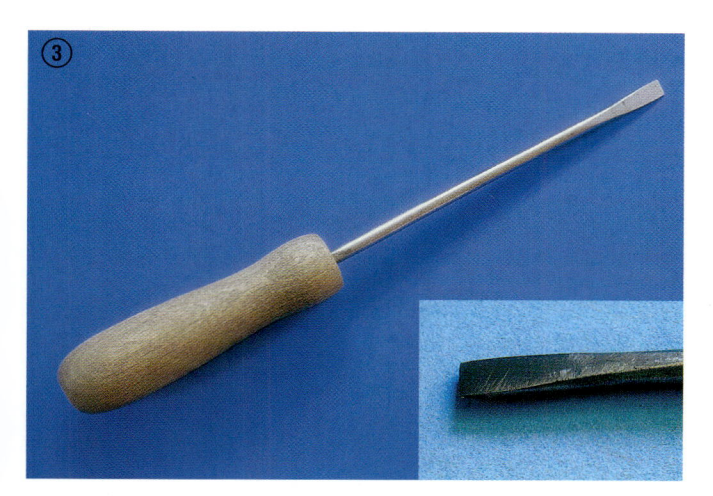

②

③

- Anforderungen festlegen
- Form, Maße entwickeln
- Bewertungskriterien
- Skizze anfertigen
- Arbeitsablauf planen
- anreißen, sägen, feilen, schmieden, härten, anlassen, schleifen
- Griffform
- versäubern
- Bewertung

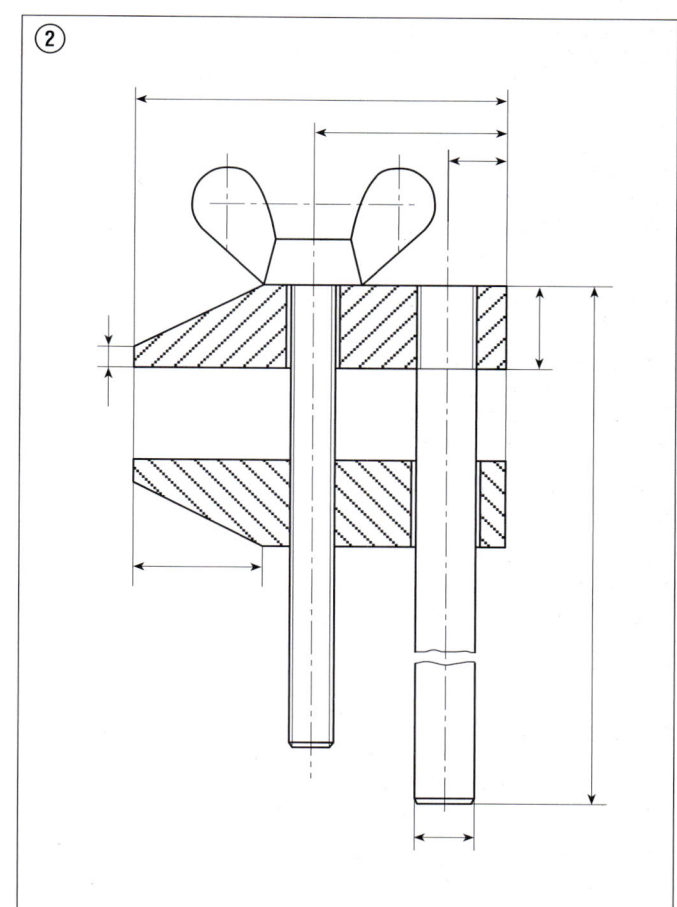

④

Weiteres Beispiel: Kerzenständer

- Anforderungen festlegen
- Form, Maße entwickeln
- Bewertungskriterien
- Skizze
- Arbeitsablauf planen
- anreißen, sägen, scheren, feilen, hartlöten
- Oberfläche behandeln
- Bewertung

Bei der Planung und Fertigung von Gebrauchsgegenständen aus Metall erfahren und lernen wir,

- wie man Metalle ihren speziellen Eigenschaften entsprechend für einen bestimmten Zweck auswählt und zweckmäßig bearbeitet,
- wie man Gegenstände entwirft, plant, fertigt und bewertet,
- wie man technische Zeichnungen liest und anfertigt,
- wie man nach einem Fertigungsplan arbeitet,
- mit welchen Werkzeugen Metalle bearbeitet werden,
- wie man Werkzeuge sachgerecht und sicher handhabt,
- wie man Metalloberflächen schützt,
- wie man im Team arbeitet,
- wie man die Qualität der selbst gefertigten Werkstücke bewertet.

Vom Halbzeug zum Werkzeug:
Herstellung eines Schraubendrehers oder eines Schraubenschlüssels
Werkzeuge zum Lösen und Anziehen von Schraubverbindungen

①
Schraube/Mutter \ Werkzeug	a)	b)	c)	d)	…	…
Gabelschlüssel	x					
Ringschlüssel	x					
Steckschlüssel	x					
verstellbarer Stahlschraubenschlüssel	x					
verstellbarer Rollgabelschlüssel	x					
Schraubendreher		x				
Kreuzschlitzschraubendreher						
…						

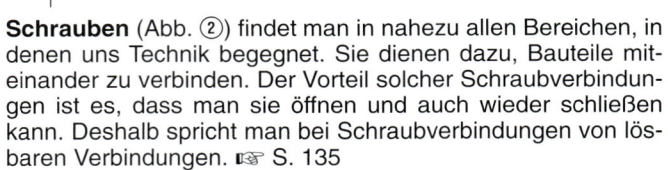

Muster

Schrauben (Abb. ②) findet man in nahezu allen Bereichen, in denen uns Technik begegnet. Sie dienen dazu, Bauteile miteinander zu verbinden. Der Vorteil solcher Schraubverbindungen ist es, dass man sie öffnen und auch wieder schließen kann. Deshalb spricht man bei Schraubverbindungen von lösbaren Verbindungen. ☞ S. 135

In Abb. ② sind verschiedene Arten von Muttern und Schrauben dargestellt und in Abb. ③ **Werkzeuge** zum Lösen bzw. Festziehen solcher Schrauben und Muttern.

- Betrachtet die Schrauben und Muttern und stellt fest, in welchen wesentlichen Punkten sie sich unterscheiden.
- Überlegt, mit welchen Werkzeugen die einzelnen Schrauben gelöst bzw. festgezogen werden können und ordnet die passenden Werkzeuge und Schrauben einander zu (Abb. ①).
- Betrachtet Abb. ② und ③ auf Seite 39 und entscheidet, ob ihr einen verstellbaren Schraubenschlüssel oder einen Schraubendreher herstellen wollt.
  Bildet Gruppen und ermittelt die Bedingungen, die ein Schraubendreher oder ein verstellbarer Schraubenschlüssel erfüllen muss. Notiert.

Wenn wir im Technikunterricht ein Werkzeug zum Öffnen und Schließen von Schraubverbindungen selbst herstellen, müssen Form und Abmessungen des Werkzeugs, die Auswahl des Stahls (Abb. ④ und ⑤) und geeignete Fertigungsverfahren sorgfältig geplant werden.

Überlegungen zur Bewertung:

Bei der Bewertung von Leistungen im Technikunterricht können viele Gesichtspunkte, wie Konstruktionsideen, Ordnung am Arbeitsplatz, sachgerechter Umgang mit Werkzeug und Material, Fähigkeit zur Zusammenarbeit, Genauigkeit, Funktion des Werkstücks, und auch Kenntnisse einfließen. Deshalb ist es wichtig, dass man sich bereits in der Planungsphase damit auseinandersetzt. Gemeinsam solltet ihr deshalb festlegen, welche Leistungen von der Idee bis zum fertigen Produkt berücksichtigt und wie sie gewichtet werden sollen.

- Informiert euch ☞ S. 156 über Grundlagen der Bewertung.
- Einigt euch auf wichtige Bewertungskriterien für die Planung und Fertigung eines Werkzeugs zum Öffnen bzw. Schließen von Schraubverbindungen.
  Lasst euch Möglichkeiten offen, während der Herstellung des Werkzeugs weitere Kriterien hinzuzufügen.

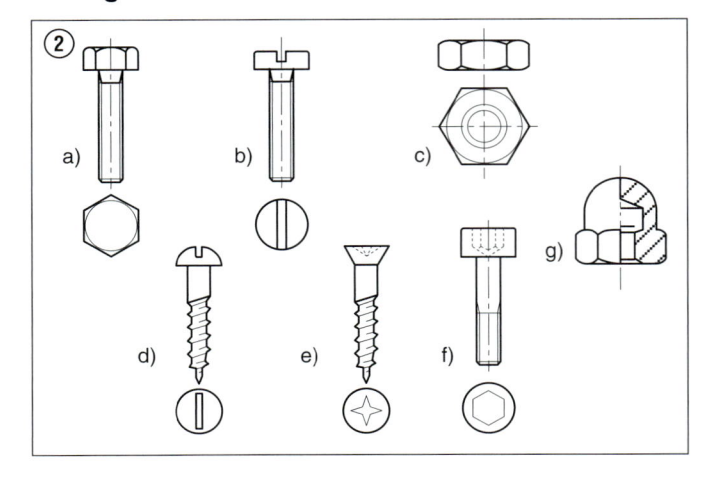

⑤ **Werkstofftabelle**

Benennung	Werkstoff	Norm	Maße
St37K	Baustahl	12 DIN 178-St37K	Querschnitt 12 x 12 mm
St37K	Baustahl	8 DIN 668-St37K	Durchmesser 8 mm
C110	Werkzeugstahl	5 DIN 668-C110	Durchmesser 5 mm

St37K ist ein unlegierter und kaltverformter Stahl. Dieser Stahl hat eine Zugfestigkeit von mindestens 37 N/mm² und einen Kohlenstoffgehalt von ≤ 0,18 %.

C110 ist ein unlegierter Werkzeugstahl, der für eine Wärmebehandlung vorgesehen ist (☞ S. 119). Dieser Stahl hat einen Kohlenstoffgehalt von 1,1 %.

Grundlagen der Planung

Wenn man ein Werkzeug zum Öffnen und Schließen von Schraubverbindungen selbst herstellen will, muss man zuvor die wesentlichen Gebrauchsanforderungen dieses speziellen Werkzeugs ermitteln. Das Werkzeug wird dann entsprechend geplant und gefertigt.

Für die **Planung** muss festgelegt werden:
- für welche Art und für welche Größe von Schrauben bzw. Muttern das Werkzeug geeignet sein soll;
- welche Form und Größe das Werkzeug haben soll;
- welcher Stahl für das Werkzeug geeignet ist ☞ S. 119.

Sind diese Kriterien festgelegt, so lässt sich mithilfe von Modellen die Funktion des Werkzeugs klären. Dabei müssen die Halbzeugabmessungen berücksichtigt werden. Danach können Skizzen gefertigt und Maße entwickelt werden (Abb. ①).

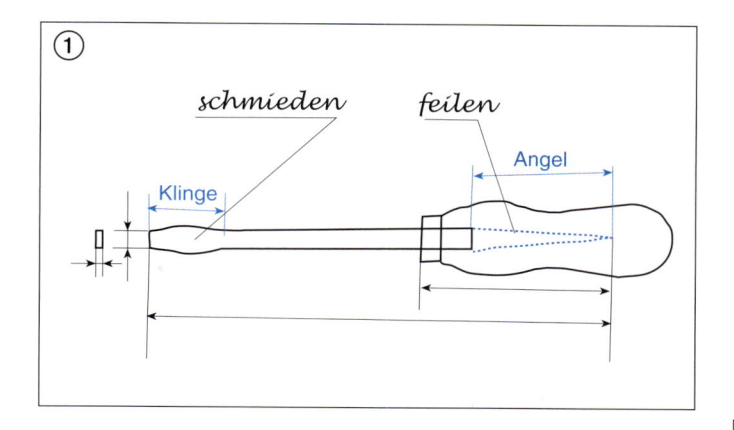

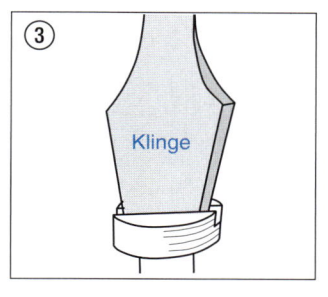

Planung des Schraubendrehers

Die Schülerinnen und Schüler der Klasse 8b haben sich dafür entschieden, einen **Schraubendreher** für eine Zylinderkopfschraube M4 zu fertigen. Dabei sind sie folgendermaßen vorgegangen:

Sie haben
- aus den im Technikraum vorhandenen Schraubendrehern einen passenden ausgewählt,
- durch Umfahren des Schraubendrehers mit einem Bleistift eine Skizze gefertigt (Abb. ①),
- in die Skizze die erforderlichen Maße eingetragen,
- sich entschieden, die Klinge des Schraubendrehers zu schmieden und die Angel zu feilen ☞ S. 123,
- sich entschieden, als Griff ein gekauftes Feilenheft zu verwenden (Abb. ②),
- sich beraten lassen, welcher Stahl für den Schraubendreher geeignet ist, und sich für den Werkzeugstahl C110 entschieden.

- Sprecht über die Vorgehensweise der Klasse 8b und klärt Fragen.
- Trefft eure Entscheidung.
- Fertigt für euren Schraubendreher die Skizze und plant den Fertigungsablauf entsprechend.

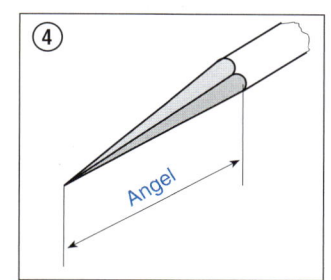

Fertigung des Schraubendrehers

Bereits bei der Planung habt ihr besprochen, wie der Schraubendreher gefertigt werden kann.

- Legt die einzelnen Arbeitsgänge fest, notiert sie auf Kärtchen und ordnet sie zu einem Fertigungsablauf an.
- Erstellt einen Fertigungsplan (☞ S. 11–13) und fertigt danach den Schraubendreher.
- Bei der Umsetzung des Fertigungsplanes kann es vorkommen, dass die Abfolge der Arbeitsschritte nicht eingehalten werden kann, weil beispielsweise nicht mehrere Schüler gleichzeitig bohren können. Wie kann dieses Problem gelöst werden?

Länge des Rundstahls anreißen

Länge der Angel anreißen

Rundstahl sägen, entgraten

Angel-„Pyramide" feilen

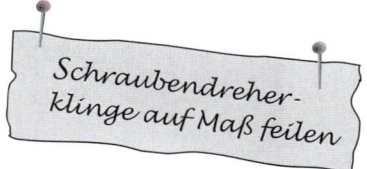

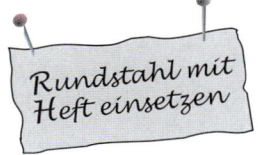

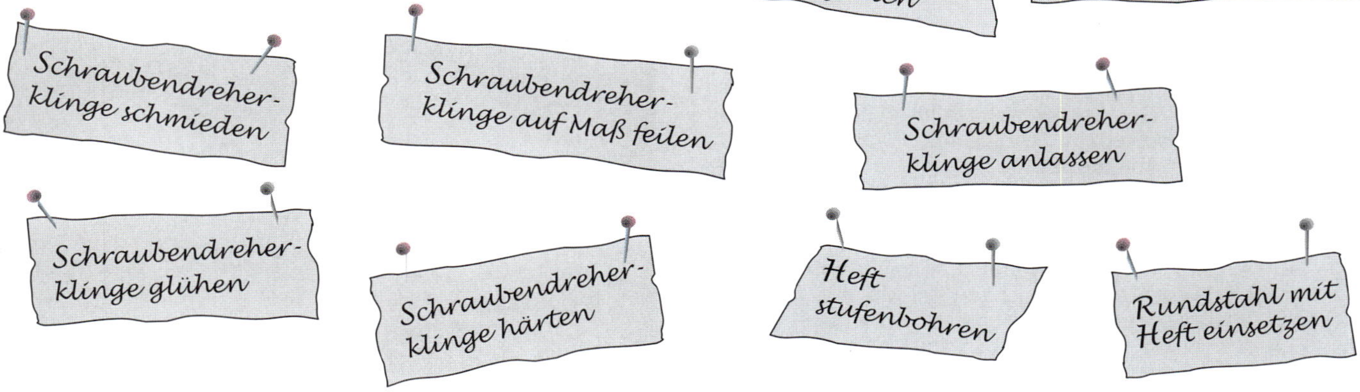

Schraubendreherklinge schmieden

Schraubendreherklinge auf Maß feilen

Schraubendreherklinge anlassen

Schraubendreherklinge glühen

Schraubendreherklinge härten

Heft stufenbohren

Rundstahl mit Heft einsetzen

Tipps

- Die Angel des Schraubendrehers kann wie in Abb. ① pyramidenförmig gefeilt werden. Schutzbacken verwenden.
- Rundstahl so am Anriss einspannen, dass die Angel über den Schraubstock hinausragt. Die Schraubstockbacken dienen dabei als Anschlag für die Feile. Knappes Einspannen verhindert ein „Pfeifen" beim Feilen.
- Damit das Feilenheft beim Eintreiben der Angel nicht springt und die Angel im Heft einen guten Halt hat, muss bei nicht vorgebohrten Feilenheften eine Stufenbohrung gebohrt werden (Abb. ③). Das Feilenheft wird dazu in die Prismenaufnahme des Bohrschraubstocks eingespannt.

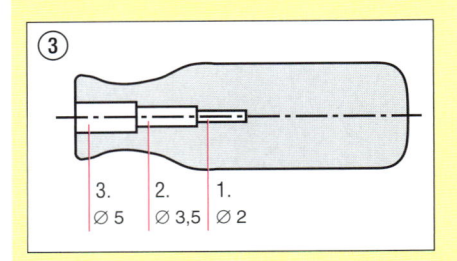

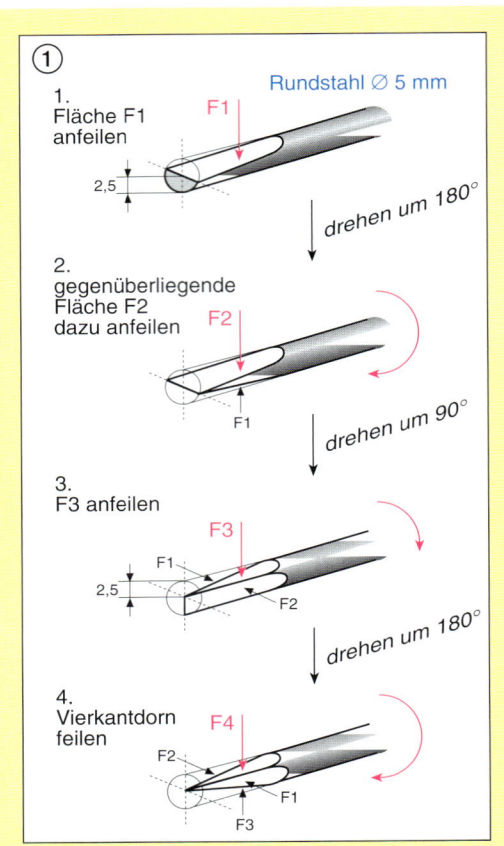

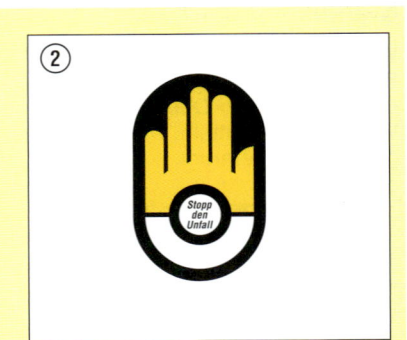

①
1. Fläche F1 anfeilen — Rundstahl ⌀ 5 mm — 2,5
   drehen um 180°
2. gegenüberliegende Fläche F2 dazu anfeilen
   drehen um 90°
3. F3 anfeilen — 2,5
   drehen um 180°
4. Vierkantdorn feilen

③
3. ⌀ 5   2. ⌀ 3,5   1. ⌀ 2

②

- Die Wärmebehandlung des Stahls erfordert konzentriertes und genaues Arbeiten innerhalb des erforderlichen Temperaturbereichs:
  – Nur bei der richtigen Schmiedetemperatur lässt sich exakt schmieden (☞ S. 128).
  – Beim Härten und Anlassen die erforderlichen Glüh- und Anlasstemperaturen durch exakten Vergleich mit den Glüh- und Anlassfarben einhalten (☞ S. 129).

Bewertung

- Bewertet nach den von euch festgelegten Kriterien und den Ergänzungen, die ihr im Verlauf eurer Arbeit vorgenommen habt. ☞ S. 40

Planung des verstellbaren Schraubenschlüssels

Die Klasse 8a hat sich dafür entschieden, einen Schraubenschlüssel herzustellen, dessen Backen sich stufenlos verstellen lassen, damit er für Muttern und Schrauben unterschiedlicher Größe passt. Er soll auch als Minischraubstock verwendet werden können.

Dabei sind sie folgendermaßen vorgegangen:
Sie haben
– einen im Technikraum vorhandenen Schraubenschlüssel bezüglich Aufbau und Funktion analysiert,
– Werkzeuge mit vergleichbarer Funktion (Schraubzwinge, Schraubstock, Maschinenschraubstock) untersucht.

Der Klasse 8a standen die in Abb. ④, S. 40, dargestellten Halbzeuge und Normteile zur Verfügung. Weil sich Stahl als Material für den schnellen Bau von Funktionsmodellen nicht eignet, hat die Klasse in Partnerarbeit aus Holz jeweils ein Modell zur Klärung des Funktionsprinzips und zur Maßentwicklung gefertigt (Abb. ⑤).

- Bildet Gruppen und untersucht den Aufbau und die Funktion eines verstellbaren **Schraubenschlüssels,** einer Schraubzwinge, eines Schraubstocks oder eines Maschinenschraubstocks. Probiert die Werkzeuge aus. Skizziert den Aufbau und beschreibt, wie die Teile zusammenwirken. Stellt euer Ergebnis vor.
- Stellt für die Planung eures Werkzeugs in Partnerarbeit Modelle aus Holz her und klärt dabei das Zusammenwirken der Teile, deren Form und Größe. Verwendet Holzprofile mit denselben Abmessungen wie die euch zur Verfügung stehenden Halbzeuge aus Stahl.
- Erstellt zu jedem Teil, das ihr anfertigen müsst, eine technische Zeichnung. ☞ S. 80 ff.

Fertigung des verstellbaren Schraubenschlüssels

Bereits bei der Planung habt ihr besprochen, wie der **Schraubenschlüssel** gefertigt werden kann.

- Legt die einzelnen Arbeitsgänge fest, notiert sie auf Kärtchen (Abb. ①) und ordnet sie zu einem Fertigungsablauf an.
- Erstellt einen Fertigungsplan (☞ S. 11–13) und fertigt danach den Schraubenschlüssel.
- Bei der Umsetzung des Fertigungsplanes kann es vorkommen, dass die Abfolge der Arbeitsschritte nicht eingehalten werden kann, weil beispielsweise nicht mehrere Schüler gleichzeitig bohren können. Wie kann dieses Problem gelöst werden?

Tipps

- Sollen Bohrungen in zwei Teilen exakt dieselbe Position haben, müssen beide Teile zusammen in den Maschinenschraubstock eingespannt und gemeinsam gebohrt werden (Abb. ②).

- Um Fehler zu vermeiden, muss überlegt vorgegangen und exakt gearbeitet werden. Besonders wichtig ist dies bei der Zentrierbohrung für den Rundstahl und für die Schraube. Dabei ist die „Bohrlage" der Backen zu kennzeichnen, weil sie funktionsbestimmend für den Schraubenschlüssel ist (Abb. ③).

- Beim Aufbohren der Zentrierbohrung am einzelnen Backen muss das Zusammenwirken der Teile beachtet werden, damit die Bohrungen mit dem für diese Stelle vorgesehenen Durchmesser gebohrt werden (Abb. ④).

- Ein Sicherungsring DIN 6799 ⌀ 5,5 (für M6) hilft, wenn man mit einer Flügelschraube die bewegliche Backen hin und her bewegen will. Der Sicherungsring wird dazu wie in Abb. ⑤ auf einen Gewindegang geschoben.

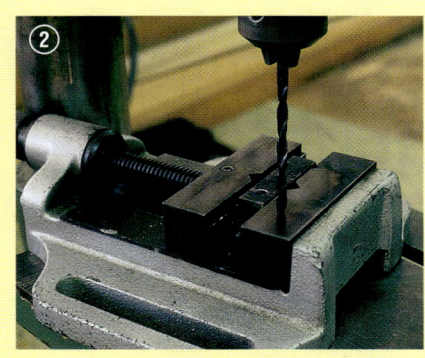

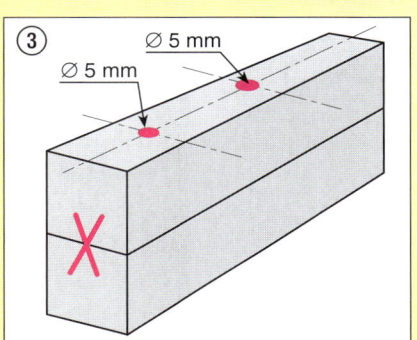

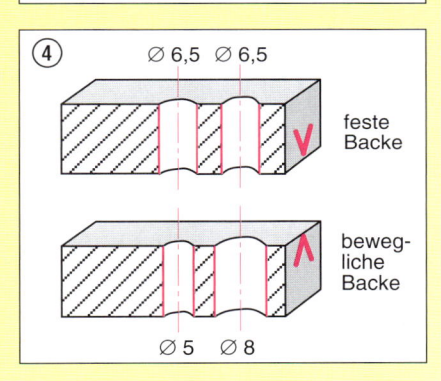

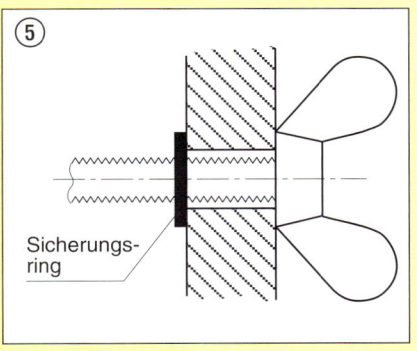

Bewertung

- Bewertet nach den von euch festgelegten Kriterien und den Ergänzungen, die ihr im Verlauf eurer Arbeit vorgenommen habt. ☞ S. 40

① Kärtchen:
- Oberfläche behandeln
- Backen auf Maß feilen
- Backen auf Form sägen, feilen
- Rundstahl auf Maß feilen, entgraten
- montieren
- Bohrung für Gewinde senken
- Durchgangsbohrungen aufbohren
- Innengewinde in Backen schneiden
- Außengewinde auf Rundstahl schneiden
- Rundstahl ablängen
- Teile entgraten
- Backen ablängen
- Backen bohren

Verwendung und Funktion von Maschinen

Schon immer ist es das Bestreben der Menschen, sich schwere körperliche Arbeiten leichter zu machen bzw. die menschliche Kraft durch Hilfsmittel und Geräte zu unterstützen.

Die ersten Geräte oder **Maschinen** wurden wohl durch Ausprobieren entwickelt. Zufällige Beobachtungen oder bestimmte alltägliche Anforderungen regten die Menschen dazu an, Lösungen für dabei auftretende Probleme zu suchen. Dabei entdeckten sie physikalische Gesetzmäßigkeiten und übertrugen diese auf immer neue Anwendungsgebiete.

Im Mittelalter wurden zunehmend die Muskelkraft der Tiere, die Wasser- und die Windkraft eingesetzt als Antrieb von Schöpfwerken, Mühlen und Lastenaufzügent (☞ S. 133). Neben der Muskelkraft des Menschen standen früher und durch die Erfindung der Dampfmaschine und des Motors in der Neuzeit größere, leicht übertragbare und überall einsetzbare **Antriebe** zur Verfügung.

Wasserschöpfrad an der Regnitz/Franken

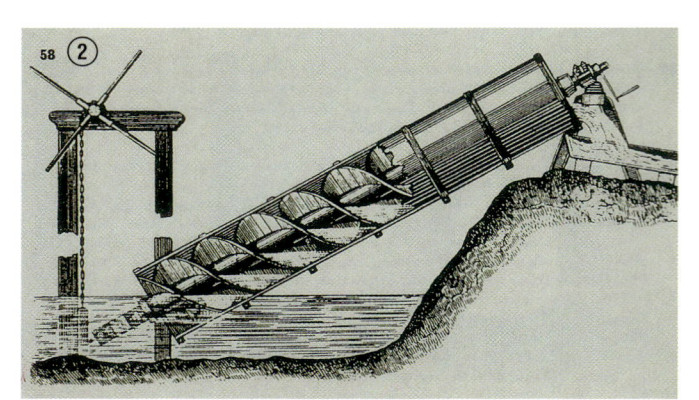

Archimedische Schraube (Archimedes 287–212 v. Chr.)

Waren es in der Renaissance nur einige namhafte Gelehrte und Erfinder wie Leonardo da Vinci und Galileo Galilei, die wegen ihrer Erfindungen berühmt wurden, so ist es heute eine große Zahl von Wissenschaftlern, Ingenieuren, Erfindern und Tüftlern, die immer neue Maschinen für alle denkbaren Anwendungsgebiete entwickeln und fortlaufend verbessern. Dabei müssen sie neben Antriebsproblemen Probleme der Kraftübertragung, der Lagerung des Arbeitsteils, der Steuerung und Regelung, aber auch des richtigen Zusammenspiels aller dieser Funktionsteile lösen.

Der Einsatz einer großen Zahl von Maschinen veränderte und verändert die Arbeits- und Lebensbedingungen des Menschen. Dies erfordert ein verantwortungsbewußtes Umgehen mit den Möglichkeiten der Technik zum Wohle von Mensch und Umwelt.

- Lest den Text und betrachtet die Abb. ①–④.
  Welchen Zweck erfüllt jeweils das Gerät/die Maschine? Durch welche maschinentechnische Konstruktion wird dies erreicht?
- Wie funktioniert die „Archimedische Schraube"?
- Gibt es in eurer Umgebung Beispiele aus der Geschichte der Wasserversorgung?
  Wie funktioniert eure örtliche Wasserversorgung?
  Überlegt, wie ihr z. B. in Erkundungsteams hierzu Informationen beschaffen, Sachfragen klären und die Ergebnisse euren Mitschülern darstellen könnt.

Pumpenanlage zur Wasserversorgung heute

Maschinen und technische Anlagen zur Wasserförderung:
Wir erkunden – experimentieren – bauen

Projekt
- Problemstellung
- erkunden, sich informieren
- Informationen, Daten analysieren, strukturieren
- argumentieren
- Meinung bilden
- dokumentieren
- handeln, praktisch umsetzen
- Ergebnisse reflektieren

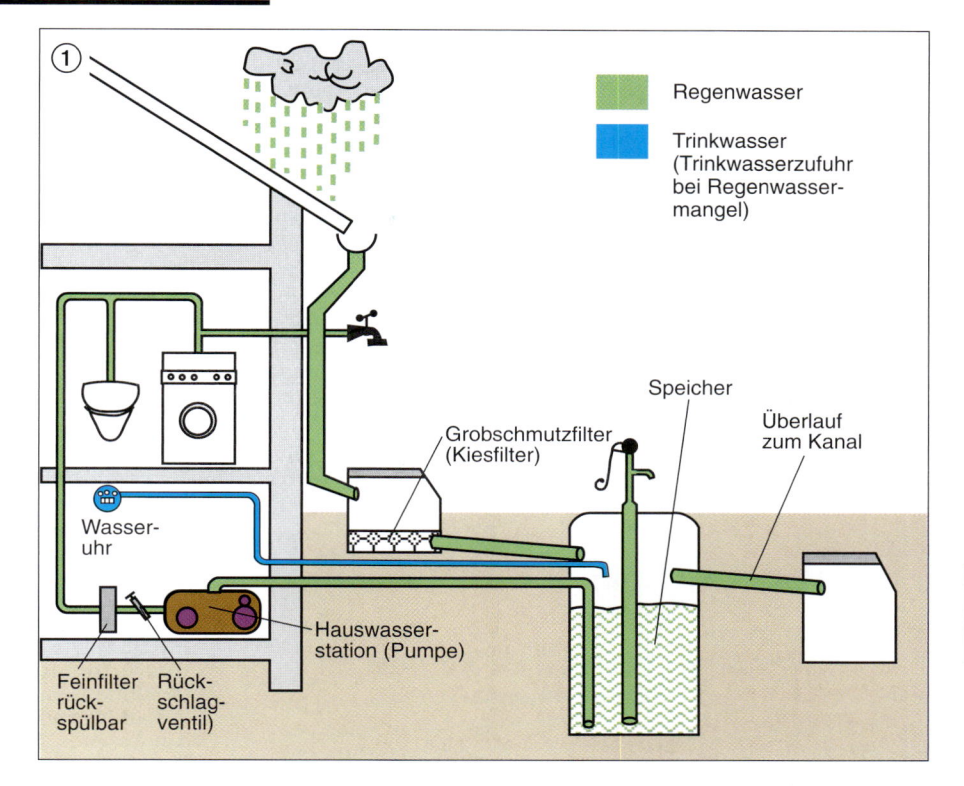

① Regenwasser / Trinkwasser (Trinkwasserzufuhr bei Regenwassermangel)

Speicher, Überlauf zum Kanal, Grobschmutzfilter (Kiesfilter), Wasseruhr, Hauswasserstation (Pumpe), Feinfilter rückspülbar, Rückschlagventil

- Fördertechnische Problemstellung
- Experimentieren
- Demontageanalyse
- Pumpe herstellen
- Zeichnung, Stückliste
- Teile fertigen, montieren
- Ansaugung und Rotor konstruieren
- testen, optimieren
- Bewertung

②

Beim Erkunden von technischen Anlagen zur Wasserförderung, bei der Funktionsanalyse von Maschinen, beim Experimentieren und beim Bau von Modellen lernen und erfahren wir,

– welche Gründe zum Bau und Einsatz der Maschinen und Anlagen führen,
– wie Maschinen eingesetzt werden, wie sie funktionieren, wie sie gebaut sind und wie die einzelnen Teile zusammenwirken,
– wie selbst entwickelte und vorgefertigte Bauteile eingesetzt und montiert werden.

Dabei
– arbeiten wir im Team,
– können wir lernen und Erfahrung gewinnen, wie man in der Gruppe nach der Projektmethode arbeitet, um Problemstellungen aus der Wirklichkeit aufzugreifen und Lösungsmöglichkeiten zu finden,
– können wir lernen, Bewertungskriterien für Lösungen aufzustellen, zu argumentieren und Entscheidungen zu treffen.

Trinkwasser ist kostbar – Möglichkeiten zur Einsparung

Ein Projekt der Klasse 8

Ein Erkundungsteam der Klasse 8 (vergl. Aufgaben S. 44) hat sich mit der örtlichen Wasserversorgung beschäftigt und berichtet den Mitschülern (Abb. ③). Bei ihrer Erkundung haben sie erfahren, dass Fragen der Einsparung beim Verbrauch des kostbaren Trinkwassers Thema in der Gemeinde sind.
Eine Möglichkeit, die diskutiert wird, ist die Regenwassernutzung.
Die vielfältigen Fragen zu diesem Thema in der Klasse zeigten, dass ein großes Interesse bestand, sich mit den Möglichkeiten der Nutzung von Regenwasser intensiv zu befassen. Schon aus den Fragen der Mitschüler wurde klar, dass die Erarbeitung des Themas viele Bereiche tangiert. Deshalb ging die Klasse 8 in Gruppenarbeit daran, die Vorstellungen, Ideen, Fragen, Vorbehalte usw. offen zu äußern und auf Kärtchen festzuhalten. In Abb. ② sind Beispiele dafür, was auf den Kärtchen notiert wurde.
In einem Kreisgespräch wurden anschließend die Karten geordnet. Unter der Moderation von Tina einigte sich die Klasse auf Überschriften zu einzelnen Bereichen (Abb. ④).

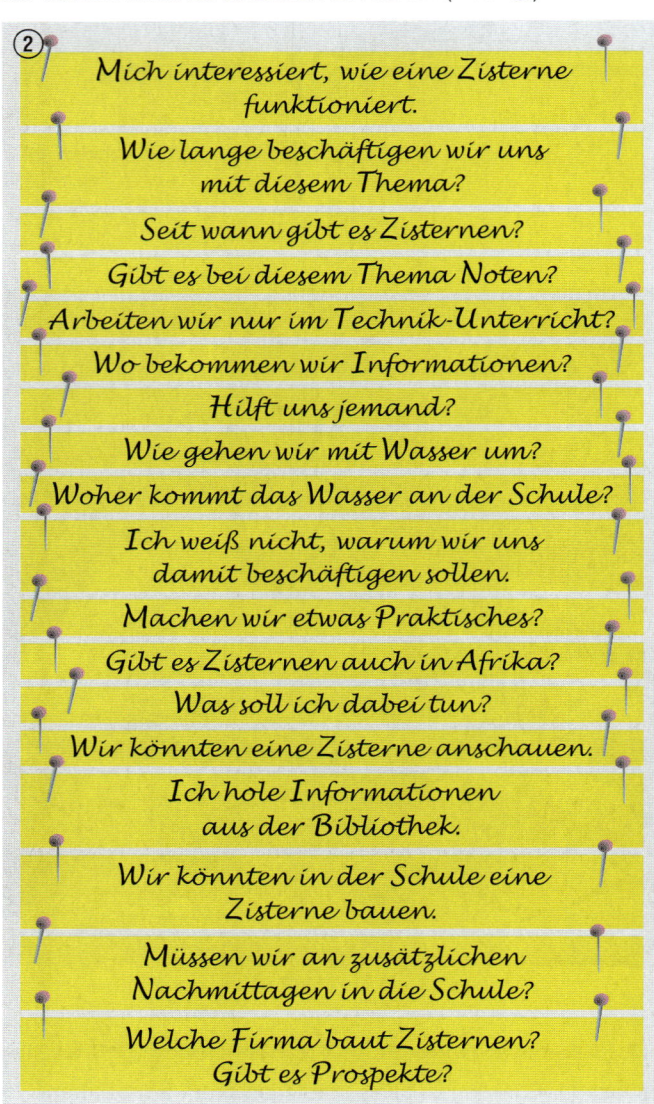

① **Illertissen zahlt für Regenwassernutzung**
Häuslebauer bekommen höchstens 1000 Mark
Von unserem Redaktionsmitglied Inge Sälze-Ranz

ILLERTISSEN. 25 Prozent der Investitionskosten, maximal aber 1000 Mark, soll die Stadt Illertissen Häuslebauern zuschießen, wenn sie eine Regenwassernutzungsanlage in ihr Haus einbauen. Dafür hat sich am Dienstag bei einer Gegenstimme der Illertisser Umwelt- und Verkehrsausschuss ausgesprochen. Wie und zu welchen Kosten Regenwasser als Brauchwasser genutzt werden darf, regelt eine Satzung, deren Entwurf in der kommenden Woche im Bau- und Werkausschuss diskutiert wird.

Vor einem halben Jahr war in Illertissen beschlossen worden, eine Satzung ausarbeiten zu lassen, wie und zu welchen Zwecken Regenwasser im Haushalt verwendet werden darf. Nämlich nur zur Gartenbewässerung, Toilettenspülung, zum Wäschewaschen und für „untergeordnete Reinigungszwecke", sagt der jetzt vorliegende Entwurf.
Aufgefangen werden darf das Regenwasser nur auf den Dächern, gespeichert vorzugsweise in Erdtanks. Das Rohrnetz der Regenwassernutzungsanlage darf keine Verbindung mit dem Netz der Trinkwasserversorgungsanlage haben. Und bevor eine Anlage in Betrieb geht, muss sie von der Stadt genehmigt sein.

„Ökologisch sinnvoll"

Die Begründung für die Großzügigkeit der Gemeinde: Immerhin sei die Regenwassernutzung aus ökologischen Gründen sinnvoll, weil sie hilft, die begrenzten Trinkwasservorräte zu schonen.

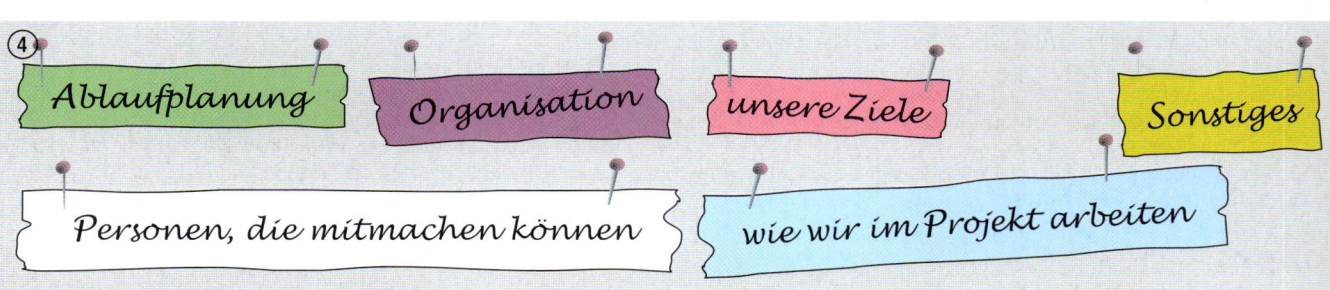

②
- Mich interessiert, wie eine Zisterne funktioniert.
- Wie lange beschäftigen wir uns mit diesem Thema?
- Seit wann gibt es Zisternen?
- Gibt es bei diesem Thema Noten?
- Arbeiten wir nur im Technik-Unterricht?
- Wo bekommen wir Informationen?
- Hilft uns jemand?
- Wie gehen wir mit Wasser um?
- Woher kommt das Wasser an der Schule?
- Ich weiß nicht, warum wir uns damit beschäftigen sollen.
- Machen wir etwas Praktisches?
- Gibt es Zisternen auch in Afrika?
- Was soll ich dabei tun?
- Wir könnten eine Zisterne anschauen.
- Ich hole Informationen aus der Bibliothek.
- Wir könnten in der Schule eine Zisterne bauen.
- Müssen wir an zusätzlichen Nachmittagen in die Schule?
- Welche Firma baut Zisternen? Gibt es Prospekte?

④
- Ablaufplanung
- Organisation
- unsere Ziele
- Sonstiges
- Personen, die mitmachen können
- wie wir im Projekt arbeiten

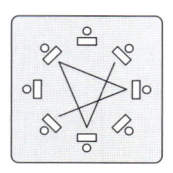

Weitere Vorgehensweise planen:
Wir müssen uns detailliert informieren

Im Kreisgespräch plante die Klasse 8 die weitere Vorgehensweise.

Ingo: „Mir ist vieles noch nicht klar, ich meine, wir müssen uns nun erst einmal genau informieren."
Ute: „Woher willst du denn die Infos bekommen?"

Das weitere Gespräch ergab Ideen zu der Frage, wie bzw. wo man sich Informationen zur Regenwassernutzung beschaffen könnte (Abb. ①).

Wie könnten die Erkundungen und die Projektarbeit organisiert werden?
Diese Frage hatte der Techniklehrer bereits mit den Lehrern für Chemie, Biologie und Deutsch erörtert. Diese Lehrer hatten Interesse, am Projekt mitzuarbeiten.
Zeitlich gesehen, ergab sich dadurch ein günstiger Projektblock (gelb markierte Stunden) am Donnerstag (Abb. ②).
Klar war, dass einige Aufgaben auch in der Freizeit erledigt werden müssten.

② **Donnerstag**

1. Std.	Rrk
2. Std.	M
3. Std.	Bio
4. Std.	Ch
5. Std.	D
6. Std.	–
7. Std.	NuT
8. Std.	NuT
9. Std.	NuT

Die Frage, wer welche Erkundungs- oder Organisationsaufgaben übernimmt, ergab die Bildung von 5 Teams. Diese Teams planten zunächst, wie sie ihren Auftrag umsetzen könnten (Abb. ③).

③ **Vorbereitung der Erkundung**

SCHÜLERTEAM: Tina, Bernd, Nurcen
ERKUNDUNGSORT: Neubau, Memminger Str. 8
TERMIN: 02. Oktober
ANSPRECHPARTNER: Herr Bayer
INFORMATIONSSCHWERPUNKT: Grund für den Bau der Anlage, Kosten, gesetzliche Bestimmungen/Beschränkungen, Ausführung in Erfahrung bringen

Fragen
ÜBERLEGUNGEN ZUR PRÄSENTATION IN DER KLASSE: Bericht mit Bildern?
DOKUMENTATION DER INFO: Notizen, Kassettenrekorder, Foto
SONSTIGES:

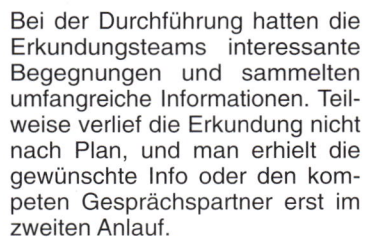

Bei der Durchführung hatten die Erkundungsteams interessante Begegnungen und sammelten umfangreiche Informationen. Teilweise verlief die Erkundung nicht nach Plan, und man erhielt die gewünschte Info oder den kompeten Gesprächspartner erst im zweiten Anlauf.
Die Teams informierten sich gegenseitig, indem sie einen „Infostand" im Klassenzimmer gestalteten, den abwechselnd ein Gruppenmitglied betreute. Alle anderen hatten Gelegenheit, an den Infoständen Unterlagen zu studieren und Gespräche zu führen.
Zum Thema Nutzung des Regenwassers konnte sich so jeder grundsätzlich informieren.

Ein Problem war, wie die Fülle der Informationen, Unterlagen, Materialien geordnet und für die weitere Verwendung bezeichnet und abgelegt werden könnte.

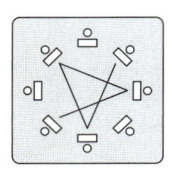

Weitere Vorgehensweise planen:
Die Fülle der beschafften Infos sichten, aufarbeiten, übersichtlich ordnen, zusammenfassen

Der Konrektor der Schule, der Erfahrungen in der Durchführung von Projekten hat, berichtete aus seiner Erfahrung anhand von Beispielen. Er zeigte auf, wie bei Projekten vorgegangen werden kann beim Sichten, Aufarbeiten, Ordnen und Zusammenfassen von gesammelten Informationen. Dazu legte er eine Folie auf (Abb. ①). Besonders wichtig war ihm die Feststellung, dass der rasche Zugriff auf Informationen nur möglich ist, wenn diese entsprechend getroffener Festlegungen für alle Infos in derselben Struktur katalogisiert sind (Abb. ②).

① *Informationen ordnen - archivieren - aufarbeiten*

Informationen festhalten
z. B. Bericht schreiben, Kassette abschreiben, Skizzen fertigen

Bereiche festlegen
z. B. Technisches/Funktion, Bestimmungen, Kosten, Auswirkungen, Quellen/Adressen/Literatur, Allgemeines …

Kennzeichnungssystem und Ablagesystem festlegen
z. B. …

Unterlagen kennzeichnen / Datei anlegen
z. B. Datei im Computer eingeben …

Unterlagen ordnen / ablegen
z. B. Datei im Computer eingeben …

Informationen aufarbeiten
Gruppenarbeit, …

Neigungsgruppen zu bestimmten Themen –
Infos zu Themen zusammenfassen, aufarbeiten

Erörtert wurde, unter welchen Fragestellungen zum Thema Regenwassernutzung weitergearbeitet werden solle. Marita meinte, die Klasse habe sich viele Informationen zu unterschiedlichen Bereichen beschafft, sie selber sei jedoch z. B. an rein bautechnischen Fragen nicht weiter interessiert, dafür aber an ökologischen Fragestellungen. Deshalb sollten Neigungsgruppen gebildet werden. Die Anregung wurde angenommen: Jeder schrieb ein oder zwei Themenbereiche als sein Interessengebiet auf ein Kärtchen:

Folgende Bereiche wurden genannt:
- Konstruktion und Funktionsweise der Anlage
- Pro-Kontra-Argumente zur Regenwassernutzung
- Kosten, Zuschüsse, Nutzen
- Umwelt, Chemie
- rechtliche Bestimmungen

Danach wurde besprochen, wie die Neigungsgruppen vorgehen sollten: Sachverhalte werden in einem Kurzvortrag ohne persönliche Wertung den Mitschülern vorgestellt. Durch Bilder, Grafiken, Folien, Interviewaufnahmen o. Ä. können die Sachverhalte veranschaulicht werden.

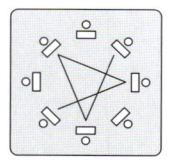

Weitere Vorgehensweise planen:
Sachverhalte darstellen, werten, Aktionsziele vereinbaren

Abb. ① zeigt, wie die Gruppe „Konstruktion und Funktionsweise" die Aufarbeitung dieses Bereichs den Mitschülern und den vier Lehrern (Natur und Technik, Deutsch, Biologie, Chemie) darstellt.

Sie berichtete, dass das gesammelte Material zwar eine gute Grundlage zur Detailklärung darstelle, wandte sich aber nochmals an einen Experten. Interessant waren auch die Informationen aus dem Internet. Gut war, dass bei der Informationsbeschaffung bereits viele Adressen und Literaturangaben gesammelt wurden.

Durch Rückfragen wurden einzelne Sachverhalte vertieft erörtert und umfassend geklärt.

Nachdem alle Teams ihre Schwerpunkte dargestellt hatten, versammelte sich die Klasse zu einem Kreisgespräch, bei dem die Argumente zu den gewonnenen Erkenntnissen im Hinblick auf die Nutzung von Regenwasser ausgetauscht wurden. Der Meinungsaustausch führte zu einer lebhaften Diskussion.

Um ein Meinungsbild aller am Projekt beteiligten zu gewinnen, schlug der Techniklehrer vor, dass zwei Schüler – schon während der Diskussion – Argumente auf Karten schreiben sollten (Abb. ②). Jeder Schüler erhielt dann grüne und rote Punkte, die er auf die Karten mit den Argumenten kleben konnte. Grüne Punkte signalisierten Zustimmung und rote Ablehnung. Regel: Jede Karte darf von jedem nur einmal bepunktet werden; man muss nicht unbedingt Punkte vergeben.

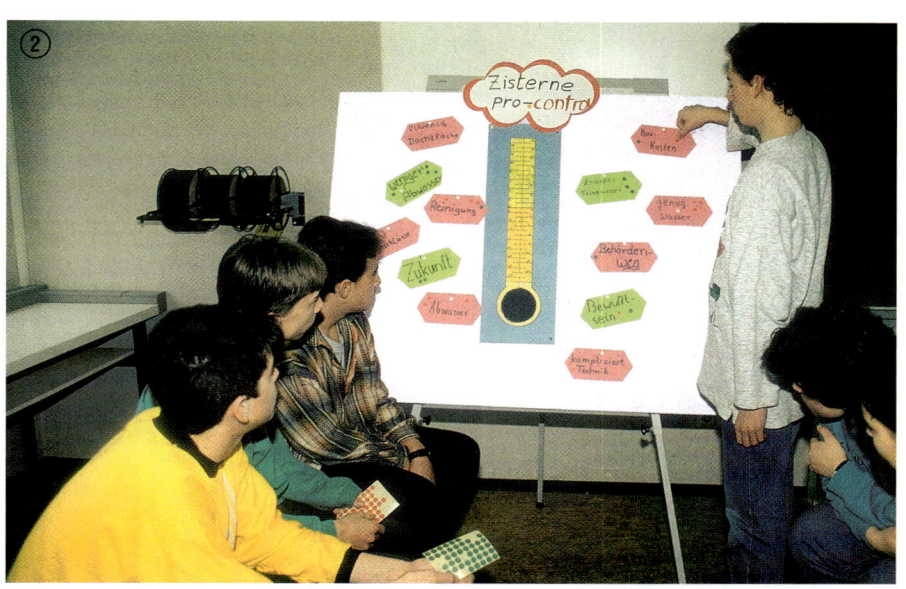

Ergebnis: Argumente, die sich für die Förderung von Anlagen zur Nutzung von Regenwasser aussprachen, erhielten starke Zustimmung.

Die Klasse entschied, sich für die Förderung von Anlagen zur Nutzung des Regenwassers einzusetzen und dies in der Öffentlichkeit zu vertreten. Dazu wurde ein Artikel für die Schulzeitung verfasst, der diese Aktion ankündigte (Abb. ③).

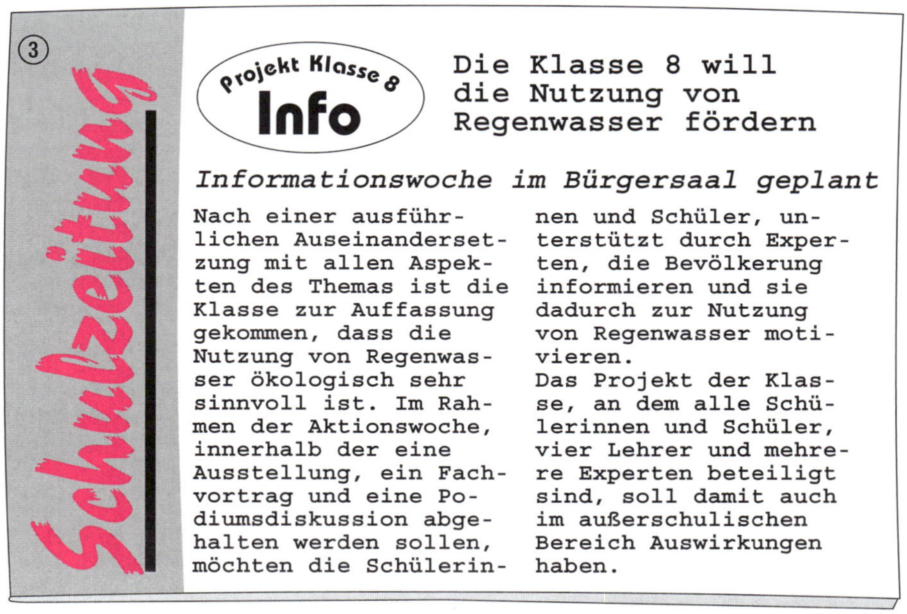

Schulzeitung

③ **Projekt Klasse 8 Info**

Die Klasse 8 will die Nutzung von Regenwasser fördern

Informationswoche im Bürgersaal geplant

Nach einer ausführlichen Auseinandersetzung mit allen Aspekten des Themas ist die Klasse zur Auffassung gekommen, dass die Nutzung von Regenwasser ökologisch sehr sinnvoll ist. Im Rahmen der Aktionswoche, innerhalb der eine Ausstellung, ein Fachvortrag und eine Podiumsdiskussion abgehalten werden sollen, möchten die Schülerinnen und Schüler, unterstützt durch Experten, die Bevölkerung informieren und sie dadurch zur Nutzung von Regenwasser motivieren.

Das Projekt der Klasse, an dem alle Schülerinnen und Schüler, vier Lehrer und mehrere Experten beteiligt sind, soll damit auch im außerschulischen Bereich Auswirkungen haben.

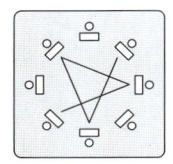

Weitere Vorgehensweise planen:
**Aktion vorbereiten, dokumentieren,
Modelle herstellen,
Programm erstellen**

In der Gesprächsrunde wurde schnell deutlich, dass die bisher erarbeiteten, umfangreichen Unterlagen für die Präsentation nicht in dieser Form geeignet waren. Timo berichtete vom Besuch beim Tag der offenen Tür des Wasserwirtschaftsamts, wie toll dort in einer Ausstellung mit Bildern, Modellen, Zeitschriften, Videoclips informiert wurde. Er schlug vor, einen Fachmann von der Gemeinde, von der Sparkasse, von einem Betrieb oder vom Museum zu bitten, die Klasse bei der Vorbereitung zu beraten.

Zu Beginn des darauf folgenden Planungsgesprächs machte Herr Köpf – der „PR-Mann" der Sparkasse – deutlich, dass klar festgelegt sein müsse,

– **wer** angesprochen werden solle,
  z. B. Bürger, Gemeinderat ...

– **wo** die Präsentation am günstigsten erfolgen könne,
  z. B. im Rathaus, in der Sparkasse, im Bürgerhaus ...

– **wie** die Aktivitäten am wirkungsvollsten abgestimmt auf Adressaten und Örtlichkeit präsentiert werden können (Abb. ③).

Für die Präsentation gab Herr Köpf folgende Tipps:
– Herstellung einer Funktionsübersicht der Anlage zur Regenwassernutzung, anhand der die Funktionszusammenhänge verdeutlicht werden können.
– Herstellung von Modellen, Erstellen von Folien, Kurzfilmen, Fotos und Grafiken zur Klärung von Detailfragen.
– Erstellen von Plakaten, Collagen u. Ä. zur Darstellung von Gründen für die finanzielle Förderung, von Kosten-Nutzen-Berechnungen, von Rechtsfragen und ökologischen Aspekten.
– Planung der Ausstellung (Stellwände, Vitrinen u. Ä.) – Organisation.
– Informationsveranstaltungen mit Experten, Diskussionsrunde.
– Bereitstellung von Literatur- und Quellenverzeichnissen.

Nachdem im Kreisgespräch entschieden wurde, welche Vorschläge realisiert werden sollten, wurden für die Umsetzung Gruppen gebildet.

③

PROGRAMM FÜR DIE AKTIONSTAGE „NUTZUNG VON REGENWASSER"

Ausstellung am
Dienstag
 von 11.00 – 18.00 Uhr
Mittwoch
 von 8.30 – 12.00 Uhr
 und 14.30 – 18.00 Uhr
Donnerstag
 von 14.30 – 20.00 Uhr

Dienstag 10.00 Uhr:
Eröffnung der Informationstage
– **Begrüßung** Herr Bürgermeister Käser
– **Einführung** in das Thema Nutzung von Regenwasser (Schülergruppe)
– **Rundgang** mit Führungen durch Schülerinnen und Schüler

Dienstag 18.00 Uhr:
Herr Braun als **Besitzer einer Regenwassernutzungsanlage berichtet** und steht für Fragen zur Verfügung.

Mittwoch 15.00 Uhr:
Gesprächsrunde zum Thema „**Trinkwasser ist kostbar – Einsparungsmöglichkeiten**"
– Diskussionsrunde mit Frau Schütz vom BUND und Herrn Renz von den Städtischen Wasserwerken, Frau GR Schlüter und Herrn GR Bauer (technischer Ausschuss)

KLASSE 8
BIETET KAFFEE UND KUCHEN AN.

Donnerstag 18.00 Uhr:
Podiumsdiskussion zum Thema „**Finanzielle Förderung von Regenwassernutzungsanlagen**"
mit anschließender Fragerunde
– Kosten–Nutzen
– rechtliche Gesichtspunkte
– ökologische Auswirkungen
Gesprächspartner: Leiter des Umweltamts des Landkreises, BM Käser, Schülergruppe der Klasse 8, Regenwassernutzer Herr Braun, Vertreter des BUND.

Während der gesamten Aktionstage sind Schülerinnen und Schüler der Klasse 8 als Ansprechpartner anwesend.

Schulzeitung

Projekt Klasse 8 Info

Trinkwasser ist kostbar – Möglichkeiten der Einsparung

Präsentation der Projektergebnisse im Bürgerhaus zum Thema: Nutzung von Regenwasser

Wir ziehen Bilanz:
In der Vorwoche haben wir mit den Aktionstagen „Nutzung von Regenwasser" unser Projekt abgeschlossen.

Nach dem Anstoß durch einen Zeitungsartikel hatten wir uns entschieden, uns mit dem Thema Regenwassernutzung zu befassen. Wir sind auf folgende Weise vorgegangen:

Wir haben uns über Erkundungen, Expertengespräche, Besuch einer Gemeinderatssitzung informiert.

Wir haben Experten befragt, Zusammenhänge und Begriffe geklärt, also die Informationen analysiert, die Ergebnisse geordnet und katalogisiert. Dabei haben wir Möglichkeiten entwickelt, die Ergebnisse zu dokumentieren und für eine Präsentation vorzubereiten.

Die Aktionstage haben gezeigt, dass bei den Bürgern großes Interesse an diesem Thema vorhanden ist. Wir meinen, dass durch die Aktionstage ein Beitrag zur sachlichen Diskussion geleistet wurde, und hoffen, dass wir Anstöße geben konnten für eine positive Entwicklung. Leserbriefe in der Presse zeigen dies.

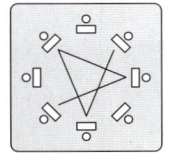

Reflexionen des Projekts:
Ergebnisse – Meinungen – Bewertung

Im Abschlussgespräch innerhalb der Projektgruppe haben die Teilnehmer ihre Meinung zu ihrer Arbeit geäußert. Hier einige Beispiele:

Die Herstellung der Funktionsmodelle hat uns ganz schön gefordert. Es war nicht so einfach, die Wasserweichen in die Modelle einzubauen. Aber die Sache hat auch viel Spaß gemacht, und ich denke, eine Tätigkeit dieser Art könnte mich auch in meiner späteren beruflichen Arbeit begeistern.

Das Gespräch mit dem Spezialisten für die Präsentation war sehr interessant, weil er uns Dinge vorgestellt hat, von denen ich zuvor keine Ahnung hatte. Die Tipps, die uns Herr Köpf gegeben hat, die kann nur ein Werbefachmann geben. So eine Tätigkeit könnte auch mich interessieren.

Besonders die Diskussion am Freitag mit den Vertretern der Gemeinde und dem Bund für Umweltschutz hat mir viel gebracht, weil die Erwachsenen ganz schön gestaunt haben, wie kompetent unsere Klasse in Sachen Wassereinsparung war. Selbst die Reporterin von der Kreiszeitung zeigte großes Interesse.

Pumpen fördern Flüssigkeiten

In den verschiedensten Bereichen werden Pumpen zum Befördern von Flüssigkeiten eingesetzt: Mithilfe von **Pumpen** lässt sich aus größerer Tiefe Trinkwasser nach oben fördern. Mit ihnen können auch weite Agrarflächen bewässert werden. Eine wirkungsvolle Brandbekämpfung durch die Feuerwehr wäre ohne die Arbeitsmaschine Pumpe nicht mehr denkbar.
In Kühlanlagen von Automotoren, in Waschmaschinen und Heizungsanlagen und zum Entwässern von Bergwerken und Schiffen werden diese Maschinen eingesetzt. Parkanlagen mit Fontänen und viele andere Wasserspiele oder unser Springbrunnen im Garten könnten ohne Pumpen nicht funktionieren.

● Bildet 2er-Teams und klärt Fragen zum Transport von Wasser im Experiment.

EXPERIMENT

Fragestellung:
Wie kann man das Wasser von einem Becherglas ohne Umgießen in das andere Becherglas bringen?
Gelingt es, das Wasser aus dem Becherglas 1 vollständig zu entleeren? (Abb. ②)

Vermutung
a) Mithilfe des Saugprinzips (Trinkröhrchen) kann man Wasser ansaugen (Unterdruck)
b) Durch Hineinblasen in ein geschlossenes Becherglas kann man Wasser verdrängen (Überdruck).

Planung:
Zur Vorbereitung wird ein Becherglas mit Wasser gefüllt. Verschieden lange Trinkröhrchen und Plastikschläuche werden bereitgestellt (Abb. ③).
Zum Notieren der Beobachtungen legen wir ein Protokoll an.

Durchführung:
Bei der Durchführung des Experiments ist darauf zu achten, dass die vorher festgelegten Experimentierbedingungen ☞ S. 73 eingehalten werden.

Auswertung:
Skizziert den Versuchsaufbau und beschreibt, wie ihr vorgegangen seid und welche Erfahrungen ihr gemacht habt. Klärt die Begriffe Unterdruck und Überdruck.

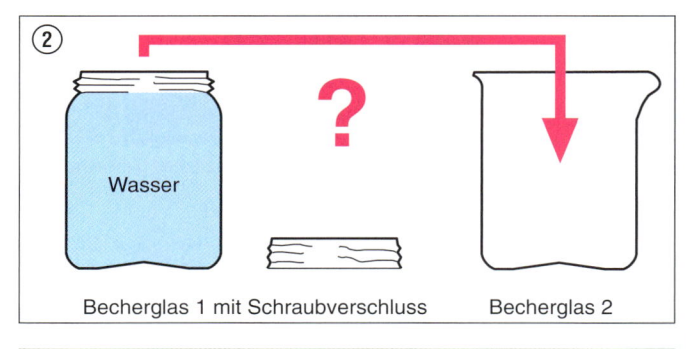

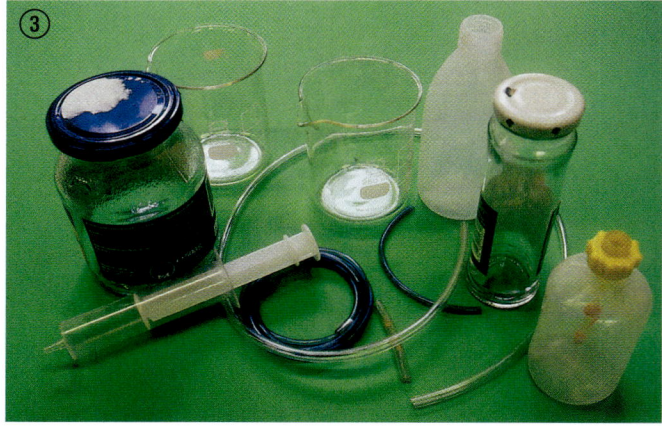

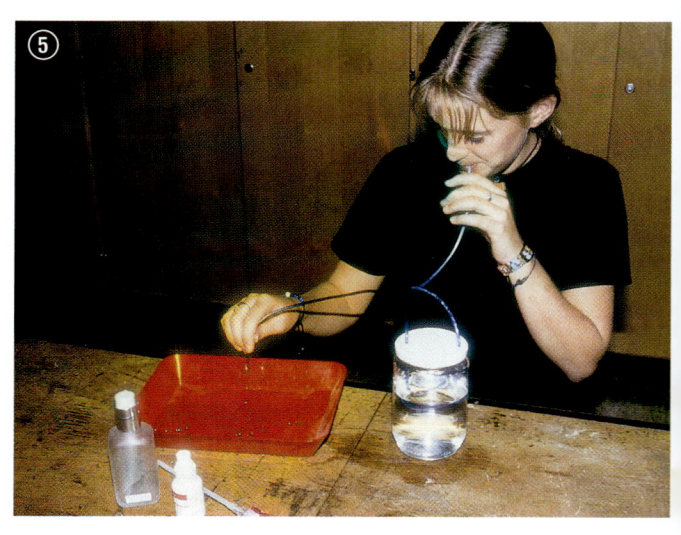

Aufbau und Funktion einer Kreiselpumpe

Vergleich von Kleinpumpen

- Sammelt Informationen über Pumpen, besorgt Prospekte mit technischen Daten.
- Erstellt eine Tabelle nach Abb. ②. Tragt die Daten verschiedener Pumpen ein und vergleicht.
- Stellt Vermutungen zum Wirkprinzip von Pumpen an, ☞ S. 142.

Die Schülergruppe (Abb. ①) hat beim Vergleich des selbst beschafften Informationsmaterials über Kleinpumpen nebenstehende Tabelle erstellt, um die technischen Daten besser vergleichen zu können.
Die Kleinpumpen wurden getestet und die Ergebnisse ebenfalls notiert.
Nach dem Vergleich der Gebrauchseigenschaften der verschiedenen Kleinpumpen können die Gebrauchsanforderungen für die selbst herzustellende **Pumpe** abgeleitet werden.

Demontage/Analyse einer Kleinpumpe

- Erprobt in Partnerarbeit die Funktion der Pumpe, die demontiert werden soll.
  Erstellt eine Tabelle (Abb. ②) und testet dabei
  - Funktion,
  - Fördermenge (l/min),
  - Förderhöhe.
- Tragt die Leistungen der Pumpen in eure Tabelle ein.
- Demontiert die Pumpe vorsichtig! ☞ Geht nach Abb. ④ S. 64 vor.
  - Benutzt dazu geeignete Werkzeuge.
  - Skizziert und benennt die Einzelteile und beschreibt ihre Funktion.
- Baut die Pumpe wieder sorgfältig zusammen und überprüft die Funktion.

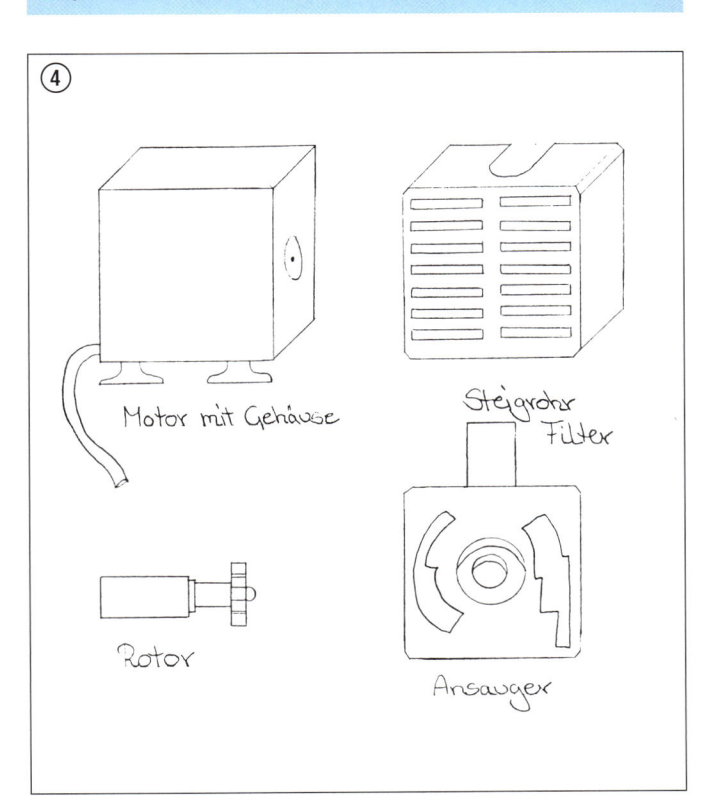

② Vergleich von Pumpen			
Pumpe	1	2	3
Preis			
Fördermenge	10 l/min		
Förderhöhe	1,2 m		
Verwendung	Springbrunnen		
Masse	400 g		

Muster

④ Motor mit Gehäuse — Steigrohr Filter — Rotor — Ansauger

Wir bauen eine Kreiselpumpe für einen Zimmerspringbrunnen

Planung

Die Technikgruppe hat sich entschlossen, eine Kreiselpumpe nach der vorgegebenen Stückliste und der Zeichnung (Abb. ①) zu fertigen.

Als **Antrieb** kann ein kleiner Elektromotor für Spannungen 1,5 V – 6 V verwendet werden (z. B. RS 280).
Soll die Pumpe über Solarzellen betrieben werden, eignet sich ein Solarmotor (z. B. RF 300).

Die Einzelteile des **Gehäuses** werden aus Acrylglas selbst gefertigt.

Weil die Pumpe im Wasser betrieben wird, werden **Normteile** (Schrauben, Muttern) aus Messing verwendet.

Auch der **Rotor** wird aus Acrylglas selbst gefertigt.

Interessant ist es, Rotoren mit unterschiedlicher Form zu fertigen, um zu testen, welcher Rotor die größte Leistung bringt.

- Vergleicht die Einzelteile der Kreiselpumpe S. 55 Abb. ① mit der Gesamtzeichnung Abb. ①.
- Welche Fertigungstechniken sind erforderlich?
  ☞ S. 104 ff.

\multicolumn{5}{l}{Stückliste für Kreiselpumpe}
Lfd.-Nr.	Anzahl	Benennung	Material	Maße
1	2	Ansaugplatte	Acrylglas	4 x 50 x 70
2	1	Rotorplatte	Acrylglas	8 x 50 x 70
3	1	Motorplatte	Acrylglas	4 x 50 x 70
4	1	Rotor	Acrylglas	8 x 10 x 30
5	1	Rohr	Acrylglas	⌀ 40 x ⌀ 34 x 30
6	1	Platte	Polystyrol	1 x 40 x 40
7	1	Solarmotor		Mabuchi RF 300
8	4	Zylinderkopfschraube	Messing	M 4 x 20
9	4	Sechskantmutter	Messing	M 4
10	1	Schlauch	Kunststoff	⌀ 4 x 100
11	1	Doppellitze		L = 200

Überlegungen zur Fertigung

Die Fertigung gliedert sich grob in die Bereiche:
– Fertigung des Gehäuses
– Fertigung der Motorkapsel
– Fertigung des Rotors
– Montage

Überlegungen zur Bewertung

Bei der Bewertung von Leistungen im Technikunterricht können viele Gesichtspunkte, wie Konstruktionsideen, Ordnung am Arbeitsplatz, sachgerechter Umgang mit Werkzeug und Material, Fähigkeit der Zusammenarbeit, Genauigkeit, Funktion des Werkstücks, und auch Kenntnisse einfließen.
Deshalb ist es wichtig, dass man sich bereits in der Planungsphase damit auseinandersetzt.
Gemeinsam solltet ihr deshalb festlegen, welche Leistungen von der Idee bis zum fertigen Produkt berücksichtigt und wie sie gewichtet werden sollen.

- Informiert euch über Grundlagen der Bewertung ☞ S. 156.
- Einigt euch auf wichtige Bewertungskriterien für die Planung und Fertigung einer Kreiselpumpe für einen Zimmerspringbrunnen
- Lasst euch die Möglichkeit offen, während der Herstellung der Kreiselpumpe weitere Kriterien hinzuzufügen.

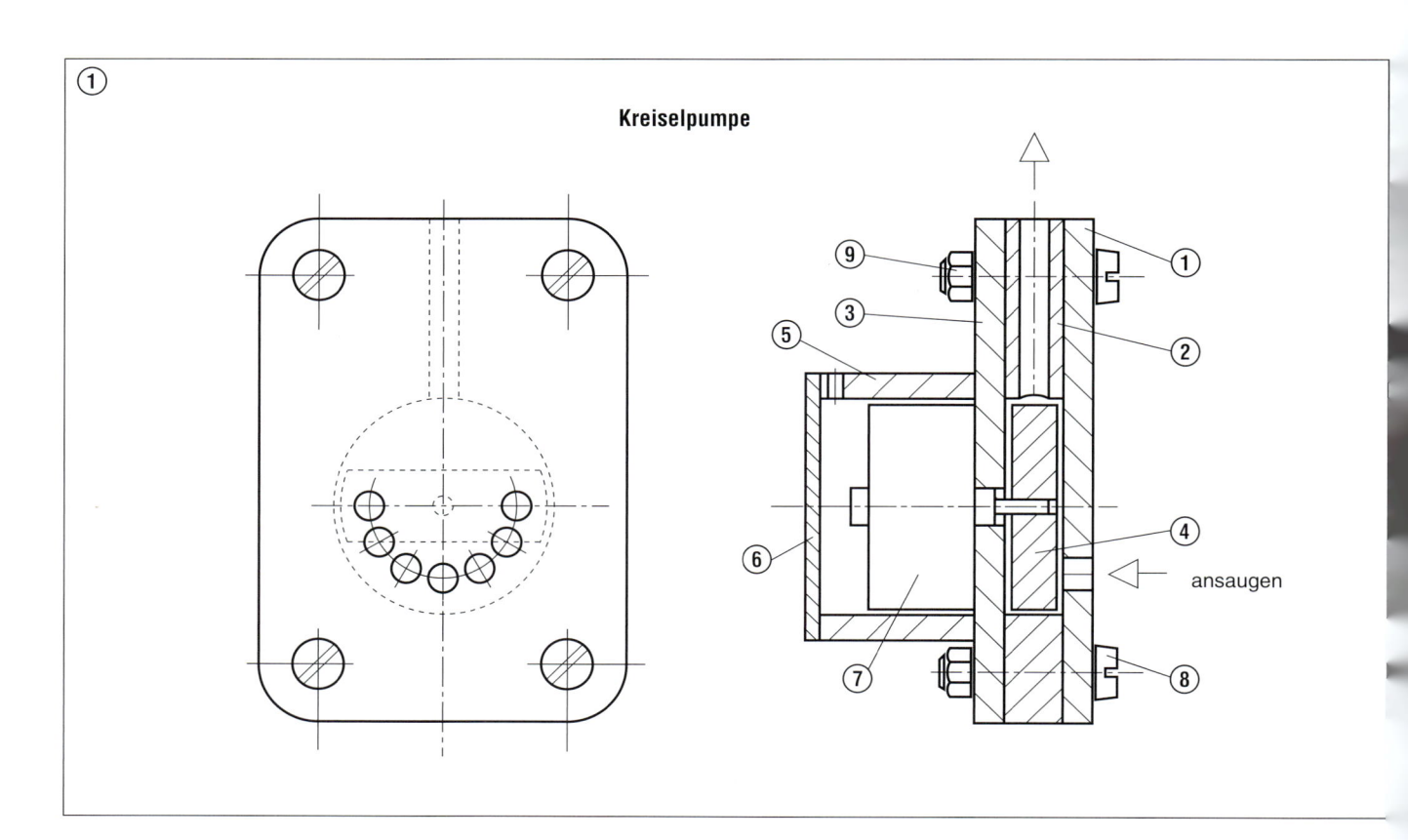

① Kreiselpumpe

Fertigung

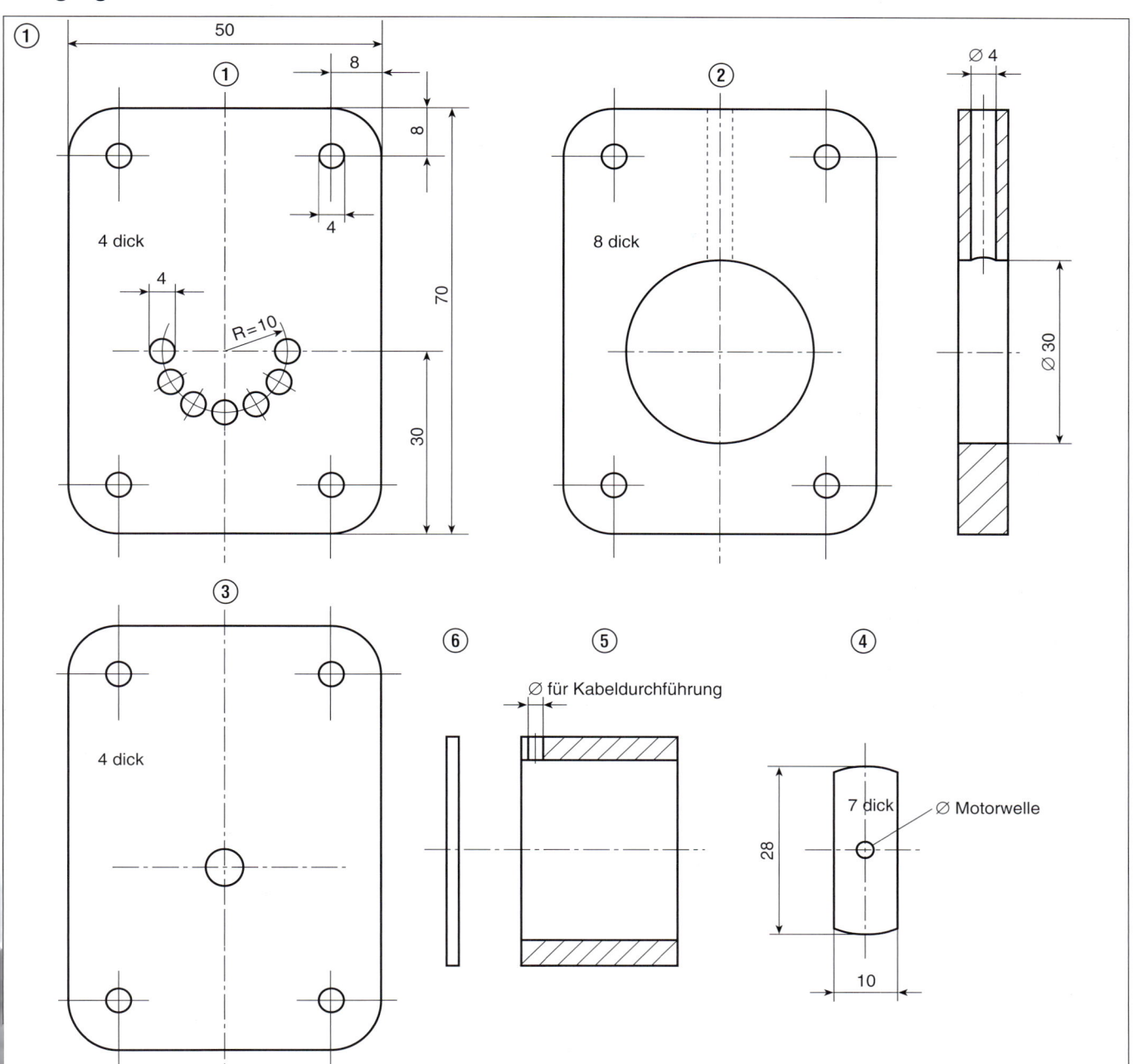

Fertigung des Gehäuses

Zur Fertigung des Gehäuses sind folgende Arbeitsgänge erforderlich:
- Acrylglasplatten entgraten
- Platten auf Breite prüfen
- Bohrungen anreißen
- bohren, entgraten
- Anfeilen der Rundungen

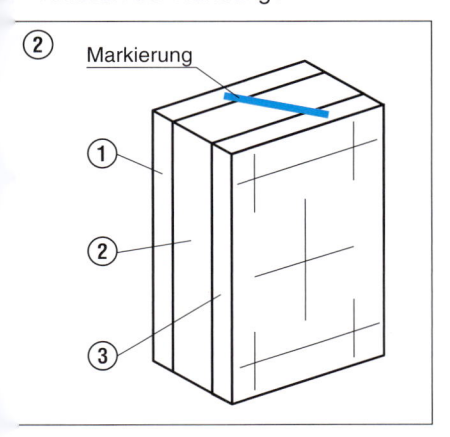

Tipps
- Bearbeitung von Acrylglas ☞ S. 104 ff.
  - Acrylglasplatten immer mit Holzunterlage bohren
  - Bohrung ⌀ 2,5 mm dient als Führung für den Forstnerbohrer ⌀ 30. Mit Forstnerbohrer von beiden Seiten bohren.
  - Mit mäßigem Vorschub bohren
  - Zur Kühlung etwas Öl oder Petroleum verwenden
- Damit die Acrylglasplatten (1–3) für das Gehäuse der Kreiselpumpe genau zusammenpassen, werden sie durch einen Schrägstrich mit wasserfestem Filzstift markiert (Abb. ②).
- Die Bohrungsmittelpunkte für die Zylinderkopfschrauben M4 und den Bohrungsmittelpunkt für den Flansch des E-Motors nach Zeichnung (Abb. ① und ②) anzeichnen.
- Acrylglasplatten (1–3) zusammen bohren ⌀ 4 mm. Vorbohren ⌀ 2,5 mm für den Motorflansch (Abb. ③).

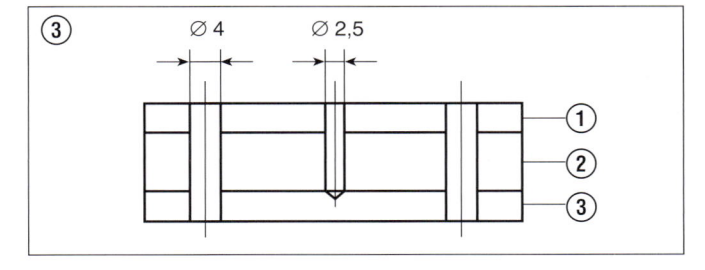

- Motorplatte (3) für den Motorflansch aufbohren.
- Rotorplatte (2) mit dem Forstnerbohrer ∅ 30 mm aufbohren
- Anzeichnen und Bohren der Bohrung ∅ 4 mm für die Aufnahme des Schlauchs.
- Anzeichnen und Bohren der Ansaugbohrungen der Platte (1).
- Entgraten aller Bohrungen.

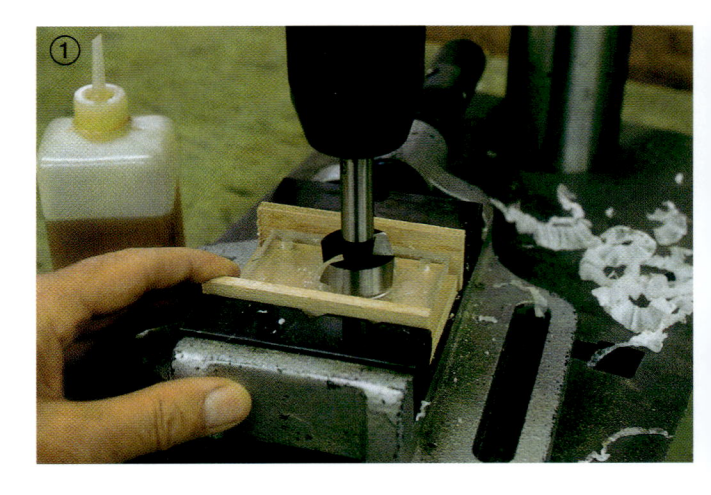

Fertigung des Rotors
(S. 55, Abb. ①, Teil 4)

Man muss darauf achten, dass der Außendurchmesser kleiner als 30 mm und die Dicke des Rotors ca. 7 mm beträgt, damit er sich im Rotorgehäuse frei drehen kann.
Der Durchmesser der Mittelbohrung muss dem Durchmesser der Motorwelle entsprechen.
Außerdem ist darauf zu achten, dass die Bohrung für die Motorwelle genau im Schnittpunkt der Symmetrieachsen liegt.

Zur Fertigung des Rotors sind folgende Arbeitsgänge erforderlich:
- Bohrung anreißen
- bohren, entgraten
- auf Dicke schleifen
- Rundungen anschleifen (Abb. ②a), entgraten.

Die Form des Rotors kann auch anders gestaltet werden, um zu testen, ob damit eine größere Förderleistung erzielt werden kann.

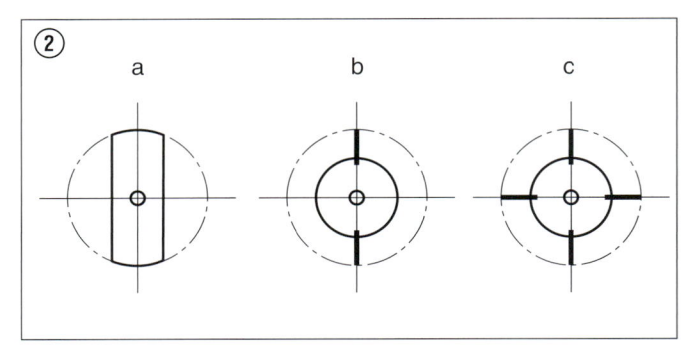

● Fertigt einen zweiten Rotor (Beispiele Abb. ②b und ②c), nachdem ihr die Kreiselpumpe montiert und die Förderleistung (l/min) des „Standardrotors" getestet habt.
Baut den anders gestalteten Rotor ein. Testet seine Förderleistung und vergleicht.

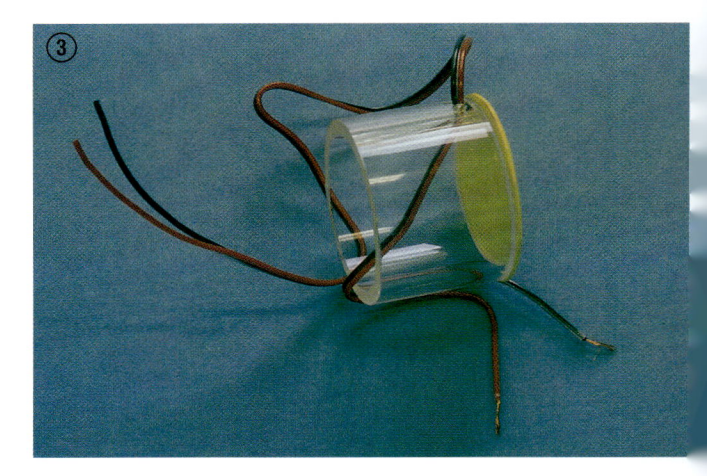

Fertigung der E-Motorkapselung
(S.55, Abb. ①, Teil 5 und 6)

Zur Fertigung der E-Motorkapselung sind folgende Arbeitsgänge erforderlich:
- Rohr absägen und schleifen
- Kabeldurchführung bohren
- Scheibe für Abdeckung zuschneiden und schleifen
- Scheibe mit Kunststoffkleber aufkleben ☞ S. 107.

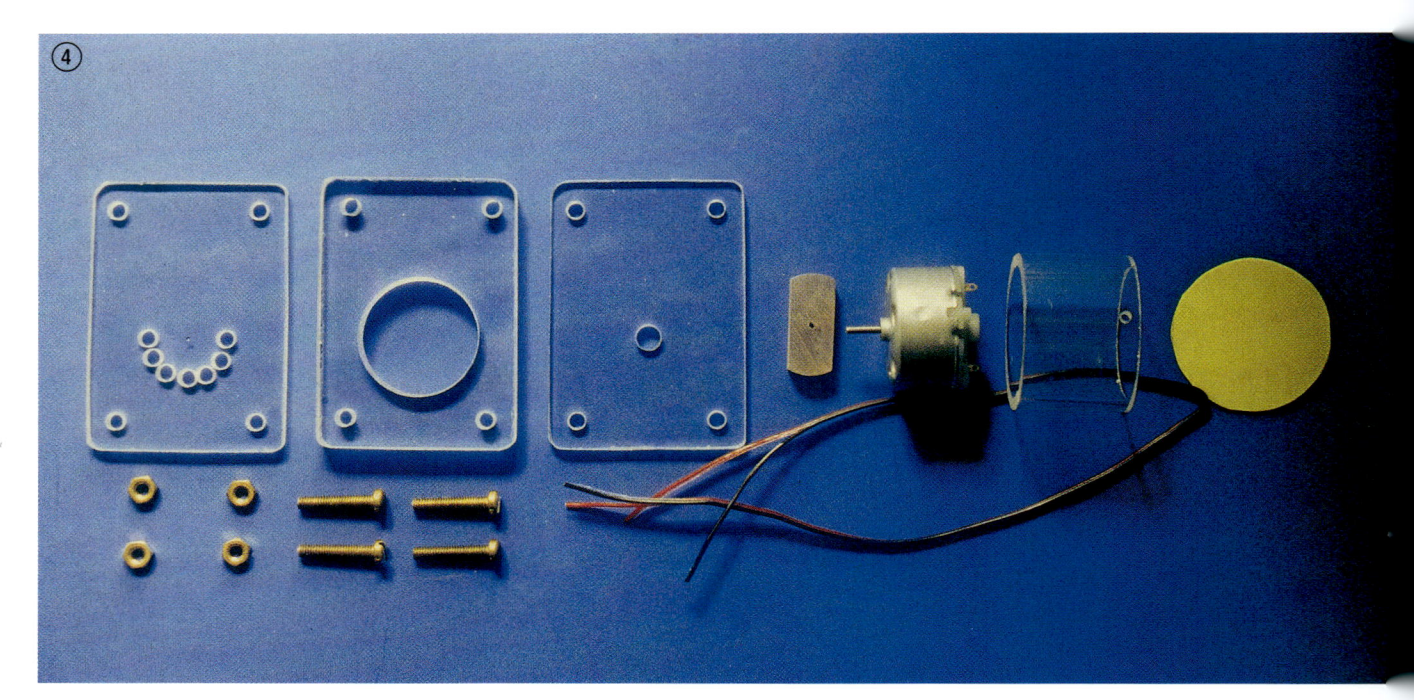

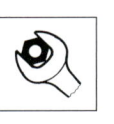

Montage

Die Montage der **Kreiselpumpe** wird in folgenden Schritten durchgeführt:
- E-Motor in die Motorplatte (3) einkleben.
- Löten der Kabelanschlüsse ☞ S. 153.
- Motorkapselung auf die Motorplatte (3) aufkleben (auf Dichtheit achten!). Vorher das Kabel durch die Öffnung ziehen. Die Öffnung muss nach oben zeigen.
- Rotor auf die Motorwelle kleben.
- Die Rotorplatte (2) und die Ansaugplatte (1) aufsetzen (auf die Gehäusemarkierung achten).
  Der Rotor muss sich im Gehäuse leicht drehen lassen.
- Die Platten (1–3) mit den Zylinderkopfschrauben und den Sechskantmuttern zusammenschrauben.
- Schlauch einstecken und einkleben.
- Funktion prüfen.
  Beachten, dass der Wasserspiegel unterhalb der Kabeldurchführung bleibt.

- Ermittelt die **Förderleistung** (l/min) eurer Kreiselpumpe bei verschiedenen Spannungen: 1,5 V, 3 V, 4,5 V, 6 V (Abb. ②).
- Tragt die Ergebnisse in eine Tabelle ein (Abb. ③).
- Erstellt nach den Werten der Tabelle ein Diagramm.

Bewertung

- Bewertet nach den von euch festgelegten Kriterien und den Ergänzungen, die ihr im Verlauf eurer Arbeit vorgenommen habt (☞ S. 54 und 156).

Gestaltung des Zimmerspringbrunnens

Der **Zimmerspringbrunnen** (Abb. ④) kann nun individuell ausgestaltet werden: Die Kreiselpumpe kann man senkrecht oder waagerecht in eine Schale aus Kunststoff oder Keramik einsetzen.
Mit diversen Steinen oder anderen Accessoires wird dem Springbrunnen eine persönliche Note verliehen.
Man muss darauf achten, dass keine Schmutzteilchen an die Ansaugöffnungen kommen.

Durch die Position des Schlauchs kann eine Berieselung oder ein Fontänenbetrieb erreicht werden.

Der Solarmotor der Kreiselpumpe lässt sich mit einem Solarmodul (Abb. ⑤), mit einer 4,5 V-Flachbatterie oder mit einem Stecker-Netzgerät betreiben.

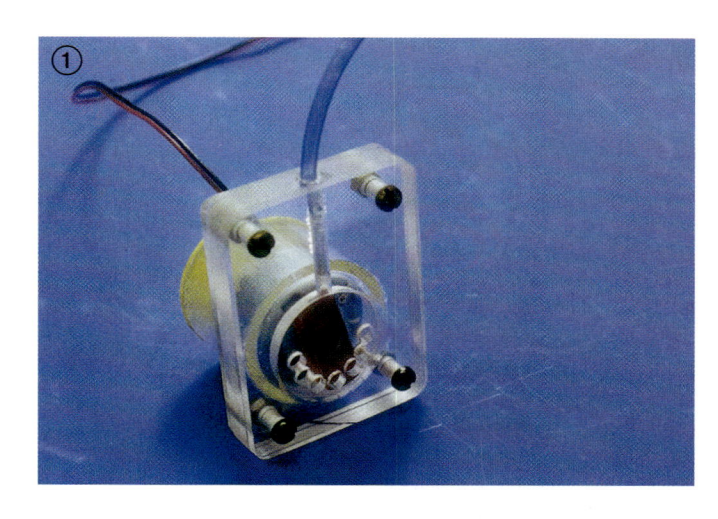

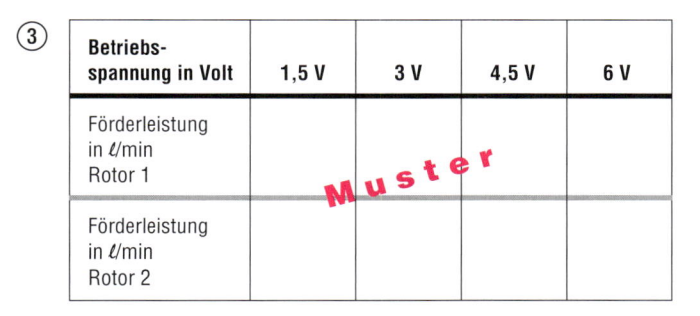

Betriebs-spannung in Volt	1,5 V	3 V	4,5 V	6 V
Förderleistung in l/min Rotor 1				
Förderleistung in l/min Rotor 2				

Muster

Nutzung des elektrischen Stroms

Mit der Erfindung und dem Einsatz von Elektromotoren und Generatoren vor ca. 100 Jahren konnte Elektrizität zunehmend genutzt werden. Unser Leben ist heute ohne Elektrizität kaum noch vorstellbar. Wenn der **Strom** ausfällt, können die meisten Industriebetriebe nicht mehr produzieren, denn fast alle Maschinen werden mit Elektromotoren angetrieben.
Elektrizität ist nicht sichtbar. Man kann sie nur an ihren Wirkungen erkennen, z. B. **Licht, Wärme, Kraft.**

Noch vor ca. 100 Jahren wurde zur **Beleuchtung** der Wohnung die Petroleumlampe benutzt oder das Gaslicht angezündet. Heute möchten wir auf eine Beleuchtung mit Glühlampen bestimmt nicht mehr verzichten. Die Glühlampe wurde im Laufe der Jahre immer mehr verbessert.
Die meisten Haushaltsgeräte wie Toaster, Haartrockner oder Herdplatten besitzen einen Heizdraht, in dem mit elektrischem Strom Wärme erzeugt wird. Dabei können Temperaturen von über 800 Grad Celsius entstehen. Auch für die industrielle Fertigung ist Wärmeerzeugung mittels Strom unentbehrlich (z. B. Schweißen).
Mit der Entdeckung des Elektromagnetismus waren die Grundlagen für die Entwicklung des Elektromotors und des Generators geschaffen. Somit konnte die Umwandlung von elektrischer in mechanische Energie (Kraft) und umgekehrt erreicht werden.

In der **Elektrotechnik** vollzieht sich eine enorme Entwicklung auf allen Gebieten, wo Wirkungen des elektrischen Stroms technisch genutzt werden.
Abb. ④ zeigt Klaus K. bei seiner Arbeit als Elektrotechniker. Seiner Auffassung nach sollte jeder über allgemeine Grundlagen der Elektrotechnik Bescheid wissen, da wir im täglichen Leben laufend Elektrogeräte benutzen oder elektrische Anlagen bedienen.
Weiter meint er: „Logisches Denken, kreatives Erfinden und Konzentrationsvermögen sowie das sicherheitsbewusste Arbeiten im Team sind Fähigkeiten, die Menschen, die im Bereich der Elektrotechnik arbeiten, auszeichnen." Beim Planen und Bauen von elektrotechnischen Geräten und beim Experimentieren mit elektrischen Bauteilen können diese Fähigkeiten besonders gut entwickelt und geschult werden.

Wichtig ist die Beherrschung von Grundkenntnissen und Fertigkeiten, d. h.,
– elektrotechnische Bauteile wie Widerstände, Glühlampen, Schalter, Dioden und ihre Wirkungsweise sollte man kennen, damit man sie gezielt auswählen und mit ihnen Aufbau und Funktion eines Gerätes planen kann.
– Die Schaltung der Bauteile in Stromkreisen sollte man verstehen, damit man den Schaltungsaufbau planen und die Bauteile richtig anschließen kann.
– Eine „Fachsprache" der Elektrotechniker, den Schaltplan, sollte man lesen und einfache Schaltpläne selbst zeichnen können. Dazu ist die Kenntnis der Schaltzeichen Voraussetzung.
– Prüfen, z. B. mit dem Durchgangsprüfer, Messen mit dem Vielfachmessgerät, die Berechnung des erforderlichen Bauteilewertes, z. B. bei Widerständen, und das Verbinden elektrischer Bauteile, z. B. durch Verdrahten, Klemmen oder Löten, sind die wichtigsten und interessantesten Tätigkeiten.

- Betrachtet die in Abb. ② dargestellte Halogenbeleuchtung. Versucht die Schaltung zu zeichnen (Skizze eines Schaltplans). Gebt eure Skizze einer Mitschülerin bzw. einem Mitschüler mit der Aufgabe, die Schaltung nach dieser Skizze zu erklären. Vergleicht!
- Erklärt anhand der Abb. ③, wie dieser Fön funktioniert.
- Abb. ① zeigt den Elektromotor einer Handbohrmaschine. Listet auf, welche Maschinen im Technikraum durch Elektromotoren angetrieben werden.

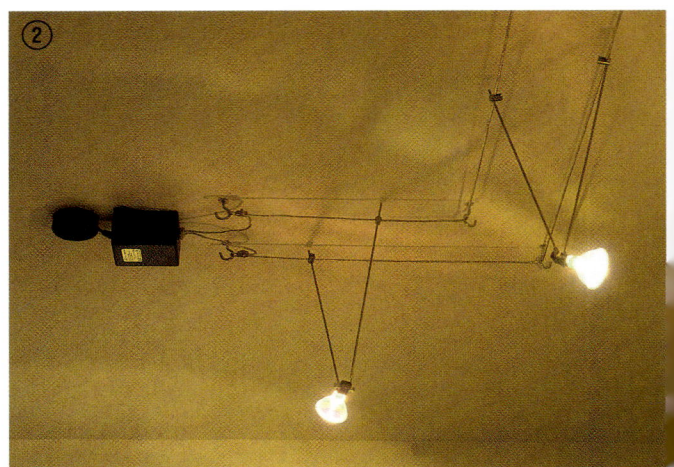

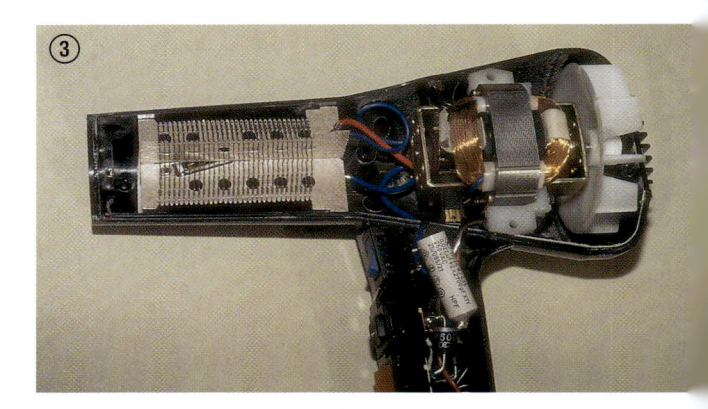

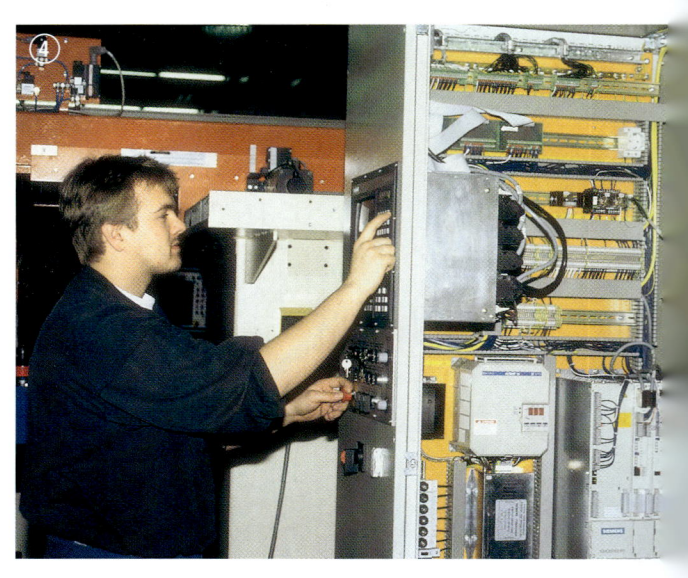

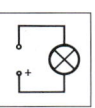

Einfache elektrotechnische Anlagen:
Wir bauen – testen – optimieren

Wenn wir Schaltungen mit elektrischen Bauteilen bauen, arbeiten wir grundsätzlich im **Schutzkleinspannungsbereich bis 24 V.**

- Leistung von Solarzellen
- Experimente zu Anordnung und Beschaltungsmöglichkeiten von Solarzellen
- Schaltplan, Schaltzeichen
- Kriterien zur Bewertung der Leistung im Technikunterricht
- Teamarbeit
- Einsatzmöglichkeiten von Solarzellen
- Bewertung

- Aufbau und Funktion eines Gleichstrommotors
- Kriterien zur Bewertung der Leistung im Technikunterricht
- Demontage, Analyse
- Bauteile und ihre Wirkungsweise
- Bauteile fertigen
- Stückliste
- Funktionsfähiges Modell bauen
- Wirkungsgrad testen, optimieren
- Bewertung

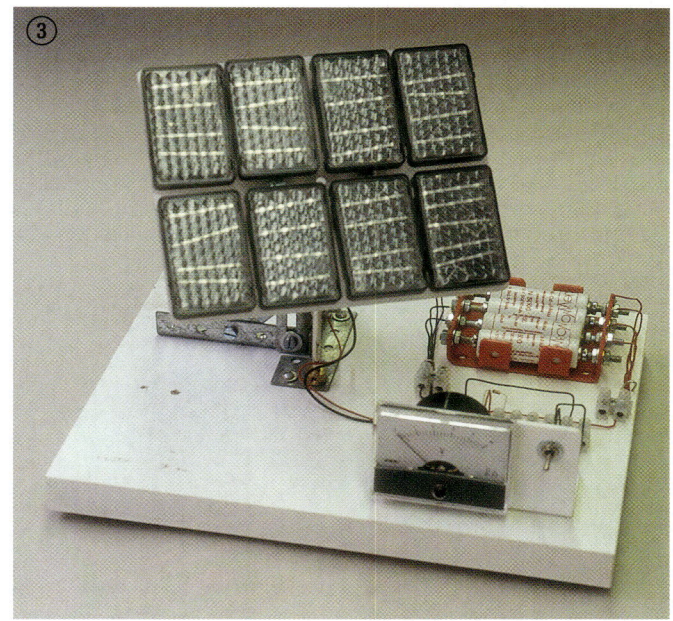

- Funktion der Schaltung, Schaltplan
- Leistung des Solarpaneels
- Kriterien zur Bewertung der Leistung im Technikunterricht
- Stückliste
- Baukastensystem, Halbzeuge
- Fertigung der Teile
- Zusammenbau, Funktionsprüfung
- Bewertung

Beim Experimentieren mit elektrischen Schaltungen und beim Bau einfacher elektrischer Anlagen gewinnen wir Erfahrung,

- wie elektrische Bauteile wirken und wie man sie einsetzen kann,
- wie man elektrische Bauteile ihrer Funktion entsprechend auswählt, geschickt anordnet und sachgerecht miteinander verbindet,
- mit welchen Werkzeugen gearbeitet wird und wie man diese richtig und sicher handhabt,
- wie man Bauteile und Schaltungen prüft, misst und Fehler in der Schaltung oder defekte Teile findet,
- wie man in Teamarbeit Ideen austauschen, Probleme lösen, Anlagen optimieren und sich gegenseitig helfen kann,
- wie man Schaltpläne entwickelt, zeichnet und wie man nach Schaltplänen Anlagen baut,
- wie man Anlagen optimiert.

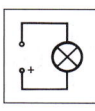

Elektrische Schaltungen – Grundlagen

Elektrische Schaltungen zum Betreiben von Elektromotoren, zur Beleuchtung und zur Signalübertragung sind ähnlich aufgebaut: Man benötigt eine **Stromquelle**, Verbindungsteile und den geeigneten **Verbraucher** (z. B. Glühlampe).
Wenn wir ein **Solarladegerät** bauen (Abb. ①), machen wir uns nutzbar, dass Solarzellen die Sonnenenergie direkt in elektrische Energie umwandeln. Wir können **Solarzellen** also als Stromquelle in eine elektrische Schaltung einbauen.
„Wiederaufladbare Batterien" (Ni-Cd-Zellen) können mit Solarzellen direkt aufgeladen werden.
Ein Elektromotor wandelt die elektrische Energie der Solarzelle in Bewegungsenergie um (Abb. ③).
Um Solarzellen als Stromquelle in eine Schaltung so einbauen zu können, dass diese funktionsfähig ist, müssen wir zunächst lernen, wie Stromkreise aufgebaut werden.

Der einfache Stromkreis

Damit eine Glühlampe leuchtet oder ein Elektromotor läuft, müssen Glühlampe oder Elektromotor, die auch **Verbraucher** genannt werden, an eine Stromquelle angeschlossen werden. Dazu muss eine Leitung von einem Pol der Stromquelle (+) zu einem Anschluss des Verbrauchers und eine zweite Leitung vom anderen Anschluss des Verbrauchers zum anderen Pol (–) der Stromquelle geführt werden. Diese Schaltung elektrischer Bauteile nennt man den einfachen Stromkreis.
Ist der **Stromkreis** geschlossen, kann der Strom fließen und die Glühlampe leuchtet (Abb. ②) oder der Motor läuft (Abb. ③). Die Spannung der Stromquelle und die Spannung der verwendeten elektrischen Bauteile müssen zueinander passen. Darauf müssen wir bei der Auswahl der Bauteile achten, weil sonst die Schaltung nicht funktioniert oder die Bauteile zerstört werden.
Deshalb ist z. B. die **Spannung** in **Volt** (V) bei Glühlampen (Abb. ④) oder Elektromotoren aufgedruckt bzw. im Katalog angegeben. Die **Stromstärke** in **Ampere** (A) gibt an, wie viel Strom das Bauteil von der Stromquelle benötigt.

Der Stromkreis ist geschlossen, die Glühlampe leuchtet

Der Stromkreis ist geschlossen, der Motor läuft

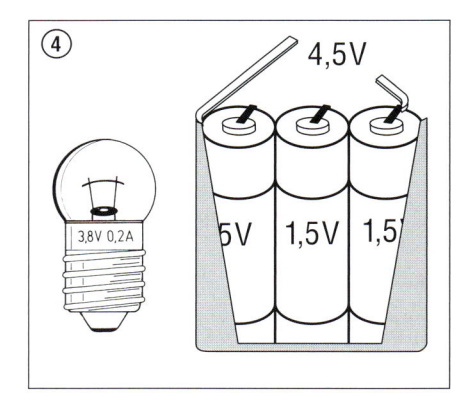

Der **Schaltplan** wird mit Symbolen für die Stromquelle, für die Leitungen und für die elektrischen Bauteile gezeichnet, ☞ S. 143ff.

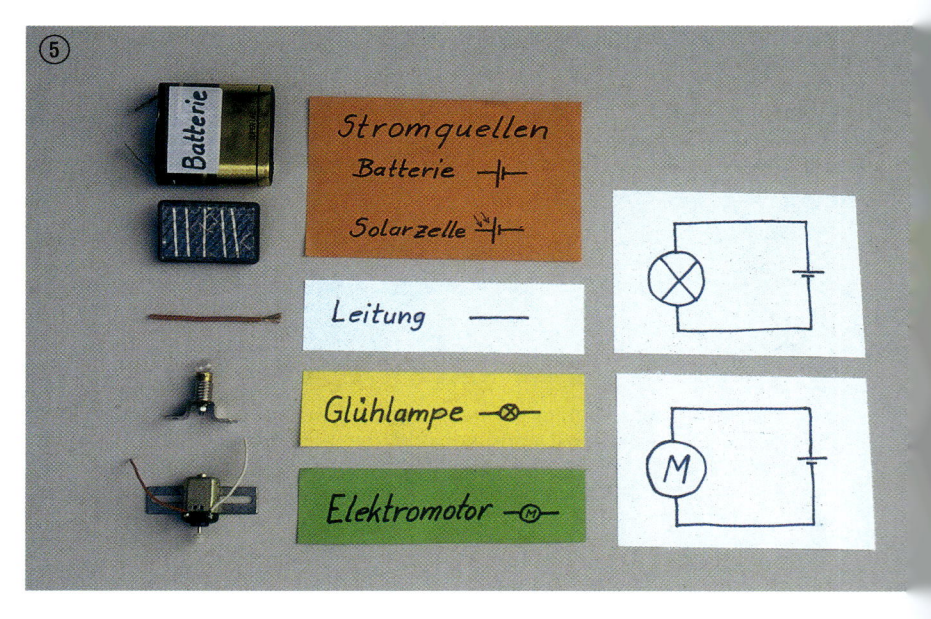

Unterbrechen und Schließen des einfachen Stromkreises

Normalerweise muss eine Glühlampe nicht ununterbrochen leuchten, ein Elektromotor nicht dauernd laufen: Sie werden ein- oder ausgeschaltet. Dazu müssen wir den **Stromkreis** schließen oder unterbrechen. Dies besorgt ein **Schalter**.

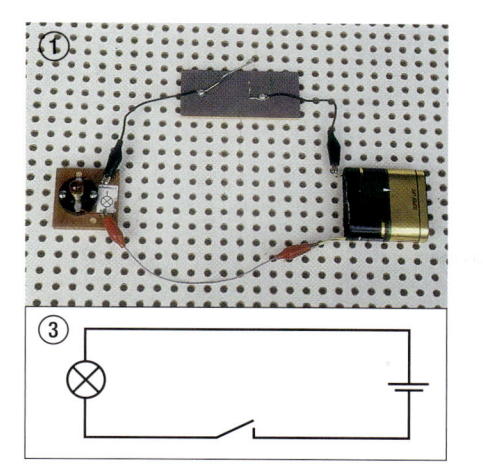

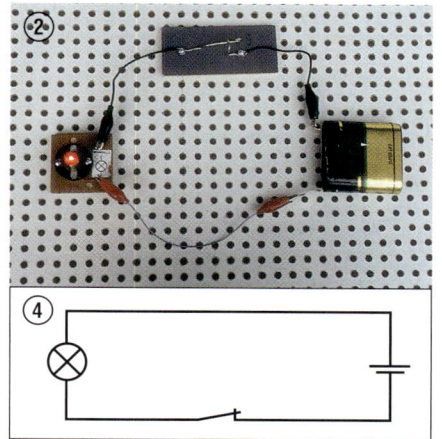

Antrieb eines Elektromotors mit Solarzellen

Soll ein Elektromotor mit **Solarzellen** betrieben werden, so stellt sich die Frage, ob eine Solarzelle hierfür genügend Spannung (V) liefert. Im Handel werden so genannte **Solarmotoren** angeboten (Abb. ⑥, Datenblatt des Herstellers). Diese laufen bereits bei geringer Spannung an.

● Schließt nach Abb. ⑦ einen Solarmotor an eine Solarzelle an. Läuft der Motor? Wie schnell läuft er?

Um herausfinden zu können, ob durch die Verwendung von zwei oder mehr Zellen die Leistung der Solarstromquelle und damit die Leistung des Motors erhöht werden kann, sollten wir ausprobieren, in welcher Weise Solarzellen geschaltet werden können.

Die Versuchsschaltung wird getestet

EXPERIMENT mit Solarzellen in Partnerarbeit

Fragestellung: Wie können Solarzellen geschaltet werden, sodass die Betriebsspannung eines Solarmotors (z. B. 2 V) und die Stromaufnahme (z. B. 110 mA unbelastet) erreicht werden?

Vermutung zum Ergebnis: Es müssen mehrere Zellen in bestimmter Anordnung zusammengeschaltet werden, ☞ S. 62, Abb. ②–④. Die Solarzellen müssen möglichst günstig zur Sonneneinstrahlung ausgerichtet sein.

Planung des Experiments: Wir benötigen Solarzellen mit Messingverbindern (Abb. ②, S. 62), einen Solarmotor (Abb. ⑥), Experimentierkabel, eine Trägerplatte (Abb. ④, S. 62), Materialien zum Bau eines Gestells für die Trägerplatte, zwei Vielfachmessgeräte.

Durchführung des Experiments: Informiert euch über die Solarzelle und über deren Schaltmöglichkeiten ☞ S. 154. Befestigt zunächst zwei Solarzellen auf einer Trägerplatte (Abb. ④, S. 62) und verbindet die Anschlussstellen entsprechend eurer Vermutung. Messt die Spannung, die die Solarzellen abgeben, bevor ihr den Motor anschließt. Die Spannung darf die Betriebsspannung des Motors nicht übersteigen. Schließt danach den Motor an und messt den Strom. Reichen Spannung und Strom nicht aus – überlegt und verändert:
– Reicht das Sonnenlicht?
– Stehen die Solarzellen möglichst günstig zur Sonne?
– Fällt ein Schatten auf einen Teil der Solarzellen?
– Wurde die geeignete Schaltung gewählt?
– Ist die Schaltung fehlerhaft?

Haltet auf einem Protokoll fest: Anzahl und Anordnung der benötigten Zellen (Skizze), Schaltung der Zellen (Schaltskizze), jeweils gemessene Spannung und Stromstärke.

Auswertung des Experiments: Berichtet den anderen Gruppen über eure Ergebnisse und Erfahrungen. Vergleicht euer Ergebnis mit dem anderer Gruppen. Stellt fest, welches die beste Lösung ist, und begründet dies.
Formuliert eure Erkenntnisse zur Beschaltung von Solarzellen.

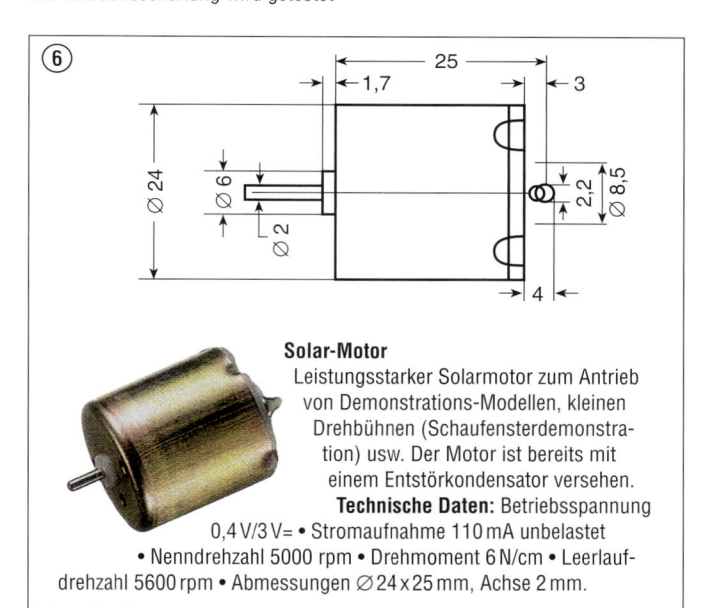

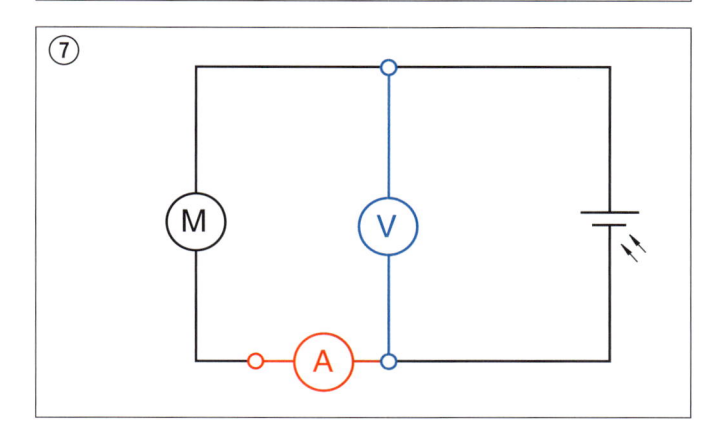

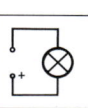

Solar-Motor
Leistungsstarker Solarmotor zum Antrieb von Demonstrations-Modellen, kleinen Drehbühnen (Schaufensterdemonstration) usw. Der Motor ist bereits mit einem Entstörkondensator versehen.
Technische Daten: Betriebsspannung 0,4 V/3 V= • Stromaufnahme 110 mA unbelastet • Nenndrehzahl 5000 rpm • Drehmoment 6 N/cm • Leerlaufdrehzahl 5600 rpm • Abmessungen ⌀ 24 × 25 mm, Achse 2 mm.

Bau eines Akku-Solarladegeräts

Das in Abb. ③, S. 59, gezeigte Ladegerät ermöglicht die gleichzeitige Aufladung von vier Ni-Cd-Zellen (1,2 V/500 mA). Das Ladegerät kann gebaut werden, indem auf einer Platte, deren Neigungswinkel verstellbar ist, die Solarzellen montiert werden (Abb. ④).
Die Ladung des NC-Akkus erfolgt nur, wenn die Spannung am Solarmodul höher ist als die Spannung des Akkus. Ein Voltmeter zeigt die Spannung am Solarmodul an (Abb. ①).
Sinkt die Spannung am Solarmodul unter die momentane Spannung des Akkus, muss verhindert werden, dass sich der Akku über das **Solarmodul** entlädt. Dazu wird eine Diode eingebaut. Dafür eignet sich eine Schottky-Diode.
Das **Akku-Solarladegerät** liefert aus acht Solarzellen (36 x 56 mm; 0,5 V, 200 mA) bei max. Sonneneinstrahlung ca. 2 V, 400 mA. Werden vier parallel geschaltete Ni-Cd-Zellen (1,5 V, 500 mA) damit gleichzeitig geladen, entfallen auf eine Zelle ca. 100 mA, was einer Ladezeit von etwa 5 Stunden entspricht. Das Gerät ist mit 2 V, 400 mA so dimensioniert, dass es auch bei teilweiser Abschattung noch eine brauchbare Leistung liefert.
Durch den Einbau eines Amperemeters (Abb. ①) kann der Ladestrom gemessen werden. So ist feststellbar, ob ein Ladestrom fließt.

- Baut das Akku-Solarladegerät nach den Informationen Seite 62 und 63.
- Einigt euch auf Kriterien, nach denen ihr eure Arbeit bewertet.
- Überlegt, wie durch den Einbau eines Umschalters anstelle des Tasters durch Umschalten einmal die Spannung des Solarmoduls und zum anderen die der Akkus gemessen werden kann.

Universal-Trägerplatte für Solarzellen

Es empfiehlt sich, eine Trägerplatte zu bauen, die für Experimente und als Modulträger geeignet ist. Die Trägerplatte muss aus elektrisch nicht leitendem Material gefertigt werden.
Es muss klar sein, welche Solarzellen verwendet werden (Abb. ②) und wie hoch die maximale Leistung des Moduls sein soll. Vielseitig verwendbar ist eine Trägerplatte für 10 Zellen 0,5 V/200 mA.

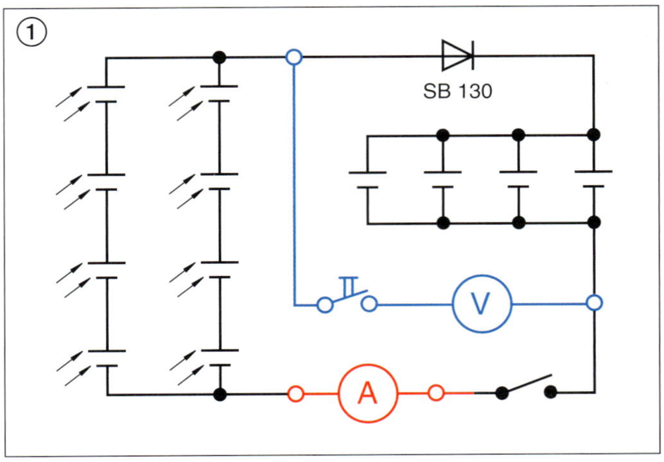

Stückliste Akku-Solarladegerät

Lfd.-Nr.	Anzahl	Benennung	Material	Maße in mm
Baugruppe Grundplatte mit Solarpaneel				
1	1	Grundplatte	Spanplatte beschichtet	200 x 250 x 19
2	4	Gerätefuß	Gummi	
3	1	Trägerplatte	Polystyrol	150 x 120 x 3
4	8	Solarzelle		56 x 36 (200 mA)
5	1	Armaturenplatte	Polystyrol	80 x 90 x 3
6	1	Lüsterklemmenleiste		
7	1	Kippschalter 1x um		
8	1	Taster (Schließer)		
9	1	Voltmeter		0 – 5 V
10	1	Schottky-Diode SB 130		1 A, 30 V
11		Mechanikbauteile (Abb. ② S. 63)		
12		Schaltdraht rot, schwarz		0,5 □
Baugruppe Batteriehalter				
13	1	Grundplatte rot	Polystyrol	4 Loch lang
14	2	Lochstreifen rot	Polystyrol	6 Loch
15	8	Zylinderkopfschraube	Stahl verzinkt	M4 x 16
16	8	Lötöse	Messing	für M4
17	16	Unterlegscheibe	Stahl verzinkt	für M4
18	16	Mutter	Stahl verzinkt	M4
19	4	Spanplattenschraube		⌀ 3 x 15
20	4	NC-Akku		1,2 V, 500 mA

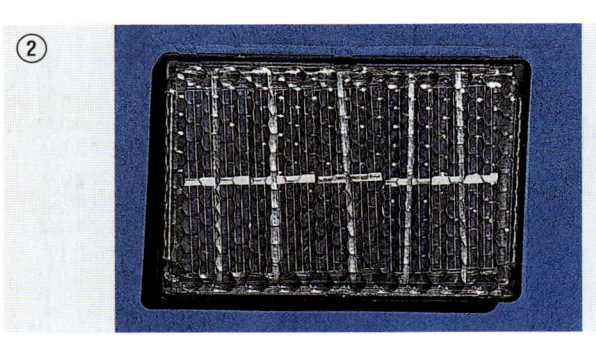

Gekapselte Solarzelle, 450 mV
Betriebsbereit, mit Schraubanschluss und Messing-Verbindungsstegen.

Abmessungen mm	mA
46 x 26	100
56 x 36	200
76 x 46	400
96 x 66	700
96 x 66	1000

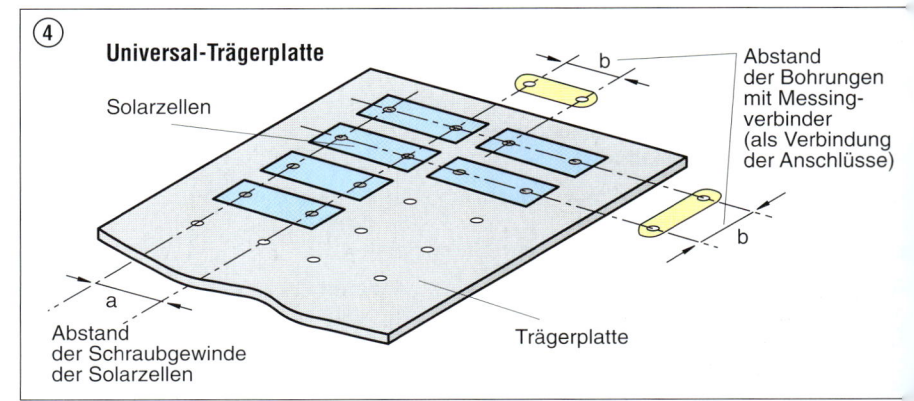

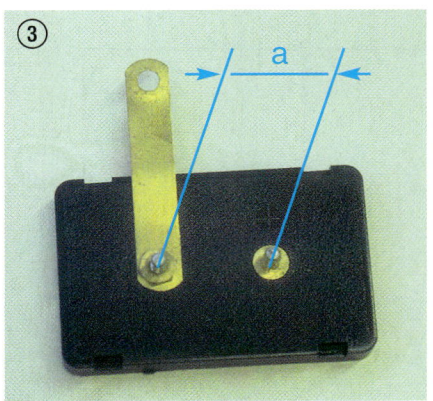

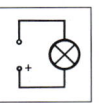

Tipps

- Miss die Abstände der beiden Schraubgewinde auf den von dir verwendeten Solarzellen und prüfe, ob sich in einem Baukasten eine Rasterplatte mit entsprechenden Lochabständen findet, die als Trägerplatte dienen könnte.
- Herstellung einer Rasterplatte
  Verwende eine dünne Hartfaserplatte, Kunststoffplatte o. Ä.
  Lege die Größe der Platte fest (Anzahl und Größe der Zellen, einreihige oder doppelreihige Anordnung)
- Miss die Abstände der Schraubgewinde und reiße die Bohrungen an: Abstand a (Abb. ④, Seite 62) für die Schraubgewinde und Abstand b entspricht dem Lochabstand der Messingverbinder. Durchmesser der Bohrungen 1 mm größer wählen als der Durchmesser der Schraubgewinde, damit genügend „Spiel" entsteht.
- Ziehe bei der Montage die Muttern vorsichtig an (Federringe verwenden). Bei zu festem Anziehen kann die Zelle brechen!

Gestell- mit Dreh- und Kippeinrichtung

Es reicht aus, wenn das Solarmodul maximal bis 180° drehbar und bis 90° kippbar ist. Die gewünschte Position sollte arretierbar sein. Dazu können Muttern zum Festziehen oder Federringe, mit denen Schwergängigkeit erzeugt werden kann, verwendet werden.

- Baut aus Baukastenteilen und Halbzeugen (Abb. ②) ein Gestell, das das Modul gut trägt und durch Drehen bzw. Kippen eine optimale Ausrichtung zur Sonne ermöglicht.

- Fertigt aus Halbzeugen und Normteilen nach der Stückliste S. 62 und Abb. ③ einen Akkuhalter.
  Durch Sägeschnitte wird die erforderliche Klemmwirkung für jeden Akku erreicht. Die durch Warmformen abgekanteten Lochstreifen fixieren die Akkus zusätzlich.

Tipps

- Ordnet vor der Montage alle Teile auf der Grundplatte geschickt und übersichtlich an, bevor ihr sie befestigt (anschraubt).

Funktion testen, Arbeit bewerten

- Schaltet das Voltmeter zu. Richtet das Solarmodul so gegen die Sonne aus, bis die höchste Spannung (ca. 2 V) erreicht ist. Haltet die Daten fest: Neigungswinkel, Drehwinkel, Uhrzeit, Datum, Wetter.

Liegt keine oder nur wenig Spannung an, beginnt die Fehlersuche:
- Ist die Diode richtig gepolt?
- Ist eine Solarzelle defekt?
- Sind die Solarzellen richtig geschaltet?
- Sind die Bauteile richtig angeschlossen, leiten die Verbindungen (Wackelkontakt)?

- Bestückt den Akkuhalter mit leeren Akkus. Stellt fest, ob ein Ladestrom fließt. Messt die Stromstärke (Abb. ①, S. 62 rot eingezeichnet).
- Bewertet eure Arbeit nach den von euch aufgestellten Kriterien ☞ S. 62 und 156.

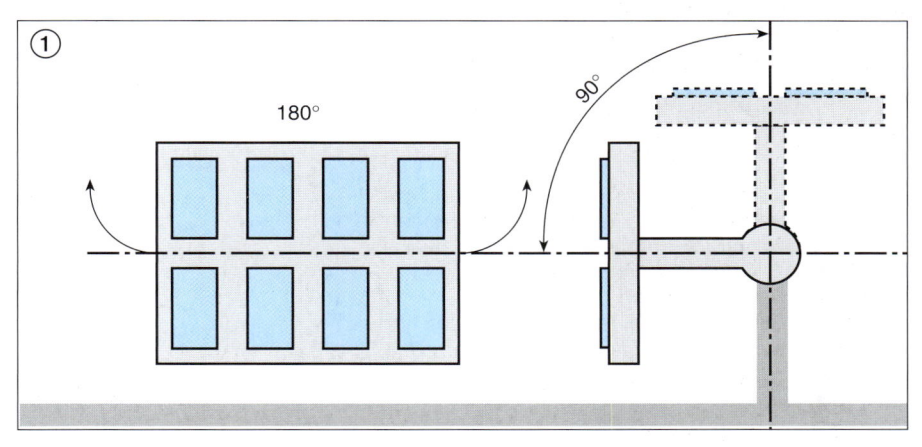

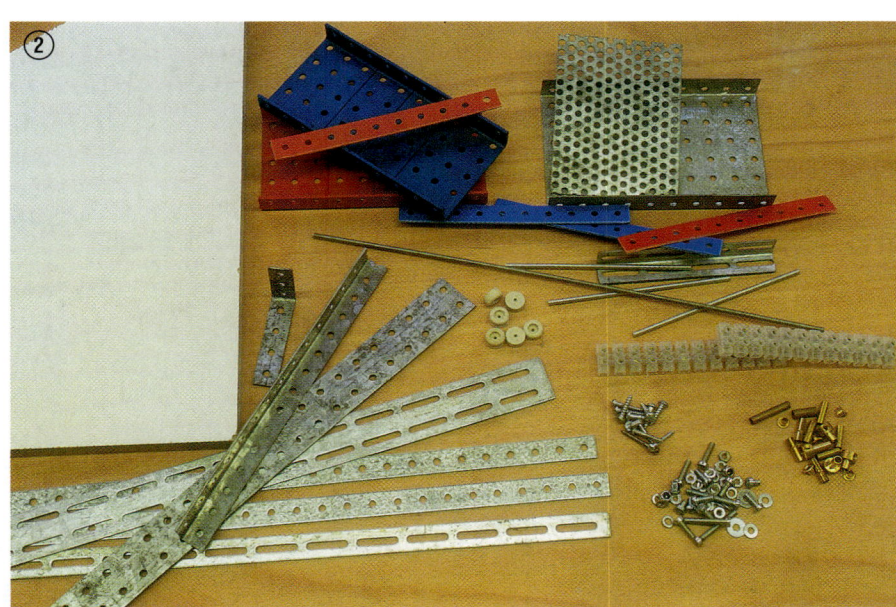

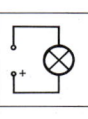

Aufbau und Funktionsweise eines Elektromotors

Der **Elektromotor** (☞ S. 151) ist heute die am weitesten verbreitete Energiemaschine. Dies ist auf seine Vorzüge zurückzuführen: Er ist immer und sofort betriebsbereit, langlebig und wenig reparaturanfällig, kann Raum sparend gebaut werden, hat selbst kein Getriebe und arbeitet daher reibungsarm, ist abgasfrei, läuft geräuscharm und kann auf den Verwendungszweck genau abgestimmt werden. Dies zeigt sich z. B. beim E-Motor in einer Handbohrmaschine.

> Nur mit Stromquellen im Schutzspannungsbereich bis 24 V arbeiten!

Um den Aufbau und das Funktionsprinzip von Elektromotoren kennen zu lernen, könnt ihr einen kleinen Elektromotor demontieren und analysieren (Abb. ③). Geht dabei nach der Anleitung Abb. ④ vor.
Untersucht zunächst den Elektromotor, den ihr demontieren wollt, genau daraufhin, wie er ohne Beschädigung geöffnet werden kann (Abb. ②). Löst die nachstehenden Aufgaben in Partnerarbeit.

① Dauermagnet, S, N, Lackdraht (Spule), Polwender (Kollektor), Bürsten, Dauermagnet, Eisenkern

- Erprobt die Funktion des Motors, der demontiert werden soll.
- Demontiert den Motor vorsichtig. Benennt die Einzelteile und beschreibt ihre Funktion anhand der Darstellung Abb. ①, ☞ S. 151 und ☞ S. 66. Sind Unterschiede zwischen dieser Darstellung und eurem demontierten Motor festzustellen? Erklärt ggf. die Unterschiede in der Konstruktion.
- Baut den Elektromotor wieder zusammen und testet seine Funktion, oder:
- befestigt die Einzelteile auf einer Furnierholzplatte übersichtlich, bringt zu jedem Einzelteil dessen Benennung an und erläutert in einem Text die Funktion der Teile.

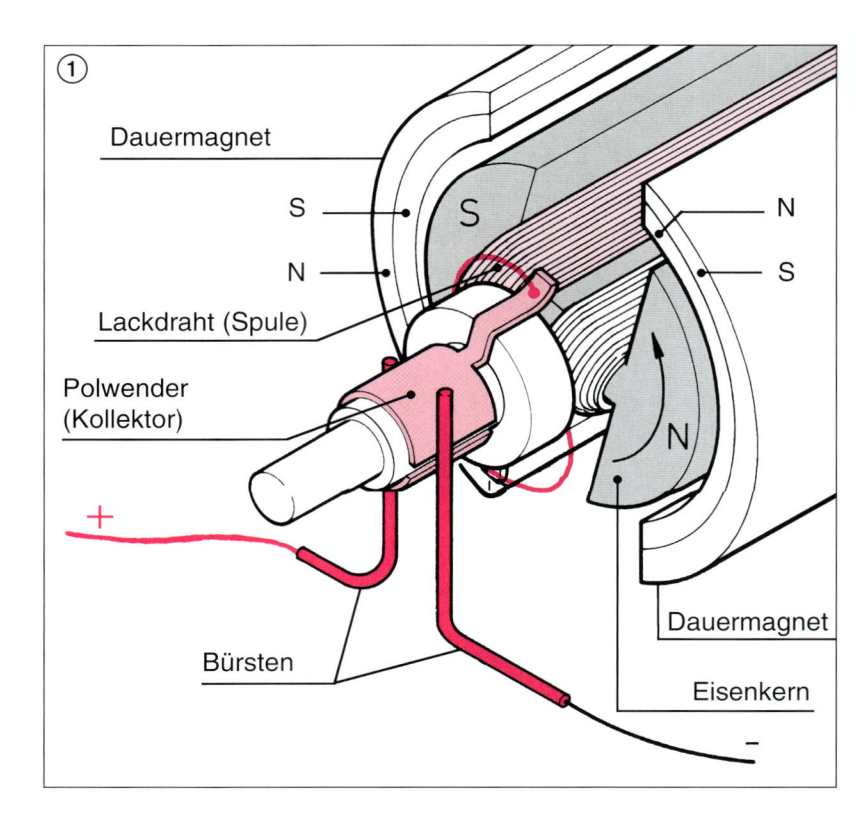

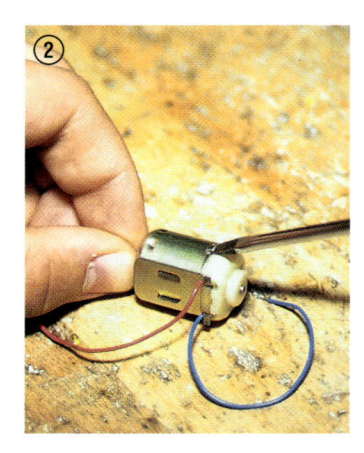

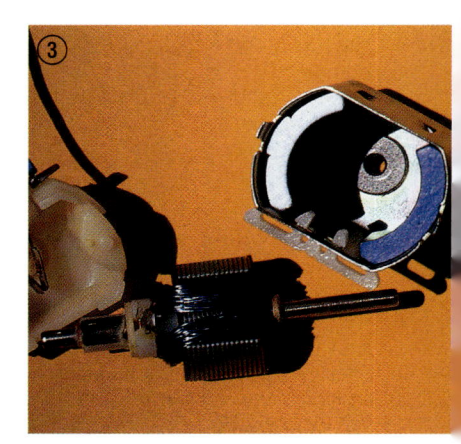

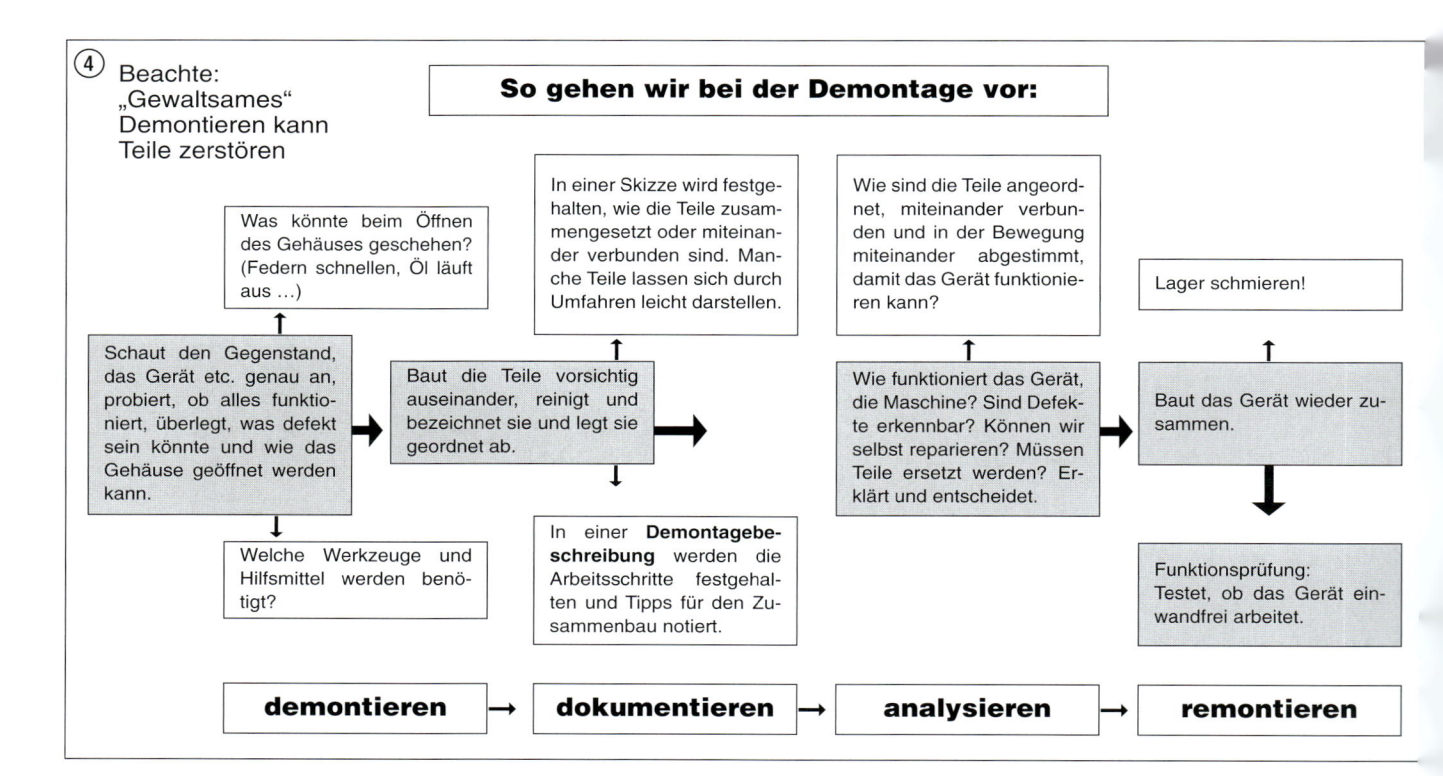

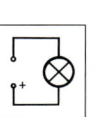

④ Beachte: „Gewaltsames" Demontieren kann Teile zerstören

So gehen wir bei der Demontage vor:

Schaut den Gegenstand, das Gerät etc. genau an, probiert, ob alles funktioniert, überlegt, was defekt sein könnte und wie das Gehäuse geöffnet werden kann.

Was könnte beim Öffnen des Gehäuses geschehen? (Federn schnellen, Öl läuft aus …)

Welche Werkzeuge und Hilfsmittel werden benötigt?

Baut die Teile vorsichtig auseinander, reinigt und bezeichnet sie und legt sie geordnet ab.

In einer Skizze wird festgehalten, wie die Teile zusammengesetzt oder miteinander verbunden sind. Manche Teile lassen sich durch Umfahren leicht darstellen.

In einer **Demontagebeschreibung** werden die Arbeitsschritte festgehalten und Tipps für den Zusammenbau notiert.

Wie funktioniert das Gerät, die Maschine? Sind Defekte erkennbar? Können wir selbst reparieren? Müssen Teile ersetzt werden? Erklärt und entscheidet.

Wie sind die Teile angeordnet, miteinander verbunden und in der Bewegung miteinander abgestimmt, damit das Gerät funktionieren kann?

Lager schmieren!

Baut das Gerät wieder zusammen.

Funktionsprüfung: Testet, ob das Gerät einwandfrei arbeitet.

demontieren → **dokumentieren** → **analysieren** → **remontieren**

Ein Gleichstrommotor, selbst gebaut

Erfahrungen zum Aufbau und zur Funktion des Elektromotors gewinnen wir beim Bau und beim Test eines Gleichstrommotor-Modells.

Das Modell kann aus vorgefertigten Bausätzen nach Bauanleitung montiert oder aus Halbzeugen und geeigneten Bauteilen selbst gefertigt werden.

Nachstehend ist die Fertigung eines Gleichstrommotor-Modells beschrieben, das aus einem Bausatz montiert, getestet und optimiert werden kann.

● Einigt euch auf Kriterien nach denen ihr eure Arbeit bewerten könnt (☞ S. 156).

Baugruppe Rotor

Eisenkern fertigen
Der Eisenkern wird nach Abb. ② gefertigt (☞ S. 123ff.).
– Mit Filzstift oder Anreißlack Flacheisen schwärzen, danach exakt anreißen.
– Bohrung ⌀ 4 genau mittig bohren.
– Exakt nach Anriss feilen, entgraten.
– Auf Unwucht prüfen (Rundstahl durch Bohrung stecken, Eisen waagerecht stellen und prüfen, ob eine Seite nach unten zieht. Ggf. durch Feilen Gewicht auf der schwereren Seite verringern).
– Oberfläche schützen (Zaponlack) ☞ S. 132.

Anker wickeln
– Eisenkern nach Abb. ① auf Ankerwelle montieren (Unterlegscheiben und Federring verwenden).
– Eisenkern dort, wo der Lackdraht gewickelt wird, mit Isolierband umwickeln (scharfe Kanten könnten den Lackdraht beschädigen).
– Lackdraht (⌀ 0,3 mm x 10 m) auf halber Länge (5 m) markieren.
– Lackdraht wickeln. Dabei beachten, dass genau die Hälfte der Wicklung (5 m) auf die eine Eisenkernseite und die andere Hälfte auf die andere Eisenkernseite gewickelt wird. Wickelrichtung nicht ändern! Wicklung mit Isolierbandstreifen gegen Abwickeln sichern.

Kollektor fertigen und montieren
– Messinghülse exakt mittig anreißen (Abb. ③) und mit Puksäge genau auf dem Anriss durchsägen. Schutzbacken verwenden!
– Messinghalbschalen mit Spannringen (5) auf die Distanzrollen klemmen. Darauf achten, dass beide Schlitze gleich breit sind (ca. 1 mm).
– Distanzrolle auf Ankerwelle montieren (S. 66, Abb. ①). Dabei Hohlösen einsetzen (21) zur Verringerung des Innendurchmessers der Distanzrolle (Lager).
– Schlitz zwischen den Halbschalen exakt parallel zum Eisenkern einstellen (S. 66, Abb. ②).
– Lackdrahtenden abisolieren (Schleifpapier) und jeweils an das Ende der Messinghalbschalen löten.

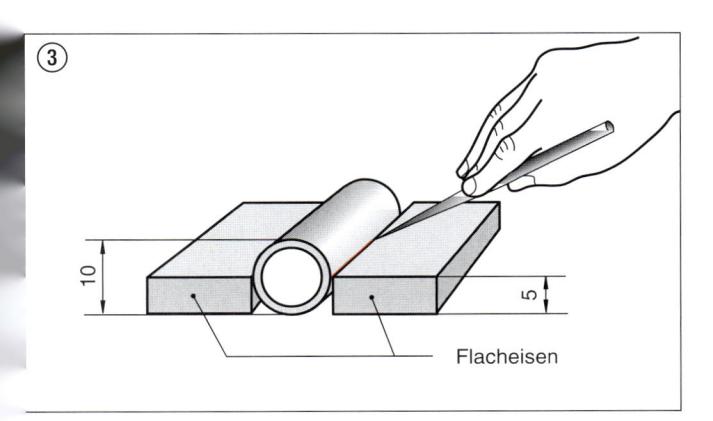

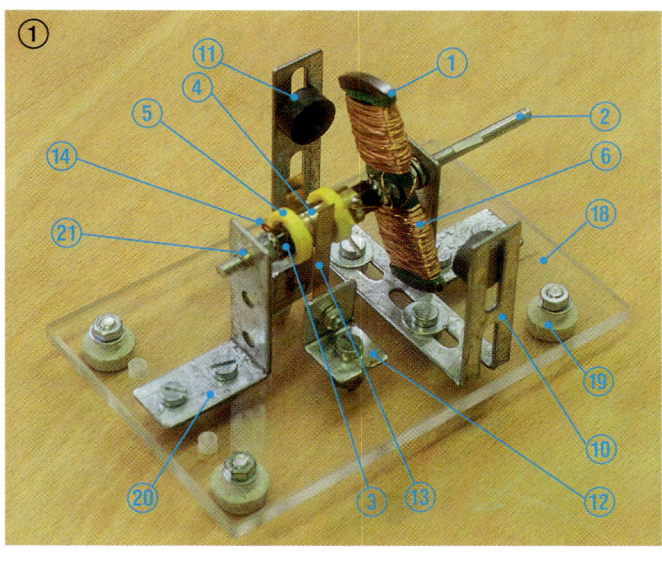

Stückliste für Gleichstrommotor-Modell

Lfd.-Nr.	Anzahl	Benennung	Material	Maße in mm
Baugruppe Rotor				
1	1	Rotor	Stahl St 37K	3 x 20 x 60
2	1	Gewindestange	Stahl verzinkt	M4 x 100
3	1	Distanzrolle	Polystyrol	⌀45 x ⌀8 x 30
4	1	Kommutatorhalbschale	Messingrohr	⌀10 x ⌀8 x 20
5	2	Spannring	Kunststoff	innen ⌀9,5
6	1	Lackdraht	Kupfer	⌀0,3 x 10 m
7	4	Unterlegscheibe	Stahl verzinkt	für M4
8	2	Federring	Stahl verzinkt	für M4
9		Isolierband		
Baugruppe Stator				
10	1	SM-Langlochstreifen	Stahl verzinkt	6 Langloch
11	2	Dauermagnete	Magneteisen	⌀16 x 6
Baugruppe Schleifkontakte				
12	2	Winkel SM-Lochstreifen	Stahl verzinkt	1 x 1 Loch
13	2	Federmessingstreifen	Messing	0,4 x 5 x 40
14	2	Lötöse	Messing	für M4
15	2	Zylinderkopfschraube	Stahl verzinkt	M3 x 6
16	2	Mutter	Stahl verzinkt	M3
17	2	Unterlegscheibe	Stahl verzinkt	für M3
Baugruppe Grundplatte mit Lager				
18	1	Grundplatte	Acrylglas	5 x 120 x 80
19	4	Fußnoppe	Gummi	⌀12
20	2	Lagerwinkel SM-Lochstreifen	Stahl verzinkt	3 x 2 Loch
21	2	Gleitlager (Hohlösen)	Messing	innen ⌀4
22	10	Zylinderkopfschraube	Stahl verzinkt	M4 x 12
23	2	Zylinderkopfschraube	Stahl verzinkt	M4 x 16
24	16	Unterlegscheibe	Stahl verzinkt	für M4
25	12	Mutter	Stahl verzinkt	M4

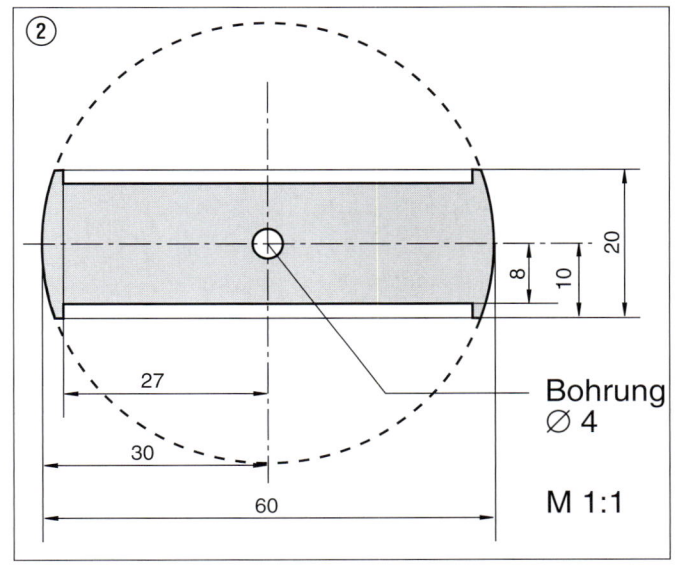

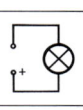

① a)   b)

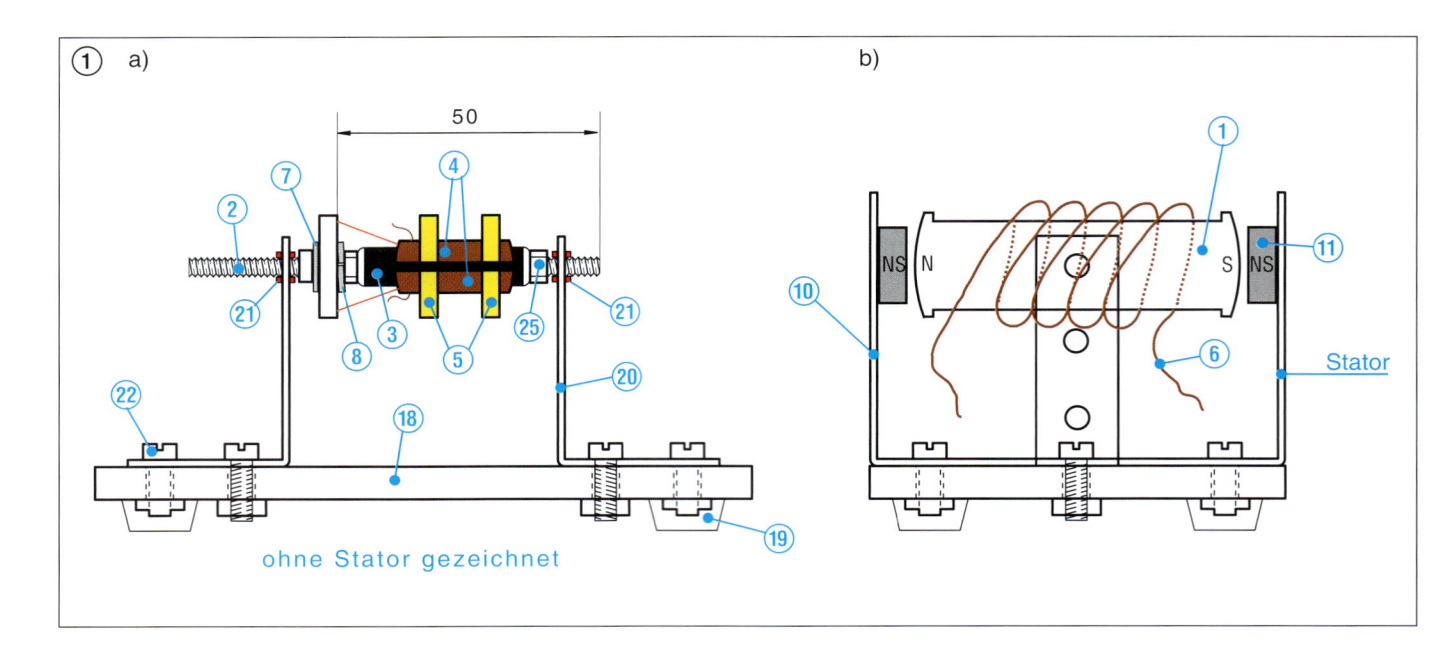

ohne Stator gezeichnet

Baugruppe Gestell

Montageplatte
Montageplatte maßhaltig nach Zeichnung (Abb. ③) anreißen und bohren. Bezugskanten beachten (☞ S. 104).

Lagerwinkel
– Lagerwinkel (20) exakt biegen (gleiche Höhe der Lagerbohrungen, Abb. ①a) und entgraten.
– Hohlnieten als Lager einbauen.
– Lagerwinkel auf Lagerplatte montieren.

Statoren
– Statoren aus Langlochstreifen ablängen, biegen und entgraten (Abb. ①b).
– Statoren auf Montageplatte nach Abb. ①b montieren.
– Dauermagneten mit doppelseitigem Klebeband an Langlochstreifen zum Rotor mittig befestigen.
– Exakt justieren und Schrauben festziehen.

● Entwickelt „Füße" oder „Auflagen" für die Grundplatte. Beachtet, dass die Füße höher sein sollten als die überstehenden Schrauben.

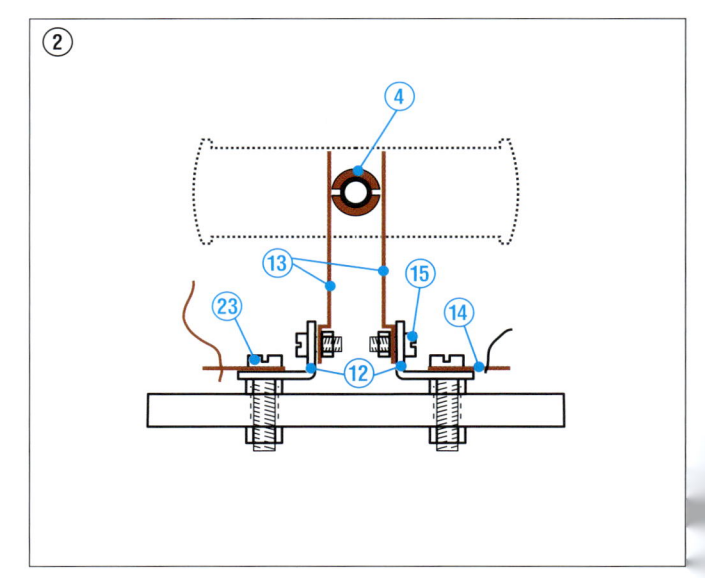

Baugruppe Schleifer

Schleifer
– Schleifer und Anschlüsse (Lötfahnen) nach Abb. ② auf Gestell montieren.
Die Schleifer sollten mit leichtem Druck und der ganzen Fläche am Kollektor anliegen.

Funktion testen, Arbeit bewerten

● Bewertet die Arbeit nach den von euch aufgestellten Kriterien.

Nun kann Spannung angelegt werden. Wenn der Motor nach leichter „Starthilfe" (mit den Fingern die Ankerwelle drehen) bei 4,5 V läuft, ist es ein toller Erfolg.

Läuft er nicht an, überprüfe:
– Polung der Dauermagneten
– Schlitz am Kollektor
– Wicklung auf Durchgang prüfen
– Wicklung auf Durchgang zur Ankerwelle prüfen (Durchgang bedeutet beschädigte Wicklung).

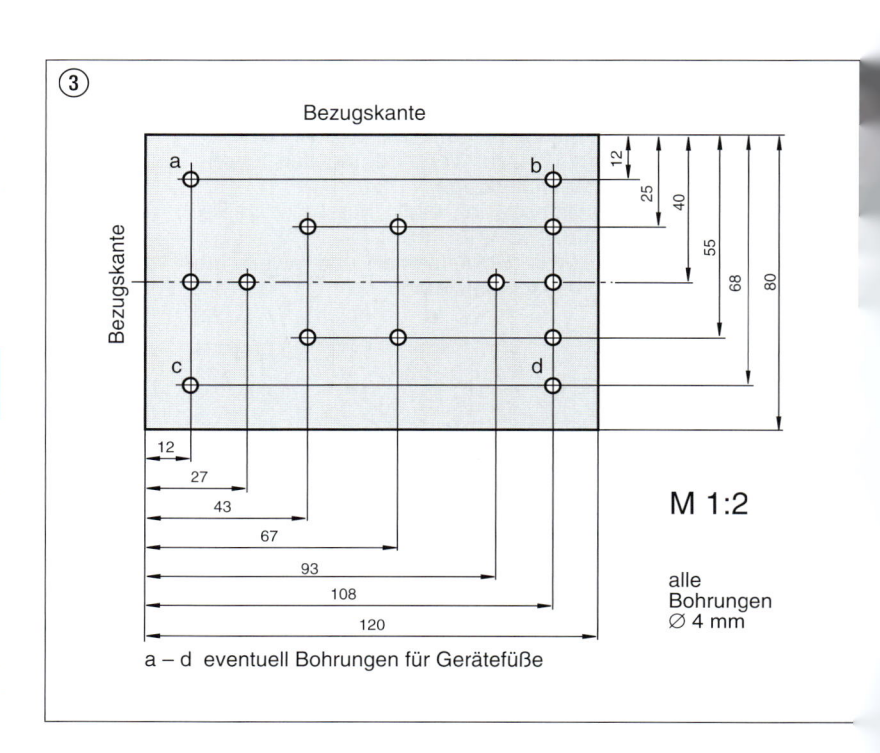

③ Bezugskante

M 1:2

alle Bohrungen ⌀ 4 mm

a – d eventuell Bohrungen für Gerätefüße

Leistungsmessung an den selbst gebauten Elektromotoren

Mit einer Versuchsreihe könnt ihr herausfinden, welcher der von euch gebauten Elektromotoren die größte Leistung bringt. Für den Vergleich ist wichtig, dass für alle zu testenden Elektromotoren die gleichen Bedingungen gelten.

Mithilfe einer Bremseinrichtung (Abb. ① und ⑦) soll der E-Motor zeigen, was er leistet:

- Bildet Gruppen (3 oder 4 Schülerinnen und Schüler) und baut zunächst eine Testvorrichtung nach Abb. ①, sowie nach der Stückliste und den angegebenen Tipps.
  Legt eine Tabelle nach Abb. ② an, in die ihr eure Messungen eintragen könnt.
  Beachtet: Nur exakte Messungen unter vergleichbaren Bedingungen führen zu brauchbaren Ergebnissen (☞ S. 73).
- Führt die Messungen nacheinander durch. Teilt die Arbeiten unter euch auf und klärt, wer jeweils welche Aufgabe übernimmt.

  Testreihe:
  - Schließt den Motor an ein Netzgerät an (max. 9 V) und messt die Leerlaufdrehzahl mit einem Drehzahlmesser (Abb. ①).
  - Schließt ein Voltmeter (Vielfachmessgerät) an und messt die Spannung bei laufendem Motor im Leerlauf (Abb. ⑤).
  - Schließt ein Amperemeter (Vielfachmessgerät) an und messt den Strom bei laufendem Motor im Leerlauf (Abb. ④).
  - Befestigt den Elektromotor auf dem Prüfstand und schließt zwei Vielfachmessgeräte an, um die Spannung (Abb. ⑤) und den Strom (Abb. ④) in belastetem Zustand zu messen.
    Legt den Drehzahlmesser bereit.
    Legt bei laufendem Motor die Bremse an und beschwert diese mit Gewichten so lange, bis die Drehzahl möglichst exakt nur noch 300 U/min beträgt. Lest bei 300 U/min Spannung (U) und Stromstärke (I) ab.
  - Berechnet die elektrische Leistung im Leerlauf und im belasteten Zustand bei 300 U/min (Abb. ③).

② Tabelle zur Leistungsmessung

Motor gebaut von	angelegte Betriebsspannung	Leerlaufdrehzahl	Spannung U		Stromstärke I		Bremsgewicht bei 300 U/min
			unbel.	bel.	unbel.	bel.	
Muster							

Stückliste für Testeinrichtung

Lfd.-Nr.	Anzahl	Benennung	Material	Maße in mm
1	1	Grundplatte	Tischlerplatte	16 x 150 x 320
2	2	Anschlagleiste	Vollholz	12 x 12 x 150
3	4	Senkkopfschraube	Stahl verzinkt	⌀ 3 x 20
4	2	Anschlagwinkel SM-Langlochstreifen	Stahl verzinkt	1 Langloch
5	2	Lagerwinkel SM-Lochstreifen	Stahl verzinkt	2 x 4 Loch
6	2	Gleitlager (Hohlösen)	Messing	innen ⌀ 4
7	1	Distanzrolle	Polystyrol	⌀ 4,5 x ⌀ 8 x 30
8	2	Unterlegscheibe	Stahl verzinkt	für M4 ⌀ 12
9	1	Gewindestange	Stahl verzinkt	M4 x 120
10	1	Gewindestange	Stahl verzinkt	M4 x 25
11	2	Kardangelenk	Polystyrol	Bohrung ⌀ 4
12	1	Bremsholz	Vollholz	12 x 12 x 100
13	2	Gestellwinkel SM-Lochstreifen	Stahl verzinkt	2 x 3 Loch
14	2	Bremslager SM-Doppellanglochstreifen	Stahl verzinkt	1 Langloch
15	1	Lagerbolzen mit Gewindeenden	Stahl verzinkt	⌀ 4 x 50
16	2	Distanzrolle	Polystyrol	⌀ 4,5 x ⌀ 8 x 8
17	2	Mutter selbstsichernd	Stahl verzinkt	M4
18	2	Zylinderkopfschraube	Stahl verzinkt	M4 x 10
19	1	Zylinderkopfschraube	Stahl verzinkt	M4 x 20
20	24	Unterlegscheibe	Stahl verzinkt	für M4
21	10	Halbrundkopfschraube	Stahl verzinkt	⌀ 3 x 15
22	1	Ösenschraube	Stahl verzinkt	innen ⌀ 4

- Vergleicht die Leistungen der Motoren untereinander. Gibt es Unterschiede? Versucht die Ursachen für unterschiedliche Leistungen zu erklären.

③ Berechnungsbeispiel für die elektrische Leistung des E-Motors

Elektrische Leistung: $P_E = U \cdot I$

unbelastet	=
belastet	=

Tipps zum Bau der Testeinrichtung

- Zwei Kardangelenke (11) müssen eingebaut werden, um kleine Abweichungen (Höhe oder Parallelität) der zu verbindenden Wellen (Ankerwelle/Bremswelle) auszugleichen.
- Eine exakte Rundung der Bremsauflage wird so erreicht: zweites Buchenholz (Reststück) gegenspannen, vorstechen und mit Holzspiralbohrer (☞ S. 95) bohren (Abb. ⑥). Distanzrolle (16) und Bohrer müssen den gleichen Durchmesser haben.
- Bremsholz verschiebbar lagern, damit Bremse gleichmäßig aufliegt und nicht verkantet (Abb. ⑦).

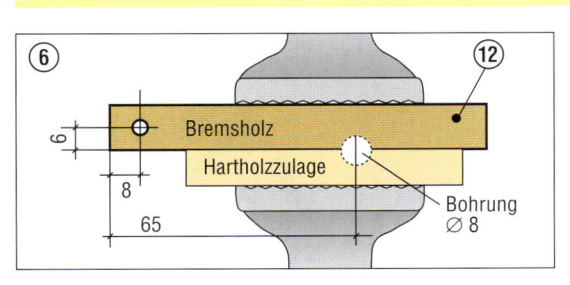

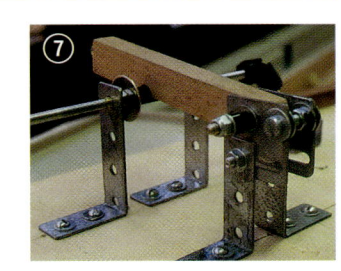

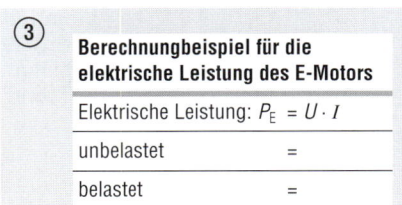

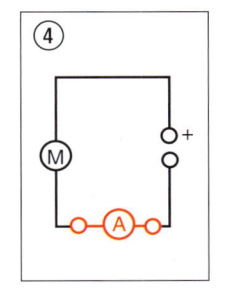

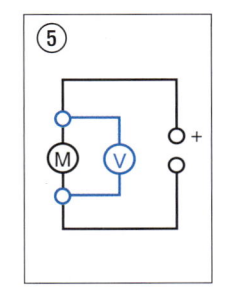

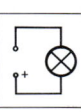

Informationen zum sicheren Arbeiten und Experimentieren im Technikunterricht

Grundregeln

Zusammenarbeit im Team

Probleme lassen sich gemeinsam leichter lösen (Abb. ①).
Im Gespräch können Tipps ausgetauscht werden.
Bei vielen Arbeiten ist gegenseitige Hilfe notwendig.

Ordnung am Arbeitsplatz
Ordnung im Technikraum

Griffbereit geordnetes und funktionstüchtiges Werkzeug ermöglicht sicheres und erfolgreiches Arbeiten (Abb. ②).
In der Technikraumordnung ist vereinbart, welche Aufgaben jeder eigenverantwortlich übernimmt.

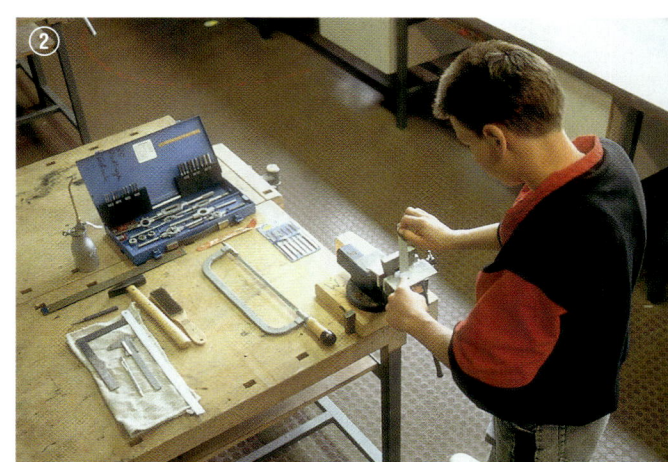

Zweckmäßige und sichere Kleidung

Am Arbeitsplatz ist **zweckmäßige Kleidung** erforderlich (Abb. ③). Dazu gehören feste Schuhe und enganliegende Ärmel.
Bei bestimmten Arbeiten ist Schutzkleidung erforderlich. Ketten, Schals und Ringe sind bei der Arbeit hinderlich und bergen Unfallgefahren. Anoraks, Mäntel und Taschen werden außerhalb des Technikraums abgelegt.

Sicherheitszeichen beachten

Sicherheitszeichen warnen vor Unfallgefahren und weisen auf sicheres Arbeiten hin (Abb. ④).
Sie sind dort angebracht, wo besondere Aufmerksamkeit erforderlich ist.
Solche Symbole findet man im Buch immer dann, wenn Sicherheitsmaßnahmen erforderlich sind.

④ Fluchtweg — Augenschutz tragen — Keine Chemikalien in den Ausguss — Warnung vor gefährlichen elektrischen Spannungen

Sicherer Umgang mit Maschinen

Für den sicheren **Umgang mit Maschinen** (☞ S. 93 bis 95) im Technikraum gelten besondere Sicherheitsbestimmungen, deren Einhaltung unfallfreies Arbeiten gewährleistet.
Grundsätzlich muss jeder, der eine Maschine benutzt, zuvor fachmännisch unterwiesen worden sein und die sachgemäße Handhabung der entsprechenden Maschine beherrschen.

Deutlich abgegrenzte Arbeitsbereiche dienen der **Sicherheit** im Technikraum. Nur der jeweilige „Maschinist" und gegebenenfalls Helfer dürfen sich beim Arbeiten mit der Maschine in diesem Sicherheitsbereich aufhalten.

① **Schleifmaschinen-Führerschein**

Daniel Heinisch

hat die praktische und theoretische Prüfung
„Sicheres Schleifen mit der Teller- und Bandschleifmaschine"
mit Erfolg abgelegt.

Er / sie ist berechtigt, die Teller- und Bandschleifmaschine im Technikunterricht eigenständig zu benutzen.

Gottlieb - Daimler - Realschule
Ludwigsburg

Datum: ....   Unterschrift: ....

Der Inhaber des „**Maschinenführerscheins**" (Abb. ①) hat durch eine Prüfung nachgewiesen, dass er die Maschine sicher bedienen kann und dass er die Sicherheitsbestimmungen kennt.

Hilfen im Notfall

In den Technikräumen sind Einrichtungen und Geräte angebracht, die im Notfall eine erste Hilfe ermöglichen oder Gefahren beseitigen können.

Not-Aus (Abb. ③)
Damit können alle elektrischen Maschinen und Geräte sofort abgeschaltet werden.
„Not-Aus-Schalter" dienen also im Ernstfall der Sicherheit aller.

Feuerlöscher (Abb. ④)
Unbedachtes Hantieren und Herumspielen an diesem Gerät führt oft zu Beschädigungen. Das heißt, der Feuerlöscher ist im Ernstfall nutzlos, was schlimme Folgen haben kann.

Der **Erste-Hilfe-Schrank** (Abb. ②) enthält viele Hilfsmittel für kleinere und größere Verletzungen.

Außerdem sind dort die wichtigsten Telefonnummern für den Notfall zu finden.

Elektrischer Strom: Nutzen und Gefahr

Der **Umgang mit elektrischen Geräten** ist uns selbstverständlich geworden.

Gefährlich wird der Umgang mit elektrischem Strom dann, wenn die Sicherheits- und Schutzhinweise nicht beachtet werden.

Wenn wir Schaltungen mit elektrischen Bauteilen bauen, dürfen diese grundsätzlich nur im **Schutzkleinspannungsbereich bis 24 Volt** betrieben werden.

Sicherheits- und Schutzhinweise

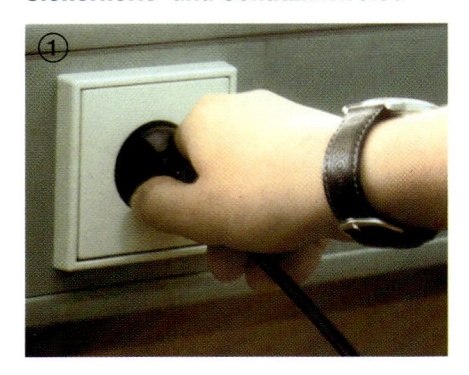

① ②
Zuleitungen werden immer am Stecker aus der Steckdose gezogen.

③
Sind Steckdosen oder Stecker defekt, dürfen sie nicht benutzt werden. Eigenreparaturen sind nicht erlaubt.

Wir verwenden nur Zuleitungen, Geräte und Maschinen, die unbeschädigt und mit Prüfzeichen versehen sind.
Das Typenschild (Abb. ④) einer Maschine gibt Auskunft über die Prüfung des Gerätes auf elektrische Sicherheit und auch darüber, wie es verwendet werden darf.

Prüfzeichen

GS — Dieses Zeichen „**G**eprüfte **S**icherheit" garantiert die Einhaltung des Maschinenschutzgesetzes.

VDE — Der elektrische Teil des Geräts entspricht den Vorschriften des **V**erbandes **D**eutscher **E**lektrotechniker.

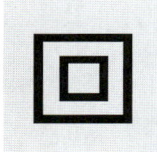

▣ — Dieses Gerät ist **schutzisoliert,** das heißt, alle Metallteile, die im Fehlerfall unter Strom stehen könnten, sind doppelt isoliert. Ist das Elektrogerät nicht schutzisoliert, muss ein Schuko-Stecker vorhanden sein, der den Schutz vor elektrischen Schlägen übernimmt.

Dieses Elektrogerät ist **funkentstört;** man kann es betreiben, ohne dass es Radio oder Fernsehen stört.

Zusätzlich kann angegeben sein:

Das Gerät ist

tropfwassergeschützt ●

staubgeschützt ▦

staubdicht ▨

wasserdicht ●●

Arbeiten mit Geräten, die man als Hitzequellen benötigt

Bevor mit Lötkolben, Heizstäben, Styroporschneidern, Heißluftpistolen, Klebepistolen oder mit Gasbrennern gearbeitet wird, muss man die Gefahren und die Maßnahmen zur Verhinderung von Gesundheitsschäden bedenken:

Wenn wir mit Hitzequellen arbeiten, achten wir grundsätzlich auf gute Belüftung und Entlüftung bzw. Absaugung.

Sicherheit beim Weichlöten (Abb. ①)

Vor der Arbeit ist das Kabel des Lötkolbens immer auf Beschädigungen zu untersuchen. Ein Schaden ist zu melden.

Der Lötkolben muss sicher in einem Lötkolbenständer abgelegt werden.
Es ist darauf zu achten, dass das Kabel nicht durch die heiße Lötspitze angeschmort werden kann.

Nach Beendigung der Lötarbeit wird die Lötspitze gereinigt und so abgelegt, dass sie gefahrlos abkühlen kann.

Sicherheit beim Umgang mit Gasbrennern (Abb. ②)

Beim Hartlöten ist eine Schutzbrille zu tragen.

Eine Lederschürze schützt die Kleidung.

Grundsätzlich wird auf einer feuerfesten Ablage (Schamottestein, Abb. ②) gearbeitet.

Sicherheitsabstände müssen unbedingt eingehalten werden.

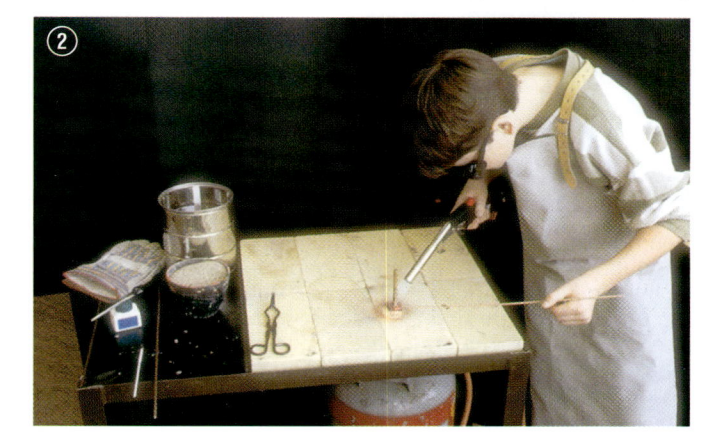

Sicherheit beim Warmumformen (Abb. ③)

Beim Warmumformen von thermoplastischen Kunststoffen sind Schutzhandschuhe zu tragen.

Ein Wasserbad oder ein nasser Schwamm ist zur raschen Abkühlung der Werkstücke bereitzustellen.

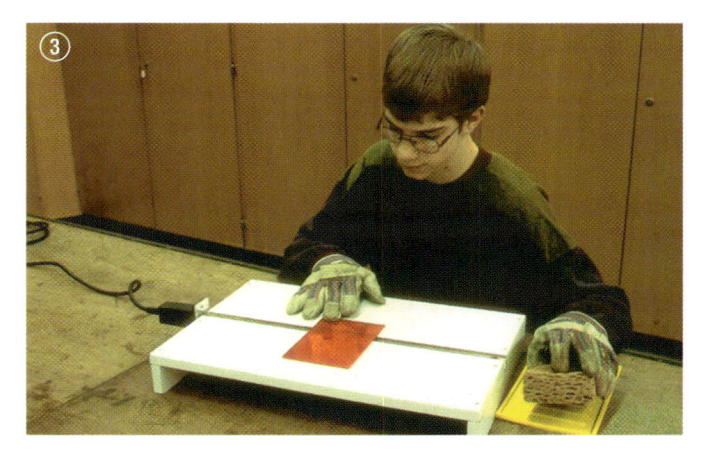

Sicherheit am Glühofen (Abb. ④)

Der Glühofen wird u. a. zum Erhitzen von Metallen und zum Emaillieren benutzt.
Die Temperaturen im Innern des Glühofens betragen bis ca. 1000 °C, deshalb ist das Tragen von Lederschürze und Schutzhandschuhen erforderlich.

Zur Ablage der glühenden Werkstücke ist eine feuerfeste Unterlage (Schamottesteine, Blech, Gasbetonplatte ...) bereitzustellen.

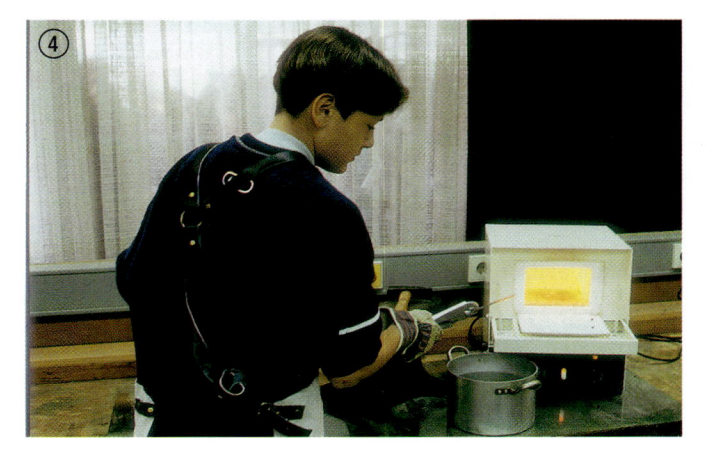

Sicherer Umgang mit Gefahrstoffen

Die Einstufung in gefährliche und nichtgefährliche Stoffe, die Kennzeichnung gefährlicher Stoffe, die Zuordnung von **Gefahrensymbolen**, die Hinweise auf besondere Gefahren und die Sicherheitsratschläge sind in der **Gefahrstoffverordnung (GefStoffV)** gesetzlich vorgeschrieben. Gefährliche Stoffe müssen deshalb vom Hersteller oder vom Lieferanten auf der Verpackung besonders gekennzeichnet werden (s. Beispiel Brennspiritus (Abb. ①). Grundsätzlich gilt:

> Vor Verwendung eines Mittels muss die Verbraucherinformation auf der Verpackung, z. B. die Gebrauchsanweisung, genau gelesen werden. Unklarheiten müssen geklärt werden, Verwendungshinweise, Sicherheitsbestimmungen und Hinweise zur Entsorgung müssen genau beachtet werden.

Nach der Gefahrstoffverordnung vorgeschriebene Kennzeichnung von Gefahrstoffen am Beispiel Brennspiritus

② **BRENNSPIRITUS**
1 Liter — 94% Vol.
(VfB B)
ETHYLALKOHOL – LEICHT ENTZÜNDLICH
Behälter dicht geschlossen halten. Nicht rauchen. Von Zündquellen fernhalten. Nicht für den menschlichen Genuss geeignet.
AHK Alkohol Handelskontor GmbH u. Co. KG
Wiedenbrücker Straße 35–39 · 4780 Lippstadt

- Inhalt (Menge)
- Gefahrensymbol „leicht entzündlich"
- Stoffbezeichnung
- Name und Anschrift des Lieferanten
- Konzentration
- Gefahrenklasse „B", gemäß der Verordnung über brennbare Flüssigkeiten (VfB)
- Gefahrenbezeichnung
- Gefahrenhinweise, Sicherheitsratschläge

Lösungsmittel

Von nahezu allen **Lösungsmitteln,** wie Reinigungsbenzin, Petroleum, Spiritus und Verdünnung, gehen besondere Gefahren aus: Verätzungen beim Kontakt mit den Händen und mit den Augen, Gesundheitsgefahr beim Einatmen, Brandgefahr und Explosionsgefahr. Deshalb muss beim Verwenden von Lösungsmitteln auf **sichere Lagerung, richtige Kennzeichnung** (Originalgefäße), **gute Belüftung, Körperschutz** (Schutzhandschuhe, Schutzbrille, Hände waschen) und **Schutz vor Erwärmung** besonders geachtet werden.
Grundsätzlich gilt:

> Die beste Schutzmaßnahme bei der Verwendung von Lösungsmitteln ist
> - der Verzicht auf gefährliche Stoffe – wo immer möglich –,
> - die Verwendung von weniger gefährlichen Stoffen,
> - die Beschränkung auf die absolut notwendige Menge.

Im Technikraum dürfen keine Gefahrstoffe gelagert werden. Nach Gebrauch wird das nicht verbrauchte Mittel in den Lagerraum für Lösungsmittel zurückgebracht. Verunreinigte Lösungsmittelreste werden in geeigneten Gefäßen gesammelt (leere Originalflaschen) und der Sondermüllbeseitigung zugeführt.
Ist es z. B. erforderlich, dass aus einem großen Behälter nachgefüllt werden muss, so besteht die Gefahr des Verschüttens, des Einatmens von Dämpfen und die Gefahr des Entzündens bei Verbindung mit Luftsauerstoff.
Deshalb müssen entsprechende Vorsichtsmaßnahmen beim Umfüllen getroffen werden: Trichter verwenden, Schutzhandschuhe und Schutzbrille tragen, Wanne unterstellen, ausreichend lüften.

Weitere Gefahrensymbole

③ Ätzsymbol für Haut und andere Stoffe mit Zusatz „ätzend".
Kennbuchstabe C

C ätzend

④ Andreaskreuz mit Zusatz „reizend".
Diese Stoffe reizen die Haut und die Schleimhäute.
Kennbuchstabe Xn, Xi

Xn gesundheitsschädlich
Xi reizend

⑤ Explosionssymbol mit Zusatz „explosionsgefährlich".
Kennbuchstabe E

E explosionsgefährlich

Holzstäube

Holzstäube reizen beim Einatmen die Atemwege, sie können selbst Gefahrstoff sein. Deshalb sollten der Arbeitsplatz und die gesamte Schulwerkstatt regelmäßig mit dem Staubsauger gereinigt werden. Holzbearbeitungsmaschinen sollten eine Span- bzw. Staubabsaugung besitzen oder mit einem Span- bzw. Staubauffangbeutel ausgestattet sein. Diese Behälter sollten bereits geleert werden, wenn sie halb voll sind, denn wenn sie zu voll sind, können sie Staub und Späne nicht mehr im gewünschten Maß zurückhalten.

Umgang mit Gasflaschen

Gase, die uns in Form einer Gasflamme als Hitzequelle dienen, sind Gefahrstoffe. Bei der Verwendung von Gasflaschen (z. B. Propangas) ist deshalb zu beachten:
- Bemerkt man beim Betreten eines Raumes Gasgeruch, so sollte das Hauptventil an der Gasflasche sofort geschlossen werden. Keine Flamme anzünden und keinen elektrischen Schalter betätigen!
- Nach Beendigung der Arbeit muss das Hauptventil an der Gasflasche geschlossen werden, der Druck im Gasschlauch muss durch Öffnen des Ventils am Brenner abgelassen werden.
- **Gasflaschen** müssen vor hoher Temperatur (Sonneneinstrahlung), vor Schlag und Stoß geschützt werden.
- Nur mit aufrecht stehenden Flaschen arbeiten!
- Auf leere oder nicht angeschlossene Flaschen müssen die Verschlusskappen aufgesetzt werden.

Informationen zur Durchführung von Experimenten

Das **Experiment** dient in der Technik der Überprüfung von Sachverhalten, um zu gezielten Erkenntnissen zu gelangen, z.B.
- bei der Untersuchung von Materialeigenschaften,
- bei der Überprüfung von Funktionsabläufen,
- um Leistungen zu messen und zu vergleichen.

Der Auslöser für die Anwendung der Methode „Experiment" ist eine gezielte Fragestellung, die sich aus einem technischen Problem ergibt. Je präziser die Frage formuliert ist, desto eindeutiger kann das Experiment geplant, durchgeführt und das Ergebnis bewertet werden.
Wichtige Merkmale technisch experimenteller Tätigkeit sind:
genaue Planung, exakte Bearbeitung oder Messung, übersichtliche Darstellung der Ergebnisse, Bewertung und Begründung durch Vergleichen und Interpretieren in Bezug zur Fragestellung.

> **Definition:** Als Experiment wird ein planmäßig durchgeführter wissenschaftlicher Versuch bezeichnet. Das Experiment ist ein vom übrigen Zusammenhang gelöstes, ganz auf eine bestimmte Fragestellung konzentriertes Verfahren. Die Exaktheit der Ergebnisse wird durch eine möglichst weitgehende Begrenzung der Fragestellung und durch die Befreiung von störenden Randbedingungen erreicht. Im Ergebnis wird die Richtigkeit einer Annahme bzw. Vermutung bestätigt oder verworfen.

Verlaufsphasen der experimentellen Tätigkeit

Fragestellung ...
Die Frage muss möglichst so eingegrenzt sein, dass eindeutige Antworten bei der Auswertung gegeben werden können. D.h., die gegebene Problemstellung muss auf einen Fragesachverhalt eingegrenzt werden.
Beispiel: „Lässt sich Acrylglas warmformen?"

Vermutung zum Ergebnis ...
Aufgrund vorhandener Erfahrungen und Kenntnisse werden Vermutungen formuliert. Durch die Begründung der Vermutung kann die Fragestellung präzisiert werden.
Beispiel: „Acrylglas lässt sich nicht warmformen, weil es bei Kaltbiegeversuchen spröde war und gebrochen ist."

Planung ...
Bei der Planung muss exakt festgelegt werden: Welche Materialien, Abmessungen, Hilfsmittel, Werkzeuge und Geräte verwendet werden sollen, welche Sicherheitsmaßnahmen zu treffen sind, wie der Ablauf erfolgen soll, welche Tätigkeiten die beteiligten Personen ausführen und wie der Verlauf und das Ergebnis exakt festgehalten werden können.

Um Vergleichbarkeit zu gewähren sind unbedingt gleiche Testvoraussetzungen erforderlich. (Abmessungen, Temperatur, Vorgehensweise, Stromquelle, Zeit, ...).

Durchführung ...
Die Durchführung muss der Planung entsprechen. Die geplante Vorgehensweise muss eingehalten werden, wobei genau beobachtet und gemessen wird.
Daten und Fakten werden festgehalten.

Auswertung ...
Die im Experiment gewonnenen Daten und Fakten werden übersichtlich dargestellt, verglichen und bezogen auf die Fragestellung ausgewertet. Die Vermutung wird durch das Ergebnis bestätigt oder widerlegt. Das Ergebnis wird formuliert und kann als neue Erkenntnis zur Lösung technischer Probleme angewandt werden.
Beispiel: „Herstellung eines Bilderhalters aus Acrylglas".

Anwendung der Erkenntnisse in der Technik

Wenn man Experimente wie oben dargestellt durchführt,
- gewinnt man Einsichten in ein wissenschaftliches Verfahren,
- arbeitet man praktisch, selbsttätig und kooperiert mit Mitschülern,
- lernt man zielgerichtet zu beobachten, genau zu messen sowie konzentriert und sorgfältig vorzugehen,
- lernt man auf der Grundlage von eindeutigen sprachlichen Formulierungen und anschaulichen technischen Darstellungen in Form von Zeichnungen, Tabellen und Grafiken Sachverhalte zu analysieren, zu vergleichen und zu bewerten.

Im Buch sind einige **Experimente** vorgeschlagen. Zudem können Aufgaben in Form eines Experiments strukturiert und gelöst werden.

Informationen zum Lesen und Anfertigen von technischen Zeichnungen

Mithilfe einer **Zeichnung** können wir Gegenstände, Werkstücke, Teile von Werkstücken, Geräte, Vorrichtungen und Maschinen besser darstellen als mit einer wortreichen Beschreibung.

Schon mit einer einfachen Skizze lassen sich Ideen und Planungsschritte „aufschreiben" und mitteilen.

In Zeichnungen können viele Informationen festgehalten werden, z. B.:
- welche Maße ein Werkstück hat,
- die Form eines Werkstücks oder eines technischen Gegenstandes,
- wie Einzelteile aussehen und wie sie zusammengehören,
- wie Geräte und Maschinen konstruiert sind,
- wie eine Schaltung aufgebaut ist.

Wer eine **„technische Zeichnung"** anfertigt, muss die notwendigen Informationen so festhalten, dass andere die Zeichnung lesen und danach arbeiten können. Wie bestimmte Schriftzeichen vereinbart wurden, um Worte als Schrift festzuhalten, so sind im Laufe der Zeit, fortschreitend mit der technischen Entwicklung, bestimmte Regeln festgelegt worden für eine einheitliche Darstellungsweise in technischen Zeichnungen.

Es entstand eine internationale „Sprache" der Techniker, die technische Zeichnung. Sie ermöglicht den Austausch von technischen Informationen unabhängig von der Muttersprache.

Am Beispiel der Abb. ① – ④ können wir uns klarmachen, wie wir von unseren ersten Vorstellungen zu einer Werkzeichnung kommen können:
- Aufbau und Funktion klären durch Probieren, Vermuten und Skizzieren in einem Schrägbild (Abb. ① und ③)
- grobe Abmessungen festlegen und in einer Handskizze (Schrägbild) festhalten (Abb. ②)
- Form unter Berücksichtigung der Funktion **entwerfen** (Abb. ③ und Schnittskizze ④)
- Fertigungszeichnung anfertigen (S. 75, Abb. ③).

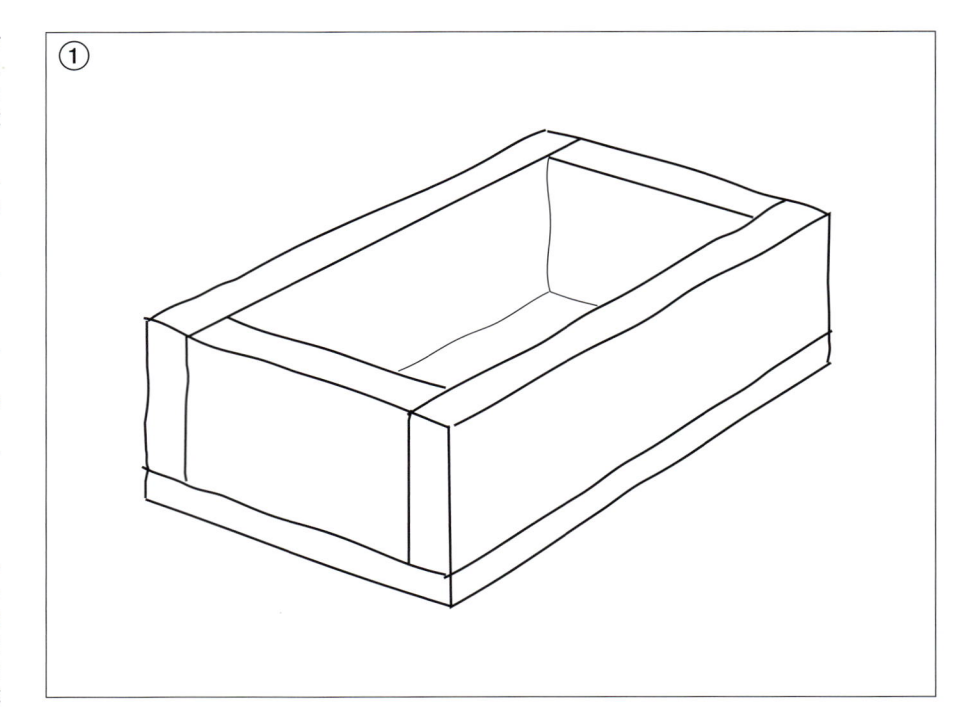

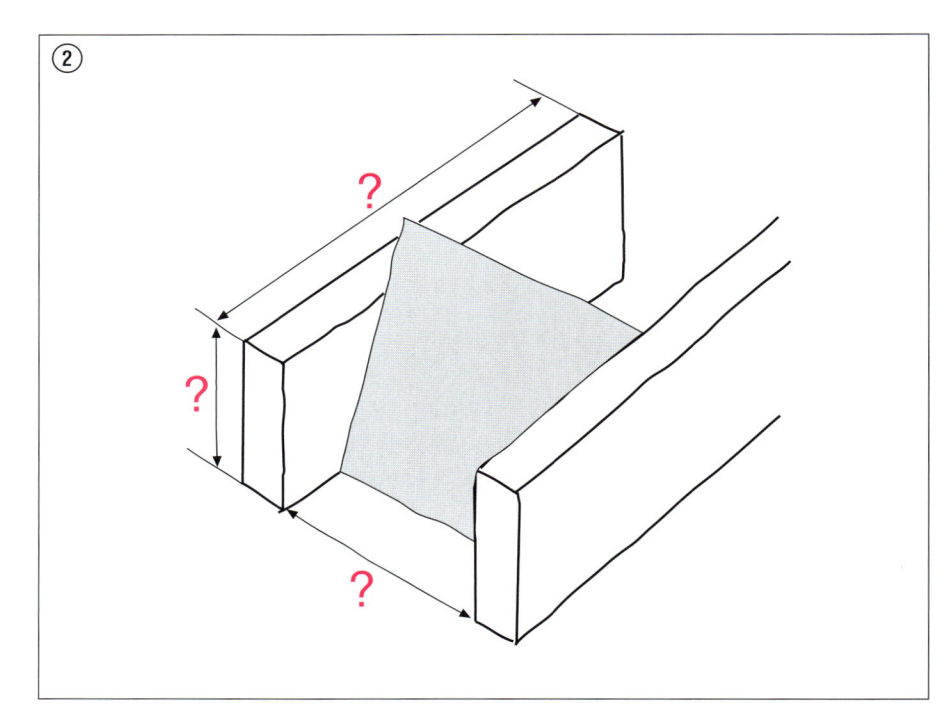

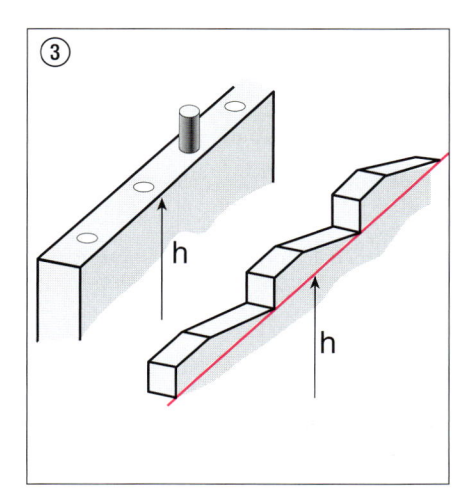

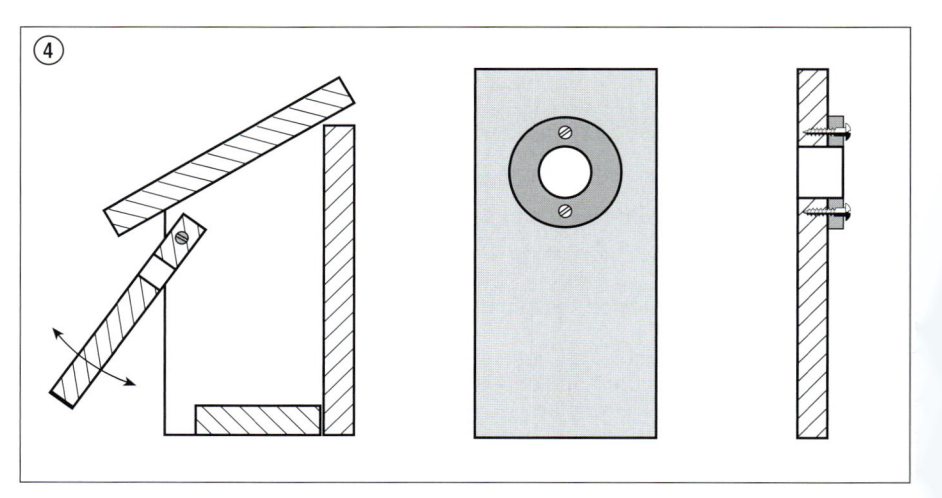

74

Beispiele von zeichnerischen Darstellungen

Die Darstellung eines Werkstücks als „**Perspektive**" vermittelt einen anschaulichen Gesamteindruck (Abb. ①).

In der Darstellung eines Werkstückes als **Fertigungszeichnung** mit 2 **Ansichten** können Maße übersichtlich angegeben werden (Abb. ③).

In der **Schaltskizze** werden die elektrischen Bauteile in Symbolen dargestellt (Abb. ②).

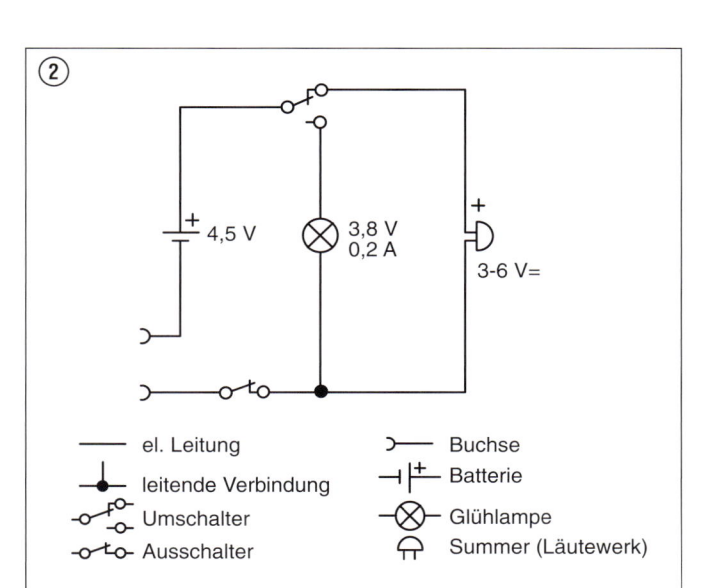

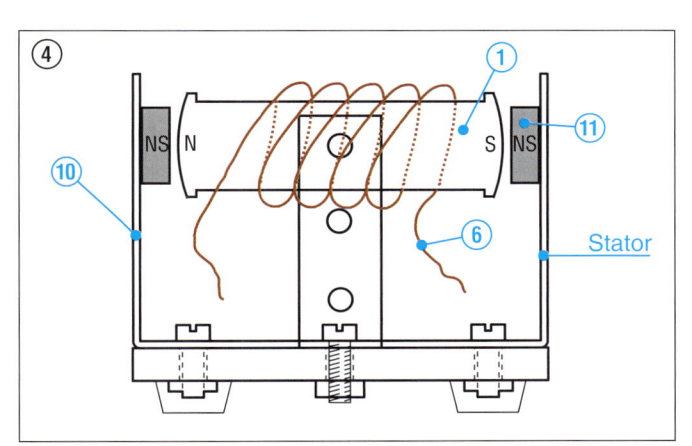

—— el. Leitung
—•— leitende Verbindung
—o⁄o— Umschalter
—o⊥o— Ausschalter

⊃— Buchse
—|⊢ Batterie
—⊗— Glühlampe
⊓ Summer (Läutewerk)

In einer **Zusammenstellzeichnung** wird die Position der Teile eines Geräts oder einer Maschine dargestellt (Abb. ④). Weitere Informationen zu den Einzelteilen enthält die **Stückliste**.

Stückliste für Gleichstrommotor-Modell

Lfd.-Nr.	Anzahl	Benennung	Material	Maße in mm
Baugruppe Rotor				
1	1	Rotor	Stahl St 37K	3 x 20 x 60
2	1	Gewindestange	Stahl verzinkt	M4 x 100
3	1	Distanzrolle	Polystyrol	⌀45 x ⌀8 x 30
4	1	Kommutatorhalbschale	Messingrohr	⌀10 x ⌀8 x 20
5	2	Spannring	Kunststoff	innen ⌀9,5
6	1	Lackdraht	Kupfer	⌀0,3 x 10 m
7	4	Unterlegscheibe	Stahl verzinkt	für M4
8	2	Federring	Stahl verzinkt	für M4
9	1	Isolierband		
Baugruppe Stator				
10	1	SM-Langlochstreifen	Stahl verzinkt	6 Langloch
11	2	Dauermagnete	Magneteisen	⌀16 x 6
Baugruppe Schleifkontakte				
12	2	Winkel SM-Lochstreifen	Stahl verzinkt	1 x 1 Loch
13	2	Federmessingstreifen	Messing	0,4 x 5 x 40
14	2	Lötöse	Messing	für M4

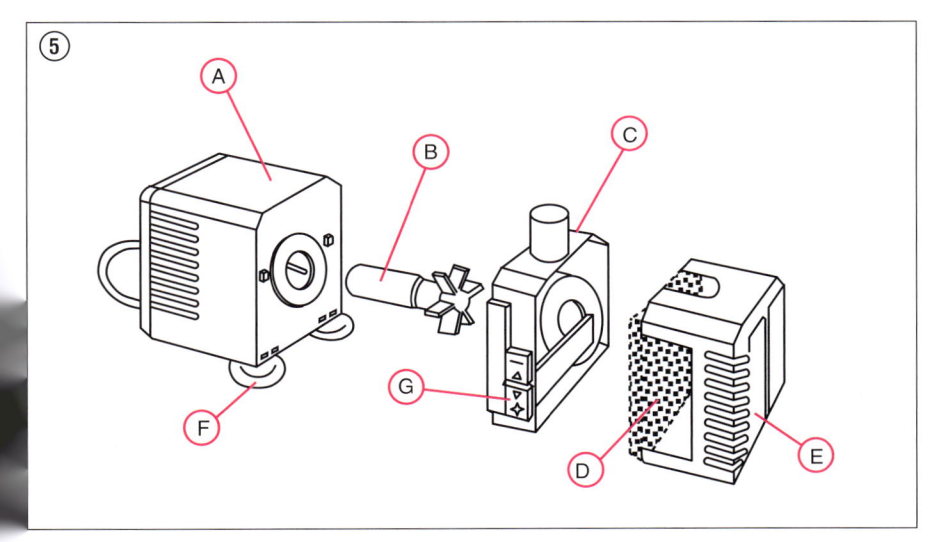

Die **Explosionszeichnung** zeigt die Einzelteile eines Gegenstandes und wie sie zusammengehören (Abb. ⑤).

75

Zeichengeräte und ihre Handhabung

Fertigungszeichnungen müssen exakt und übersichtlich angefertigt werden, damit die benötigten Informationen eindeutig entnommen werden können. Diese präzise Ausführung ermöglichen geeignete **Zeichengeräte,** wenn wir ihre richtige Handhabung erlernt und geübt haben.

Die Verwendung einer **Zeichenplatte** mit Schiene und Winkel (Abb. ①) bietet gegenüber der Ausführung nur mit dem Lineal einige Vorteile:
– Das Zeichenblatt ist eingespannt und verrutscht nicht.
– Alle waagerechten und alle senkrechten Linien sind parallel und müssen nicht für jede Linie an zwei Punkten eingemessen werden.
– Die Schiene kann an jeder beliebigen Stelle auf der Maßleiste der Zeichenplatte fixiert werden.

Es muss geprüft werden, ob das Zeichenblatt parallel zur Schiene eingespannt ist.

Die erste senkrechte oder die erste waagerechte Linie werden an einem Maß auf der Maßleiste angesetzt, von dem aus leicht Folgemaße zugerechnet werden können, z. B. 2 cm + 4 cm = 6 cm, also ansetzen bei 2,0, nicht etwa bei 2,4!

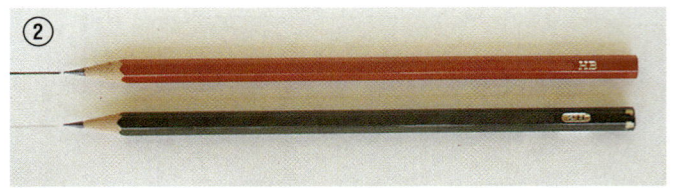

Bleistifte, Feinminenstifte

Bleistifte mit der Bezeichnung HB sind für breitere und mit der Bezeichnung H für schmalere Linien geeignet (Abb. ②).

Feinminenstifte (Abb. ③) haben Minenstärken von z. B. 0,3 mm, 0,5 mm und 0,7 mm, den Linienarten entsprechend.

So werden Bleistifte bzw. Feinminenstifte an den Zeichengeräten geführt (Abb. ④ und ⑤).

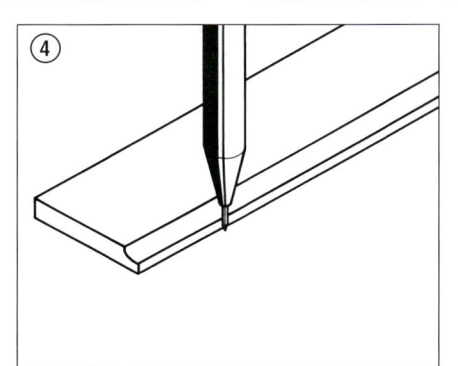

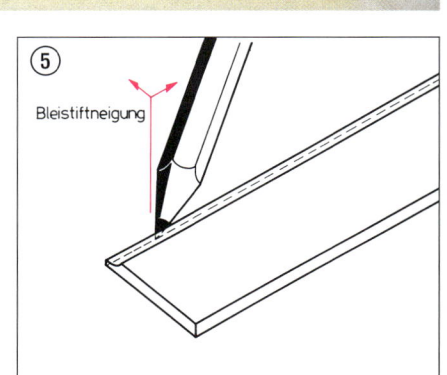

Radiergummi

Wir verwenden einen sauberen Radiergummi, der nicht „schmiert".

Wenn mit Daumen und Zeigefinger das Papier fest gehalten und ein wenig gespannt wird, kann es beim Radieren nicht knittern.

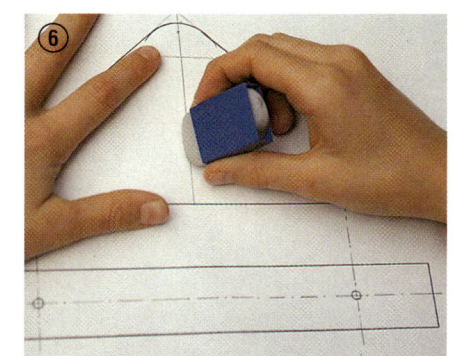

Dreiecke

Zeichendreiecke nutzt man zum Antragen der Winkel von 30°, 45°, 60°, 90°.

Zirkel und Kreisschablonen

Größere Kreise zeichnen wir mit dem Zirkel, der eine Einstellschraube besitzt, sicher und präzise, weil die Schenkel in jeder Stellung fest stehen bleiben.

Mit **Kreisschablonen** oder Radienschablonen können auch kleine Kreise und Rundungen exakt gezeichnet werden.

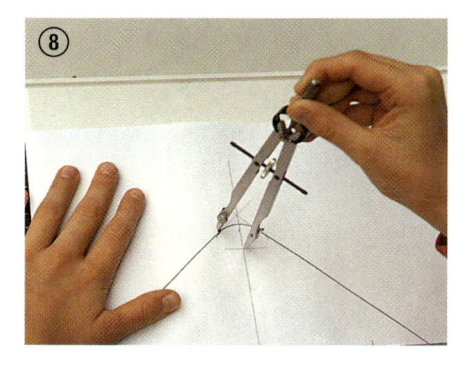

Der Computer als Zeichenwerkzeug

Zum **Zeichnen mit dem Computer** benötigt man ein **Zeichenprogramm.** Auch beim Arbeiten mit dem Computer sind Kenntnisse und Fertigkeiten erforderlich, die erlernt und geübt werden müssen. Erst wenn man diese Grundlagen beherrscht, stellt der Computer eine Erleichterung beim Zeichnen dar. (☞ S. 84–87)

Zuvor haben wir beim Zeichnen Werkzeuge wie Zeichenplatte, Zeichenschiene, Lineal, Schablone, Bleistift oder Radiergummi benutzt.

Ein Zeichenprogramm bietet ähnliche Hilfsmittel an.

Man kann die Zeichenwerkzeuge des Programms durch Anklicken von **Symbolen** (Abb. ②, rechte Randleiste) auswählen. Das benötigte Symbol wird angeklickt. Danach kann mit diesem **Zeichenwerkzeug** gearbeitet werden.

In Abb. ② wurde das Zeichenwerkzeug „Gerade" (s. Mauszeiger) aufgerufen.

Befindet sich der Mauszeiger auf einem Symbol, wird ein kleines Fenster eingeblendet, in dem gezeigt wird, welches Zeichenwerkzeug mit diesem Symbol ausgewählt werden kann.

Soll ein Rechteck gezeichnet werden, wird der Mauszeiger auf das Symbol „Rechteck" bewegt. Im Fenster wird der Begriff „Rechteck" gezeigt. Ein Mausklick an dieser Stelle wählt das Werkzeug „Rechteck zeichnen" aus.

Ein Fadenkreuz erscheint auf der Zeichenfläche. Mithilfe der Koordinatenanzeige wird ein Eckpunkt des Rechtecks markiert. Nach Anklicken des zweiten diagonal gegenüberliegenden Eckpunktes sind die Lage und die Größe des Rechtecks festgelegt, und der Computer zeichnet das Rechteck nach diesen Angaben automatisch.

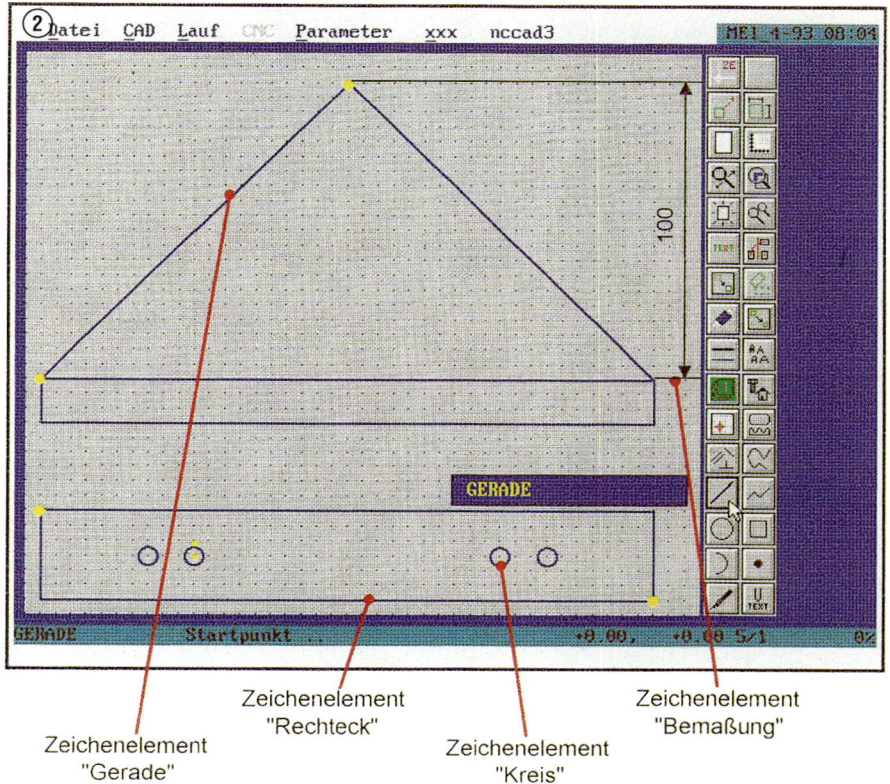

①

②

Zeichenelement "Gerade"
Zeichenelement "Rechteck"
Zeichenelement "Kreis"
Zeichenelement "Bemaßung"

Die gelben Punkte in Abb. ② zeigen, wo mit der Maus nacheinander Punkte festgelegt werden müssen, um die jeweiligen Elemente vom Computer zeichnen zu lassen.

Gerade	1. Anfangspunkt	2. Endpunkt	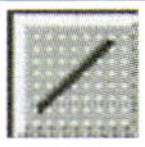	
Kreis	1. Mittelpunkt	2. Punkt auf Kreislinie		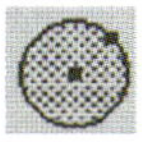
Rechteck	1. Eckpunkt	2. Eckpunkt diagonal gegenüber	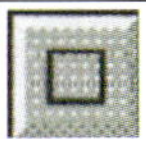	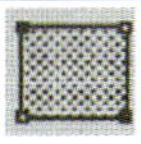
Bemaßung	1. Anfangspunkt	2. Endpunkt	3. Abstand der Maßlinie von der Körperkante	

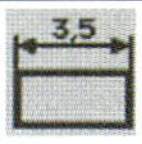

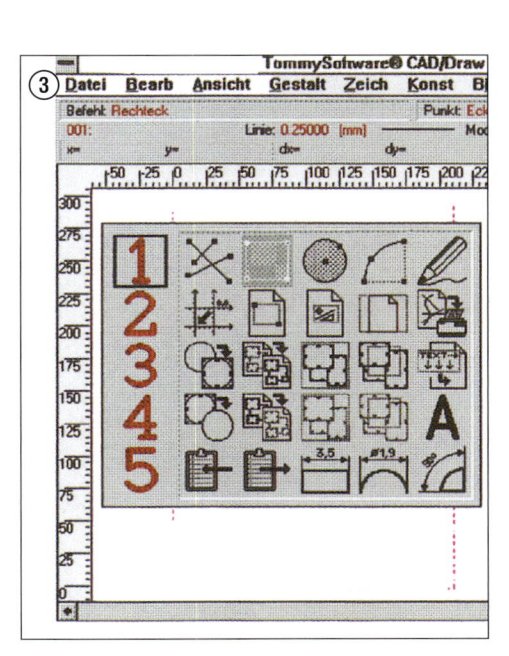

In dem in Abb. ③ dargestellten Programm werden die Zeichenwerkzeuge durch grafische Symbole angezeigt. Ein Mausklick auf dem entsprechenden Symbol wählt dieses an. Die Zeichenfläche erscheint. Mit weiteren Mausklicks werden Lage und Größe des Zeichenelementes festgelegt.
Neben der Koordinatenanzeige dienen auch Lineale am oberen und seitlichen Bildschirmrand zur Orientierung.

③

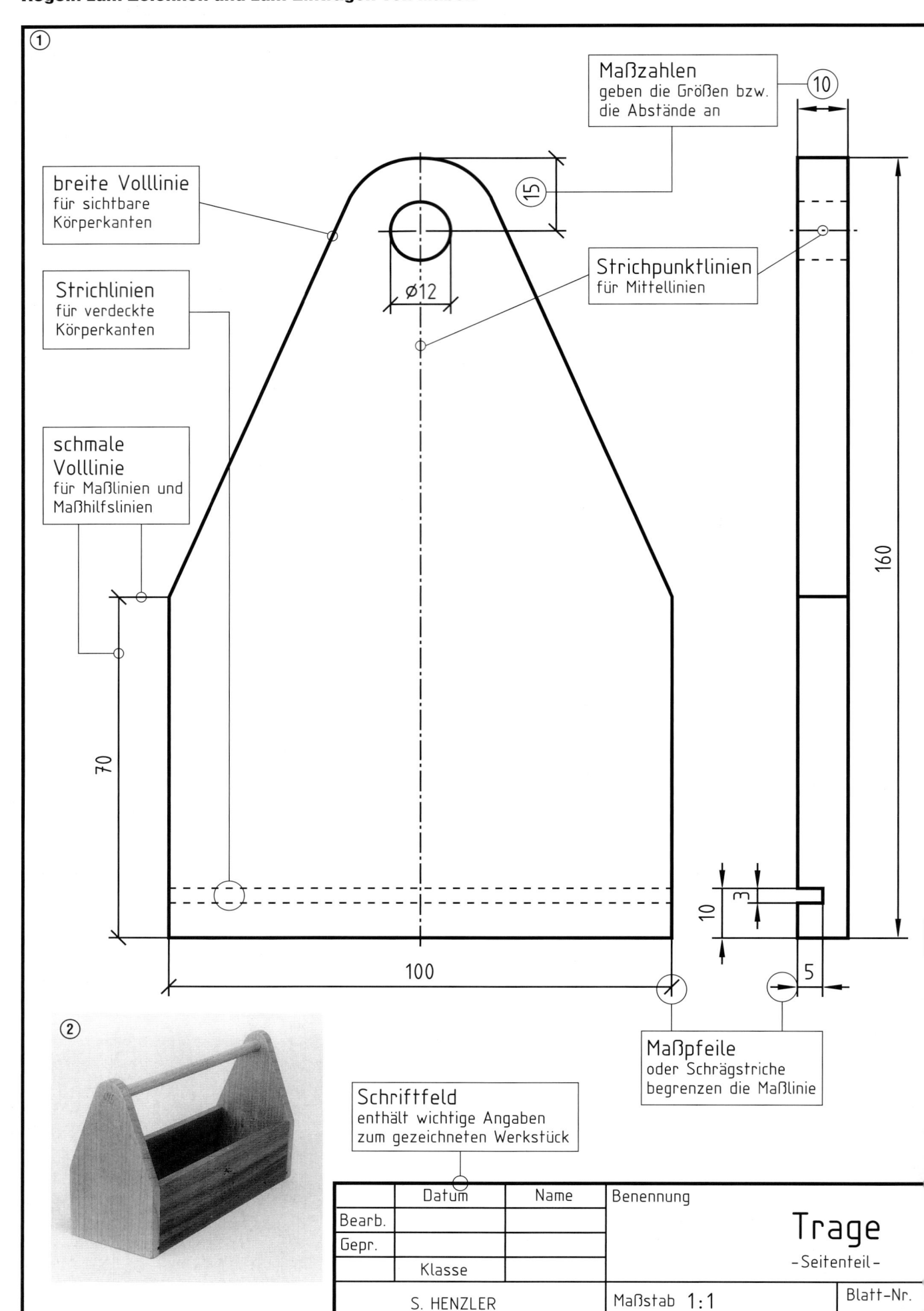

Regeln zum Zeichnen und zum Eintragen von Maßen

①

- **breite Volllinie** für sichtbare Körperkanten
- **Strichlinien** für verdeckte Körperkanten
- **schmale Volllinie** für Maßlinien und Maßhilfslinien
- **Maßzahlen** geben die Größen bzw. die Abstände an
- **Strichpunktlinien** für Mittellinien
- **Maßpfeile** oder Schrägstriche begrenzen die Maßlinie
- **Schriftfeld** enthält wichtige Angaben zum gezeichneten Werkstück

Ø12, 15, 10, 160, 70, 100, 10, 3, 5

②

	Datum	Name	Benennung		
Bearb.			**Trage**		
Gepr.			–Seitenteil–		
	Klasse				
S. HENZLER			Maßstab 1:1		Blatt-Nr.

78

Linienbreiten

Die Linienbreiten (Abb. ①) sollen auf die Größe der Zeichnung oder Skizze abgestimmt werden. Eine Tabelle gibt dem technischen Zeichner oder der technischen Zeichnerin an, welche Linienbreiten zusammengehören.

Beispiel: Liniengruppe 0,7 (Abb. ①)

① Breite Linien ——— 0,7 mm für breite Volllinie
Schmale Linien ——— 0,35 mm für schmale Volllinie
— — — 0,35 mm für Strichlinien
—·—·— 0,35 mm für Strichpunktlinien

Linienarten

Körperkanten und Umrisse werden mit der **breiten Volllinie** gezeichnet (Abb. ②). Dadurch tritt der dargestellte Körper deutlich hervor.

Maßlinien, Maßhilfslinien, Strichlinien, Schraffuren und **Strichpunktlinien** werden mit der **schmalen Volllinie** gezeichnet.

Die Maßlinie hat von der Körperkante mindestens 8 mm Abstand (Abb. ③).

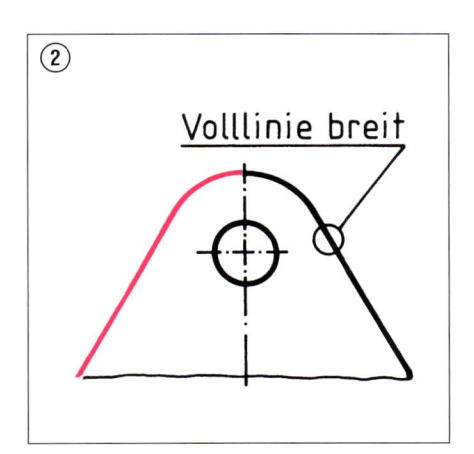

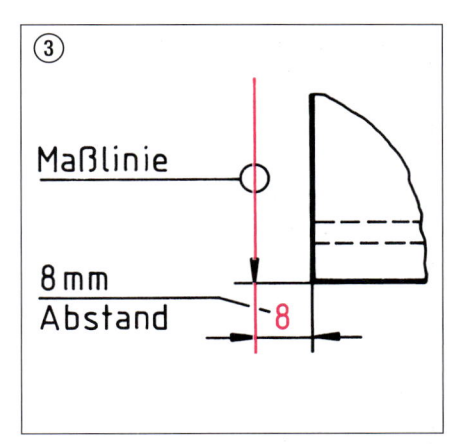

② Volllinie breit

③ Maßlinie — 8 mm Abstand

Ist ein Körper symmetrisch, so kann mit der **Strichpunktlinie** (Abb. ④) die **Symmetrieachse** dargestellt werden.

Auch die Mitte von Bohrungen und Rundteilen wird mit der Strichpunktlinie dargestellt.

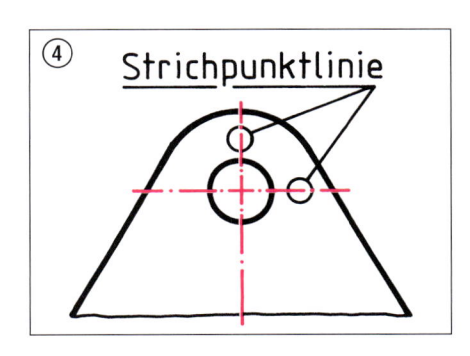

④ Strichpunktlinie

Maßeintragung

Maßpfeile zeichnen wir schlank und spitz. Anstelle der Maßpfeile können auch **Schrägstriche zur Begrenzung** gezeichnet werden. Die Begrenzung der Maßlinie durch Maßhilfslinien, Schrägstriche oder Pfeile zeigt an, zwischen welchen Punkten das angegebene Maß liegt (Abb. ⑤ und ⑥).

Maßzahlen werden immer auf die Maßlinien geschrieben.
Die Zahlen geben Abmessungen in Millimetern an, also 10 = 10 mm.
Weichen wir davon ab, müssen wir die Maßeinheit dazuschreiben, also z. B. 48 cm oder 1,45 m.

Maßzahlen werden immer so eingetragen, dass sie von unten oder von rechts her abgelesen werden können.

Bei kleinen Abmessungen passen **Maßzahl** und **Maßpfeile** nicht zwischen die **Maßhilfslinien**.
Dann schreibt man die Maßzahl daneben und zeichnet die Pfeilspitzen von „außen" an die Maßhilfslinien (Abb. ⑦).
Um deutlich zu machen, dass die Kanten vorhanden, aber in der gewählten Ansicht nicht zu sehen sind, verwendet man zur Darstellung solcher „nicht sichtbarer" Kanten die **Strichlinie** (Abb. ⑧).

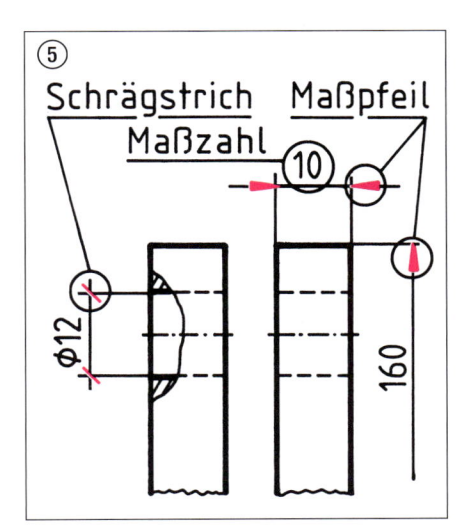

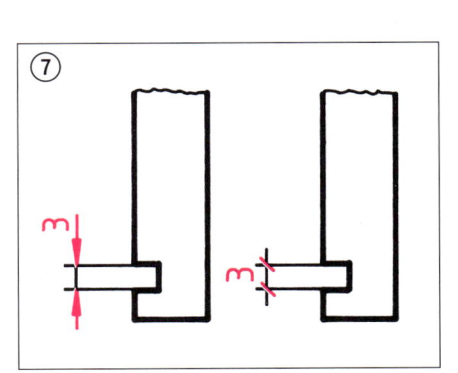

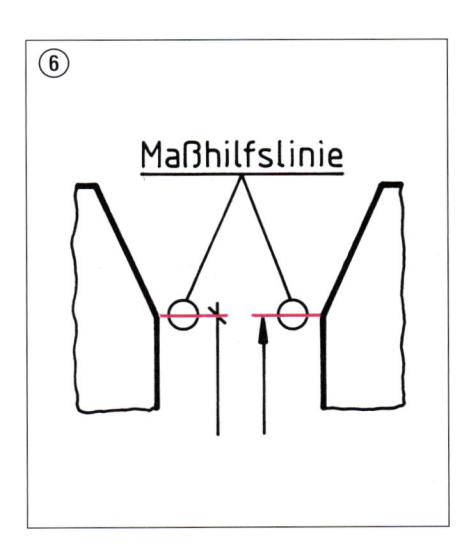

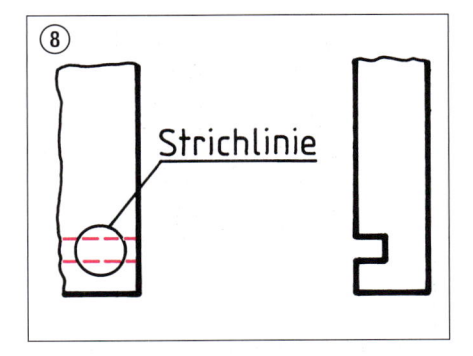

⑤ Schrägstrich Maßpfeil Maßzahl 10 Ø12 160

⑥ Maßhilfslinie

⑦

⑧ Strichlinie

79

Zeichnungen anfertigen, Zeichnungen lesen

Eine **Fertigungszeichnung,** nach der ein Gegenstand gefertigt werden kann, muss alle Informationen über Form und Abmessungen enthalten, die für die Fertigung notwendig sind. Dazu benötigen wir mindestens zwei Ansichten, weil Länge, Breite und Tiefe nicht in einer Ansicht eingezeichnet werden können. Mithilfe eines als „Raumecke" gefalteten Zeichenblatts (Abb. ①) können wir uns klarmachen, wie die Ansichten eines Werkstücks in der technischen Zeichnung einander zugeordnet werden. Mit einem Holzklötzchen (z. B. 20 mm dick) lässt sich der Abstand zwischen Papierfläche und Werkstück immer gleich einstellen, sodass die Ansichten übersichtlich angeordnet werden können. Durch Auflegen und Umfahren des Werkstücks (Abb. ②) können wir die Umrisse der gewünschten Ansichten geschickt skizzieren.

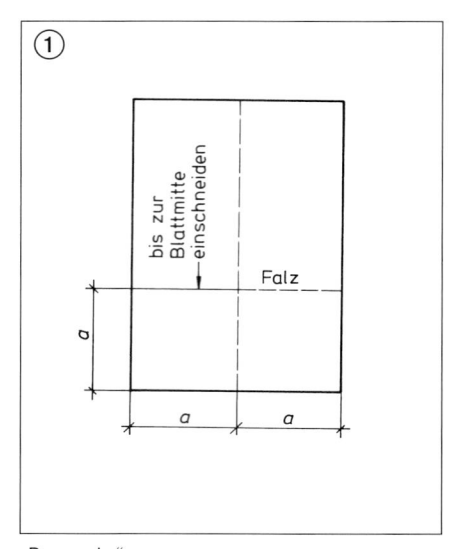

„Raumecke", aus einem DIN-A4- oder DIN-A3-Blatt gefertigt

Darstellung in 2 Ansichten: Vorderansicht und Seitenansicht

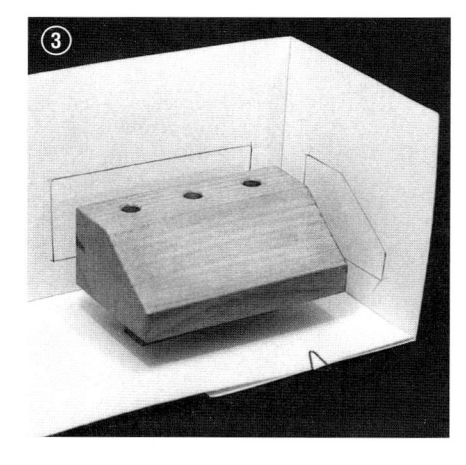

In der Seitenansicht wird die Form (Abschrägung) eindeutig dargestellt.

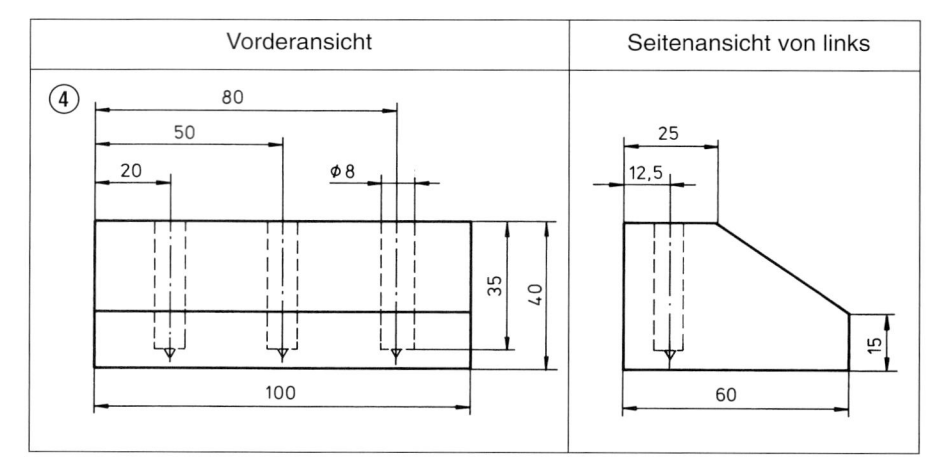

Darstellung in 2 Ansichten: Vorderansicht und Draufsicht

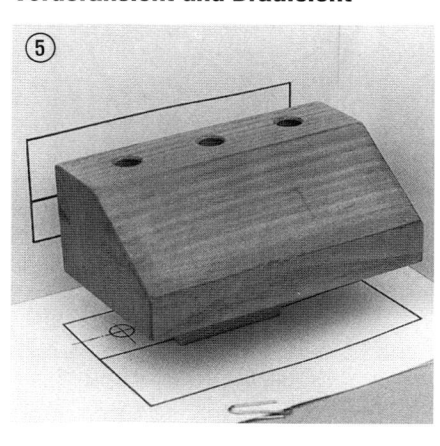

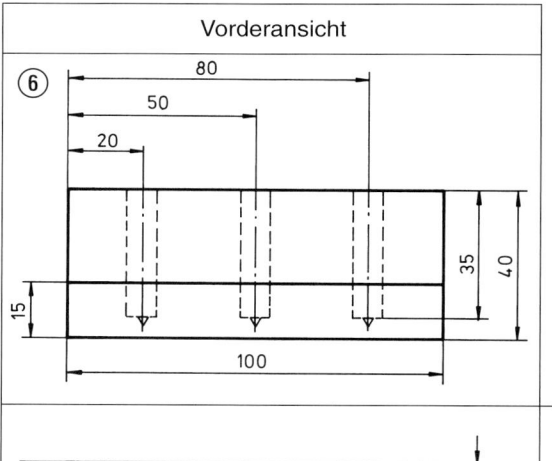

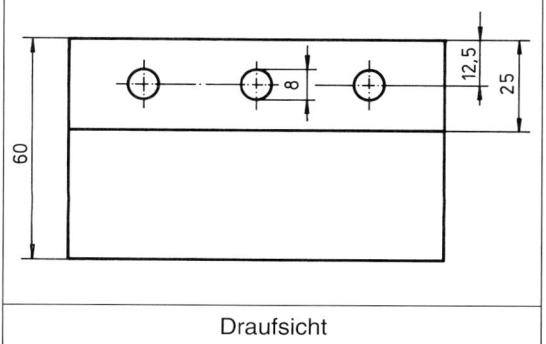

In der Draufsicht werden die Bohrungen deutlich sichtbar

Darstellung in 3 Ansichten: Vorderansicht, Seitenansicht und Draufsicht

Aus der Darstellung mit den 2 Ansichten Vorderansicht und Seitenansicht (Abb. ④, S. 80) wird nicht deutlich, dass es sich bei den Bohrungen um runde Bohrlöcher handelt. Dies konnte aus der Draufsicht Abb. ⑤ und ⑥ Seite 80 abgelesen werden.

Kann man in 2 Ansichten nicht alle erforderlichen Angaben eintragen oder kann das Werkstück nicht so dargestellt werden, dass man sich seine Form gut vorstellen kann, wird eine Darstellung in 3 Ansichten notwendig (Abb. ① und ②).

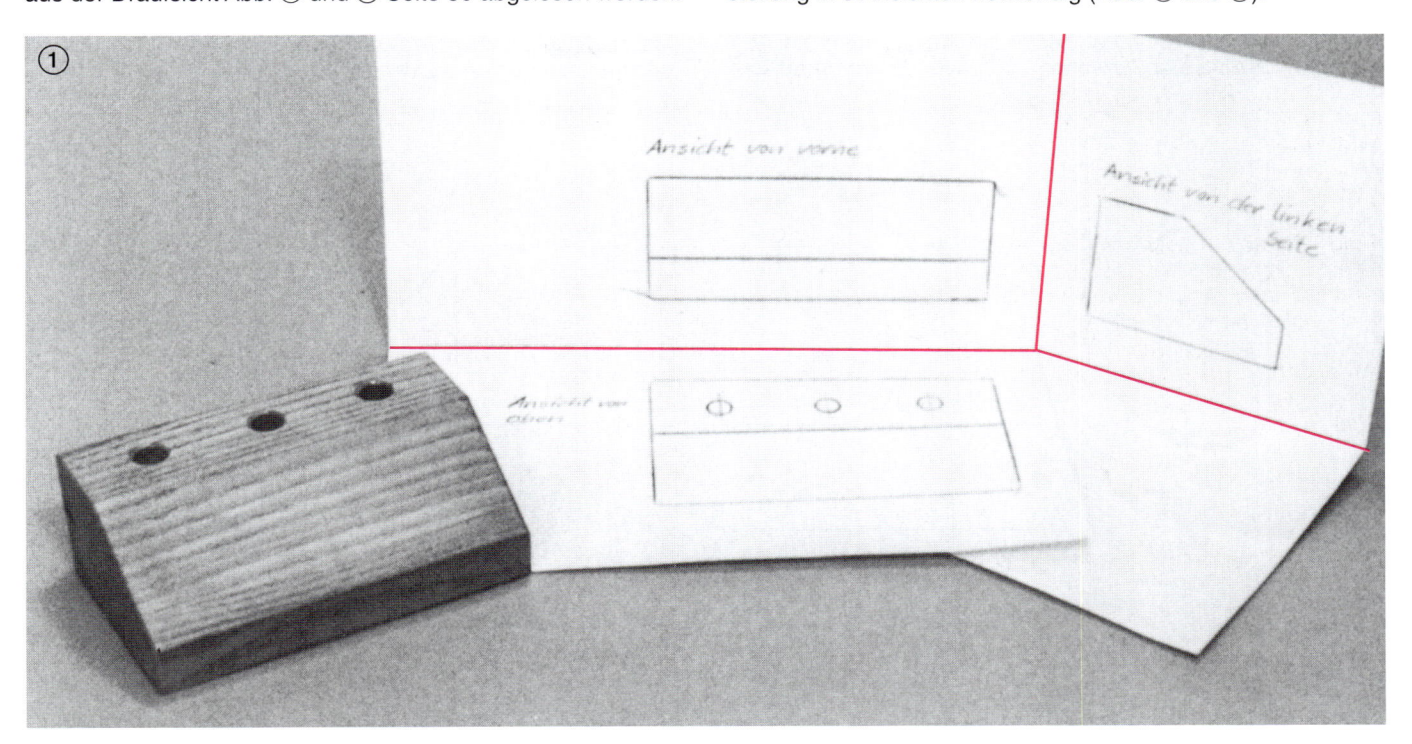

Die Darstellung des Halters für Feinminenstifte in 3 Ansichten zeigt, dass durch Vorderansicht, Seitenansicht und Draufsicht das Werkstück so dargestellt werden kann, dass man sich dessen Form genau vorstellen kann und alle Angaben zur Fertigung eingetragen werden können.

Die rot eingezeichneten Ordnungslinien ermöglichen eine übersichtliche Blatteinteilung. Beim Zeichnen der Werkstückkanten muss darauf geachtet werden, dass zwischen Ordnungslinie und Ansicht (Werkstück) immer der gleiche Abstand eingehalten wird.

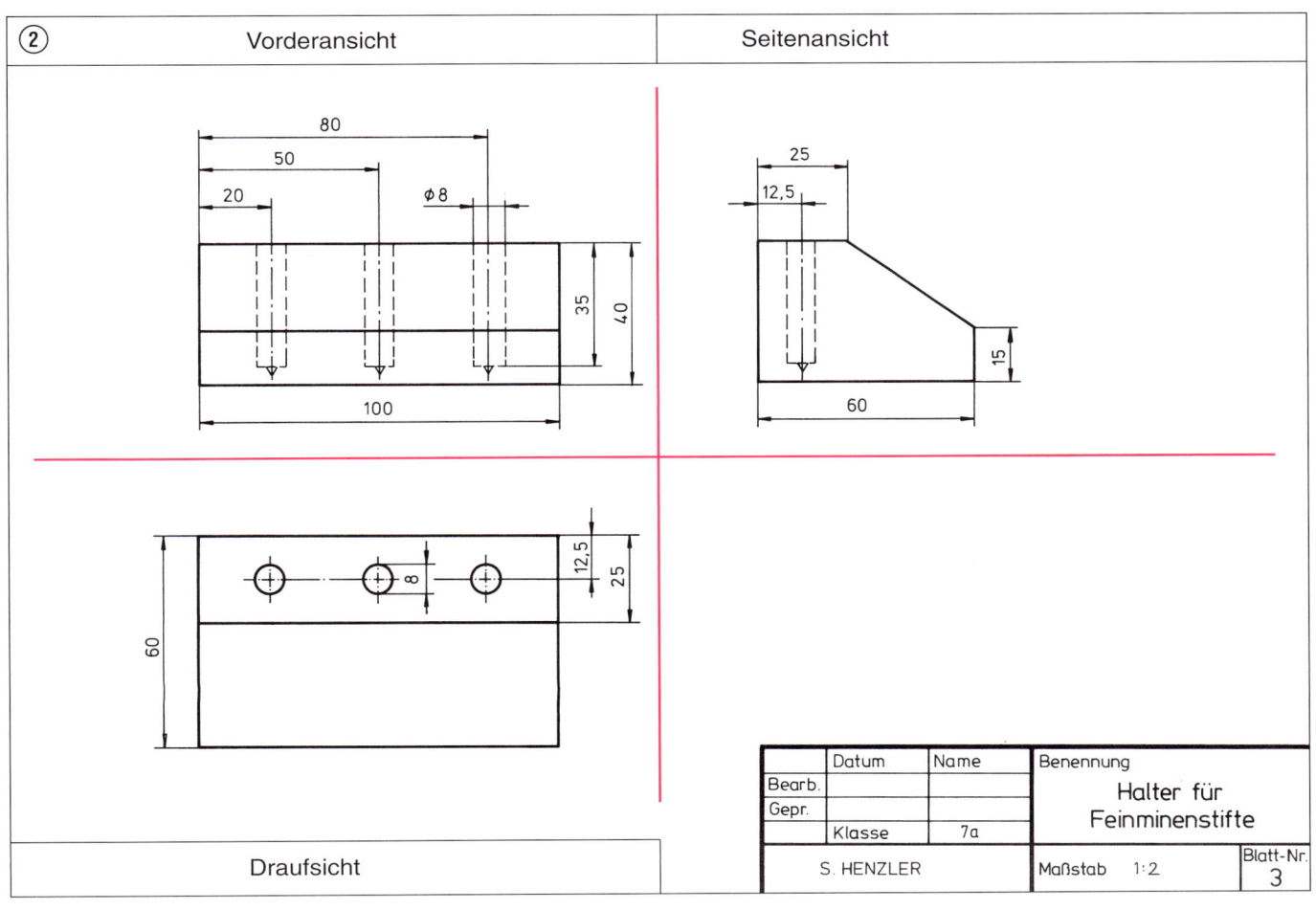

Konstruktion einer dritten Ansicht

Mit drei Ansichten lassen sich auch komplizierte Gegenstände eindeutig darstellen und bemaßen. Diese Art der Darstellung, die über eine Parallelprojektion in einer Raumecke (☞ S. 81) ein **Dreitafelbild** ergibt, ist nach DIN 6 genormt.
Wird die Raumecke nach der Projektion auseinander geklappt und in eine Ebene gebracht, bilden die „Knickkanten" ein Achsenkreuz (x-Achse und y-Achse), von dem die Vorderansicht, die Seitenansicht und die Draufsicht den gleichen Abstand haben.
Identische Eckpunkte in der Draufsicht und der Seitenansicht werden mithilfe einer Winkelhalbierenden konstruiert. (Abb. ①). Eine zu zwei gegebenen Ansichten gesuchte dritte Ansicht kann dann mit **Konstruktionshilfslinien** (blau eingezeichnet) konstruiert werden.

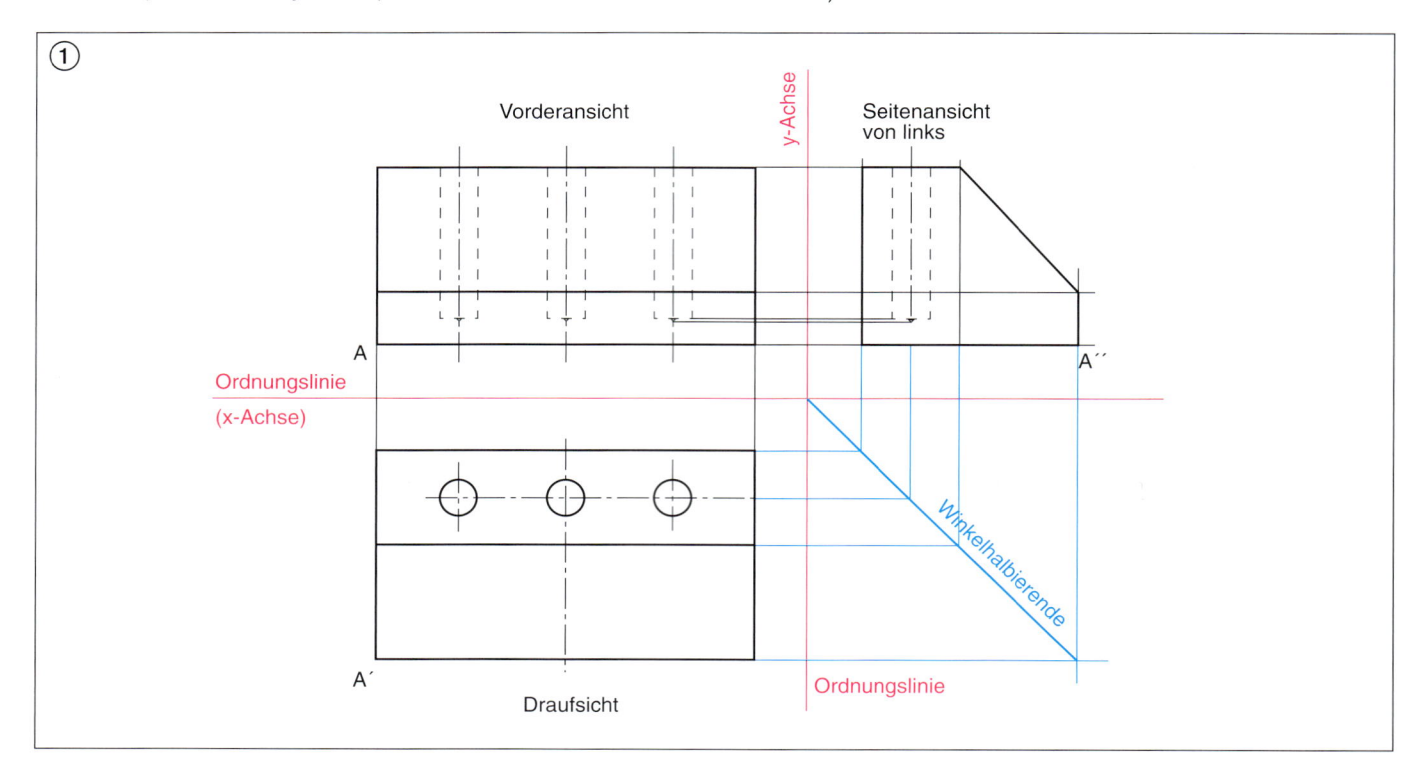

Schnittdarstellungen

Damit man sich das „Innere" von Gegenständen besser vorstellen kann, werden sie „aufgeschnitten" gezeichnet.
In der Ebene, in der ein **Schnitt** durchgeführt wird, entsteht eine Schnittfläche. Diese wird **schraffiert** mit schmalen Volllinien, die unter 45° zueinander parallel verlaufen. Der Schnittverlauf wird mit einer breiten Strichpunktlinie in einer Ansicht (z. B. beim Halter für Feinminenstifte in der Draufsicht, Abb. ④) kenntlich gemacht. Durch das „Aufschneiden" werden in der **Schnittfläche** (Abb. ③) liegende, zuvor verdeckte Kanten, sichtbar.

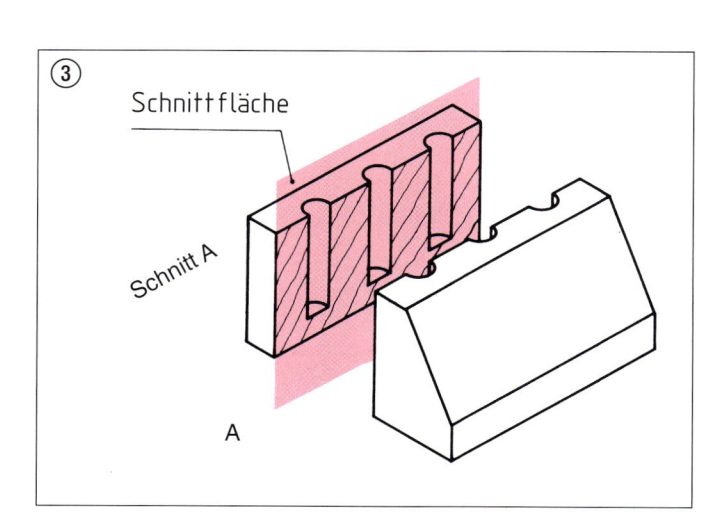

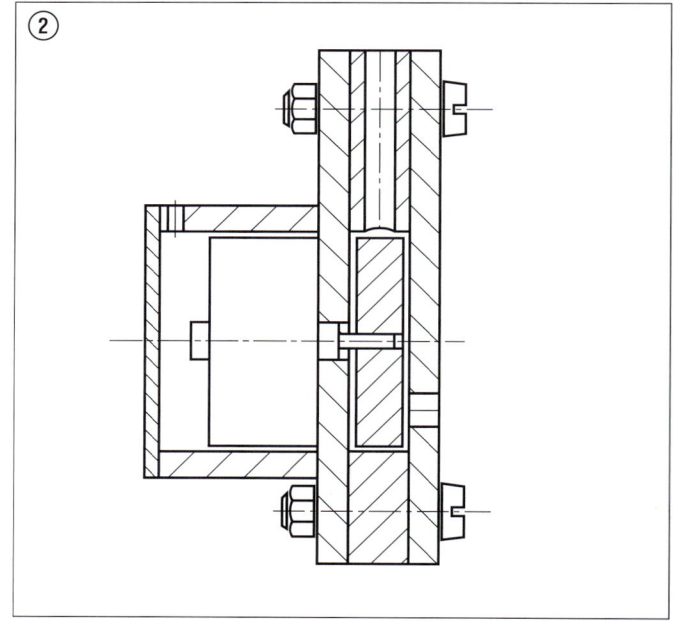

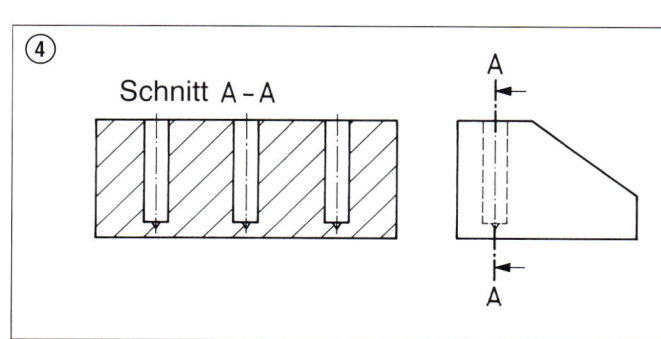

Zeichnerische Darstellung von Gewinden

Die zeichnerische Darstellung von Innen- und Außengewinden ist in DIN 27 festgelegt. Abb. ① und ② zeigen Werkstücke aus Metall, bei denen Teile durch Gewinde miteinander verbunden sind.

Innengewinde

Ein **Innengewinde** (Abb. ③ und ④) wird immer in eine Bohrung eingebracht, der Nenndurchmesser ist damit verdeckt, wird im Schnitt aber mit einer schmalen Volllinie dargestellt (Abb. ③b).
Werden Innengewinde im Schnitt gezeichnet, wird der Bohrungsdurchmesser (= Kerndurchmesser) sichtbar und daher mit einer breiten Volllinie eingezeichnet (Abb. ③b, ④b). Auch in der Gewindedraufsicht (in Achsrichtung) ist der Bohrungsdurchmesser sichtbar (Volllinie) (Abb. ④).
Der Außendurchmesser (Nenndurchmesser) ist verdeckt und wird mit einer schmalen Volllinie dargestellt. In der Gewindedraufsicht wird er mit einem ³/₄-Kreis gezeichnet.
Werden Bohrungen nicht als Durchgangsbohrungen ausgeführt, ist die Bohrerspitze unter einem Winkel von 120° darzustellen (Abb. ③).
Die Gewindelänge wird in der Schnittdarstellung durch eine breite Volllinie begrenzt (Abb. ③).
Innengewinde, die nicht im Schnitt dargestellt sind, werden mit schmalen Strichlinien gezeichnet (Abb. ④a).

Außengewinde

Außengewinde werden in der Regel nicht im Schnitt dargestellt, sie sind am Ende abgefast.
Beim Außengewinde wird der Nenndurchmesser mit einer breiten Volllinie, also „sichtbar" dargestellt, wogegen der Kerndurchmesser mit einer schmalen Volllinie gezeichnet wird (Abb. ⑤ und ⑥).
Beim Außengewinde wird der Kerndurchmesser in der Draufsicht als ³/₄-Kreis mit schmaler Volllinie gezeichnet (Abb. ⑤ und ⑥).

Bemaßen von Gewinden

Bei Gewinden wird immer der Nenndurchmesser bemaßt. Dabei wird das Maß des Durchmessers eingetragen und mit einem „M" für metrisches Gewinde versehen, also z.B. M8 für ein metrisches Gewinde mit 8 mm Nenndurchmesser (Abb. ⑦a und c).
Die Bohrtiefe des Kernloches wird angegeben. Dabei ist zu beachten, dass die Länge des Innengewindes größer als die zugehörige Länge des Außengewindes sein muss (Abb. ⑦b).

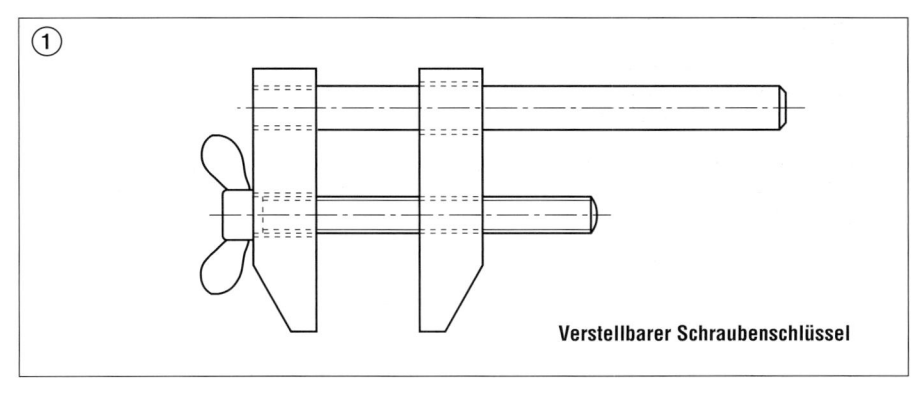

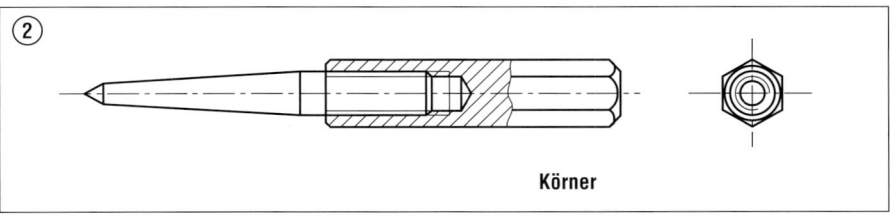

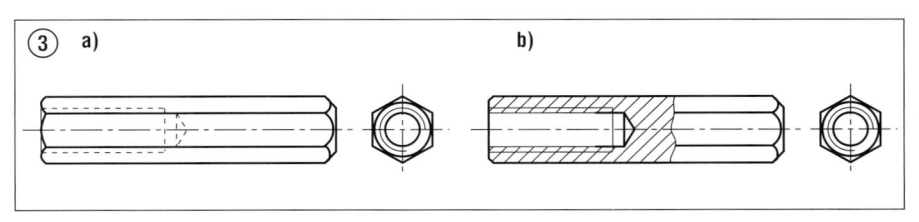

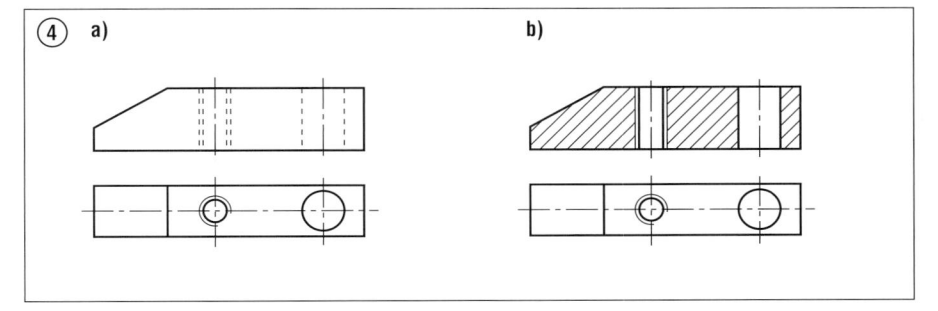

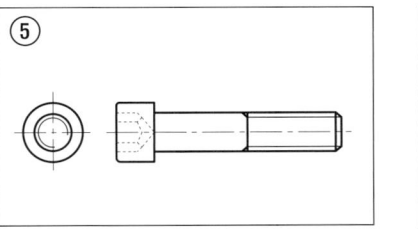

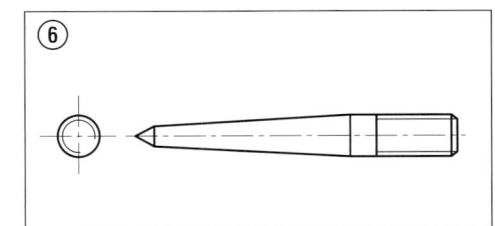

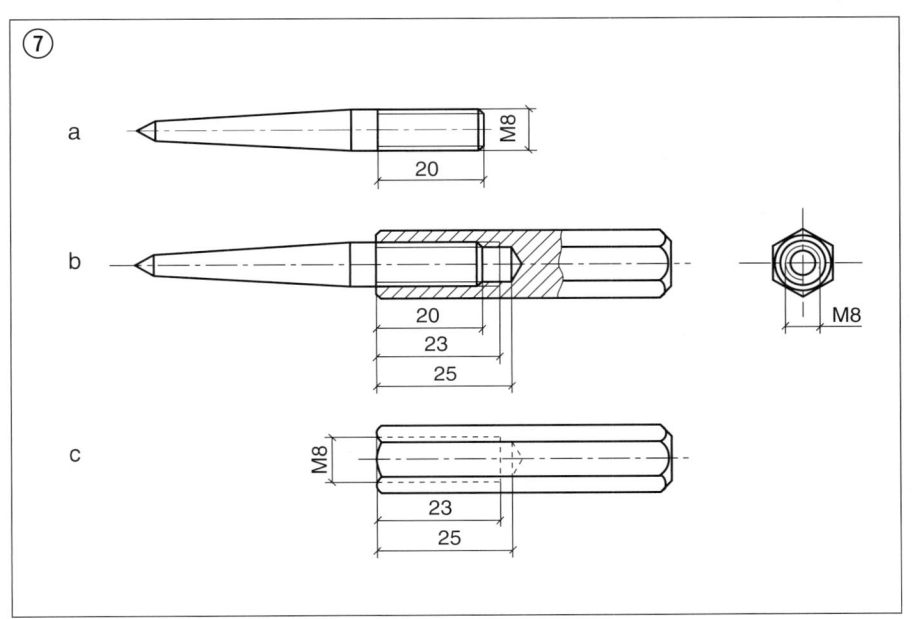

① Verstellbarer Schraubenschlüssel

② Körner

83

Zeichnen mit dem Computer

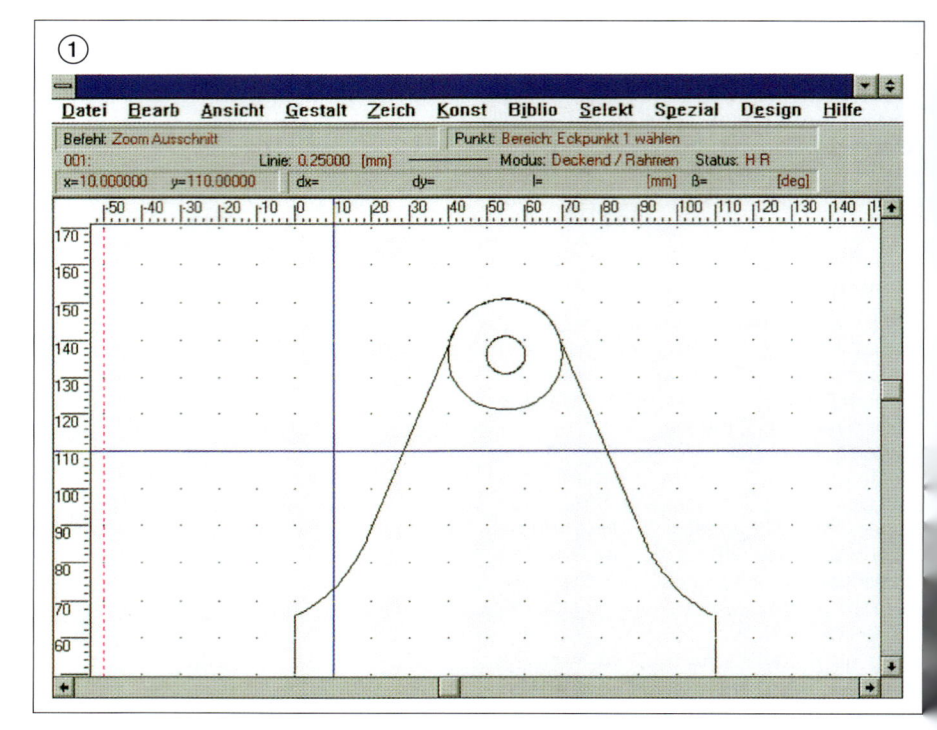

Ein geeignetes **Zeichenprogramm** (Abb. ②) zum Erstellen einer **technischen Zeichnung** muss neben der ganzseitigen Darstellung auch Ausschnitte vergrößern können.

Ganzseitendarstellungen verschaffen dem Bediener schnell einen Überblick über die gesamte Zeichnung.

Eine ganze DIN-A4-Seite wird auf dem Bildschirm sehr klein dargestellt. Exakte und sehr feine Arbeitsgänge sind leichter durchzuführen, wenn statt der gesamten Seite nur die Teile der Zeichnung, die bearbeitet werden sollen, als Ausschnitt vergrößert werden.

Ausschnitt-Vergrößerungen erleichtern exaktes Arbeiten im Detail (Abb. ①).

Zudem muss das Zeichenprogramm häufig benötigte Zeichnungsteile als fertige Symbole bereitstellen.

Schaltzeichen in der Elektrotechnik, Darstellungen von Schrauben und anderen Normteilen im Maschinenbau oder die Darstellung von Möbelgrundrissen werden so nur einmal gezeichnet und in einer Symbolbibliothek abgespeichert. Sie stehen danach immer zur Verfügung und müssen nicht jedesmal neu gezeichnet werden, was das Erstellen von Zeichnungen erheblich erleichtert.

Zeichnungen kann man mit dem Computer vorteilhaft erstellen, wenn man über eine Reihe von Vorkenntnissen und Fertigkeiten verfügt. Erfahrungen, die man beim Anfertigen von Zeichnungen mit der Zeichenplatte und herkömmlichen Werkzeugen gesammelt hat, erleichtern auch beim Zeichnen mit dem Computer die Arbeit. Dazu gehören auch die wichtigsten Darstellungsregeln und wesentlichen Vereinbarungen (Normen) des technischen Zeichnens.

Wird ein Werkstück mit dem Computer gezeichnet, setzt man seine Abbildung aus vielen einzelnen Zeichenelementen zusammen.

Dazu muss der Zeichner schrittweise und in einer vorteilhaften Abfolge vorgehen. Das heißt, er muss schon zu Beginn seiner Arbeit einen Überblick über die Zeichnung haben. Nur so kann er erkennen, aus welchen Elementen sich die gesamte Zeichnung zusammensetzt und welche Abfolge der Arbeitsschritte eine sinnvolle Reihenfolge ergibt. So kann er die Zeichenfläche sinnvoll einteilen und den Maßstab der Zeichnung festlegen.

Erfahrungen im Umgang mit dem Computer aus anderen Anwendungsbereichen erleichtern auch beim Zeichnen die Arbeit.

Beim Arbeiten mit einem Zeichenprogramm gibt es immer wiederkehrende Bedienungsschritte. Viele Tätigkeiten werden nach dem gleichen Muster ausgeführt.

Zur Eingabe von Befehlen und Daten wird die Maus benutzt.

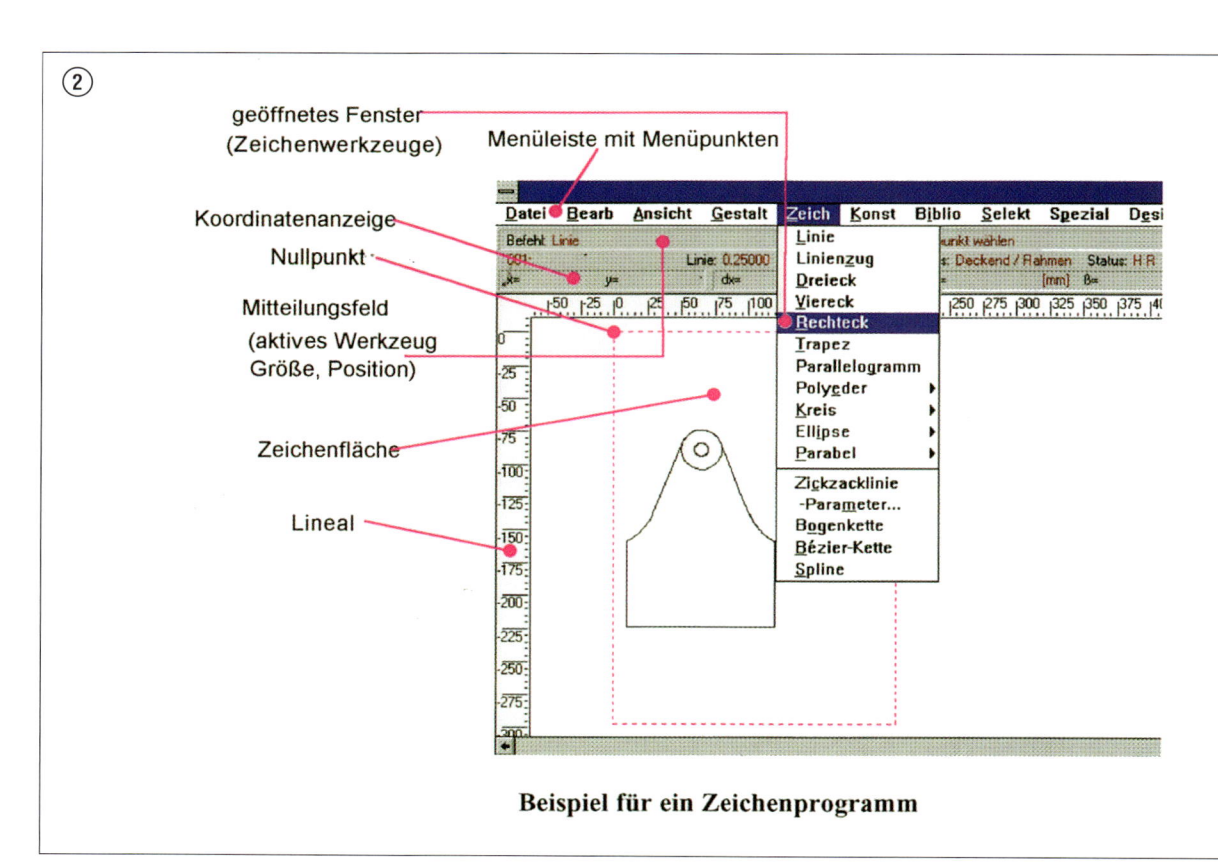

Beispiel für ein Zeichenprogramm

Wie man beim Erstellen einer Zeichnung vorgeht

Nach dem Einschalten des Computers wird das Programm geladen und gestartet. Wenn die **Zeichenfläche** auf dem Monitor zu sehen ist (Abb. ①), kann mit dem Erstellen einer Zeichnung begonnen werden.

① **Oberfläche eines Zeichenprogrammes**

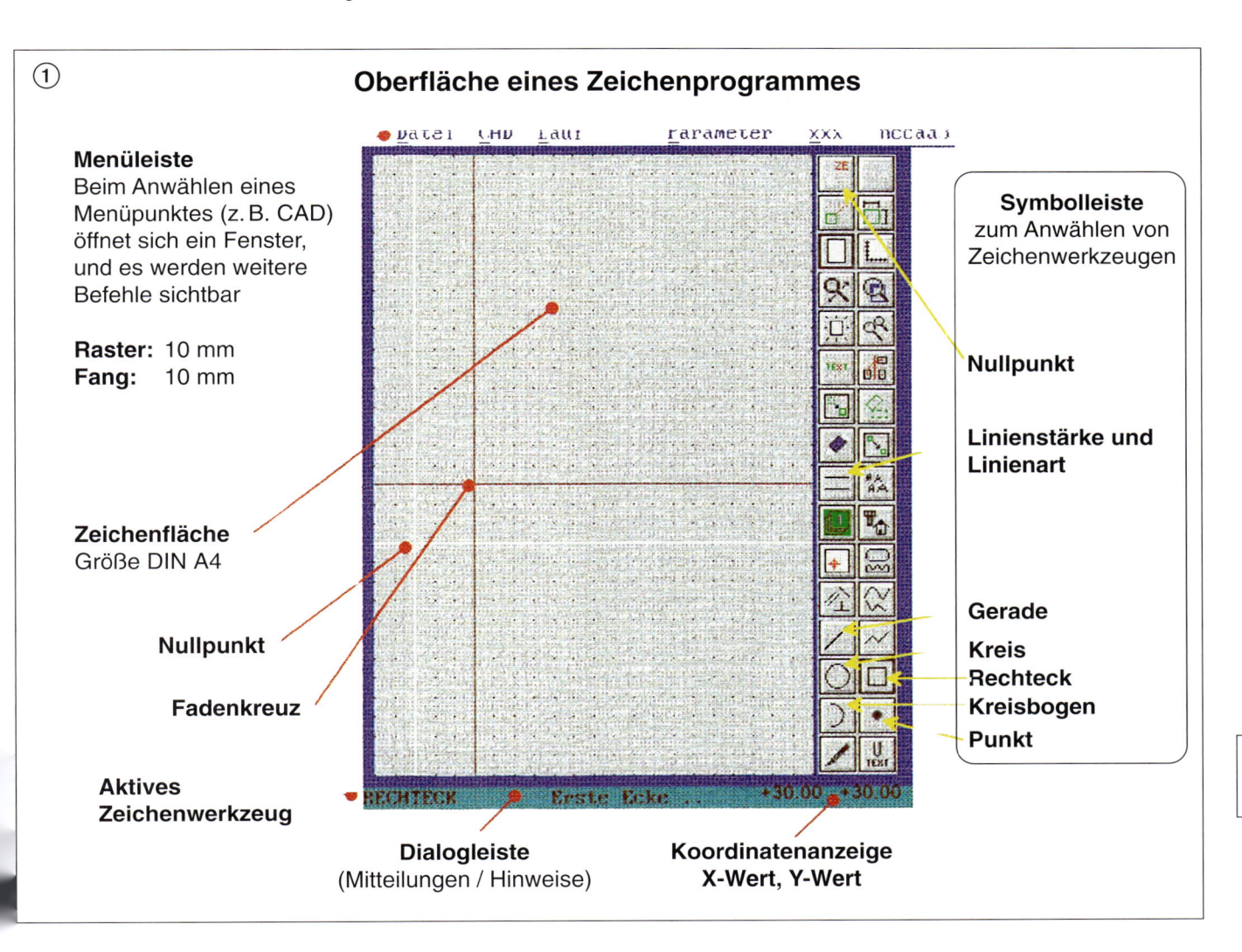

Menüleiste
Beim Anwählen eines Menüpunktes (z. B. CAD) öffnet sich ein Fenster, und es werden weitere Befehle sichtbar

Raster: 10 mm
Fang: 10 mm

Zeichenfläche
Größe DIN A4

Nullpunkt

Fadenkreuz

Aktives Zeichenwerkzeug

Symbolleiste zum Anwählen von Zeichenwerkzeugen

Nullpunkt

Linienstärke und Linienart

Gerade
Kreis
Rechteck
Kreisbogen
Punkt

Dialogleiste
(Mitteilungen / Hinweise)

Koordinatenanzeige
X-Wert, Y-Wert

Vorbereiten der Zeichenfläche

Die Zeichenfläche muss vor dem Zeichnen so eingerichtet werden, dass später vorteilhaft gearbeitet werden kann. Dazu gehört das Festlegen des Abstandes der Rasterpunkte, das Einrichten des Fanges und das Festlegen des Nullpunktes.

Raster

Auf der Zeichenfläche lässt sich ein Netz von Rasterpunkten einblenden. Sie sind hier im Abstand von 10 mm eingestellt (Abb. ①). Mit ihnen lassen sich Entfernungen schnell einschätzen. Sie helfen dem Zeichner, sich rasch auf der Zeichenfläche zu orientieren. Der Abstand der **Rasterpunkte** kann vergrößert oder verkleinert werden (Abb. ②). Rasterpunkte können auch ausgeblendet werden.

②

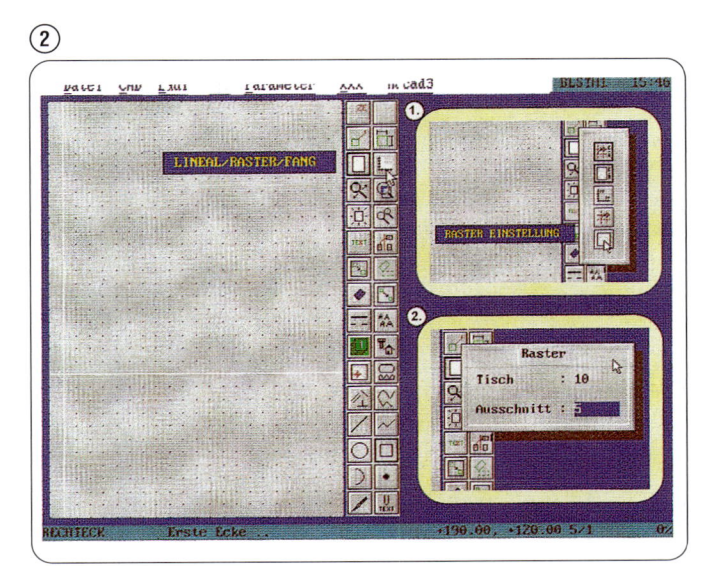

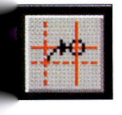

Fang

Bei Bedarf können in bestimmten Abständen **Fangpunkte** rasterartig auf der Zeichenfläche eingerichtet werden.
Bei eingerichtetem **Fang** ist es nur möglich, das Fadenkreuz auf die im Fang festgelegten Punkte zu platzieren.
Im Beispiel (Abb. ②) wird der Fang auf 5 mm eingerichtet. Das Fadenkreuz kann dann nur alle 5 mm abgelegt werden. Versucht man eine Position zwischen den Fangpunkten anzusteuern, wird das Fadenkreuz wie durch einen unsichtbaren Magneten auf den nächstliegenden Fangpunkt gezogen.
Der Fang hilft schnell und genau einen Punkt anzusteuern. Der Abstand der Fangpunkte ist einstellbar und hängt von den Maßen der jeweiligen Zeichnung ab. Stört der Fang, lässt er sich durch Tastendruck aus- und wieder einschalten.

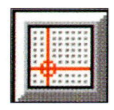

Nullpunkt

Auf der Zeichenfläche wird entsprechend der Blatteinteilung ein **Nullpunkt** festgelegt. Der Schnittpunkt der beiden weißen Linien in Abb. ① zeigt den Nullpunkt. Die Position des Fadenkreuzes wird in der unteren Menüleiste durch eine X- und eine Y-Koordinate angezeigt. Die dort erscheinenden Zahlen geben jeweils an, wie weit das Fadenkreuz vom Nullpunkt in X- und in Y-Richtung entfernt ist (Abb. ①, S. 85).

Zeichnen

Am Beispiel eines Bleistifthalters (S. 80 und 81) werden nachfolgend die einzelnen Schritte einer Zeichnungserstellung mit dem Computer gezeigt.

Einrichten der Zeichenfläche

Die **Zeichenfläche** sollte auf ein **Raster** von 10 mm Abstand eingestellt werden. Da fast alle Maße des Bleistifthalters ein Vielfaches von 5 darstellen, sollte der Fang auf 5 mm Abstand eingestellt werden. So sind die Endpunkte der Zeichnungselemente schnell und sicher zu erreichen.
Das Werkstück soll im Maßstab 1:1 in der Vorder- und Draufsicht gezeichnet werden. Hierzu muss die zur Verfügung stehende Zeichenfläche entsprechend eingeteilt werden. Der Nullpunkt wird so festgelegt, dass die X-Achse als Ordnungslinie Drauf- und Vordersicht trennt (Abb. ①).

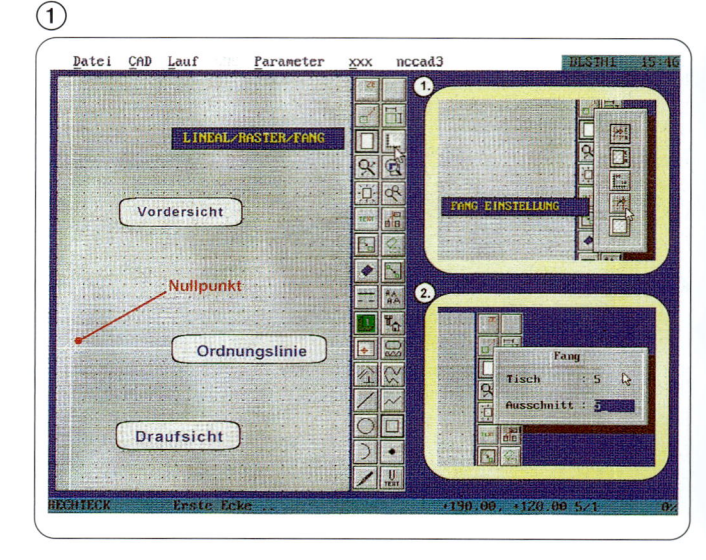

Zeichnen der Vorderansicht

Rechteck

Rechtecke werden gezeichnet, indem zunächst das Werkzeug „**Rechteck**" aufgerufen wird und dann zwei diagonal gegenüberliegende Punkte mit der Maus markiert werden. Mitteilungen über durchzuführende Tätigkeiten und die Position des Fadenkreuzes erhält man in der Dialogzeile am unteren Bildschirmrand. Nach Anwahl des Menüpunktes „Rechteck" (Mauszeiger Abb. ②) werden mit Fadenkreuz und Mausklick die beiden Eckpunkte 20/20 und 120/60 der Vorderansicht nacheinander markiert. Der Computer errichtet nach dem zweiten Mausklick das gewünschte Zeichenelement „Rechteck".

Ausschnitt wählen

Zum Einzeichnen der Abrisskante ist es vorteilhaft, den **Ausschnitt** des Bildschirms, in dem gearbeitet werden soll, vergrößert darzustellen. Dafür wird in der Symbolleiste der Befehl „Ausschnitt" angewählt. Zwei diagonal gegenüberliegende Mausklicks legen den zu vergrößernden Bereich fest. Der Computer erstellt nach dem zweiten Mausklick die gewünschte Vergrößerung (Abb. ③).

Gerade

Die Abbruchkante soll mit einer Linie eingezeichnet werden. Dazu wird die Funktion „**Gerade**" durch Mausklick auf der Symbolleiste aufgerufen.
Mit Fadenkreuz und Mausklick werden der Anfangs- und der Endpunkt der Geraden festgelegt. Die Gerade beginnt bei den **Koordinaten** 20/35 und endet bei 120/35 (Abb. ③).
Das eingestellte Raster, der Fang und die Koordinatenanzeige erleichtern das exakte Treffen der Punkte.

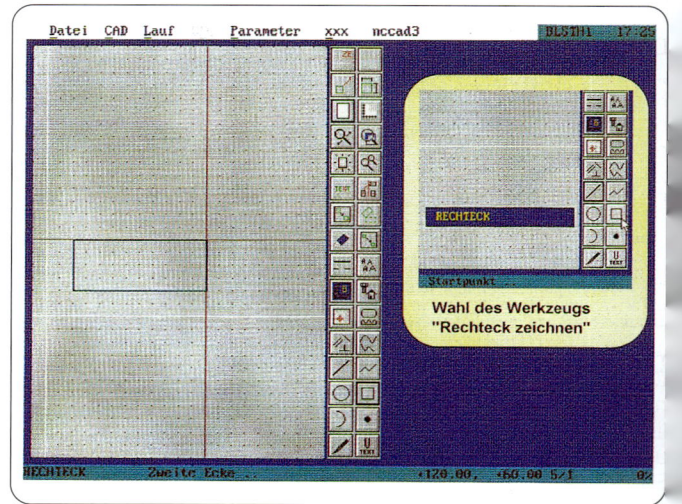

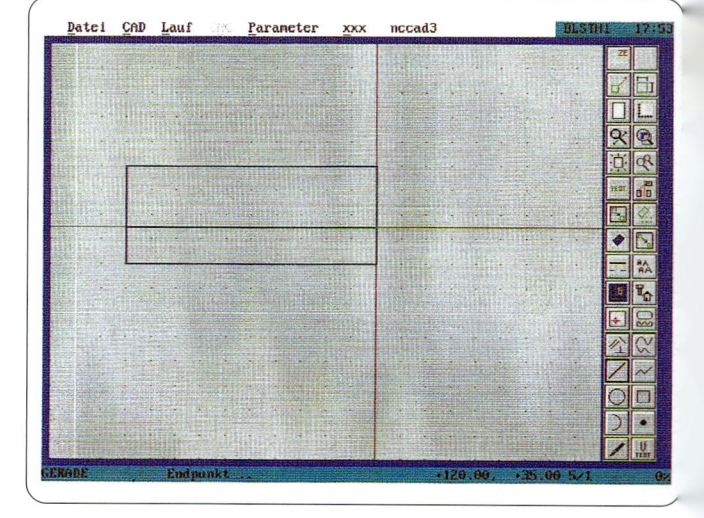

Zeichnen der Draufsicht

Die Draufsicht des Werkstückes soll unterhalb der Ordnungslinie eingezeichnet werden. Die Darstellung des Bildschirms wird wieder vergrößert (S. 86 „Ausschnitt").
Mit der Funktion „Rechteck" (S. 86) wird der Körperumriss gezeichnet. Mit der Maus werden die Punkte 20/–20 und 120/–80 markiert.
Mithilfe des Fadenkreuzes lassen sich die Maße der Vorderansicht leicht für das Zeichnen der Draufsicht nach unten projizieren (Abb. ①).
Mit dem Werkzeug „Gerade" (S. 86) und dem Anwählen der Koordinaten 20/–45 und 120/–45 zeichnet man die Abbruchkante ein.

Linien

Zum Einzeichnen der Bohrungen soll die Bohrungsmitte durch eine Strichpunktlinie markiert werden.
Hierzu muss das Symbol „**Linien**" auf der Symbolleiste angewählt werden. Durch Mausklick wird die Strichpunktlinie festgelegt. Jetzt werden alle Linien als Strichpunktlinien ausgeführt.
Mit dem Werkzeug „Gerade" (s. S. 86) wird die Symmetrielinie der Bohrungen als Strichpunktlinie eingezeichnet. Danach wird die Linienart „ausgezogen" wieder eingestellt.

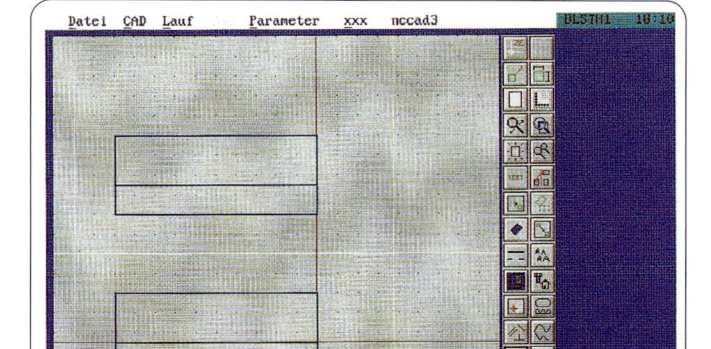

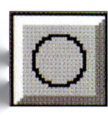

Kreis

Das Einzeichnen der Bohrungen erfolgt mit dem Werkzeug „**Kreis**", das dazu angewählt werden muss.
Kreise werden gezeichnet, indem zuerst der Mittelpunkt durch einen Mausklick bestimmt wird. Danach wird der Radius durch einen zweiten Mausklick festgelegt. Der Computer zeichnet nach dem zweiten Mausklick den Kreis.
Die Koordinaten der ersten Bohrung lauten:
  Mittelpunkt: 40/–32,5
  Radius: 40/–28,5
Diese Koordinaten sind im 5er-Fang nicht erreichbar. Sie müssen entweder nach Ausschalten des Fanges mit der Maus markiert oder über die Tastatur als Zahlenwerte eingegeben werden (Abb. ②).
Die Positionierung des Fadenkreuzes kann auch durch Koordinateneingabe mit der Tastatur erfolgen, wenn diese Möglichkeit im Programm vorgesehen ist. Hierbei können bequem und exakt Punkte angesprungen werden, die nicht auf dem Fangraster liegen.

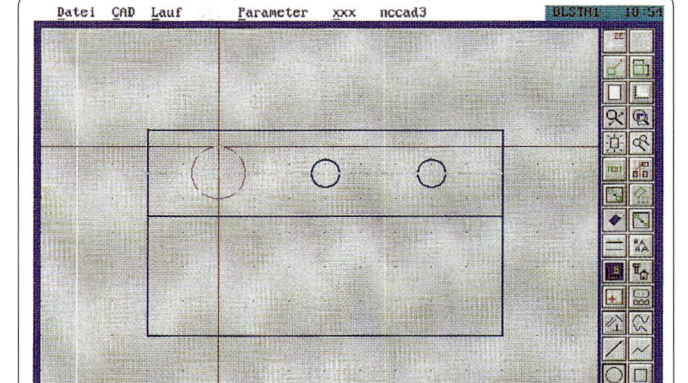

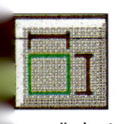

Bemaßung

Im nächsten Arbeitsschritt wird die Zeichnung bemaßt.
Das Programm bietet verschiedene **Bemaßungsfunktionen** an. Nach Anwahl des Werkzeugs „Bemaßung" muss im sich öffnenden Fenster die benötigte Funktion gewählt werden (Abb. ③).
Anfangs- und Endpunkte der zu bemaßenden Strecke sind dann durch Mausklick festzulegen.
Der Abstand der Maßlinie von der Körperkante wird vom Programm erfragt. Ist er durch Mausklick eingegeben, führt der Computer die Bemaßung durch und zeichnet Maßpfeile, Maßhilfslinien und Maßzahl ein.
Die Zeichnung (Abb. ③) wurde horizontal und vertikal bemaßt. Der Radius der Bohrungen ist angegeben.
Nachdem die Zeichnung erstellt ist, wird sie gespeichert und kann ausgedruckt werden.

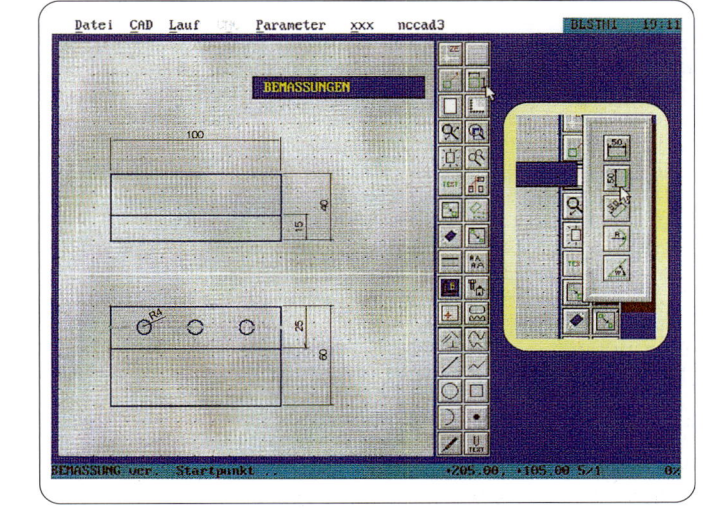

87

Informationen zum Bearbeiten von Holz und zu Holzwerkstoffen

Die Bedeutung des Waldes

Unser Wald hat viele Aufgaben. Sein Wert für die Menschen ist unschätzbar, denn erst die Pflanzen und Bäume machen das Leben auf unserer Erde möglich.

Der Wald bietet uns Freizeit- und Erholungsmöglichkeiten. Er baut das Kohlendioxid der Luft ab und reinigt sie von Schadstoffen.

Er spendet uns den Sauerstoff, den wir zum Leben brauchen.

Er ist für die in ihm lebenden Tiere Nahrungsspender und Heimat.

Als Wasserspeicher und Schattenspender beeinflusst er unser Klima.

Er reguliert den Wasserhaushalt der Natur mit ihren Bächen und Quellen und sorgt somit auch für unser Trinkwasser.

Er liefert den Rohstoff Holz, den wir für viele Dinge des täglichen Lebens benötigen.

Er verringert bzw. verhindert Erosionen, gefährliche Erdrutsche, Hochwasser und Lawinengefahren.

Auch als Lärmschutz und Sturmbremse erfüllt der Wald eine wichtige Funktion.

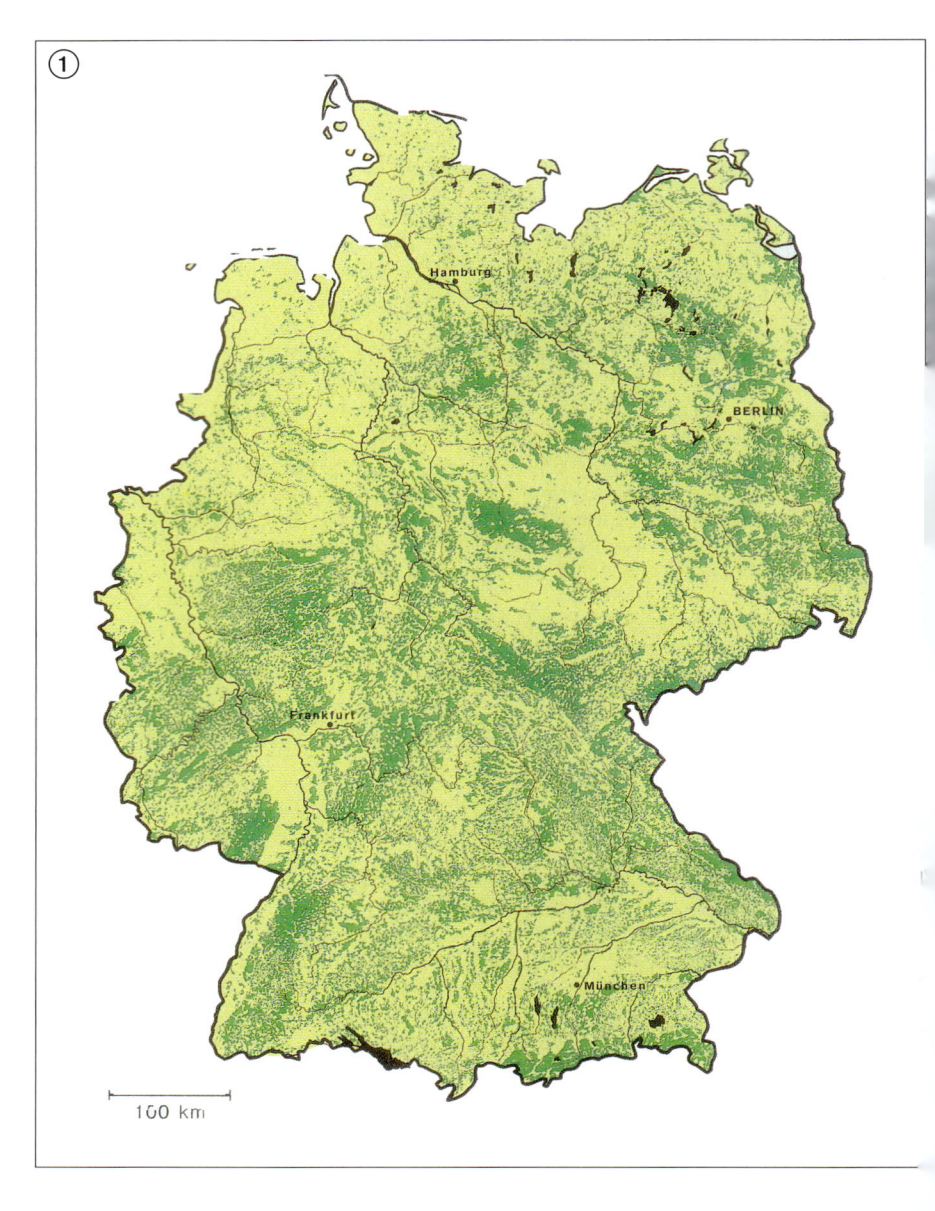

① Waldverteilung in der Bundesrepublik Deutschland

Staubfilter und Sauerstofferzeuger

Durch die Bewegung der Luft, die durch den Klimasator Wald verursacht wird, können Nadeln und Blätter der Bäume Staub und Ruß aus der vorbeistreichenden Luft herausfiltern. Die Staubteilchen setzen sich wie in einem feinen Sieb ab und werden vom Regen abgewaschen.

1 Hektar Buchenwald filtert aus der Luft jährlich bis zu 68 Tonnen Staub und Ruß!

Durch die Erwärmung in den Städten steigt die Luft über diesen auf. Dadurch strömt zwangsläufig aus den nahen Wäldern gereinigte Luft in die Wohnzentren und versorgt diese mit Waldluft, die sauber und mit Sauerstoff angereichert ist.
Verdichtungsräume, wie unsere Städte, sind Sauerstoffverbrauchsgebiete. Besonders diese Gebiete sind auf Wälder als grüne Lungen zur Sauerstofferzeugung angewiesen, da für Mensch und Tier Sauerstoff lebensnotwendig ist.
Menschen und Tiere nehmen aus der Luft den Sauerstoff auf und geben dafür wieder das Kohlendioxid ab. Bäume und Pflanzen nehmen wiederum dieses Kohlendioxid auf und geben Sauerstoff ab.
Eine 100-jährige Buche mit einem Kronendurchmesser von 14 m gibt in einer Stunde so viel Sauerstoff ab, wie 10 Menschen in dieser Stunde zum Leben etwa brauchen.

Sauerstoffverbrauch des Menschen:
in Ruhe 6 l in der Minute
beim Sport 120 l in der Minute

Wasserspeicher

Der Waldboden wirkt wie ein Schwamm. Er saugt den Regen auf und lässt ihn langsam in die tiefen Bodenschichten einsickern. **1 Kubikmeter Waldboden kann 50–200 Liter Wasser speichern!**
Der abgebildete Wasserspeicher (Abb. ②) beinhaltet vergleichsweise etwa so viel Wasser, wie ein Wald gleicher Fläche speichern könnte.

Klimaausgleich

Auch an heißen Sommertagen bleiben die Temperaturen in unseren Wäldern erträglich, da die Bäume sich und auch ihre Umgebung durch verstärkte Verdunstung – vergleichbar dem Schwitzen des Menschen – vor dem Aufheizen schützen. Durch die Temperaturunterschiede zwischen Stadt und stadtnahem Wald kommt es zu einer ständigen Luftbewegung zwischen den Wohngebieten und Wäldern, die wir als angenehm empfinden.

Wälder wirken in der Nähe von Städten günstig auf deren Klima.

Forstwirtschaft

Die entscheidende Rolle für die Walderhaltung spielt die Forstwirtschaft, die für ein sinnvolles Nacheinander von Nutzung, Verjüngung, Pflege und erneuter Nutzung sorgt.

Die Pflegemaßnahmen (Abb. ④) erhalten und steigern die Schutz- und Erholungswirkungen des Waldes.

Der Holzeinschlag macht nur etwas über die Hälfte der gesamten Waldarbeit aus. Dabei gilt: Der beste Baum bleibt möglichst lange stehen.

Die Haupternte im Wald ist das Stammholz (Abb. ③). Die Erntereife von Buchen und Eichen liegt bei ca. 200 Jahren. Bei Fichten- und Kiefernbeständen liegt das Endnutzungsalter zwischen 80 und 140 Jahren.

Bei einer Holzversteigerung in der Pfalz erbrachte z. B. ein 250 Jahre alter Eichenstamm den stolzen Preis von 10 000,– €. Aus 1 m³ eines solchen Stammes wurden 800 m² Furnier, das reicht für 16 Wohnzimmerschränke, gewonnen.

Daran wird deutlich: Was heute geerntet wird, mussten schon unsere Groß- und Urgroßväter pflanzen und pflegen.

Brennholz (Abb. ⑤), Stangenholz, Grubenholz, Weihnachtsbäume und „Papierholz" werden besonders beim Auslichten des Waldes gewonnen.

Forstwirtschaftliche Maßeinheiten sind der **Raummeter** für gestapeltes Holz und der **Festmeter** für stehende bzw. gefällte Stämme.

Als Raummeter wird ein Holzstapel bezeichnet, der 1 m lang, 1 m breit und 1 m hoch ist (Abb. ⑥).

Der Rauminhalt des Stammes wird in Festmeter angegeben (1 Festmeter = 1 Kubikmeter [m³]) (Abb. ⑥).

So hat zum Beispiel ein Baumstamm mit einer Länge von 24 m und einem in der Mitte gemessenen Durchmesser von 23 cm genau einen Festmeter.

Die Durchschnittspreise für Holz ab Wald betrugen 1996 z. B.:

für 1 Raummeter
    Buchen-Brennholz   € 40,–
    Papier-Holz   € 33,–
für 1 Festmeter
    Nadelschnittholz   € 82,–
    Eiche-Schnittholz für Möbel
         € 255,– bis über € 500,–

Brandrodung im Tropenwald
Die Zerstörung von Waldflächen ist ein weltweites Problem, weil durch sie das Klima unserer Erde nachhaltig beeinflusst wird.

Die gefällten Stämme werden an den Wegrand geschleppt, wo Langholzwagen sie aufladen und abfahren können. Als Schlepper dienen nicht nur Traktoren, sonder auch wieder kräftige Kaltblutpferde.

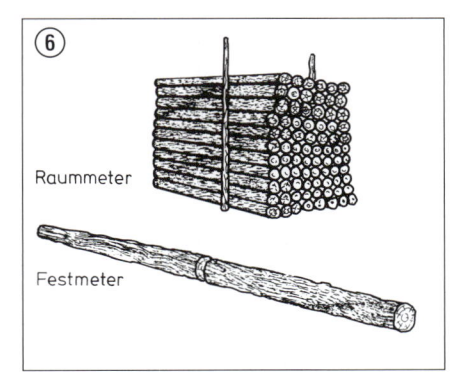

Vom Stamm zum Brett

Halbzeuge aus **Vollholz** (Massivholz) sind aus dem Baumstamm geschnittene Balken, Kanthölzer, Dielen, Bretter, Schwarten, Dachlatten, Leisten …

Jede Baumart liefert Holz mit bestimmten Eigenschaften. Nach diesen Eigenschaften werden **Hölzer** dem Verwendungszweck entsprechend ausgewählt:
– im Möbelbau z. B. nach dem Aussehen (Maserung, Farbe)
– beim Bau nach der Festigkeit, Haltbarkeit und Witterungsbeständigkeit

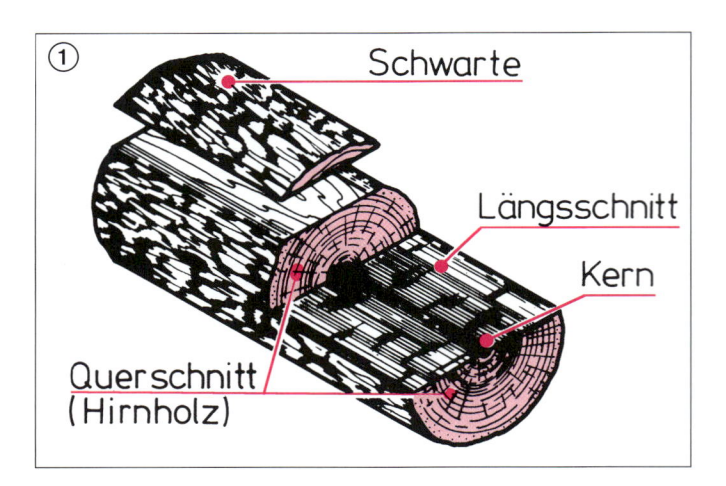

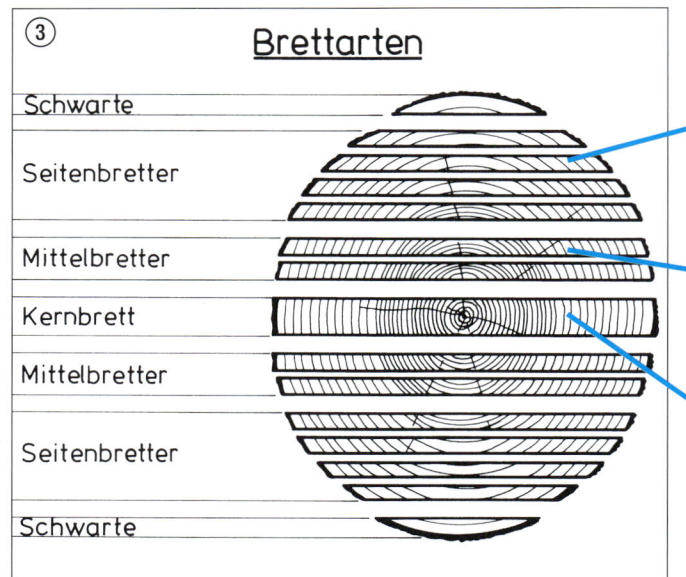

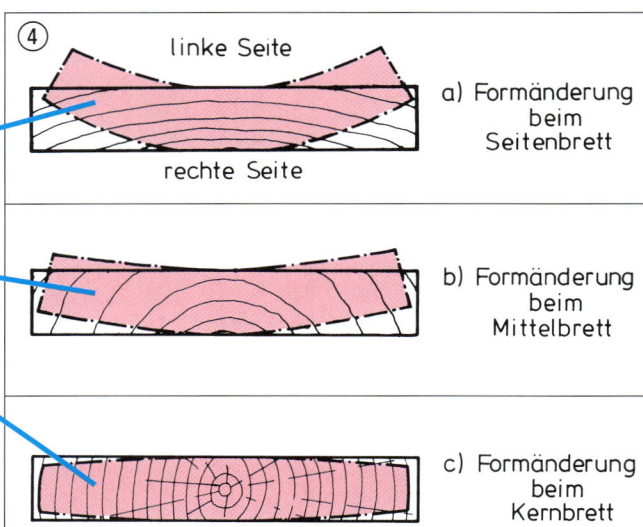

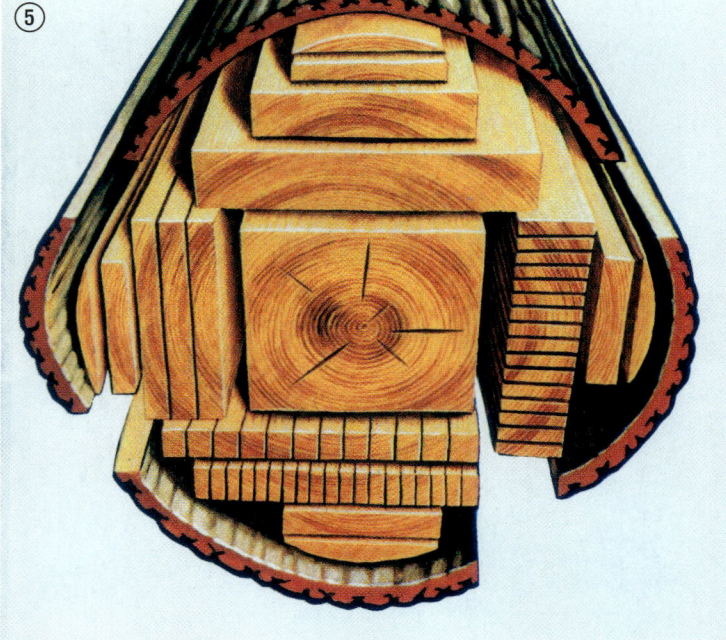

① Schwarte, Längsschnitt, Kern, Querschnitt (Hirnholz)

③ Brettarten: Schwarte, Seitenbretter, Mittelbretter, Kernbrett, Mittelbretter, Seitenbretter, Schwarte

④ a) Formänderung beim Seitenbrett (linke Seite, rechte Seite)
b) Formänderung beim Mittelbrett
c) Formänderung beim Kernbrett

Holz arbeitet, d.h., bei der Trocknung schrumpft (**schwindet**) Holz!

Der Stamm wird zur Weiterverarbeitung in Dielen, Bretter, Balken, Latten und Schwarten zersägt.

Im Lager wird das Holz zum Verkauf sortiert angeboten nach Holzart, Abmessungen und Qualität.

Profile

①

„**Profilhölzer**" bietet der Handel in vielen verschiedenen Formen, Abmessungen und Holzarten an.

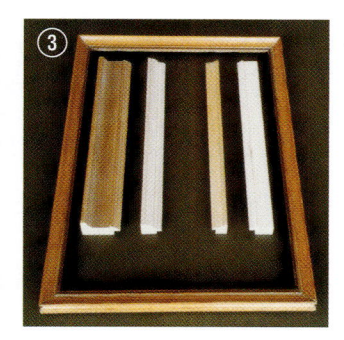

② ③ ④ ⑤

Beim Kauf von Holz für die Verarbeitung im Technikunterricht empfiehlt es sich, detaillierte Angebote einzuholen (Beispiel Abb. ⑥).

Holzwerkstoffe

Holz verändert seine Form. Der Fachmann sagt dazu „Holz arbeitet". Das heißt, dass sich Holz bei hoher Luftfeuchtigkeit ausdehnt – also „wächst" – während es sich bei trockener Umgebungsluft zusammenzieht – also „schwindet". Dieses „Arbeiten" des Holzes ist beim Einsatz von Holz (Türen, Möbel, ...) störend. Massivholz kann deshalb im Möbelbau nur eingeschränkt verwendet werden. Aus diesem Grund wird Holz zu Furnier-, Tischler- und Spanplatten verarbeitet (Abb. ⑦ u. ⑧). Diese Holzwerkstoffe sind formstabiler.

⑥ *Holz-Hauff, Leingarten*

Angebot:

8 Bretter Fichte/sägerau
  à 300 cm x 14,0 x 2,4 cm
  nach Ihrer Angaben ausreichend für 16 Vogelhäuschen   **54,97 €**

Auf diesen Preis erhalten Sie einen Schulrabatt von 10% zzgl. 16% MwSt. Bei Zahlung innerhalb 8 Tagen gewähren wir nochmals 2% Skonto.

Furnierplatten (Sperrholz)

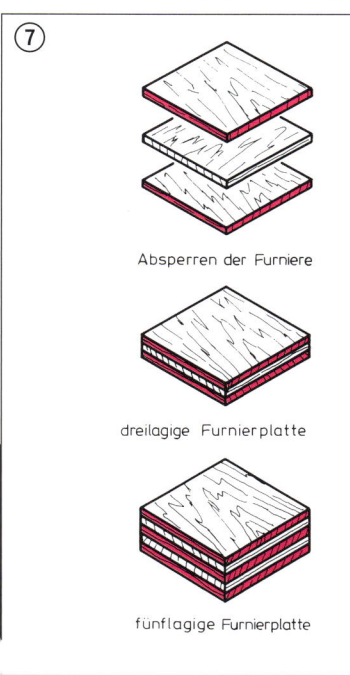

⑦

Absperren der Furniere

dreilagige Furnierplatte

fünflagige Furnierplatte

Beispiele für gängige Abmessungen:

Dicke in mm
1; 1,2; 1,5; 1,8; 2; 2,2; 2,5; 3; 4; 5; 6; 8; 10; 12 ...

Breite und Länge in cm
153 x 152
122 x 244
170 x 250
(je nach Holzart)

Tischlerplatten

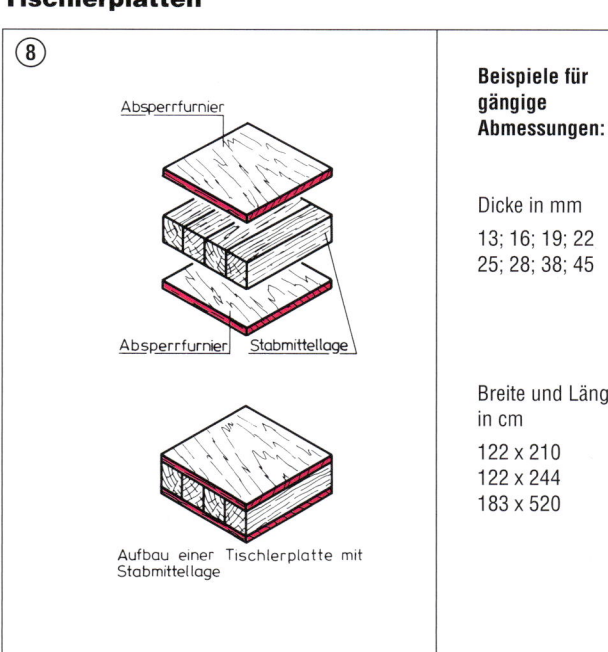

⑧

Absperrfurnier
Absperrfurnier   Stabmittellage

Aufbau einer Tischlerplatte mit Stabmittellage

Beispiele für gängige Abmessungen:

Dicke in mm
13; 16; 19; 22
25; 28; 38; 45

Breite und Länge in cm
122 x 210
122 x 244
183 x 520

Sägen

Wie gesägt wird und was beachtet werden muss, um Verletzungen zu vermeiden, zeigen folgende „8 Regeln zum Sägen" (Abb. ① – ⑧):

① **einspannen**

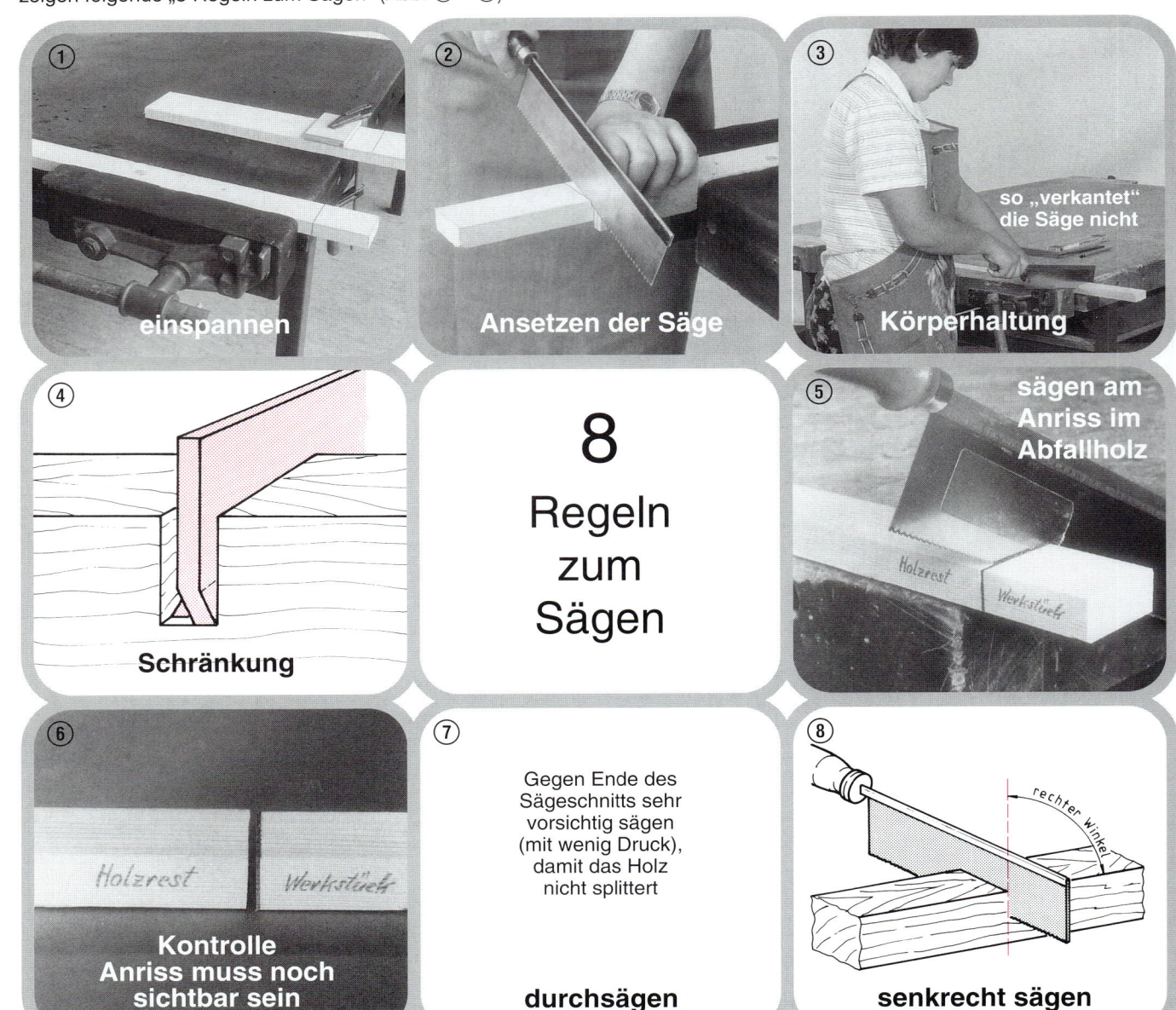

② **Ansetzen der Säge**

③ so „verkantet" die Säge nicht – **Körperhaltung**

④ **Schränkung**

8 Regeln zum Sägen

⑤ **sägen am Anriss im Abfallholz**

⑥ **Kontrolle Anriss muss noch sichtbar sein**

⑦ Gegen Ende des Sägeschnitts sehr vorsichtig sägen (mit wenig Druck), damit das Holz nicht splittert – **durchsägen**

⑧ **senkrecht sägen**

Zuschnitte in einem bestimmten Winkel, z. B. für Holzrähmchen, gelingen mit einer **Gehrungschneidlade** oder mit der noch vielseitiger einsetzbaren **Gehrungssäge**.

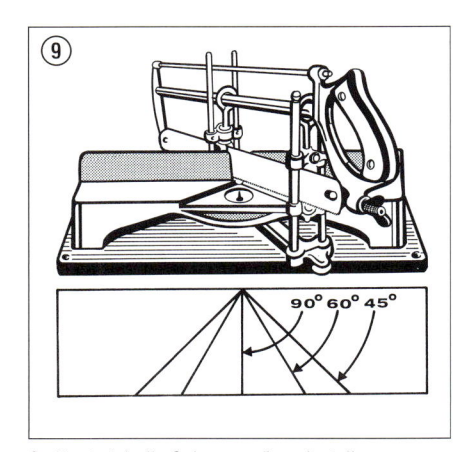

⑨ So lässt sich die Gehrungssäge einstellen

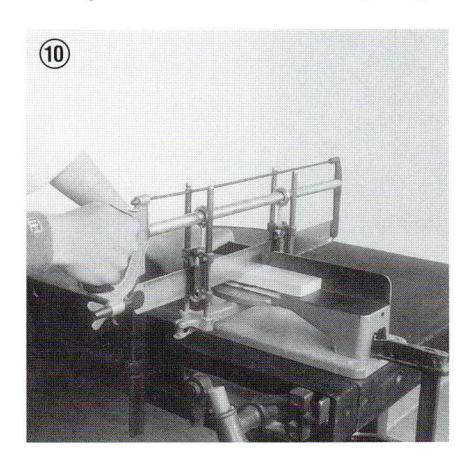

⑩

⑪ **Schneidlade und Feinsäge**
Mit einer Unterlage erhält man eine saubere Schnittkante

Sägen mit der Dekupiersäge

Nach vorheriger gründlicher Unterweisung durch einen „Fachmann" verwenden wir die **Dekupiersäge** als Universalsäge. Mit ihr kann man Geradschnitte und exakte Kurvenschnitte ausführen in Weichholz, Hartholz, Kunststoffen und in weichen Metallen. Es können Laubsägeblätter verwendet werden (Abb. ④). Dekupiersägen ermöglichen eine große Schnittgenauigkeit, sodass wir direkt am Anriss **sägen** können. Die Schnittflächen sind bei exakter Führung des Werkstücks senkrecht, sodass man kaum nacharbeiten muss.

Leiste ablängen: gerader Schnitt

Schweifschnitt

Innenschnitt

Mit der Dekupiersäge sicher arbeiten:

- Beim Umrüsten, also beim Wechseln des Sägeblatts, dem Einstellen der Spannung des Sägeblatts, beim Einführen des Sägeblatts in die Bohrung für Innenschnitte (Abb. ③) oder beim Reinigen der Maschine muss der Netzstecker gezogen sein, um ein unbeabsichtigtes Einschalten der Maschine zu verhindern.
- Sägeblätter müssen dem Material und der Materialstärke entsprechend ausgewählt werden (Abb. ④). Das Sägeblatt der Dekupiersäge arbeitet wie bei der Laubsäge auf Zug. Es wird so eingespannt, dass die Zähne nach unten, also zum Sägetisch, zeigen. Umgekehrt eingespannt würden die Zähne das Werkstück nach oben reißen.
- Bei Innenschnitten ist eine Bohrung im Werkstück notwendig, in die das **Sägeblatt** eingeführt wird (Abb. ③). Dazu wird das vorher entspannte Sägeblatt aus der Aufnahmegabel mit dem Vierkantschlüssel gelöst und das Werkstück mit der Bohrung eingeführt. Danach wird das Sägeblatt in umgekehrter Reihenfolge wieder befestigt und gespannt. Bitte einen Mitschüler um Mithilfe!
- Schalte die Maschine ein und führe dann erst das Werkstück gegen das Sägeblatt!

  Führe das Werkstück so, dass es beim Sägen immer auf dem Sägetisch aufliegt.
- Führe das Werkstück mit beiden Händen unter gleichmäßigem Druck (Vorschub) so gegen das **Sägeblatt**, dass sich dieses „freischneiden" kann und nicht verklemmt!

Mögliche Probleme bei Sägen

Problem	Ursache
Das Werkstück flattert	a) Werkstück wird nicht gleichmäßig auf den Maschinentisch gedrückt b) Werkstück wird bei Kurvenschnitten zu schnell gedreht c) Sägeblatt mit Zähnen nach oben eingespannt
Sägeblatt läuft heiß, reißt	a) Druck zu stark, vor allem bei Kurvenschnitten b) falsch gewähltes oder stumpfes Sägeblatt
Schnittfläche nicht senkrecht	a) ungenügende Blattspannung b) zu feines Sägeblatt

④ **Sägeblätter für Dekupiersägen**
für Holz, Kunststoffe und weiche Metalle

Nr. 1

(für eine Materialstärke von 0,5 – 5 mm)

Nr. 2

(für eine Materialstärke von 5 – 30 mm)

Schleifen mit der Maschine

Maschinen erleichtern die Arbeit, wenn man gelernt hat, mit ihnen richtig umzugehen. Den Schwingschleifer kann man also erst benutzen, nachdem man seine Handhabung gelernt und geübt hat. Für die Arbeit an der Teller- oder Bandschleifmaschine ist ebenfalls eine gründliche Unterweisung und Einarbeitung für die Bedienung Voraussetzung.

> Grundsätzlich ist zu beachten:
> - Nur an Maschinen mit einwandfreier Staubabsaugung arbeiten (Schleifstäube gefährden die Gesundheit) ☞ S. 72.
> - Geeignete Kleidung tragen (☞ S. 68).
> - Zuleitungen sichern – Stolpergefahr! (☞ S. 70)
> - Beim Umrüsten und Reinigen unbedingt Netzstecker ziehen.
> - Das Schleifpapier am Schwingschleifer kannst du selbst wechseln. Achte darauf, dass es straff eingespannt ist.
> Zum Wechseln und zum Einstellen des Schleifbandes oder zum Montieren der Zusatzeinrichtungen sind "Spezialkenntnisse" erforderlich. Deshalb übernimmt diese Arbeiten die Lehrerin oder der Lehrer.

Schwingschleifer

Den **Schwingschleifer** verwenden wir für größere Flächen (Abb. ①). Durch seine Bewegung entstehen bei mittlerer und grober Körnung unschöne Schleifspuren auf der Holzoberfläche. Deshalb schleifen wir zum Schluss mit feiner Körnung.
- Werkstück auf stabilen und ebenen Untergrund auflegen und spannen.
- Schwingschleifer sicher halten und mit leichtem Druck schleifen.
- Prüfen, ob Stäube einwandfrei abgesaugt werden.
- Maschine "auslaufen" lassen, bevor sie abgestellt wird.

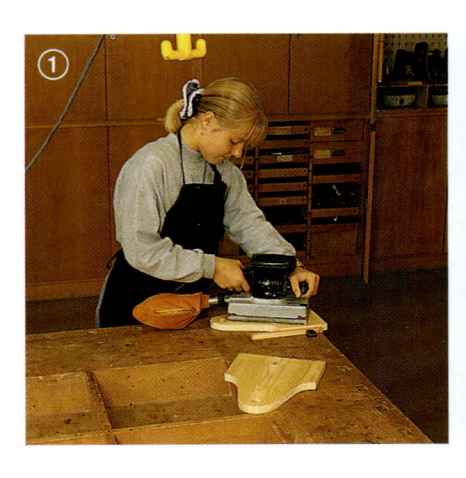

Stationäre Bandschleifmaschine

Die **Bandschleifmaschine** eignet sich z. B. zum **Schleifen** von Flächen unterschiedlicher Breite (Abb. ②) und zum Brechen von Kanten (Abb. ③).
- Prüfen, ob Körnung geeignet ist.
- Prüfen, ob Stäube einwandfrei abgesaugt werden.
- Prüfen, ob Schleifband noch brauchbar ist (Abnutzung oder verschmierte Körnung durch Lack- bzw. Leimreste).
- Maschine einschalten und prüfen, ob das Band in der Mitte des Schleiftisches läuft.
- Prüfen, ob Zusatzeinrichtungen notwendig sind (Schleiftisch, Winkelanschlag).
- Werkstück so auflegen, dass die Schleifrichtung und die Richtung der Maserung des Holzes gleich verlaufen.
- Werkstück gegen Mitreißen sichern – Anschlag!
- Werkstück "gefühlvoll" gegen das Schleifband drücken.
- Nur Werkstücke schleifen, die groß genug sind, um sie sicher zu halten.

Stationäre Tellerschleifmaschine

An der **Tellerschleifmaschine** kann besonders gut die Stirnseite von Holzwerkstücken geschliffen werden (Hirnholz). Auch Rundungen lassen sich exakt schleifen. Mit einem Winkelanschlag können Leisten rechtwinklig oder Gehrungen z. B. exakt im Winkel von 45° geschliffen werden.

Durch Schleifen arbeiten wir Sägeschnitte nach. Ist mehr Material abzutragen, muss gesägt werden.
- Verschmierte und abgenutzte Schleifscheiben wechselt der Lehrer!
- Nur an der Schleiftellerseite schleifen, die nach unten, d. h. gegen die Werkstückauflage, läuft (Abb. ④ und ⑤).
- Werkstück immer zuerst auflegen, dann mit leichtem Druck gegen die Schleifscheibe führen.
- Nur Werkstücke schleifen, die groß genug sind, um sie sicher zu halten.

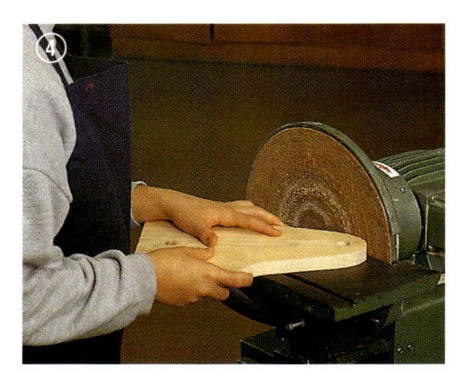

Bohren mit der Maschine (☞ S. 125)

Für Bohrungen in Holz eignet sich besonders gut der **Holzspiralbohrer** (Abb. ①). Er hat eine Zentrierspitze. Sie erleichtert das Ansetzen des Bohrers und sorgt dafür, dass der **Bohrer** nicht „verläuft".

Mit dem Holzspiralbohrer erhalten wir besonders saubere Ränder.

Mit dem **Forstnerbohrer** (Abb. ②) können Bohrungen mit größerem Durchmesser sauber gebohrt werden. Grundlöcher – das sind nicht durchgehende Bohrungen – werden unten eben.

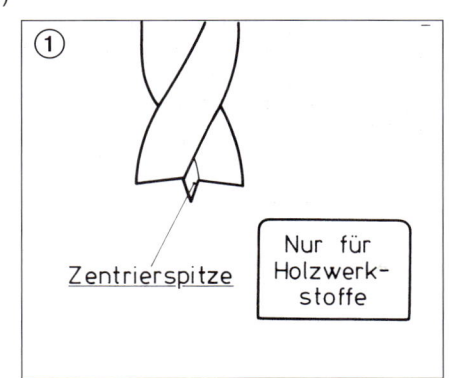

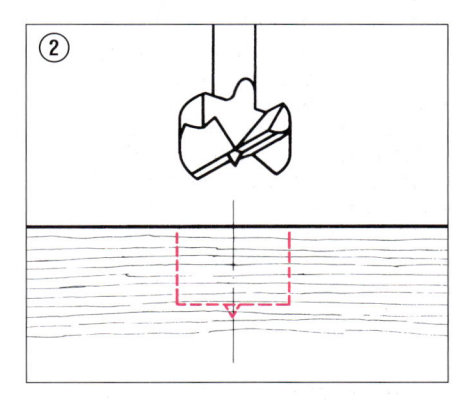

① Zentrierspitze — Nur für Holzwerkstoffe

②

Wie man bohrt und was beachtet werden muss, zeigen folgende Hinweise.

Damit das Holz beim Durchbohren nicht splittert, wird ein Holzstück als **Bohrzulage** (Abb. ③, ⑥) hinter das Werkstück eingespannt.
Die letzten Umdrehungen werden vorsichtig und mit geringem Druck ausgeführt. Der Fachmann nennt dies „mit geringem Vorschub bohren".

③ Zulage

④ Anschlag für größere Teile

Das Werkstück muss immer gegen Mitreißen durch den Bohrer gesichert werden: Kleine Stücke spannen wir im **Maschinenschraubstock** ein, größere Teile müssen fest aufliegen und werden mit einem „Anschlag" gesichert (Abb. ④). „Zulagen" schützen eingespannte Teile vor Kratzern und verhindern, dass das Werkstück beim Austreten des Bohrers ausreißt und dass der Bohrer beim Durchbohren in den Maschinentisch bohrt.

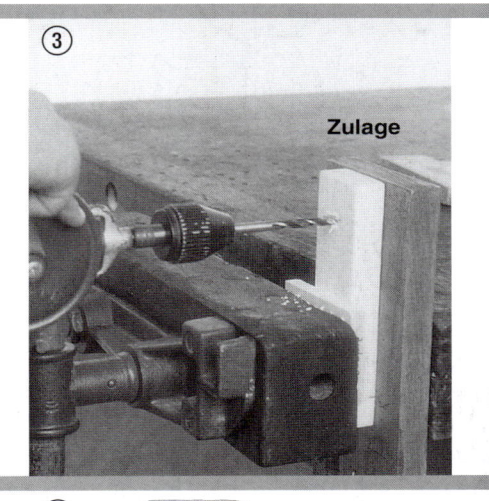

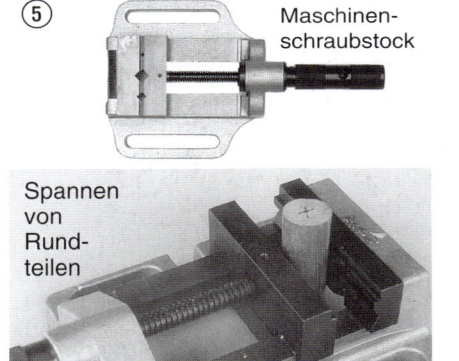

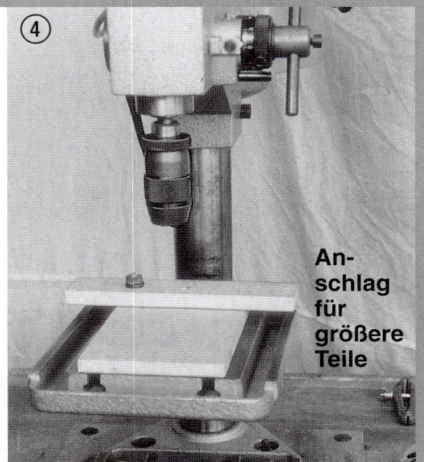

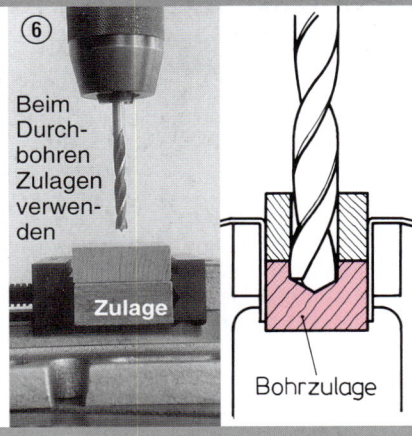

⑤ Maschinenschraubstock — Spannen von Rundteilen

⑥ Beim Durchbohren Zulagen verwenden — Zulage — Bohrzulage

Arbeitsregeln
vor dem Bohren:

1. Bohrung anreißen
2. Mittelpunkt der Bohrung mit dem Vorstecher markieren
3. Bohrer auswählen (Bohrerart, ∅)
4. Bohrer fest ins Bohrfutter einspannen
5. Bohrfutterschlüssel abziehen
6. Drehzahl einstellen
7. Probelauf: Der Bohrer darf nicht unrund laufen (eiern)
8. Wenn wir eine bestimmte Tiefe bohren: Bohrtiefeneinstellung
9. Werkstück gegen Mitreißen sichern; Bohrerspitze in die Markierung auf dem Werkstück einführen

beim Bohren:

10. Sicherheitsvorschriften beachten! Maschine auf Betriebssicherheit überprüfen!
11. Bohrmaschine einschalten
12. Vorsichtig anbohren
13. Mit gleichmäßigem Druck (Vorschub) bohren
14. Gegen Ende der Bohrung sehr vorsichtig bohren, damit das Bohrloch nicht ausreißt
15. Vorsicht: Bohrer nicht ruckartig aus dem Bohrloch herausführen!
16. Maschine ausschalten und auslaufen lassen
17. Ordnung am Arbeitsplatz!

Holzverbindungen

Schrauben

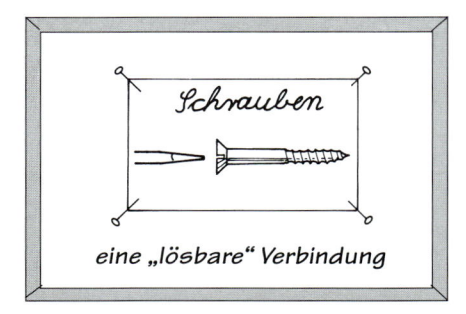

Schrauben — eine „lösbare" Verbindung

Schrauben drehen sich mit ihrem Gewinde in das Holz und ergeben so eine stabilere Verbindung als durch Nageln. Die Schraubverbindung lässt sich bei Bedarf wieder lösen, etwa bei einem Umbau, zum Transport usw.

Vor allem Beschläge wie Scharniere, Riegel, Schlösser werden auf das Holz **geschraubt** (Abb. ①, ② und ③).

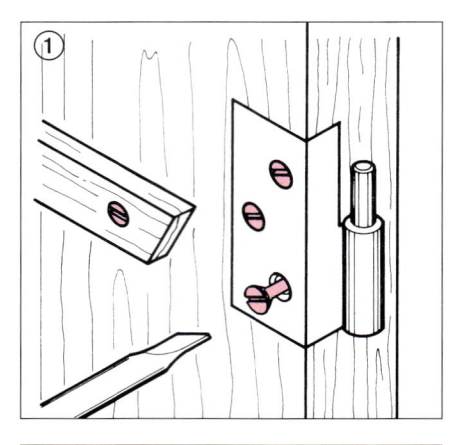

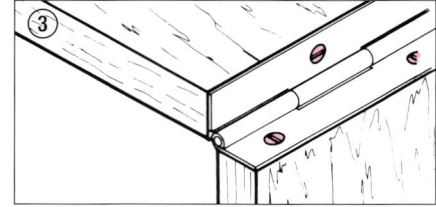

Der Schrank muss eventuell demontiert werden können (Umzug), deshalb lösbare Verbindungen.

Der Handel bietet **Holzschrauben** für verschiedene Verwendungszwecke an:
– Schrauben aus Eisen, Eisen verzinkt, Messing u. a. m.
– Schrauben in verschiedenen Größen
– Schrauben in verschiedenen Formen.

Je nach der gewünschten Kopfform kann man aus der Vielzahl der Schraubenformen wählen (Abb. ⑦):
Schrauben mit Senkkopf (Abb. ④a)
Schrauben mit Linsensenkkopf (Abb. ④b)
Schrauben mit Halbrundkopf (Abb. ④c)
Schrauben mit Senkkopf und Kreuzschlitz (Abb. ④d).

Wenn man Schrauben kauft, ist es von Vorteil, darüber Bescheid zu wissen, wie man Schrauben fachmännisch benennt oder wie man die geeignete Schraubenart auswählt (Abb. ④, ⑤ und ⑥).

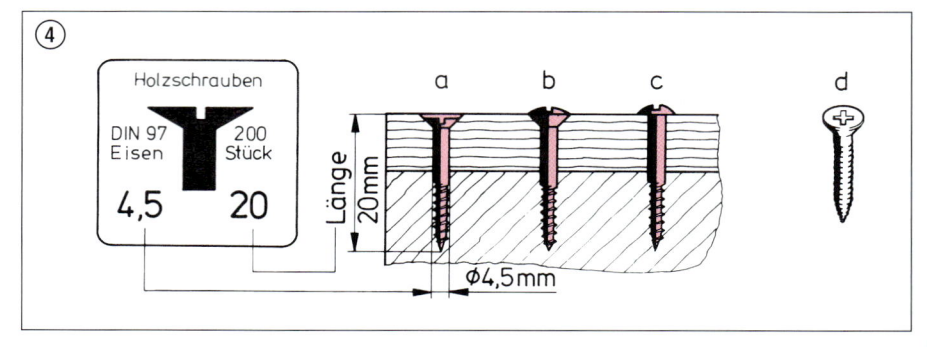

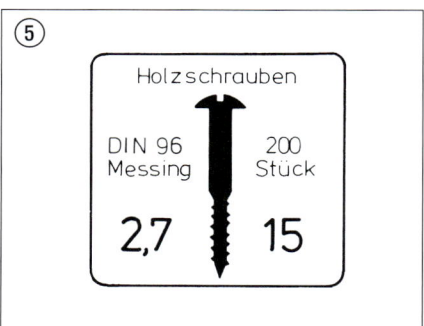

So liest der Fachmann die Aufkleber von Schraubenpaketen:
Messingschrauben mit Halbrundkopf 2,7 mal 15 mm.

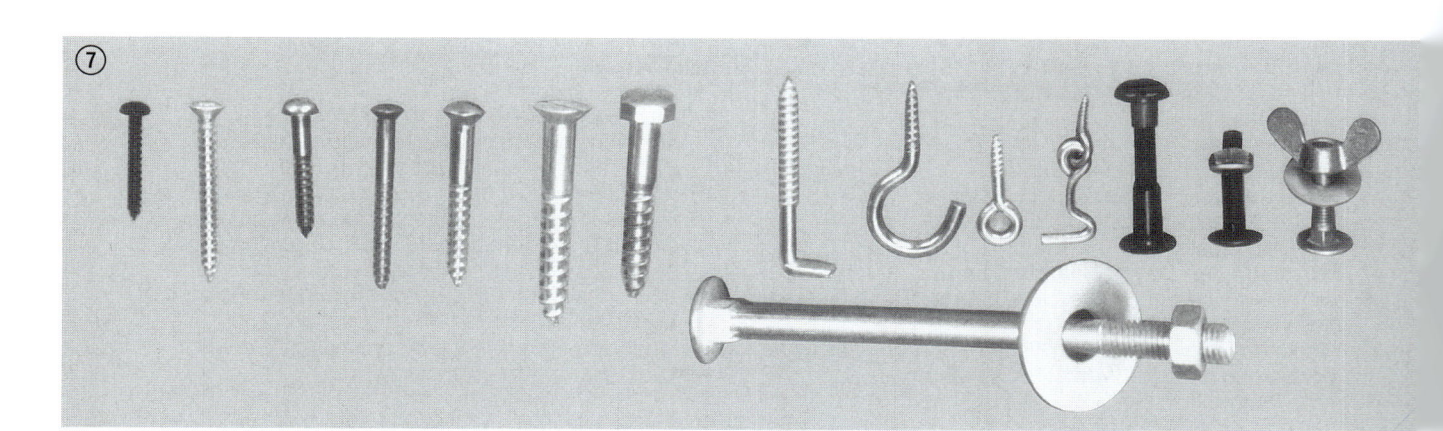

Schraubverbindungen müssen **vorgebohrt** werden, weil sonst das Holz gespalten wird oder die Schraube abbrechen kann.

Für kleine **Schrauben** genügt das Vorstechen mit dem Vorstecher (Abb. ②). So lässt sich die Schraube gut ansetzen und hat eine Führung.

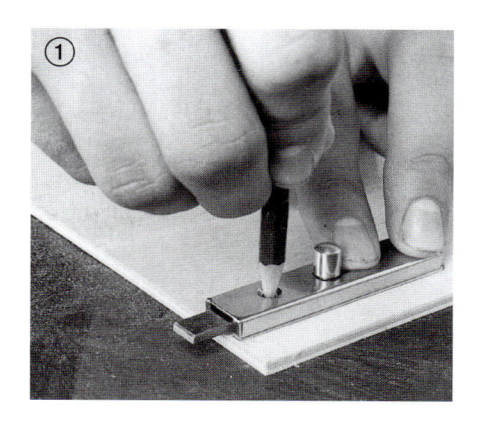

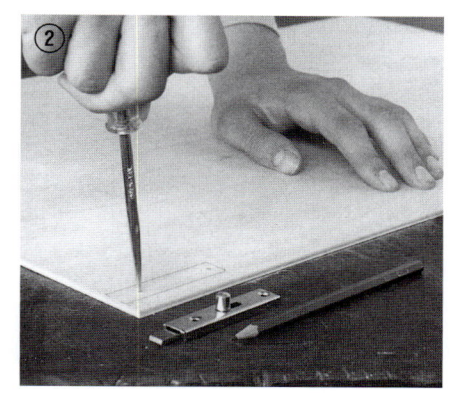

Bei größeren Schrauben können wir so vorgehen: Nachdem die Bohrungen **angerissen** und vorgestochen sind, spannen wir die beiden Holzteile passgenau zusammen.

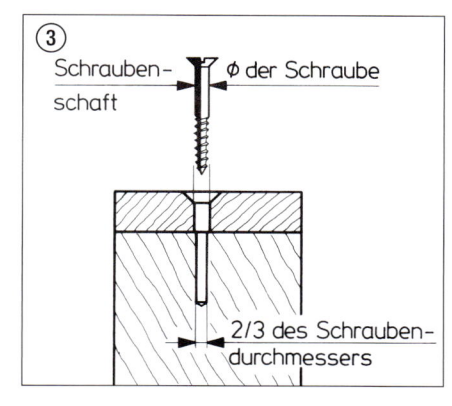

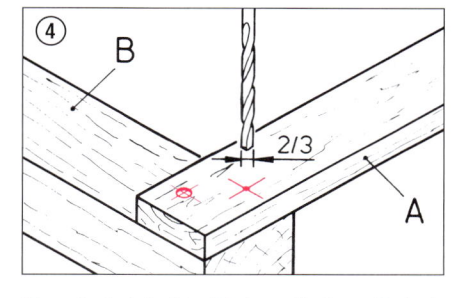

Man bohrt beide Teile mit dem Spiralbohrer – ⌀ etwa $2/3$ des Schraubendurchmessers der Schraube – bis zur vorgesehenen Tiefe.

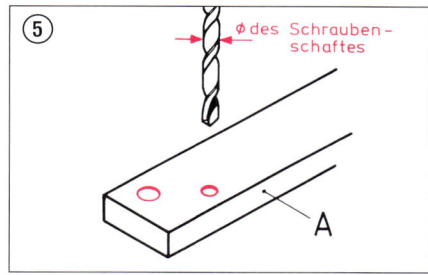

Jetzt bohrt man mit dem ⌀ des Schraubenschaftes das obere Holzstück durch.

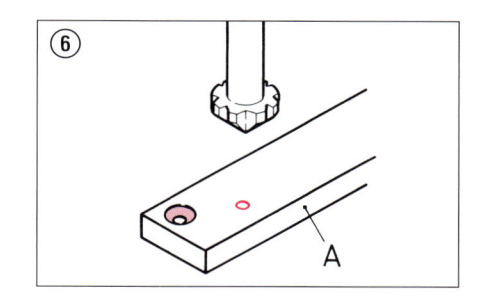

Für Senkkopfschrauben wird die Bohrung mit dem Krauskopf angesenkt.

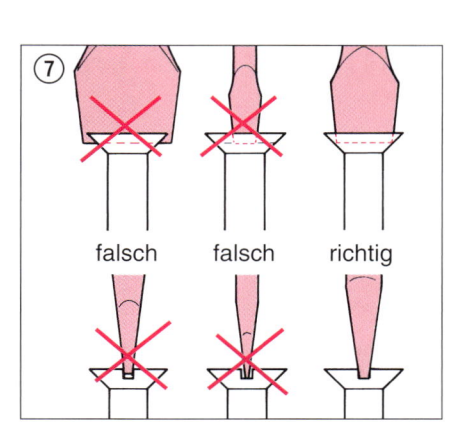

Nur wenn die **Schraubendreherklinge** genau in den Schlitz der Schraube passt, kann man die Schraube fest anziehen, ohne den Schraubenkopf oder die Klinge zu beschädigen (Abb. ⑦). Die Schrauben lassen sich – vor allem in Hartholz – leichter eindrehen, wenn man etwas Seife oder Kerzenwachs an das Gewinde gibt.

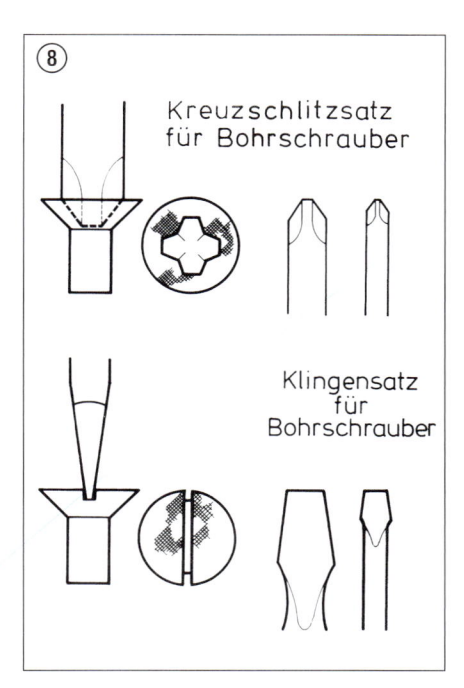

Leimen, Kleben

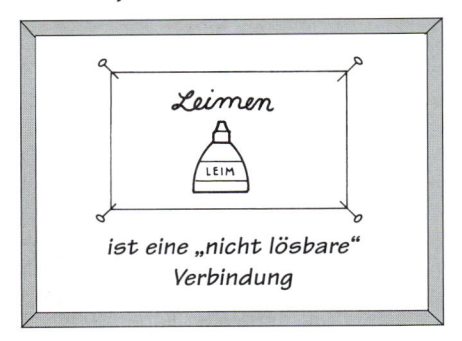

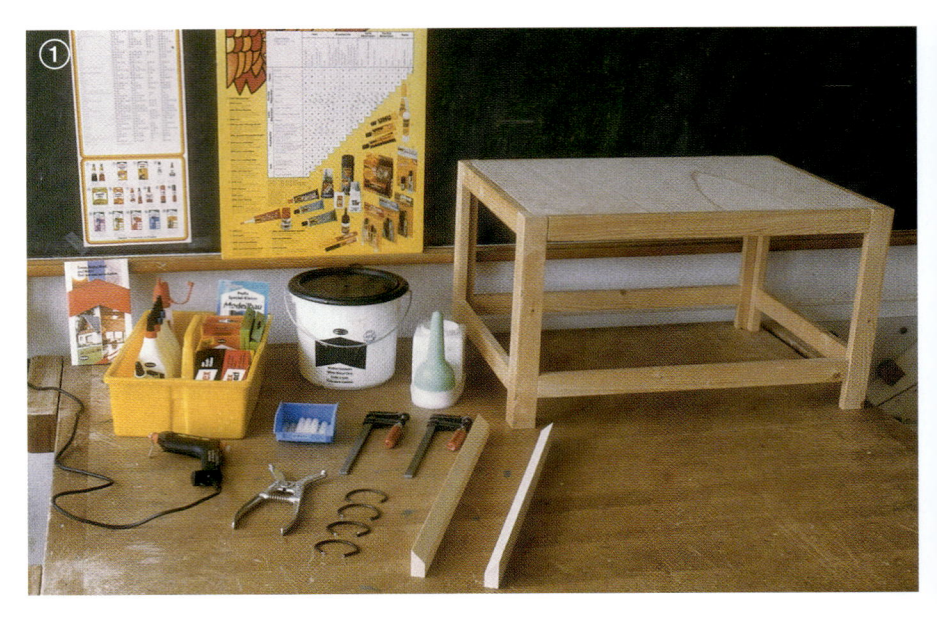

Leimen ist eine „nicht lösbare" Verbindung

Damit **Leimverbindungen** auch wirklich halten,
- wählt man den richtigen **Holzleim** aus und beachtet dabei die Angaben der Hersteller für die Verwendungsmöglichkeiten und die Bearbeitungshinweise;
- müssen alle Leimflächen trocken, staub- und fettfrei sein (Abb. ②);
- müssen die Holzteile vorher passgenau gefertigt sein (Abb. ③);
- muss der Leim dünn und gleichmäßig aufgetragen werden, weil er sonst beim Pressen aus der Fuge gedrückt wird (Abb. ④) und die Teile auf dem Klebefilm „schwimmen" und sich verschieben;
- müssen die Teile während der **Abbindezeit** gepresst werden, zum Schutz der Werkstückoberfläche verwendet man dabei Zulagen (Abb. ⑤).

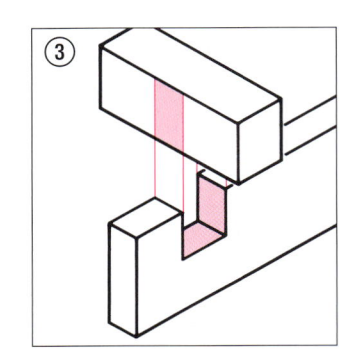

Holzleim (Weißleim) wird mit der **Leimspritze** (Abb. ⑥) oder dem Pinsel (Abb. ⑦) dünn aufgetragen; bei großen Flächen ermöglicht der fein gezahnte Spachtel (Abb. ⑧) eine dünne, gleichmäßige Verteilung.

Weißleim sollte nur bei Zimmertemperatur verarbeitet werden. **Leim,** der beim Pressen aus der Fuge gedrückt wird, muss sofort abgewischt werden (Abb. ⑨), denn leimgetränkte Stellen nehmen keine Beize oder Lasur mehr an; so entstehen hässliche Flecken.

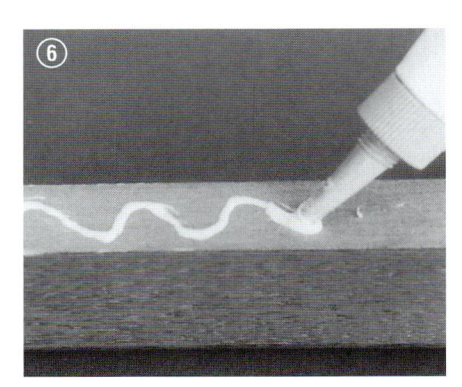

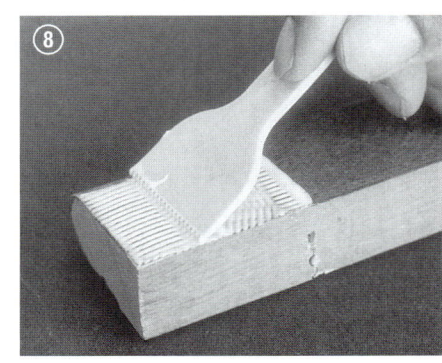

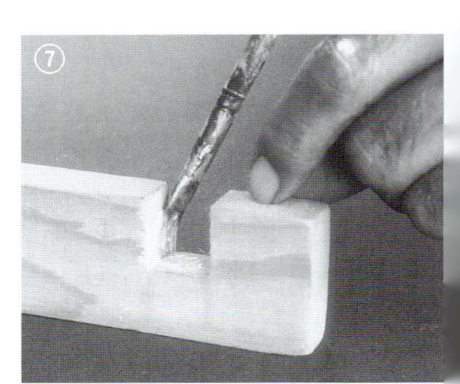

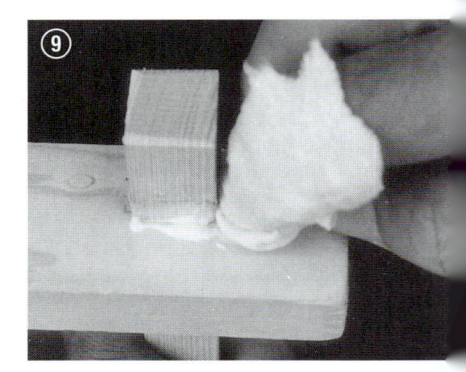

Das **Pressen** der Holzteile stellt uns oft vor die Aufgabe zu überlegen,

– wo wir unsere **Spannzeuge** ansetzen, damit der Pressdruck auf die ganze Klebefläche gleichmäßig wirkt,
– welche Spannzeuge am besten geeignet sind.

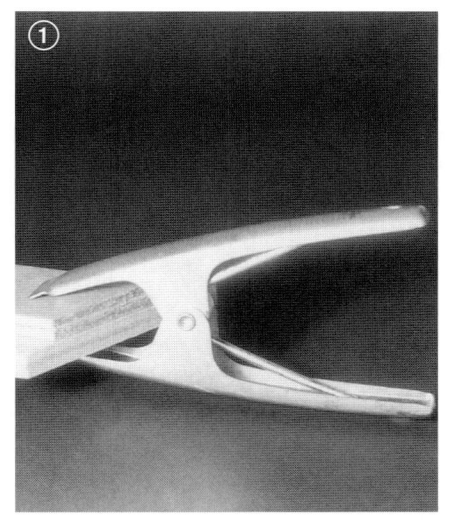

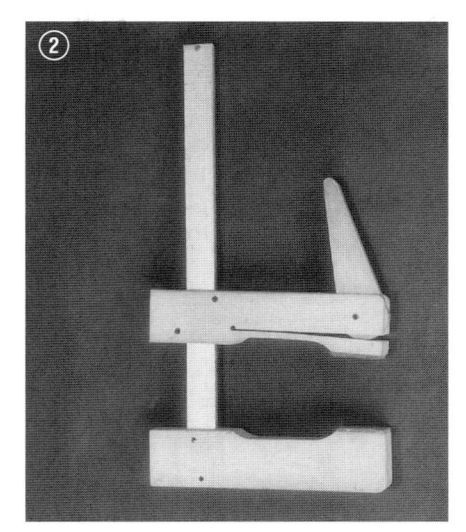

① **Leimzwinge**

② Exzenterzwinge

③ Zulagen schützen die Oberfläche

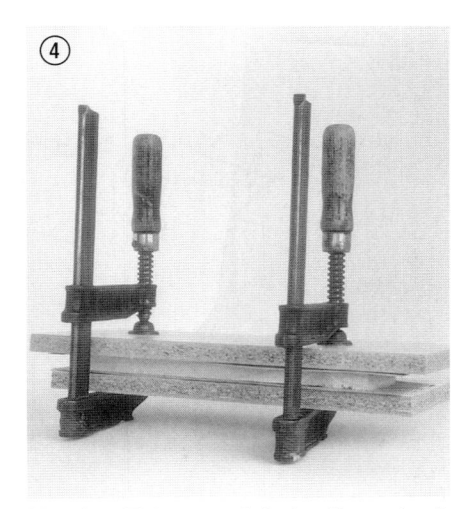

④ Mit den Zulagen wird der Pressdruck der **Schraubzwingen** gleichmäßig auf die ganze Klebefläche verteilt

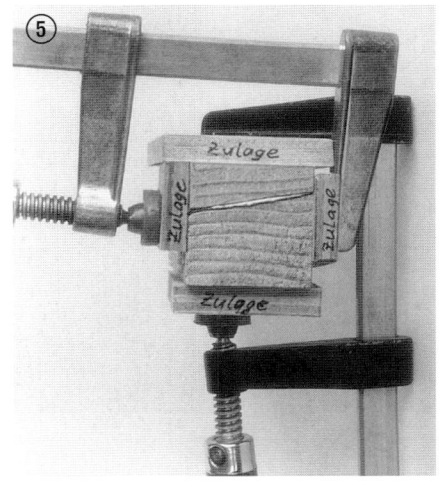

⑤ Mit zwei **Zwingen** verrutschen die Teile nicht

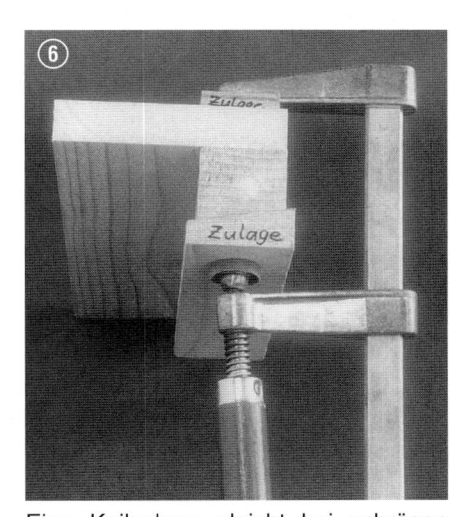

⑥ Eine Keilzulage gleicht bei schrägen Flächen den Druck aus

Leimen und Stiften

Mit dünnen Nägeln stiften wir die Eckverbindung nach dem Leimauftrag. Somit wird das Zusammenpressen der Verbindung bis zum Abbinden des Leimes überflüssig.

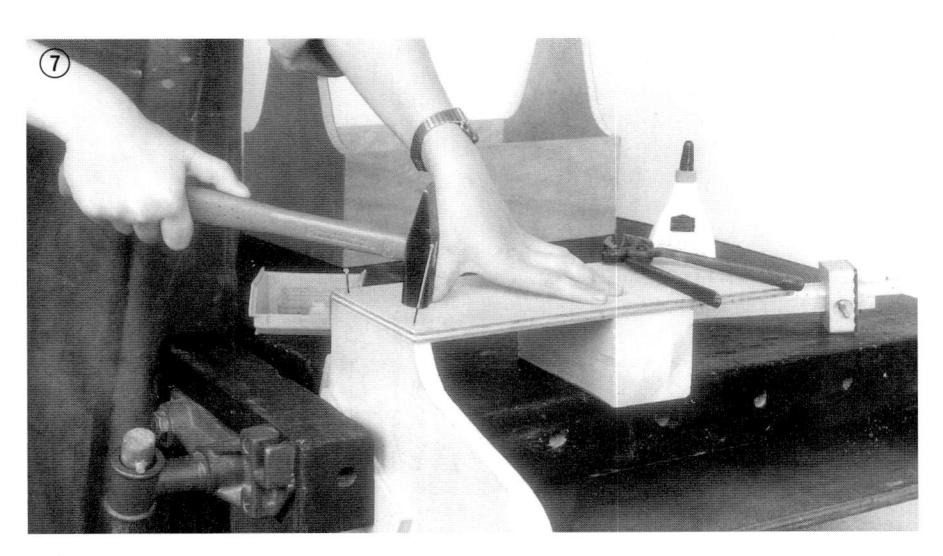

Dübeln

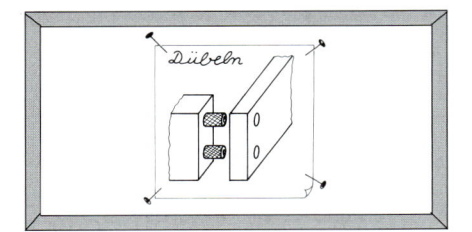

Gedübelte **Holzverbindungen** sind sehr haltbar, besonders dann, wenn die Dübel eingeleimt werden. Man kann offen **dübeln**, d. h., die **Dübelung** bleibt sichtbar (Abb. ① und ②). Diese Verbindungstechnik kann einfacher durchgeführt werden als die verdeckte Dübelung, zu der man Dübelhilfen (Abb. ⑤ – ⑧) benötigt. Die verdeckte Dübelung (Abb. ③ und ④) wird dort angewendet, wo die Dübel nicht sichtbar sein sollen.

Der Fachhandel bietet **Dübel** an
– als Meterware in bestimmten Durchmessern, glatt und geriffelt;
– als fertige Dübel in verschiedenen Durchmessern und Längen, meist geriffelt und angefast.

Sägt man die Dübel von der Meterware, so müssen die einzelnen Dübel angefast werden, damit sie leichter in die Bohrung eingeführt werden können.

Für das Dübeln gilt: Bohrungsdurchmesser = Dübeldurchmesser
Bohrtiefe = Dübellänge + ca. 3 mm

Bei der offenen Dübelung spannt man die Teile passgenau zusammen und bohrt beide Teile miteinander. Wichtig ist, dass die Bohrung senkrecht erfolgt (Abb. ①).
Werden breitere Leisten gedübelt, empfiehlt es sich, zwei Dübel einzusetzen. So wird verhindert, dass sich die Teile um den Dübel drehen (Abb. ②).

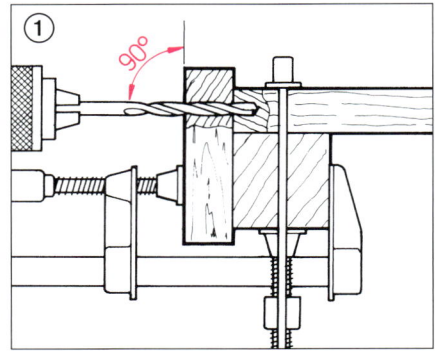

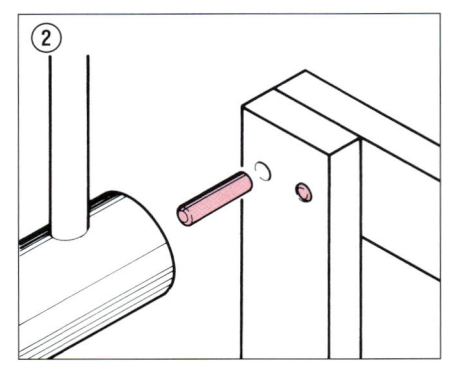

Dübelt man verdeckt, so müssen die beiden Teile einzeln gebohrt werden, und zwar so, dass die Bohrungen beim Zusammenfügen genau aufeinander passen. Dies gelingt mithilfe selbst hergestellter **Bohrschablonen** und ebenfalls selbst gefertigter oder gekaufter **Dübelhilfen** (Abb. ⑤ – ⑧).

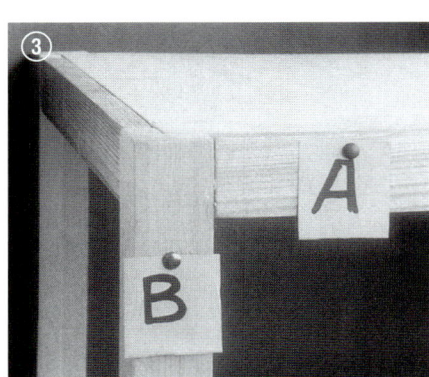

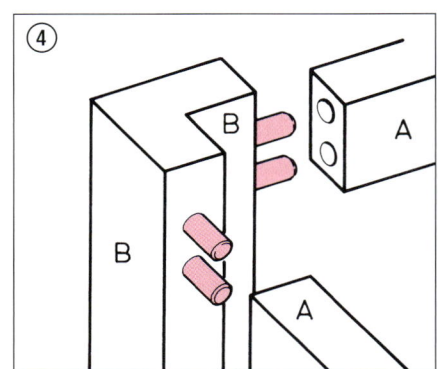

Man kann dabei so vorgehen:
– Mithilfe einer selbst hergestellten Bohrschablone wird Teil A gebohrt (Abb. ⑤).
– In die Bohrungen des Teils A setzt man die Markierungshilfen ein (Abb. ⑥).
– Mithilfe eines Anschlags fügt man Teil B passgenau an und sticht so die Bohrungsmittelpunkte in Teil B vor (Abb. ⑥).

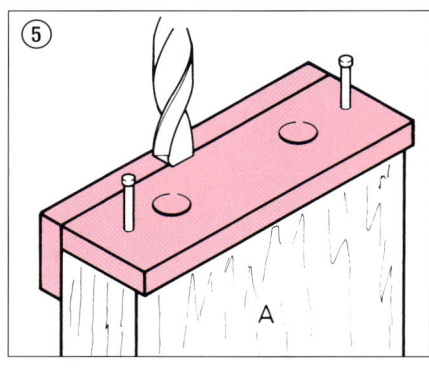

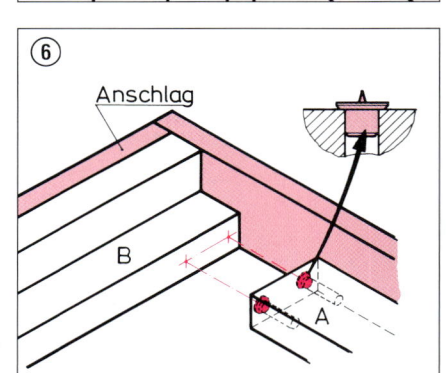

Wie die Abbildung ⑦ zeigt, kann man auch zwei dünne Drahtstifte an den angerissenen Bohrungsmittelpunkten in Teil B einschlagen. Diese zwickt man dann so ab, dass die Spitzen nur wenig über die Holzoberfläche hinausragen. Mithilfe eines Anschlags fügt man Teil A passgenau an Teil B und sticht dabei die Bohrungsmittelpunkte in Teil A vor. Jetzt werden die Stifte entfernt und beide Teile senkrecht gebohrt.
Im Fachhandel werden **Dübellehren** (Abb. ⑧) angeboten. Bei ihrer Verwendung muss die Gebrauchsanweisung genau beachtet werden.

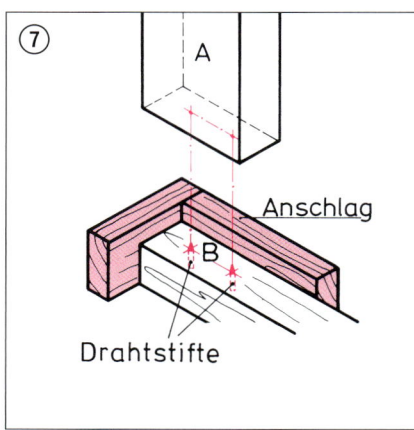

Oberflächenbehandlung

Um eine schöne Oberfläche zu erhalten, muss man das Holz vorbehandeln. Leimreste und Schmutz, aber auch Werkzeugspuren von der Bearbeitung entfernt man mit der **Ziehklinge** und dem **Schleifpapier.** Dabei arbeitet man immer in Faserrichtung! Beim Schleifen werden überstehende Holzfasern abgetrennt, aber ein Teil wird nur niedergedrückt. Beim Auftrag von Beize oder Lack quellen diese Fasern und richten sich auf, sodass die Oberfläche wieder rau erscheint.

Wenn man eine besonders glatte Oberfläche haben will, muss man so vorgehen:
– schleifen mit mittlerer Körnung (Korn 80)
– grundieren oder wässern
– schleifen mit feiner Körnung (Korn 150)
– Schleifstaub entfernen

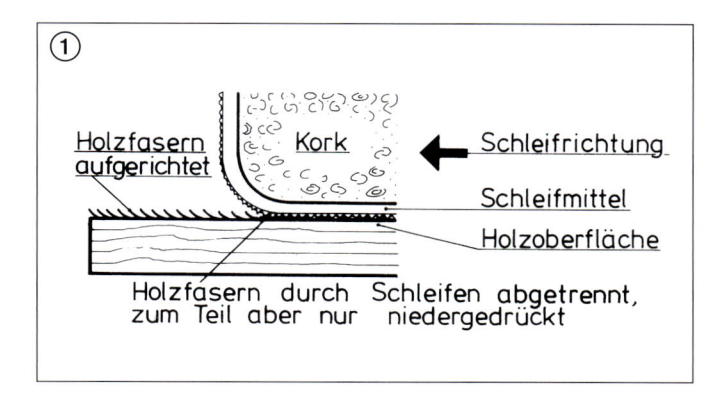

Wässern: a) Mit Schwamm Holzoberfläche anfeuchten (beim Trocknen richten sich die Fasern auf)
b) schleifen
a) und b) gegebenenfalls wiederholen

Grundieren: a) Lack verdünnen und als Grundierung auftragen
b) schleifen

Lackieren

> Bei der Verwendung von Mitteln zur Oberflächenbehandlung darauf achten, dass sie umweltfreundlich und nicht gesundheitsschädlich sind.

Lack nach der Gebrauchsanleitung auf dem Etikett dünn und gleichmäßig auftragen. Dies geschieht mit dem Pinsel, dem Ballen – dieser ist ein nicht fusselndes Tuch – oder mit der Spritzpistole. Ist ein weiterer Auftrag nötig, so muss der vorhergehende gut durchgetrocknet sein.

3:1 verdünnen. Als Lack-Überzug von Holzoberflächen wie bei Möbeln und Spielzeug.

Mit einem so genannten Ballen (sauberes Baumwoll-Trikot „zusammengeballt") wird die Mattierung Strich an Strich in Holzfaserrichtung aufgetragen. Der Auftrag trocknet während der Verarbeitung und klebt nicht nach.

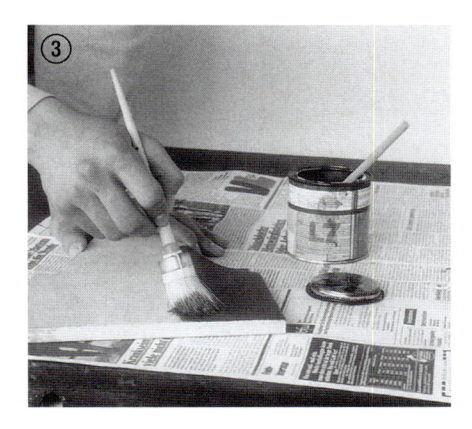

Die Wahl des richtigen **Pinsels** ist oft entscheidend für die Qualität der Oberfläche, deshalb wählt man aus verschiedenen Pinseln den richtigen aus.
Alle neuen Pinsel „lassen Haare". Deshalb kämmt man sie vor Gebrauch gründlich mit den Fingern durch. Pinsel fasst man möglichst kurz an, taucht nur etwa $1/4$ der Borstenlänge in den Lack und streift den Pinsel an einem Holz ab (Abb. ④).
Man streicht dünn, gleichmäßig und flächendeckend in Bahnen über die Holzoberfläche. Hat man den Pinsel nicht abgestreift, lässt sich kein gleichmäßiger Lackauftrag erzielen und vor allem an den Kanten des Werkstücks laufen unschöne „Rotznasen".

Ist der Lack aufgetragen, reinigt man den Pinsel sofort:
– Abstreifen über dem Rührstab in der Lackdose
– Ausstreichen auf einem sauberen Papierrest
– Nach der Anweisung auf dem Lackgefäß sauber auswaschen in einem **Lösemittel** oder bei umweltfreundlichen Lasuren und Lacken in sauberem Wasser.

Reste kommen in den vorgesehenen Behälter für den Sondermüll, nicht in den Ausguss!

– Der Pinsel wird so aufbewahrt, dass er nicht auf den Borsten steht.

So gepflegt, bleibt der Pinsel lange Zeit gebrauchsfertig.

Wachsen

Klar- und Farbwachse tönen und schützen gleichzeitig das Holz. Sie ergeben eine seidenmatte Oberfläche, der Farbton und die Zeichnung des Holzes werden betont. Damit eine gleichmäßig getönte Oberfläche entsteht, trägt man das **Wachs** mit einem weichen Tuch längs der Maserung zügig auf, lässt das Wachs gut in das Holz einziehen und reibt oder bürstet wieder längs der Maserung, bis der schöne Seidenglanz erscheint.

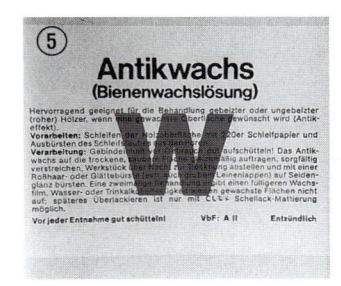

Hervorragend geeignet für die Behandlung gebeizter und ungebeizter (roher) Hölzer, wenn eine gewachste Oberfläche gewünscht wird (Antikeffekt).
Verarbeitung: Gebindeinhalt vor Gebrauch gut aufschütteln!
Werkstück über Nacht zur Trocknung abstellen und mit einer Roßhaar- oder Glättebürste (evtl. auch grobem Leinenlappen) auf Seidenglanz bürsten.

Informationen zu Kunststoffen und deren Bearbeitung

Eigenschaften von Kunststoffen

Synthetische Kunststoffe werden aus Erdöl, Kohle und Erdgas nach chemischen Verfahren aufgebaut (Synthese = Aufbau). Dabei entstehen Makromoleküle (Polymere).

Man unterscheidet: **Thermoplaste, Duroplaste** (Duromere) und **Elastomere.**

Thermoplaste

Bekannte Thermoplaste sind Polyvinylchlorid (PVC), Polystyrol (PS), Polyethylen (PE), Polymethylmethacrylat (PMMA) (Abb. ③).

Thermoplaste werden zum Beispiel zu Kabelummantelungen, Kunststoffflaschen, Folien, Joghurtbechern verarbeitet.

In Thermoplasten sind die Moleküle linear miteinander vernetzt (Abb. ①). Unter Einwirkung von Wärme werden Thermoplaste weich und plastisch und damit verformbar (Abb. ④).

Nach dem Abkühlen werden sie wieder fest und behalten dann die neue Form. Nach erneutem Erwärmen ist das Thermoplast wieder verformbar.

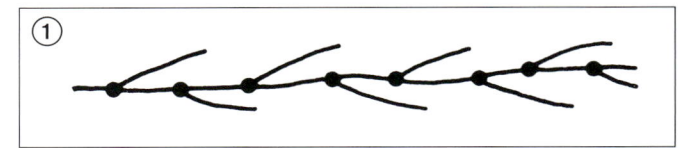

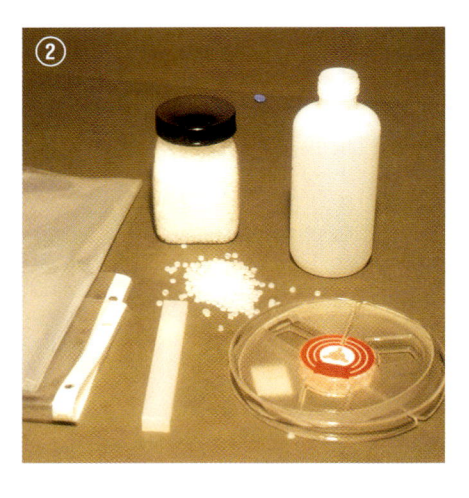

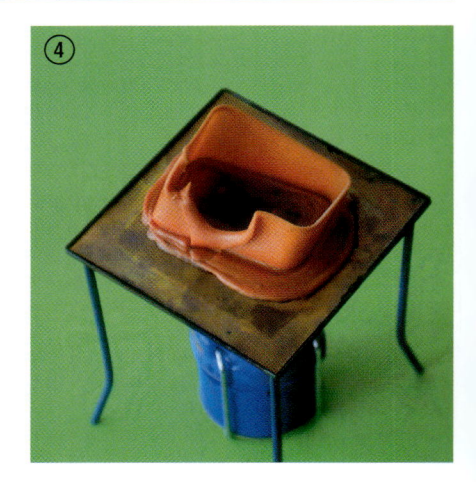

Duroplaste

In Duroplasten (duro = hart) sind die Makromoleküle räumlich vernetzt (Abb. ⑤), das bedeutet, dass die Moleküle in ihrer räumlichen Anordnung untereinander verspannt sind, wodurch dieser Kunststoff stabil wird. Nach dem Aushärten ändern Duroplaste ihre Form weder durch das Einwirken von Druck noch durch Wärme.
Bekannte Duroplaste sind: Phenol-, Harnstoff-, Polyester- und Epoxidharz.
Duroplaste werden zur Herstellung von wärmebeständigen Griffen, Maschinenlagern, Elektroinstallationsmaterialien, Platinen und anderem mehr verwendet (Abb. ⑥).

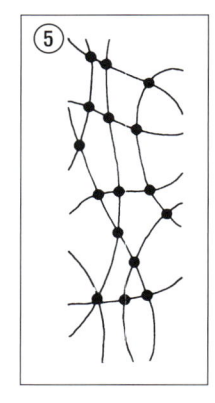

Elastomere

In Elastomeren sind die Makromoleküle nur schwach vernetzt (Abb. ⑨). Durch die Einwirkung von äußeren Kräften lassen sich Elastomere leicht verformen (Abb. ⑧), nehmen aber nach Beendigung der Krafteinwirkung wieder ihre ursprüngliche Gestalt an.
Elastomere werden für Matratzen, Sitzpolster u. ä. verwendet (Abb. ⑦).

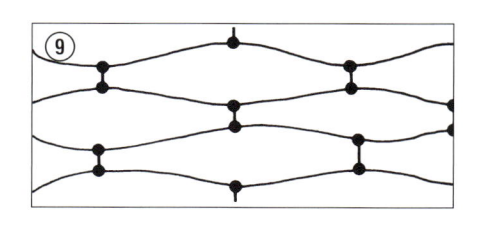

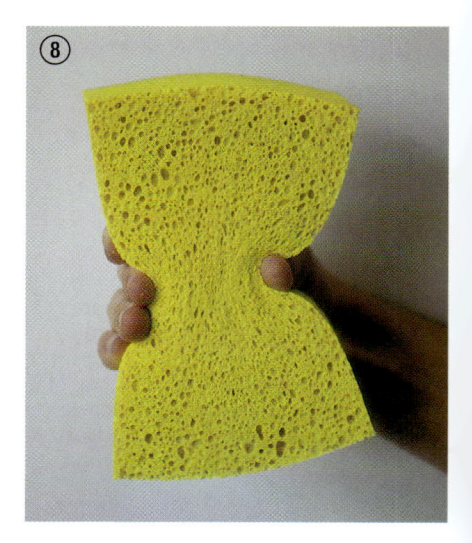

Polyäther-Polsterung

102

Beispiele gebräuchlicher Kunststoffe – Eigenschaften und Verwendung

Polyethylen (PE) (Abb. ①)

Handelsnamen: Hostalen, Lupolen, Vestolen

Besondere Eigenschaften: Geringes Gewicht, leicht einfärbbar, unzerbrechlich,
Oberfläche fühlt sich wachsartig an,
gut schweißbar, schwer klebbar.

Verwendungsbeispiele: Flaschenkästen, Eimer, Schüsseln, Behälter zum Lagern von Chemikalien, Rohre für Kaltwasser, Mülltonnen, Tragetaschen.

PE ist der am meisten verwendete Kunststoff.

Polyvinylchlorid (PVC) (Abb. ②)

Handelsnamen: Hostalit, Mipolam, Vestolit

Besondere Eigenschaften: Ursprünglich ein harter Werkstoff, der durch Beimengen von Zusätzen weich und elastisch gemacht werden kann.
PVC-hart: Kratzfest, schlagempfindlich bei Kälte
PVC-weich: Gummielastisch, ungeeignet für Lebensmittel
Gut kleb- und schweißbar
Bei starkem Erwärmen und beim Verbrennen von PVC entstehen gesundheitsschädliche Dämpfe

Verwendungsbeispiele: Schläuche, Rohre, Dachrinnen, Fensterrahmenprofile, Armaturen, Folien, Klebebänder, Fußbodenbeläge

Polystyrol (PS) (Abb. ③)

Handelsnamen: Edistir, Styroflex, Styropor, Styrofoam

Besondere Eigenschaften: Durchsichtig, hart, zerbrechlich, lebensmittelverträglich

Aufgeschäumtes PS: Geringe Wärmeleitfähigkeit, verrottungsfest, leicht zu verarbeiten

Verwendungsbeispiele: Messbecher, aufgeschäumtes PS für Wärmeschutzisolierungen und Verpackungen.

Polymethylmethacrylat (PMMA) (Abb. ④)

Handelsnamen: Degalan, Plexiglas, Resarit, Acrylglas

Besondere Eigenschaften: Glasklar, spröde, hart, witterungsbeständig, gutes Aussehen, teurer Kunststoff.
Mäßig schweiß- und klebbar.

Verwendungsbeispiele: Scheiben, optische Linsen, Dekorartikel, Schmuck, Badewannen, Lichtkuppeln, Rücklichter.

Polyurethanharz (PU) (Abb. ⑤)

Handelsnamen: Desmodur, Desmophen, Lupranol

Besondere Eigenschaften: Reißfest, abriebfest, fein- bis grobporig, gummielastisch bis hart.
Gut klebbar.

Verwendungsbeispiele: Elastomere für Polstermöbel und Matratzen, Autositze, Isolierschäume, Gießharze, Dichtungen, Schuhsohlen.

Kunststoffe bearbeiten

Anreißen

Beim **Anreißen** werden die Maße von der technischen Zeichnung oder Skizze auf das Werkstück übertragen.

Um Maße aus der Zeichnung exakt auf ein Werkstück übertragen zu können, sind zwei gerade bearbeitete Werkstückkanten erforderlich, die zueinander im rechten Winkel (90°) stehen. Sie müssen am Werkstück und in der Zeichnung als so genannte **Bezugskanten** festgelegt werden. Alle Maße werden von diesen beiden Bezugskanten aus gemessen (Abb. ① und ④).

Die Länge (z. B. 60 mm) und der Abstand zur Bohrungsmitte von unten (z. B. 50 mm) werden von Bezugskante 2 aus angerissen. Der Anriss wird exakt parallel zur Bezugskante 2 mit dem Anschlagwinkel verlängert, indem dieser an Bezugskante 1 angelegt wird.

Das zweite anzureißende Maß (z. B. für die Bohrungsmitte) wird an der Bezugskante 1 angelegt. An der Nullkante des Stahlmaßstabs wird dann mit einem Blei-, Filz- oder Fettstift angerissen (Abb. ④).

Das Verlängern des Anrisses erfolgt mit einem Anschlagwinkel, der an der Bezugskante 2 angelegt wird (Abb. ⑥).

Rundungen lassen sich mit Kreisschablonen exakt und sauber anreißen (Abb. ⑤).

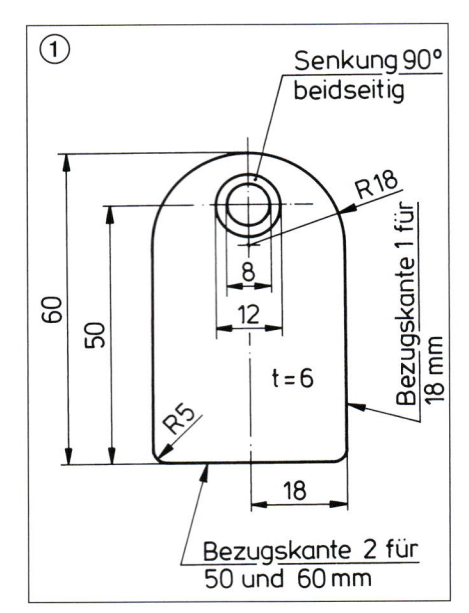

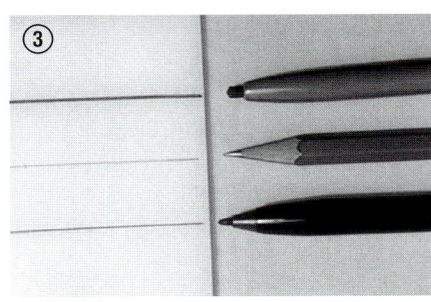

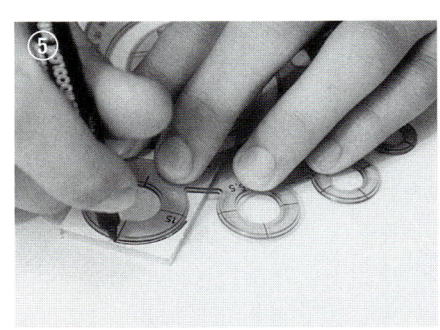

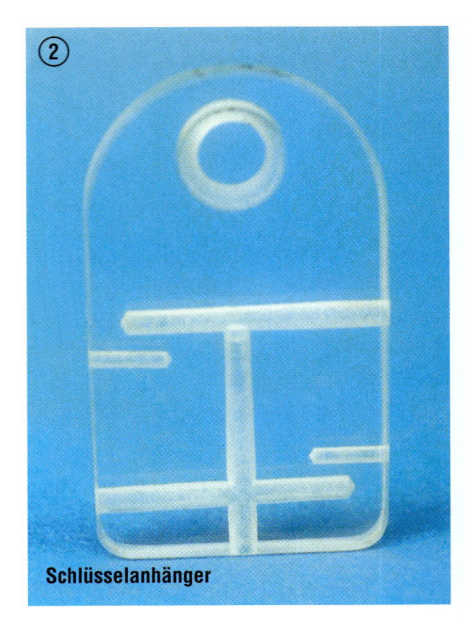

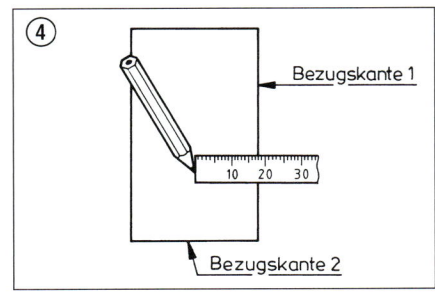

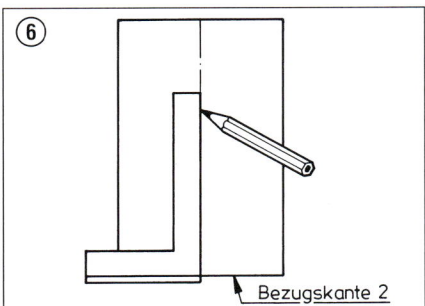

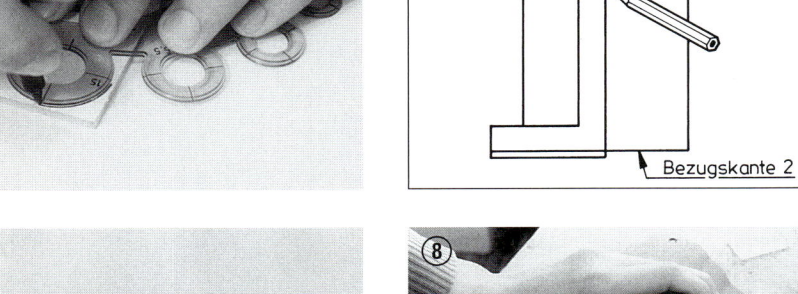

Sägen

Die Regeln zum **Sägen** in Holz (☞ S. 92) gelten auch für das **Sägen von Kunststoffen**.

Wir müssen jedoch beachten, dass zu hastiges Sägen zur Erwärmung des Kunststoffes führt, sodass die Sägezähne verschmieren. Dadurch kann das Sägeblatt nicht mehr freischneiden, die Säge verklemmt.

Die Kanten der Sägeflächen sind bei Kunststoffen sehr scharf und müssen mit einer feinen Feile, einer Ziehklinge oder mit Schleifpapier gebrochen werden.

Schutzbacken mit Gummi schützen Kunststoffe wie Acrylglas beim Bearbeiten vor Kratzern auf der Oberfläche (Abb. ⑦).

Acrylglas und ähnlich harte Kunststoffe werden so gesägt: Gerade Schnitte mit der Feinsäge (Abb. ⑨) oder mit der Puksäge (Abb. ⑧), Kurvenschnitte mit der Laubsäge (Abb. ⑩).

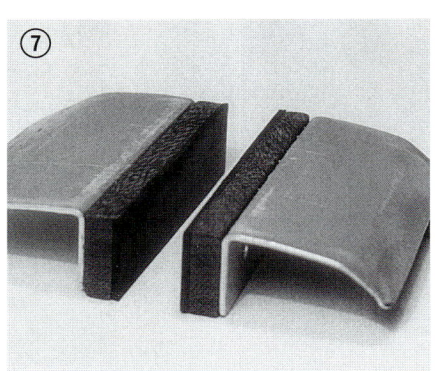

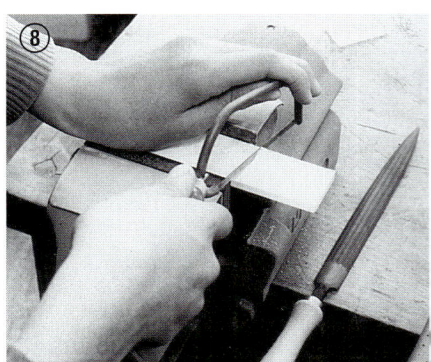

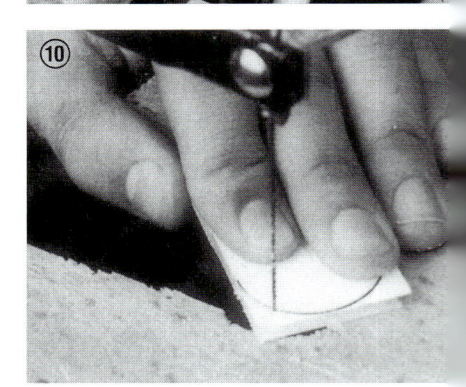

Scheren, Ritzen und Brechen

Weichere Platten aus Kunststoff (z. B. Polystyrol) können wir gut **scheren** (Abb. ②).
Folien können wir sauber und gerade mit dem Papierschneidgerät trennen (Abb. ③).
Kunststoffe können wir **ritzen und** dann über eine Kante **brechen.**
Acrylglas und andere spröde Kunststoffe sägen wir (☞ S. 104).
Kunststoffstreifen können abgelängt werden, indem wir die Bruchstelle ritzen (Abb. ①) und dann über eine Kante brechen (Abb. ④).

Bohren

Der Bohrungsmittelpunkt wird mit einem dünnen Filzstift angerissen. Beim **Bohren** muss das Werkstück sicher eingespannt werden. Wir bohren Kunststoffe mit geringer Drehzahl und ohne Druck, weil sonst der Bohrer heißläuft und mit dem Material verklebt.
Als Bohrer eignen sich speziell für Kunststoff geschliffene Spiralbohrer (Spitzenwinkel z. B. 80°). Für spröde Kunststoffe wie Acrylglas sind Schälbohrer (Abb. ⑥) oder Stufenbohrer (Abb. ⑤) besonders geeignet. Sie verhindern das Ausbrechen des Materials und das „Hochziehen" des Werkstücks. Damit Werkstücke sich unter dem Druck des Bohrers nicht durchbiegen, verwenden wir eine Unterlage (Abb. ⑦). Kunststoffe bohren wir mit geringem Vorschub.
Die scharfkantigen Bohrlöcher werden mit dem Senker entgratet (Abb. ⑧). Wenn wir Senkkopfschrauben verwenden, müssen die Bohrungen entsprechend der Größe des Schraubenkopfes angesenkt werden.
Die Regeln für das Bohren und Senken in Holz und Metall und die Arbeitsregeln für das Bohren mit der Maschine ☞ S. 95 und S. 125 gelten genauso für das **Bohren in Kunststoff.**

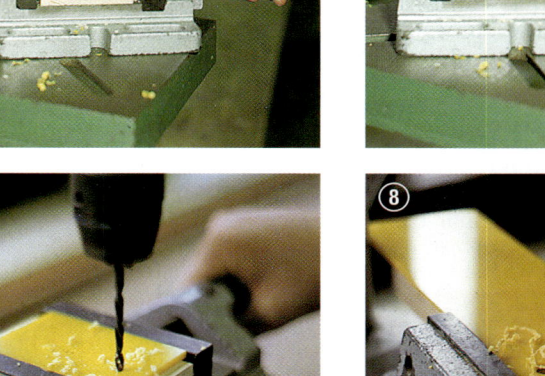

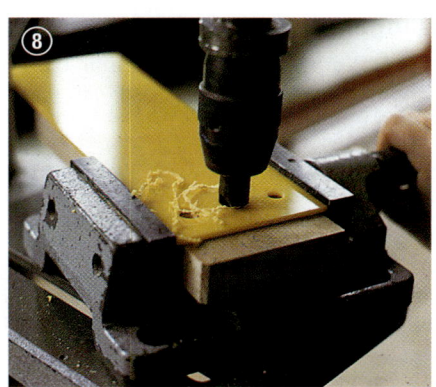

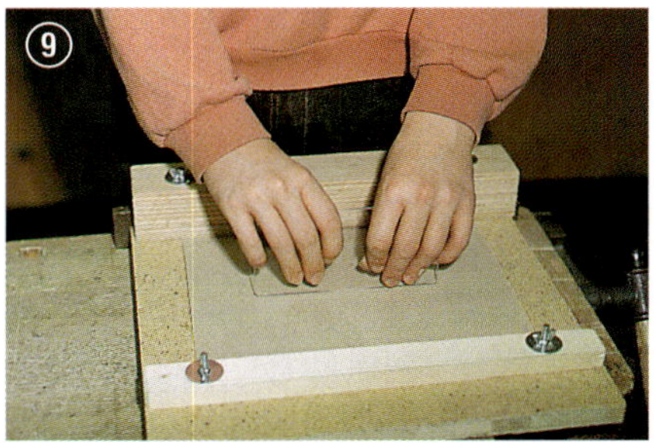

Feilen, Entgraten, Versäubern

Rundungen **feilen** wir mit der feinen Metallfeile (Abb. ⑩, ☞ S. 123 und 124). Die scharfen Kanten brechen wir ebenfalls mit der Feile oder ziehen sie mit der Ziehklinge ab (Abb. ⑪). Wir arbeiten weiter mit Schleifpapier (feine Körnung 150–240) und mit Stahlwolle oder mit der Polierpaste auf einem weichen Tuch (Abb. ⑫).

Formen mittels Wärme

Wärmequellen

Wärmequellen wählt man entsprechend
- der Stärke und Beschaffenheit der Kunststoffplatte und entsprechend
- der Größe der **Biegezone,** die erwärmt werden soll.

Mit einem **Keramikstrahler** (Abb. ②) können größere Flächen gleichmäßig erwärmt werden.

Mit der leicht beweglichen **Heißluftpistole** (Abb. ③) kann der Wärmestrom dorthin geleitet werden, wo er erforderlich ist.

Ein **Konstantandraht** (Abb. ①) eignet sich besonders dann, wenn die Biegezone aus einem schmalen Streifen besteht.

Über einen **Heizstab** (Abb. ④) kann eine breitere streifenförmige Biegezone erwärmt werden.

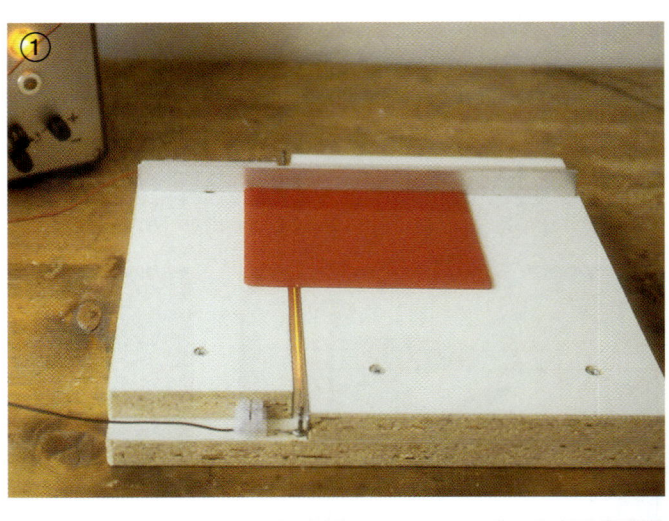

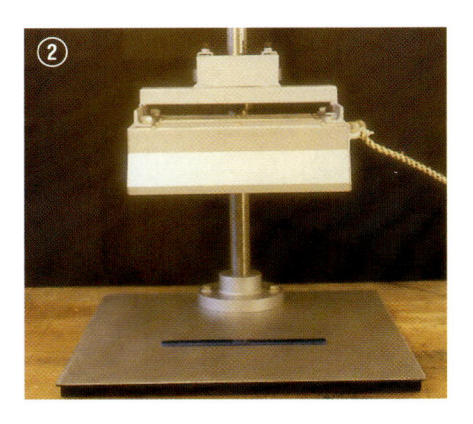

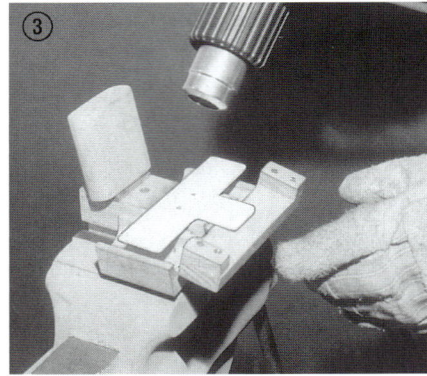

Biegen

Zum **Biegen** erwärmen wir nur die „Biegezone" des Werkstücks gleichmäßig. Wir legen es in die Vorrichtung ein und pressen es in die gewünschte Form (Abb. ⑤). Beim Erkalten erhärtet der Thermoplast wieder, wir müssen darum schnell und trotzdem genau arbeiten.
Dies ermöglichen uns **Vorrichtungen,** um die wir den erwärmten Kunststoff biegen. Sie sollen möglichst exakt unserer gewünschten Form entsprechen.
Während des Erwärmens müssen wir den Vorgang genau beobachten, bis das Material die notwendige Temperatur erreicht hat und sich abkanten oder biegen lässt.

Tiefziehen

Thermoplastische **Folien** oder dünne Platten kann man mit einem Stempel in eine genaue Form pressen. Eine solche **Tiefziehvorrichtung** ermöglicht die Herstellung mehrerer gleicher Stücke: man fertigt also in Serie.

Um den Zustand zu erreichen, in dem sich die Folie gut tiefziehen lässt, beobachtet man in einer Versuchsreihe genau,
- wie lange und wie stark die Folie erwärmt werden muss,
- wie sich die Wandstärke beim **Tiefziehen** verändert.

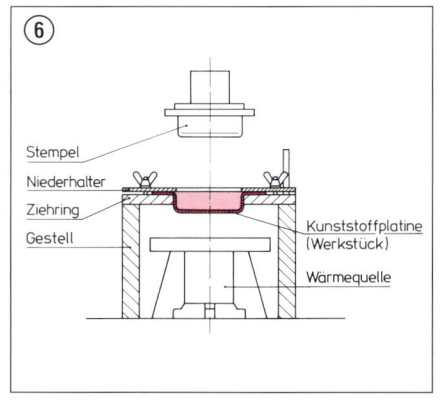

So kann eine Tiefziehvorrichtung gebaut werden.

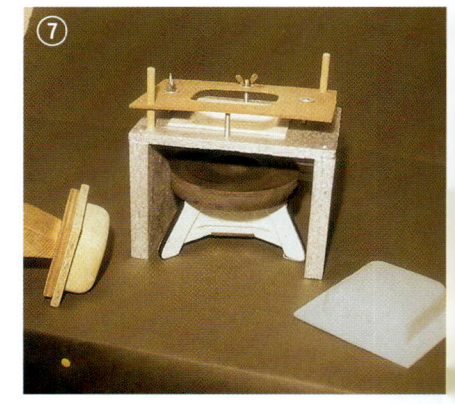

Tiefziehvorrichtung für Schubladengriffe. Die tiefgezogenen Kunststoffplatte wird halbiert, so entstehen zwei Schubladengriffe.

106

Trennen mittels Wärme

Polystyrolschaumplatten (Styropor, Abb. ①) eignen sich zum Herstellen von Figuren, Buchstaben u. Ä. besonders gut, da sie sich leicht bearbeiten lassen.

Polystyrolschaumplatten können mittels Wärme getrennt werden. Dies geschieht mit einem **Styroporschneidegerät** (Abb. ②). Der Heizdraht eines solchen Geräts wird erwärmt, indem elektrischer Strom durch ihn geleitet wird. Das **Styropor** beginnt an der erwärmten Stelle zu schmelzen und wird dadurch getrennt.

> Der Heizdraht darf nur mit Spannungen bis 24 V betrieben werden.
> Vorsicht – Heizdraht nicht berühren – Verbrennungsgefahr!
> Sorgt für gute Belüftung!

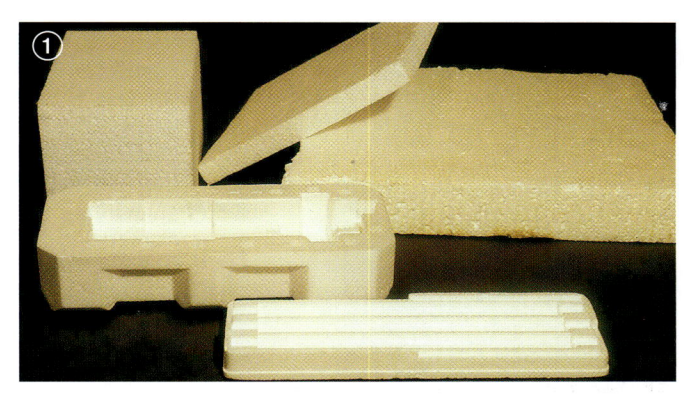

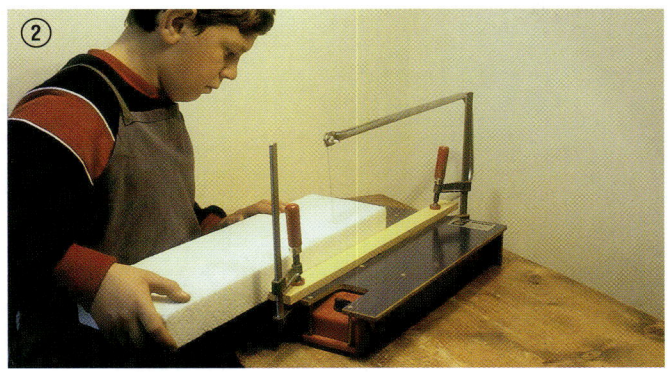

Verbinden

Schweißen

Folien lassen sich durch Erhitzen zusammen**schweißen**. Durch das Verschmelzen der Kunststofffolien an der erhitzten Stelle entsteht eine nicht lösbare Verbindung.

So können z. B. mit einem **Folienschweißgerät** Gefrierbeutel luft- und wasserdicht verschweißt werden (Abb. ③).

Die **Kunststoffschweißtechnik** wird auch beim Verbinden von Kunststofffußbodenplatten und beim Verbinden von Kunststoffrohren für Lüftungskanäle angewandt.

Kleben

Kunststoffplatten können mit speziellen **Kunststoffklebern** geklebt werden. Auch diese Verbindung ist eine nicht lösbare Verbindung.

Beim **Kleben** sollte darauf geachtet werden, dass
– ein für den Werkstoff geeigneter Kleber verwendet wird,
– die Verarbeitungshinweise genau beachtet werden,
– die Flächen zueinander passen,
– die Flächen sauber sind,
– die Aushärtezeit beachtet wird.

Interessant ist das **Verbinden** von glasklaren oder transparenten Acrylglasteilen durch „flüssiges Plexiglas"; dieses härtet unter UV-Strahlung (bei Sonnenlicht) glasklar aus, sodass keine Klebestelle sichtbar wird.

> Beachtet die Sicherheitshinweise und Gefahrensymbole auf der Klebstoffverpackung!
> Sorgt für gute Belüftung!

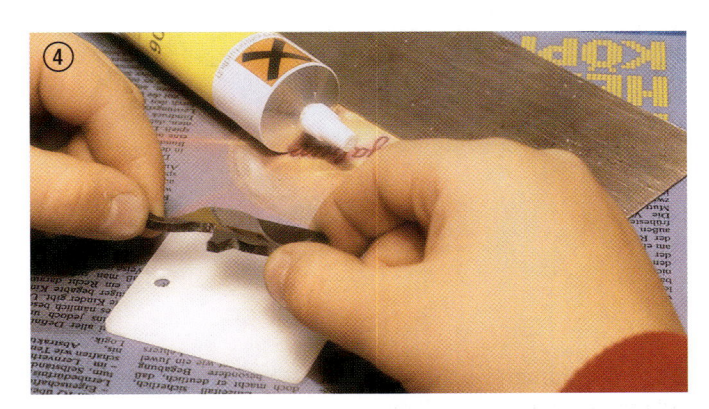

Verfahren zur industriellen Verarbeitung von Kunststoffen

Die wichtigsten industriellen Verfahren sind: Extrudieren, Kalandrieren, Beschichten, Spritzgießen, Pressen, Extrusionsblasen, Rotationsformen, Schäumen, Gießen und Warmformen.

Beim **Extrudieren** (Abb. ①) wird eine Maschine eingesetzt, die im Prinzip wie ein Fleischwolf funktioniert. Mit ihr wird Granulat über einen Vorratstrichter einer Schnecke zugeführt. Diese verdichtet das zusätzlich erwärmte Granulat und drückt es durch ein Formwerkzeug mit dem gewünschten Profil. Es werden hauptsächlich Halbzeugprofile (Abb. ②) produziert.

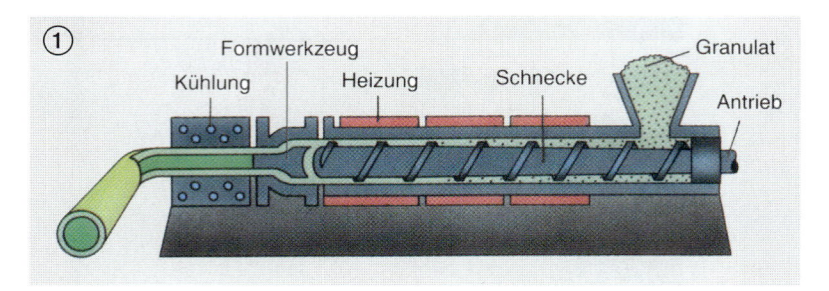

Das **Extrusionsblasen** dient der Herstellung von Hohlkörpern (Abb. ④). Ein Extruder drückt einen fast plastischen Schlauch in ein zweiteiliges Hohlwerkzeug. Durch Schließen des Werkzeugs wird der Schlauch oben und unten luftdicht abgequetscht. Eingeblasene Luft drückt ihn dann an die Innenwände des Werkzeugs und formt ihn so zum Hohlkörper (Abb. ③).

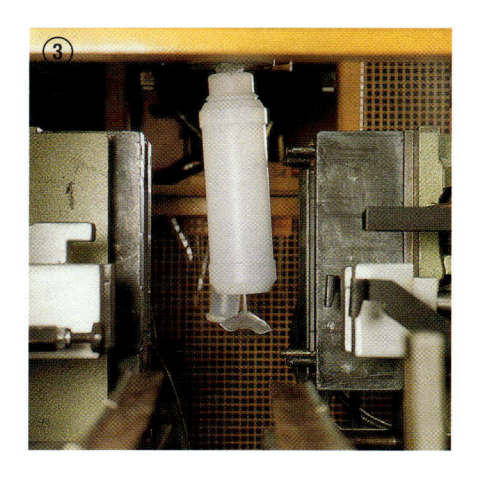

Das **Kalandrieren** dient der Herstellung von Folien und Geweben (Abb. ⑥). Im plastischen Zustand wird die Kunststoffmasse durch mehrere Walzen verdichtet und geglättet (Abb. ⑤). Die Oberfläche kann auch mit einer Struktur oder mit einer Beschichtung versehen werden (Abb. ⑥).

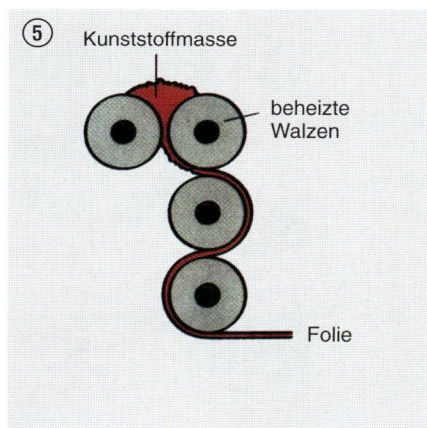

Beim **Schäumen** wird in die Ausgangsmasse ein chemisches Treibmittel eingegeben oder wie beim Herstellen von Sahne Luft eingeschlagen. Dadurch vergrößert sich das Volumen der Masse (Abb. ⑦). Beim Erstarren des Schaumes werden die Luft- oder Gasbläschen eingeschlossen. Es entsteht ein leichter Schaumstoffkörper, der z. B. als Kern von Sitzmöbeln verwendet werden kann (Abb. ⑧) oder als Dämmstoffplatte.

Kunststoffmüll – ein Problem

In Deutschland sind 1993 in verschiedenen Bereichen (Abb. ①) ca. 3 Millionen Tonnen **Kunststoffabfälle** angefallen.
Bei der Herstellung und Verarbeitung von Kunststoffen in der Industrie entstehen große Mengen von Produktionsabfällen. Die Beseitigung dieser industriellen Abfälle macht allerdings nur geringere Probleme, weil diese sortenrein nochmals zu Ausgangsstoffen aufgearbeitet werden können. Meistens werden sie eingeschmolzen, gemahlen und dann den „neuen" Granulaten beigemengt.

Problematisch ist die Beseitigung der Kunststoffabfälle, die in den privaten Haushalten anfallen. Es sind hauptsächlich Verpackungen und Kunststoffprodukte, die nach der Benutzung nicht mehr gebraucht werden. Wegen der riesigen Mengen von über 2 Mill. Tonnen jährlich und weil der Großteil der Kunststoffe nicht verrottet, können diese Abfälle nicht deponiert werden.
Eine thermische Entsorgung, z. B. eine Verschwelung oder die Verbrennung in einer Müllverbrennungsanlage, ergibt eine hohe Energieausbeute. Die möglichen Gefahren für unsere Gesundheit und die **Umwelt,** die von diesem Verfahren ausgehen, sind noch nicht ausreichend geklärt.

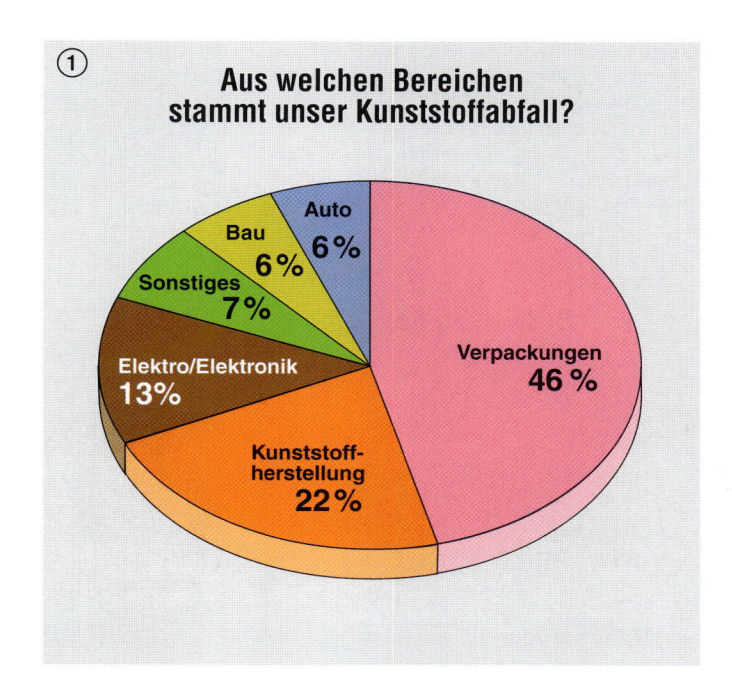

① **Aus welchen Bereichen stammt unser Kunststoffabfall?**
- Verpackungen 46 %
- Kunststoffherstellung 22 %
- Elektro/Elektronik 13 %
- Sonstiges 7 %
- Bau 6 %
- Auto 6 %

Hausmüll, der aus nicht mehr gebrauchten Einwegverpackungen, Textilien, Bodenbelägen usw. besteht, kann als Rohstoff für neue Kunststoffe wiederverwendet werden. Dies ist jedoch sehr aufwändig und teuer, weil
- die Abfälle sortiert werden müssen (Abb. ③),
- ein Abfall-Gegenstand (z. B. ein Tetrapack) oft aus verschiedenen Materialien, die miteinander verbunden sind, besteht und diese getrennt werden müssen,
- die Kunststoffabfälle gesäubert werden müssen.

Sortenverschiedene **Kunststoffabfälle** können zwar wieder zu **Kunststoffen** recycelt werden, aber die Qualität und die Einsatzmöglichkeiten dieser Kunststoffe sind gering. Sie dienen meist zum Ersatz von Produkten aus Stein, Beton oder Holz (Abb. ①).

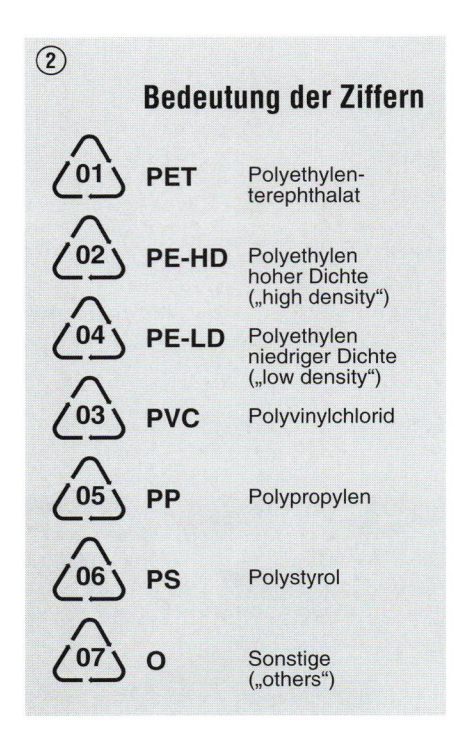

② **Bedeutung der Ziffern**

Ziffer	Kürzel	Bedeutung
01	PET	Polyethylenterephthalat
02	PE-HD	Polyethylen hoher Dichte („high density")
04	PE-LD	Polyethylen niedriger Dichte („low density")
03	PVC	Polyvinylchlorid
05	PP	Polypropylen
06	PS	Polystyrol
07	O	Sonstige („others")

Weil alle Arten der Beseitigung von **Kunststoffmüll** Probleme bereiten, ist es wichtig, dass wir der **Umwelt** zuliebe alles tun, um Kunststoffmüll zu vermeiden. Dass wir einiges tun können, wird an folgenden Beispielen deutlich:
– Gebrauchsgegenstände sollten wir nur dann aus Kunststoff kaufen bzw. selbst aus Kunststoff herstellen, wenn das Material Kunststoff für den Gegenstand insgesamt wichtige Vorteile bietet, die ein anderes Material nicht hat.
– Beim Einkaufen wählen wir keine Waren mit unnötigen Verpackungen.
– Der Gesetzgeber hat in einer Verpackungsverordnung bestimmt, dass Verpackungen im Geschäft zurückgelassen werden können, so dass sie nicht in den Hausmüll gelangen. Der Geschäftsinhaber muss sie entsorgen bzw. der Wiederverwertung zuführen.
– Kunststoffverpackungen dürfen auf keinen Fall achtlos weggeworfen werden, weil sie nur schwer verrotten.
– Umweltbewusste Menschen benutzen beim Einkauf einen Korb bzw. eine Baumwolltasche statt der Plastiktüte oder für Backwaren einen „Brotsack", denn sie wissen: Müll vermeiden ist besser, als Müll zu recyceln.
– Gebrauchte Kunststoffverpackungen reinigen und sammeln wir (Abb. ③) und liefern sie möglichst sortenrein bei einem Wertstoffhof ab (Abb. ④ – ⑥).

Um das Problem mit dem Kunststoffabfall zu verringern, wird in der Forschung daran gearbeitet, verrottbare Kunststoffe zu entwickeln.

Informationen zur Serienfertigung

Nahezu alle Gegenstände, die wir täglich benutzen, werden als Serien- oder Massenprodukte hergestellt. Die **Serienfertigung** ermöglicht eine hohe Stückzahl, was für den Käufer preiswerte Angebote bringt.

Durch das preisgünstige Angebot von Serien- und Massenprodukten
- vergrößert sich die Bereitschaft für Neuanschaffungen,
- wird weniger repariert, lieber Neues gekauft, was Müll- und Umweltprobleme mit sich bringt,
- erhöht sich der Bedarf an Rohstoffen und Energie,
- ergibt sich eine Sättigung des Marktes mit der Folge der Entwicklung neuer Produkte, weil die Industrie ihre Produktionsstätten auslasten will,
- wird die Kauf- und Konsumbereitschaft geweckt und über massive Werbung verstärkt.

Fertigungsarten

Einzelfertigung: Ein Produkt wird als Einzelstück (Unikat) geplant und gefertigt. Werden mehrere Einzelstücke angefertigt, so weichen diese in Details voneinander ab, weil sie nicht mittels Vorrichtungen gefertigt werden. **Einzelfertigung** ist meist sehr zeitaufwendig und wegen der hohen Lohnkosten teurer.

Einzelstücke werden
- einmal oder wiederholt in kleiner Stückzahl,
- in individueller Ausführung,
- meist auf Bestellung,
- zeitaufwendig und deshalb teuer

hergestellt.

Beispiele sind individuell geplante Gebäude, Brücken, u. Ä., Prothesen, maßgeschneiderte Kleidung, Gemälde (Originale), handgeknüpfte Teppiche, selbst gebackene Kuchen, handgeschmiedete Geländer und Tore (Abb. ① und ②).

Serienfertigung: Ein Produkt wird in großer Stückzahl hergestellt. Der Einsatz spezieller Vorrichtungen/Maschinen wird umso rentabler, je größer die Stückzahl ist.
Die Serienfertigung reicht von Kleinserien mit ca. 10 Stück bis zu Großserien in Millionen Stück.

Serienprodukte werden
- in möglichst großer Stückzahl,
- in genau gleicher Ausführung,
- in gleicher Qualität,
- als preiswerte Markenartikel

produziert.

Beispiele sind Handbohrmaschinen, Fahrradteile, Elektromotoren, Werkzeuge, Porzellanwaren, Zeitungen, Bücher, Spielkarten, Backwaren, Schoko-Hasen, Uhren (Abb. ③), Schmuck, Kleidung.

Massenfertigung: Ein Produkt wird auf absehbare Zeit unverändert in nicht begrenzter Stückzahl gefertigt.
In der **Massenfertigung** werden in der Regel Fertigungsautomaten eingesetzt. Da die Automaten nicht wie bei der Serienfertigung auf ein neues Produkt umgerüstet werden müssen, können sie ohne Unterbrechung produzieren.

Massenprodukte werden
- in unbegrenzter Stückzahl,
- in gleicher Ausführung,
- in gleich bleibender Qualität,
- billig als Massenartikel

gefertigt.

Beispiele sind Nägel, Schrauben und Muttern, Bausteine, Papiere, Bleistifte, Normteile (Abb. ④).

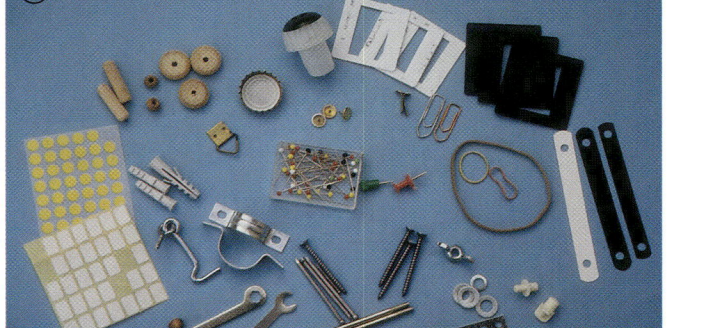

Organisationsformen der Fertigung

Werkstattfertigung nach dem Verrichtungsprinzip (Abb. ①).

Für gleiche Arbeiten sind spezielle Werkstätten eingerichtet, z. B. als Dreherei, Bohrerei, Fräserei, Schleiferei, Montage. Die Teile des Produkts werden zur Bearbeitung in die entsprechende Werkstatt gebracht. So können unterschiedliche Teile rasch wechselnd bearbeitet werden. Nachteilig ist der erforderliche Transport von Werkstatt zu Werkstatt mit der Notwendigkeit, Zwischenlager und Zwischenkontrollen einzurichten.

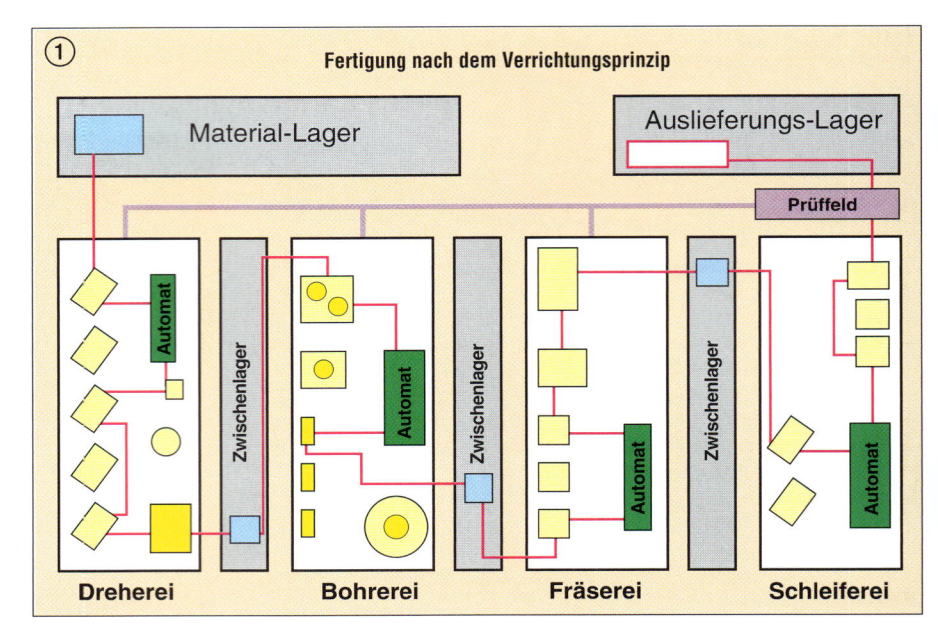

① Fertigung nach dem Verrichtungsprinzip

Fließfertigung (Abb. ②).

Die Einzelarbeitsplätze bzw. die Fertigungsinseln werden entsprechend der Abfolge der Arbeitsgänge hintereinander angeordnet.
Die einzelnen aufeinander folgenden Arbeitsgänge sind so aufgeteilt, bzw. die Arbeitsplätze sind entsprechend parallel mehrfach besetzt, dass gleiche Zeittakte entstehen. Auch der Transport durch Fließband oder Rundtisch ist auf die Zeittakte der Fertigung abgestimmt, sodass Staus oder Leerlauf vermieden werden.

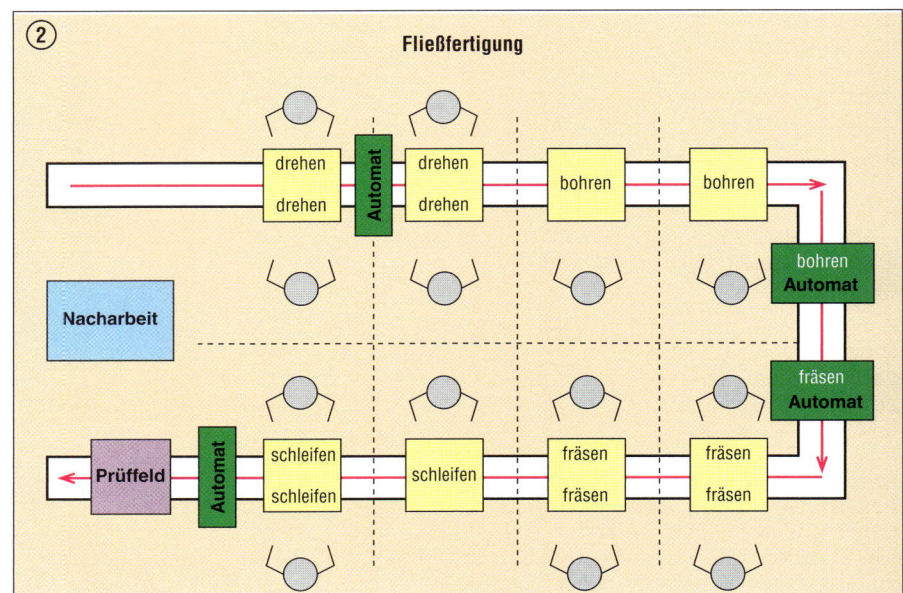

② Fließfertigung

Automatisierte Fertigung

Die erforderlichen Tätigkeiten werden nicht mehr von Menschen, sondern von automatisch gesteuerten Maschinen ausgeführt. Menschen übernehmen Bedienungs-, Überwachungs- und Wartungsarbeiten (Abb. ③).

Prototyp

Für die Serien- und Massenfertigung wird ein so genannter **Prototyp** erstellt.
Bei der Entwicklung eines neuen Produkts, das als Serien- oder Massenfertigung produziert werden soll, wird anhand der Entwürfe eine Art Probestück, häufig als Einzelstück oder in wenigen Exemplaren, gefertigt. Dieser Prototyp wird optimiert, bis er den Vorstellungen entspricht. Dann wird entschieden, welche Fertigungsverfahren (☞ S. 114, 115) angewandt werden sollen. Nach den Vorgaben des Prototyps werden Vorrichtungen entwickelt und gebaut, Maschinen ausgerüstet, Arbeitsplätze eingerichtet, die Fertigung organisiert, Materialien eingekauft, die Kosten kalkuliert …
Erst wenn in Testläufen alles klappt, wird die Produktion aufgenommen.

Arbeitsformen in der Serienfertigung

Einzelarbeit

Bei der handwerklichen Fertigung eines Gegenstandes in Einzelarbeit (Abb. ①) muss der Handwerker alle anfallenden Tätigkeiten ausführen. Das bedeutet
- Beherrschung aller Fertigungsschritte,
- Planung des Werkzeug- und Maschineneinsatzes,
- sachgerechte und sicherheitsbewusste Handhabung aller Werkzeuge/Maschinen,
- Kenntnis der Werkstoffe und deren Eigenschaften,
- eigene Entscheidung über Arbeitszeit, Preiskalkulation, Materialauswahl, Qualität.

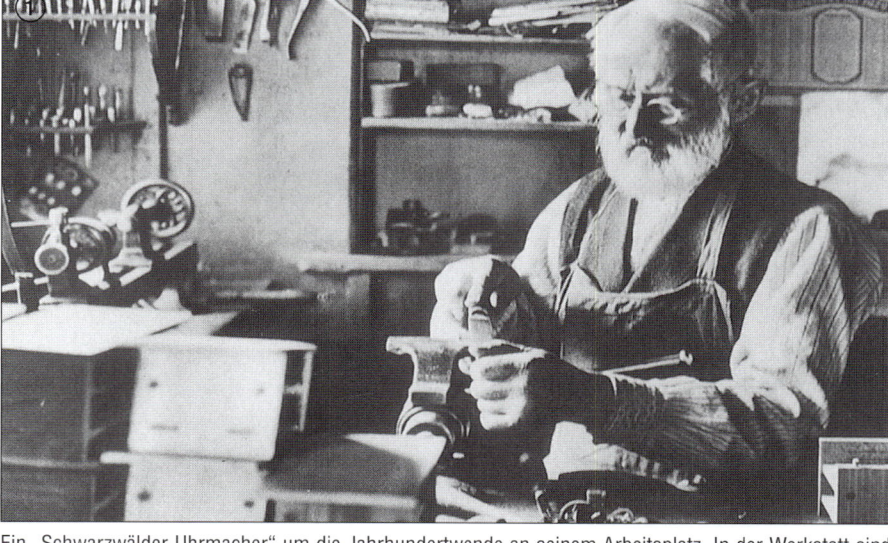

Ein „Schwarzwälder Uhrmacher" um die Jahrhundertwende an seinem Arbeitsplatz. In der Werkstatt sind alle für die Herstellung der Uhren notwendigen Werkzeuge und Maschinen, Vorrichtungen und Hilfsmittel zu sehen. Das Bild zeigt, dass er „rationell" arbeitet, indem er mehrere Uhrgehäuse nacheinander feilt und nicht eine Uhr nach der anderen komplett fertigt. So führt er eine Tätigkeit mehrmals aus, wechselt aber bis zur Fertigstellung die Tätigkeiten.

Steigender Bedarf und entsprechend hohe Stückzahlen in der Fertigung führten zu Spezialisierung und zu industrieller Fertigung. Dabei wurden neue Arbeitsformen entwickelt:

Arbeitsteilung

Die Arbeitsteilung hat die Gestaltung der Arbeitsplätze und die Tätigkeiten grundlegend gegenüber der Einzelarbeit verändert:
Die Fertigung eines Gegenstandes wird in einzelne Arbeitsgänge aufgeteilt. Diese werden von verschiedenen Mitarbeitern ausgeführt.

Arbeitsgang

Ein **Arbeitsgang** ist die kleinste Einheit eines Fertigungsprozesses. Beim Fertigen der Somawürfel (☞ S. 29) stellt z. B. das Leimen der „Zweier"-Elemente einen Arbeitsgang dar. Je mehr die Fertigung in Arbeitsgänge vereinzelt wird, desto einfacher und monotoner wird die Tätigkeit, die je Arbeitsgang auszuführen ist. Nach Abschluss eines Arbeitsganges wird das Werkstück weitertransportiert.

Blick in eine moderne Montagehalle für Uhren: Die Automaten montieren Uhrwerke, und die an Automaten gefertigten Einzelteile wie Zeiger etc. werden auf genau festgelegten Transportwegen (gelbe Linien) der im Bild gezeigten **Arbeitsgruppe** zur Endmontage zugeführt.

Darstellung des Fertigungsablaufs in einem Flussdiagramm

Im **Flussdiagramm** als grafischer Darstellung (Abb. ③) werden die Arbeitsgänge als **Fertigungsablauf** angeordnet:
- In Rechtecken sind die Arbeitsgänge dargestellt.
- Pfeile zeigen die Reihenfolge, in der die Tätigkeiten auszuführen sind. Die einzelnen Arbeitsgänge werden mit je einem Pfeil für Eingang und Ausgang versehen.
- Kontroll- und Prüfstellen werden als Raute dargestellt und haben 3 Pfeile, weil sie zusätzlich anzeigen, wohin die Teile, die nicht einwandfrei sind, zurückgebracht werden.

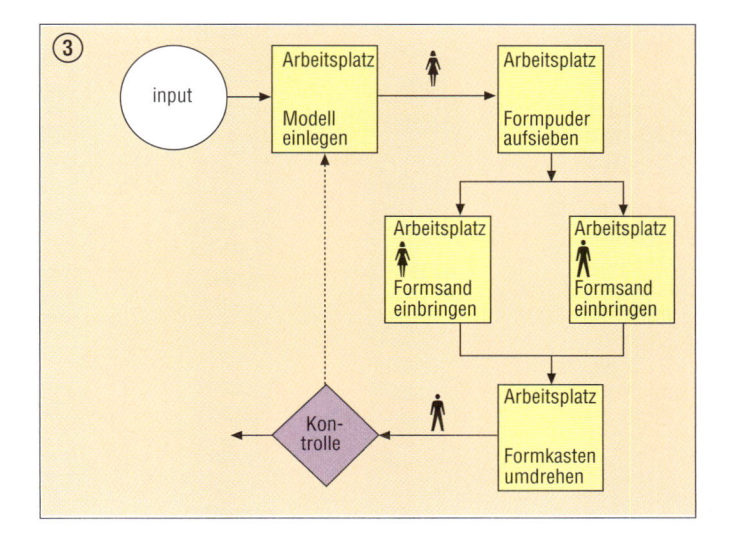

113

Fertigungsverfahren

Werkstoffe werden mittels Werkzeugen bearbeitet. Unter Nutzung von Kraft, Wärme und Elektrizität werden Teile durch Fertigung verändert.

Man unterscheidet sechs Verfahren der Fertigung:

Urformen

Beim **Urformen** wird aus einem formlosen Stoff ein fester Körper gefertigt. Dies geschieht durch Gießen (Abb. ① u. ②), z. B. von Metall, Kunstharz, Polyethylen, Glas, Tonschlicker. Gegossen wird in Formen, in die der flüssige Werkstoff durch die Schwerkraft fließt oder durch den Druck von Gießmaschinen gepresst wird; oder es werden pulvriger Stoffe in die Formen gepresst, deren Zusammenhalt durch Erhitzen (Sintern), z. B. bei Stahl und Keramik, oder mittels Bindemittel, z. B. bei Spanplatten, erreicht wird.

Umformen

Beim **Umformen** wird der formbare Werkstoff durch die Krafteinwirkung des Werkzeugs in eine neue Form gebracht, also verformt.
Dies geschieht z. B.
- durch Druckumformen beim Fließpressen von Metallprofilen, beim Walzen (Abb. ④), Schmieden, Prägen oder beim Treiben (Abb. ③) und Drücken von Blechen,
- durch Streckziehen von Drähten und Folien,
- durch Warmformen von Thermoplasten,
- durch Tiefziehen von Kunststoffen zu Bechern,
- durch Biegen, Abkanten und Verwinden.

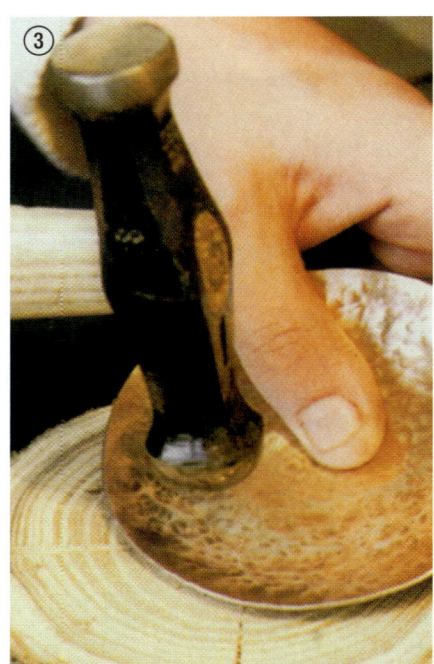

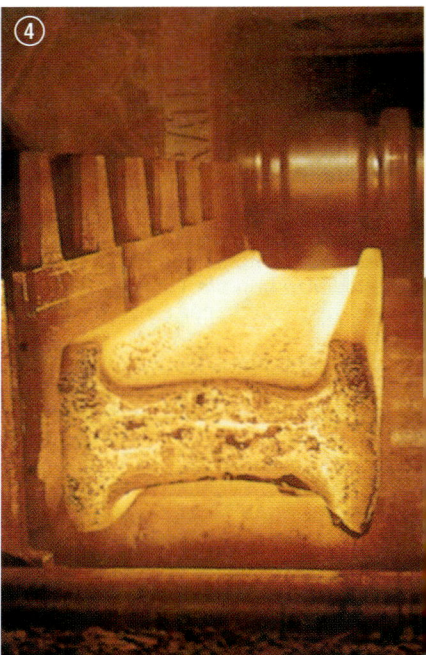

Trennen

Beim **Trennen** wird ein fester Körper verändert, z. B.
- durch Zerteilen, Zerschneiden, Zerreißen,
- durch Zerlegen,
- durch Bohren (Abb. ⑤), Feilen,
- durch Abtragen.

Dabei werden häufig Halbzeuge in werkstückgerechte Rohteile zerteilt. Die Rohteile werden dann spanend bearbeitet.
Der Keil ist die Grundform für Werkzeugschneiden, die entweder zertrennen oder von Werkstoffen Späne abheben. Spanendes Bearbeiten ist Sägen, Bohren, Senken, Gewindeschneiden, Feilen, Hobeln, Drehen (Abb. ⑥).
Beim Trennen mit dem Schneidbrenner werden an der Trennstelle Werkstoffteilchen verbrannt und so abgetragen.

Fügen

Beim **Fügen** werden Werkstücke zusammengefügt, z. B.
- durch Einhängen, Ineinandergreifen,
- durch Schrauben (Abb. ①), Stiften,
- durch Bördeln, Nieten, Einpressen,
- durch Kleben, Löten, Schweißen.

Dabei unterscheidet man „lösbare" und „nicht lösbare" Verbindungen.

Lösbare Verbindungen erhält man z. B. durch Schrauben oder mittels Keil. Häufig werden lösbare Verbindungen gegen unbeabsichtigtes Lösen gesichert.

Nicht lösbare Verbindungen sind z. B. Löt- und Klebverbindungen, weil sie nur gelöst werden können, wenn die Verbindung zerstört wird.

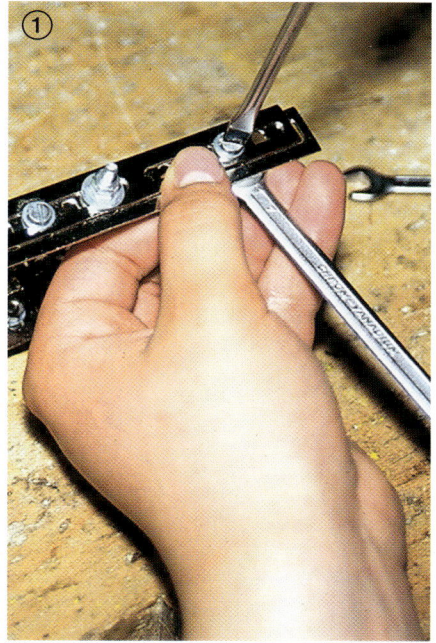

Beschichten

Beim **Beschichten** wird eine haftende Schicht auf das Werkstück aufgebracht. Diese dient als Korrosionsschutz z. B. von Metallen gegen Rosten und für ein dekoratives Aussehen.

Die Schicht wird aufgebracht z. B.
- durch Aufdampfen, Anstreichen, Aufspritzen, Tauchen,
- durch Emaillieren, Galvanisieren (Abb. ④).

In der Regel muss die Oberfläche des Werkstücks vor dem Beschichten mittels Scheuern, Schleifen, Polieren und Entfetten (Abb. ③a) gründlich gereinigt werden, damit die Beschichtung hält. Beschichtungsstoffe sind z. B. Farben und Lacke (Abb. ③b), Glas, Kupfer, Zink, Aluminium, Silber, Gold.

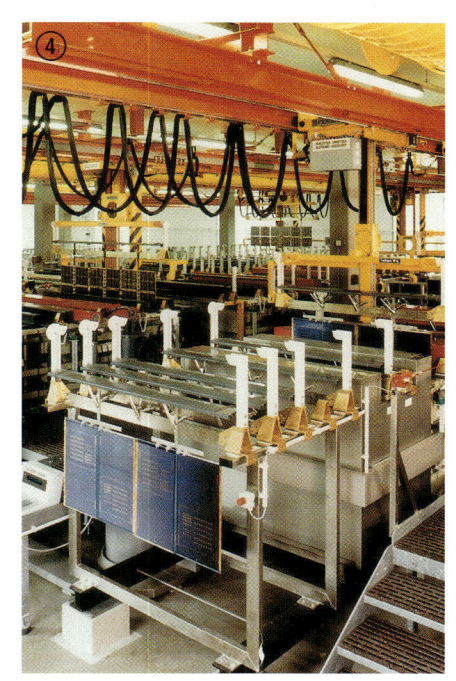

Stoffeigenschaften ändern

Beim **Ändern der Stoffeigenschaften** wird z. B. beim Stahl das innere Gefüge des Stahls durch die Wärmebehandlung beim Glühen (Abb. ⑤ u. ⑥), Härten und Anlassen verändert:

Beim Glühen von Metallen werden Spannungen beseitigt oder das Werkstück wird für die weitere Bearbeitung weich geglüht.

Gehärtet wird mit dem Ziel, dem Stahl eine ganz bestimmte Gebrauchshärte zu geben. Der Stahl wird auf eine genau bestimmte Temperatur erwärmt und dann rasch abgekühlt (abgeschreckt). Er wird dadurch sehr hart und spröde. Durch Anlassen können Härte und Sprödigkeit auf das gewünschte Maß reduziert werden (☞ S. 129).

115

Metallgießen in Formsand

Das **Sandgussverfahren** bietet die Möglichkeit, feingliedrige Formen und Kleinteile in einem Stück zu gießen, für die eine aufwändige und damit teure Form gebaut werden müsste. Das Modell kann beliebig oft nachgebildet werden.

Die Hohlform wird vom Formsand gebildet. Dieser wird im Formkasten um das Modell herum verdichtet und bildet nach dem Entfernen des Modells den Hohlraum, der ausgegossen wird.

Zum **Gießen** von Gegenständen in Formsand werden benötigt:
- Metall, z. B. Zinn,
- ein Modell zum Abformen,
- **Formpuder** (Talkum) als **Trennmittel** zwischen **Modell** und **Formsand** und zur Trennung des Formsandes in der zweiteiligen **Form,**
- zweiteilige **Formkästen** für das Einfüllen des Formsandes (Abb. ① und ②),
- Formsand: besonders gut eignet sich ölgebundener Formsand,
- Vierkantholz zum Einstampfen des Sandes, ein Sieb zum Aufsieben des Formsandes (Abb. ⑤),
- konische Rundhölzer (S. 117, Abb. ③) und kleine spitze Löffel zum Anbringen der Anguss- und Luftkanäle,
- Schmelztiegel, Brenner mit Unterlage und Brennstoff oder Elektroschmelztiegel,
- Gießkelle.

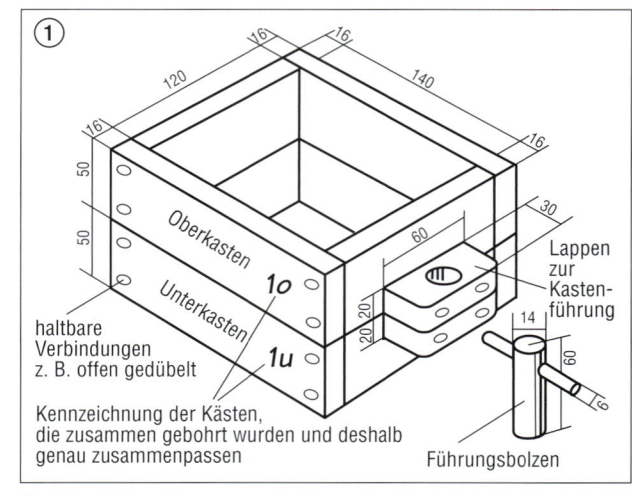

Die Formkästen können aus Leisten oder Furnierholzstreifen gefertigt werden. Bohrungen und passende Bolzen ermöglichen ein exaktes Zusammenfügen von 2 Kästen.

Das Modell

Am Anfang steht das Modell, das abgeformt werden soll. Geeignet sind Modelle aus Metall, Gips, Holz, Kunststoff, Keramik, grundsätzlich alle Materialien, die genügend hart sind, um sie in Sand abzuformen.

Das Modell muss eine ebene Rückseite haben. Weiter muss darauf geachtet werden, dass es keine Hinterschneidungen hat (Abb. ③), sondern überall konisch nach oben verläuft.

> **Tipp** Modell probeweise in verdichteten Formsand eindrücken und kontrollieren, ob es sich abheben lässt, ohne die Sandform zu beschädigen.

Zweiteiliger Formkasten, wie er im Handel angeboten wird.

Das Zinn

Im Handel werden **Reinzinn** (92 % reines **Zinn**, 8 % Antimon und Kupfer) und das billigere **Zierzinn** angeboten. Zinnbarren und -stangen sind auf der Rückseite entsprechend gekennzeichnet. Reinzinn schmilzt bei 240 °C; es knirrscht beim Biegen „Zinngeschrei". Zierzinn ist matter, gräulich und schwerer.

> **Achtung:** Zierzinn ist stark bleihaltig und darf für Gegenstände, die mit Speisen und Getränken in Berührung kommen, nicht verwendet werden.

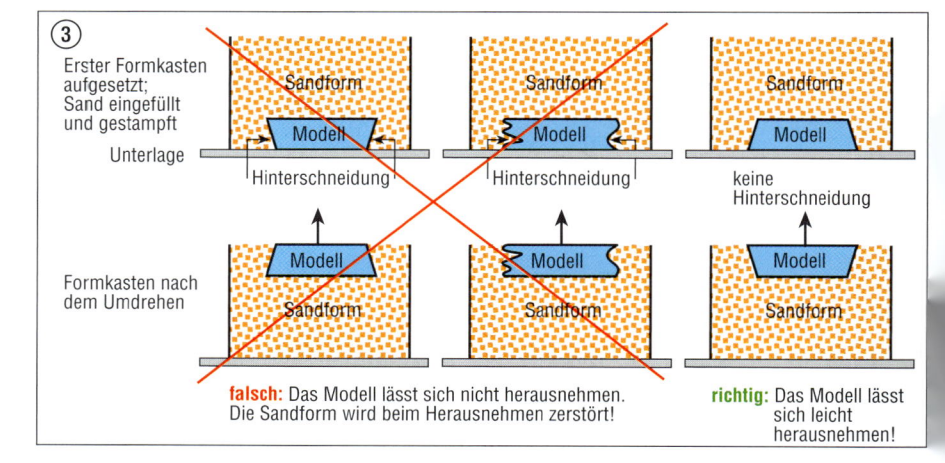

falsch: Das Modell lässt sich nicht herausnehmen. Die Sandform wird beim Herausnehmen zerstört!

richtig: Das Modell lässt sich leicht herausnehmen!

Herstellen der Form

Die nachfolgenden Abbildungen zeigen schrittweise, wie die Gussform hergestellt wird.

Das Modell wird mit der ebenen Seite nach unten in die Mitte des Formkastens eingelegt und mit Formpuder bestäubt.

Die erste Schicht Formsand wird aufgesiebt.

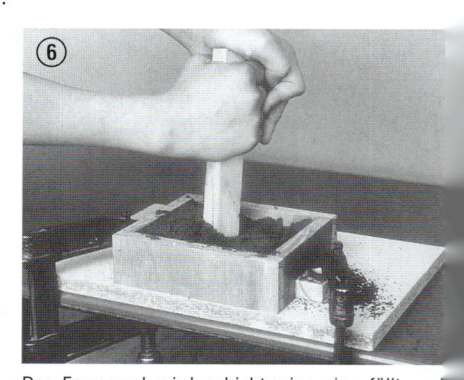

Der Formsand wird schichtweise eingefüllt und gleichmäßig festgestampft.

① Der Sand wird mit einer Leiste auf den Rahmenkanten abgezogen. Der Formkasten wird vorsichtig umgedreht.

② Die ganze Fläche wird mit Trennmittel bestäubt. Der zweite Formkasten wird aufgesetzt und fixiert.

③ Für den Eingießtrichter und für den Steiger wird jeweils ein konisches Rundholz an den Rand der ebenen Rückseite des Modells aufgesetzt.

④ Der obere Formkasten wird mit Sand aufgefüllt, gestampft und abgezogen. Die Rundhölzer werden vorsichtig herausgenommen, die Trichterränder geglättet.

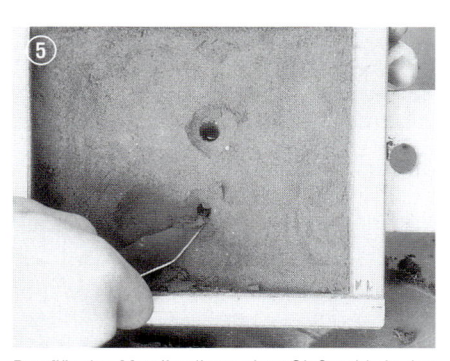

⑤ Das flüssige Metall soll aus einer Gießmulde in den Trichter fließen. Die Gießmulde wird direkt neben dem Trichter aus dem Formsand geschnitten.

⑥ Der obere Formkasten wird abgehoben, das Modell vorsichtig herausgenommen und die Formkästen wieder zusammengesetzt. So entsteht die Hohlform.

Das Gießen

Als **Gießmaterial** für Plaketten, Stempel etc. eignet sich Zierzinn. Es schmilzt bei ca. 300 °C (Schutzkleidung!). Die richtige **Gießtemperatur** ist etwas höher. Die Gießfähigkeit der Zinnschmelze ist erreicht, wenn ein eingetauchter Holzspan nach kurzer Zeit ankohlt und die Schmelze bläulich aussieht. Die Schlacke wird mit einem Holzspan abgestreift, das flüssige Zinn gleichmäßig und ohne Unterbrechung in die Gießmulde eingefüllt (Abb. ⑦), bis das flüssige Metall im Steiger sichtbar wird.

Tipps zur Behebung von Mängeln	
Mangel	**mögliche Ursache/Maßnahmen**
Sand löst sich aus der Form	nicht fest genug gestampft, Formsand ist abgebröckelt
Bei der Trennung der Kästen sind Flächen nicht sauber	Trennmittel nicht gleichmäßig auf ganze Fläche aufgetragen
Gussstück hat nicht die gewünschte Form	Lufteinschluss, weil Steiger und Eingießtrichter falsch gesetzt sind oder die Öffnungen zu klein sind oder die Schmelze zu langsam bzw. mit Unterbrechungen eingefüllt wurde
Oberfläche des Gussstücks – „porig" rau – hat Löcher	Schmelztemperatur – zu hoch – zu niedrig unbrauchbarer Formsand

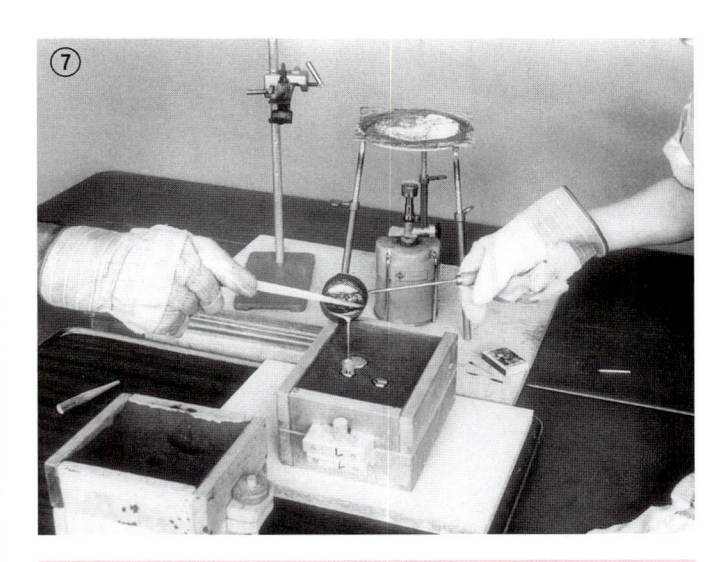

Handschuhe, Schürze und Brille tragen!
Feuerfeste Unterlage für Gießarbeitsplatz!

Ausformen/Versäubern

⑧ Der obere Formkasten wird abgenommen und das Gussstück aus dem Sand ausgeformt.
Die Sandform wird zerbröckelt. Der Sand wird durch Sieben wiederaufbereitet.

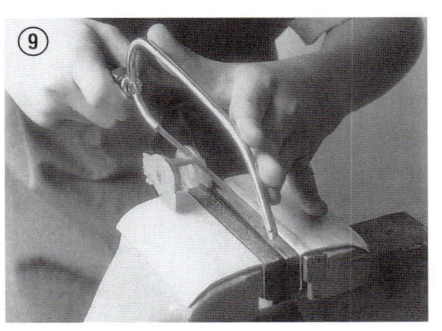

⑨ „Einguss" und „Steiger" werden abgetrennt und das Gussstück versäubert.

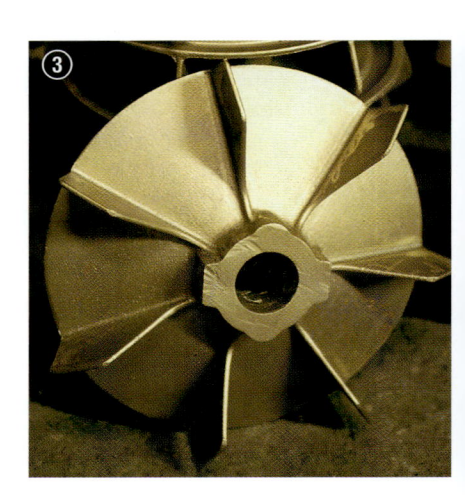

Informationen zur Bearbeitung von Metall und zu Metallwerkstoffen

- **Metalle** sind gute Leiter für Elektrizität (Abb. ①).
- Metalle sind gute Wärmeleiter. Deshalb werden Herdplatten und Kochtöpfe aus Metall gefertigt (Abb. ②).
- Metalle kann man schmelzen und in flüssigem Zustand in Formen gießen (Abb. ③).
- Metalle sind unterschiedlich hart. So können mit Werkzeugen aus härterem Material (gehärteter Werkzeugstahl) weichere Metalle bearbeitet werden (Abb. ④).
- Metalle können zäh, also fest und gleichzeitig dehnbar sein; sie lassen sich strangpressen, walzen und ziehen (Abb. ⑦).
- **Federstahl** ist elastisch, d. h., er springt nach der Belastung (Dehnung, Verdrehung, Biegung) wieder in die Ausgangsstellung zurück (Abb. ⑤).
- Die einzelnen Drähte im Drahtseil bestehen aus einer Stahllegierung, die sehr zugfest ist. So kann das Drahtseil die hohe Belastung aushalten (Abb. ⑥).

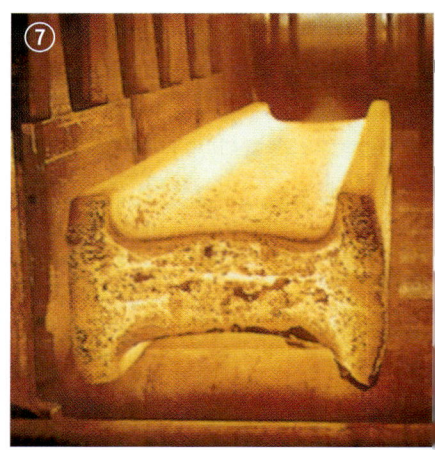

Stahl

Der flüssige **Stahl** wird in Formen gegossen. Durch Walzen wird er in glühendem Zustand zu Blechen, Formstählen, Rohren und Drähten geformt (Abb. ①, S. 119). Diese **Halbzeuge** werden durch Bohren, Feilen, Fräsen, Drehen (Abb. ②, S. 119), Schmieden usw. weiterverarbeitet.

Unterschiedliche Verfahren bei der Weiterverarbeitung des Rohstahls ergeben Stähle mit speziellen Eigenschaften.

- **Baustahl** (mit 0,05 bis 0,5 % Kohlenstoff) lässt sich gut verformen, schmieden und schweißen; er ist zäh.

⑧ Stoff	Dichte ϱ in $\frac{kg}{dm^3}$	elektrische Leitfähigkeit $\varkappa$ in $\frac{m}{(\Omega \cdot mm^2)}$	Schmelzpunkt in °C
Aluminium	2,7	34,69	660
Blei	11,3	4,76	327
Bronze (Cu-Sn-Legierung)	ca. 8,7		ca. 950
Messing (Cu-Zn-Legierung)	ca. 8,5		ca. 900
Eisen/Stahl	7,8	7,69	1535
Gusseisen	ca. 7,25		ca. 1200
Kupfer	8,93	55,87	ca. 1083
Plexiglas	1,18	10^{-15}	
Porzellan	ca. 2,4	$8,3 \cdot 10^{-15}$	ca. 1600
Zink	7,13	16,0	419,5
Zinn	7,28	8,7	231,8

- **Werkzeugstahl** (mit 0,5 bis 1,7% Kohlenstoff) lässt sich härten; er hat eine hohe Festigkeit.
- Bei **legierten Stählen** sind durch die Beimengung weiterer Metalle bestimmte Eigenschaften verbessert; dies geschieht in geschmolzenem Zustand.

  So entsteht z. B. durch Legieren von Stahl mit Chrom und Vanadium ein besonders harter, zäher und korrosionsfester Werkzeugstahl.

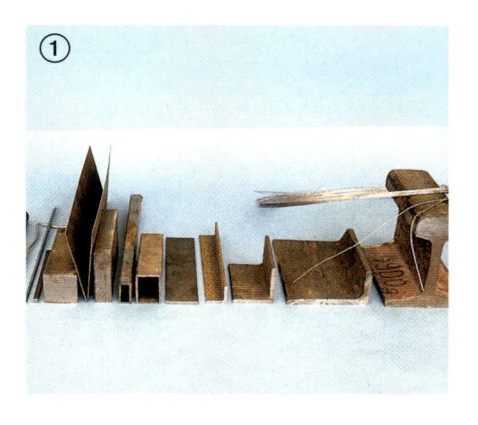

Kupfer

Kupfer ist das älteste Gebrauchsmetall; es wird in Formen zu Barren oder Platten gegossen und bei ca. 900 °C durch Walzen, Pressen oder Ziehen zu Blechen, Profilen und Drähten verarbeitet (Abb. ③).
Kupfer ist weich, dehnbar und witterungsbeständig; Kupfer lässt sich gut biegen, treiben, walzen, drücken und löten. Die Wärmeleitfähigkeit von Kupfer ist etwa 8-mal besser als die von Stahl; die elektrische Leitfähigkeit ist etwa 7-mal besser.

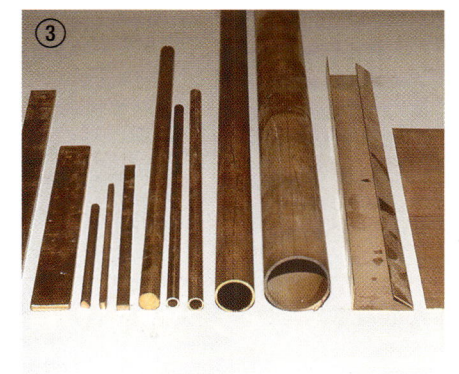

Messing

Messing ist eine Kupfer-Zink-Legierung. Der Stempel „Ms 70" oder „CuZn 30" bedeutet 70% Kupferanteil. Je höher der Kupferanteil ist, um so weicher und damit leichter verformbar ist Messing.
Messing lässt sich gut gießen und zerspanen (bohren, feilen, fräsen).

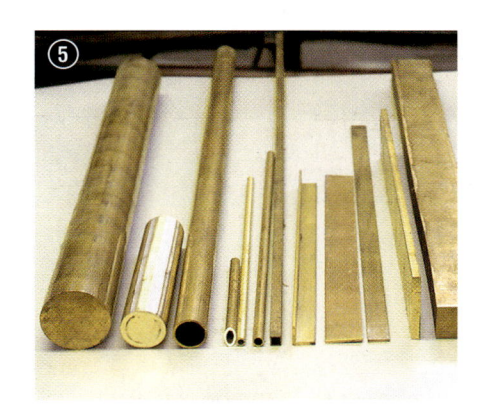

Aluminium

Aluminium wird aus Bauxit unter Einsatz großer elektrischer Energiemengen gewonnen. Für 1 t werden 14 000 kWh benötigt. Das entspricht der Menge an elektrischer Energie, die eine Durchschnittsfamilie in 3 Jahren verbraucht.
Aluminium ist leicht (Dichte 2,7 kg/dm^3), korrosionsbeständig und nach Silber und Kupfer bester elektrischer Leiter (Abb. ⑧, S. 118). Aluminium lässt sich leicht sägen, bohren, fräsen, schleifen und polieren und sehr dünn zu Folien auswalzen (Abb. ⑩). Aluminiumlegierungen werden zu Formteilen gegossen und gepresst (Abb. ⑧ und ⑨).

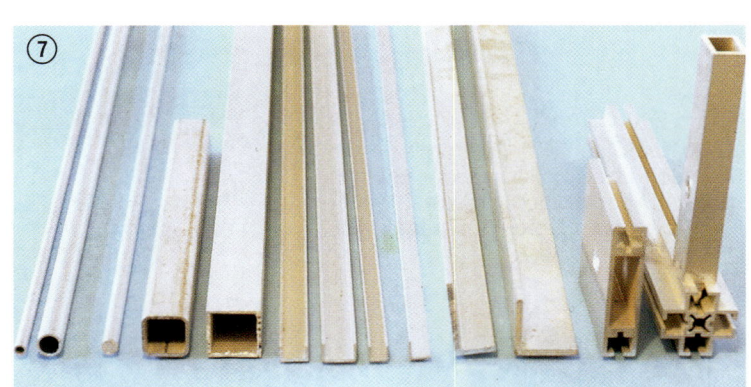

Mit dem Messschieber messen und anreißen

Der **Messschieber** (Abb. ① und ⑤) ist ein genaues Messzeug, mit dem exakt auf Zehntelmillimeter **gemessen** werden kann.

Solche Messzeuge sind teuer, wir müssen sie unbedingt pfleglich behandeln und vor Beschädigungen schützen.

Der Messschieber hat zwei Messschenkel:
- Der eine Messschenkel ist fest;
- der andere Messschenkel (Schieber) ist verschiebbar, er kann festgeklemmt werden.

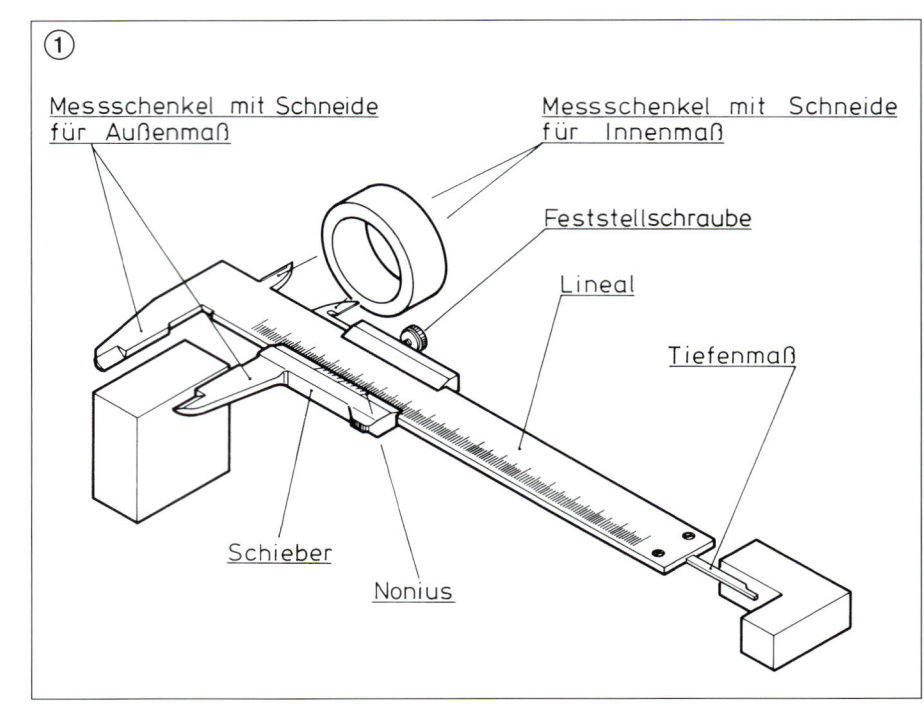

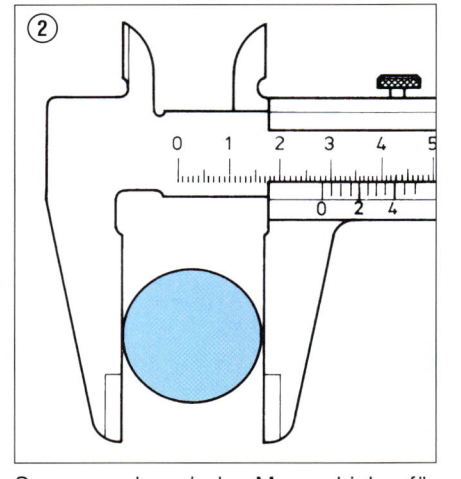

① Messschenkel mit Schneide für Außenmaß — Messschenkel mit Schneide für Innenmaß — Feststellschraube — Lineal — Tiefenmaß — Schieber — Nonius

② So verwenden wir den Messschieber für Außenmessungen (z.B. zur Messung von Materialstärken).

③ Tiefenmessstange — Messflächen müssen genau am Werkstück anliegen — Werkstück

So werden **Tiefenmaße** genau ermittelt.

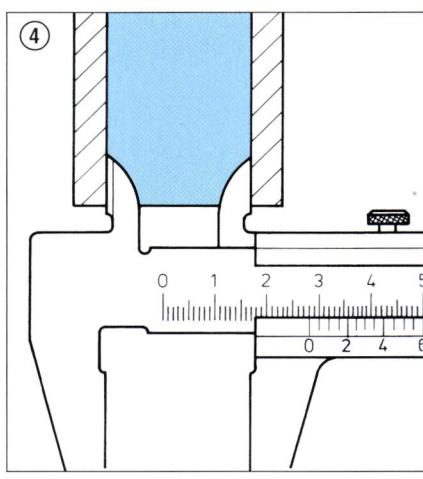

④ So wird der Messschieber für Innenmessungen eingesetzt.

Maße für Querrisse können mit dem **Messschieber** exakt von der Bezugskante aus abgetragen werden. Die Markierung erfolgt mit der Reißnadel (Abb. ⑥).

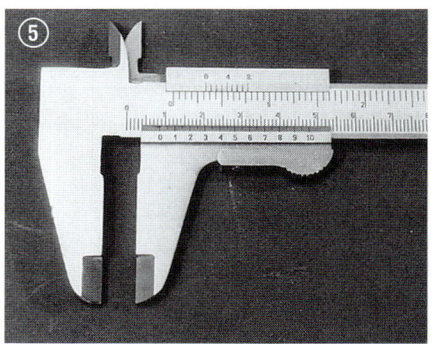

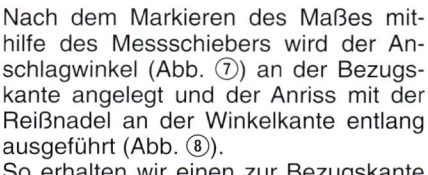

Nach dem Markieren des Maßes mithilfe des Messschiebers wird der Anschlagwinkel (Abb. ⑦) an der Bezugskante angelegt und der Anriss mit der Reißnadel an der Winkelkante entlang ausgeführt (Abb. ⑧).

So erhalten wir einen zur Bezugskante rechtwinkligen und maßgenauen Anriss.

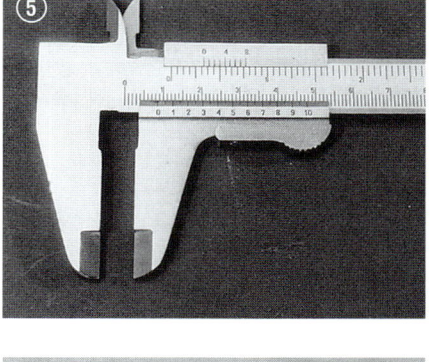

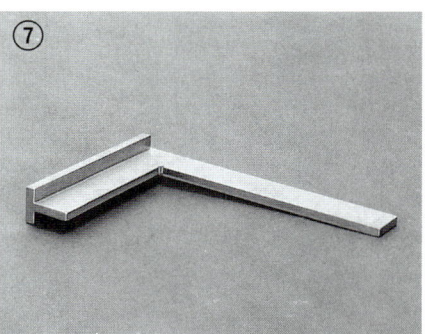

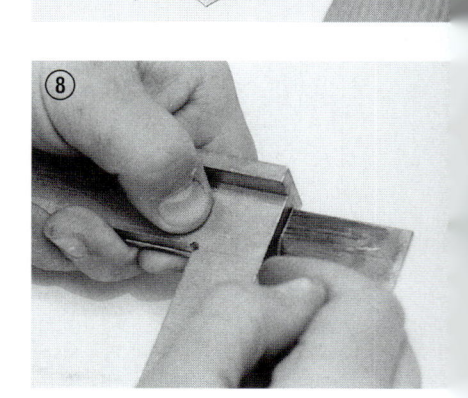

①

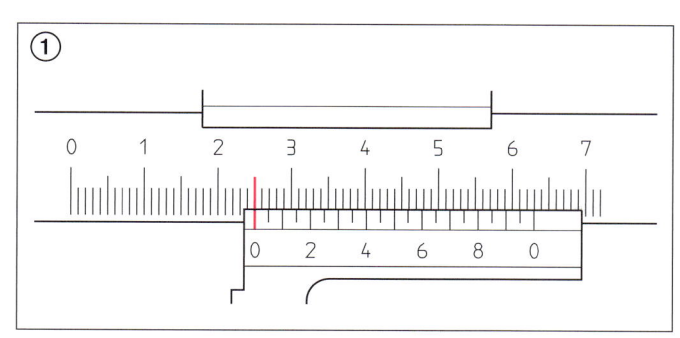

Volle Millimeter lesen wir über die Nullmarkierung des Nonius auf der Millimeterskala ab; z. B. 25 mm (Abb. ①).

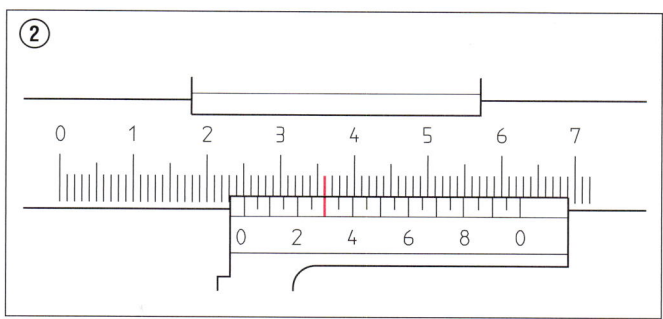

②

Zehntelmillimeter lesen wir auf dem **Nonius** ab. Der Skalenstrich des Nonius, der mit einem Millimeterstrich der Millimeterskala übereinstimmt, zeigt die Zehntelmillimeter; z. B. 3 Zehntelmillimeter = 0,3 mm. Zusammen lesen wir also ab: 25,3 mm (Abb. ②).

Sägen

Dickere Drähte, Rohre, Flachstahl u. Ä. trennen wir mit einer Säge. Größere Querschnitte und gerade Schnitte gelingen mit der **Metallbügelsäge** (Abb. ④). Für kleinere Querschnitte eignet sich die **Puksäge** mit **Metallsägeblatt** (Abb. ⑥). Für Schweifschnitte bzw. enge Rundungen und für Ausschnitte in Blechen verwenden wir die Laubsäge oder die Uhrmachersäge mit Metallsägeblatt (Abb. ⑦).

Das Werkstück muss sicher und fest eingespannt werden. Damit es nicht federt, wird nahe am Schraubstock gesägt.

Kratzer im Metall vermeiden wir durch **Schutzbacken.**

Gesägt wird mit leichtem Druck und so, dass das Sägeblatt in seiner ganzen Länge genutzt wird.

Damit das Sägeblatt beim Ansägen nicht abrutscht, kerbt man die Ansatzstelle mit der Dreikantfeile ein. Gesägt wird im Reststück entlang dem Anriss.

Beim Sägen erhalten wir oft scharfe Kanten. Um Verletzungen zu vermeiden, müssen diese Schnittkanten unbedingt entgratet werden, bevor wir weiterarbeiten.

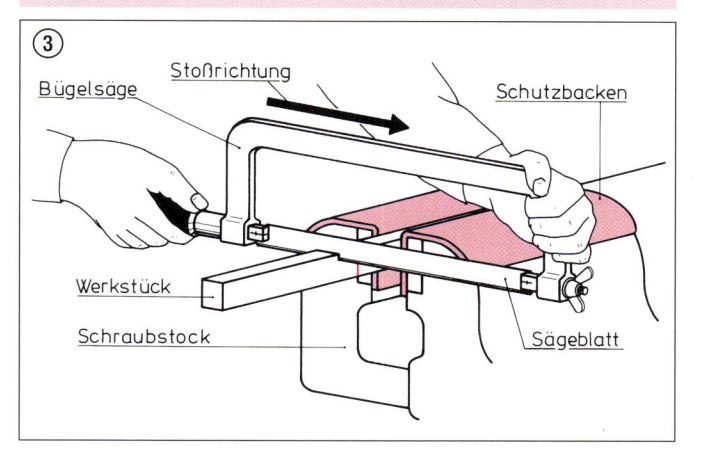

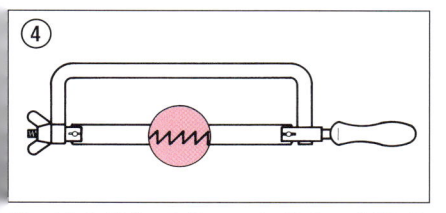

③ Bügelsäge – Stoßrichtung – Schutzbacken – Werkstück – Schraubstock – Sägeblatt

④ Die Metallbügelsäge arbeitet auf Stoß, d. h., wenn man sie vom Körper wegdrückt. Das Metallsägeblatt wird so eingespannt, dass die Zähne vom Griff wegzeigen.

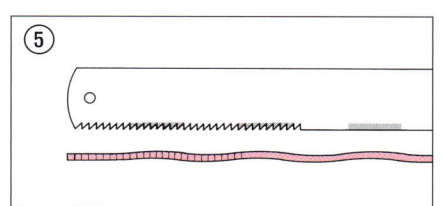

⑤ Damit das fein gezahnte Metallsägeblatt nicht klemmt, ist die Zahnung gewellt.

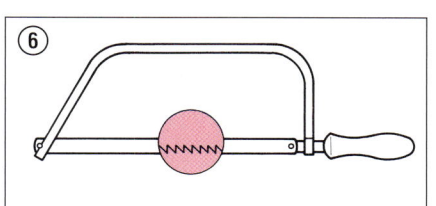

⑥ Bei der Puksäge zeigen die Zähne des Metallsägeblattes zum Griff; sie arbeitet also auf Zug.

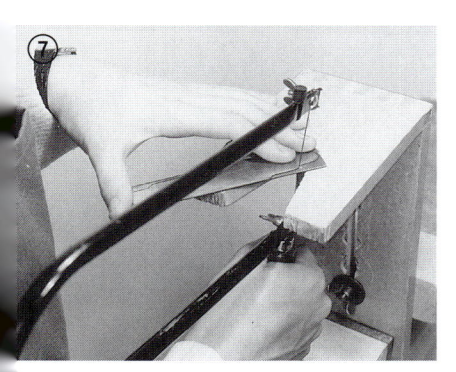

⑦ Dünne Bleche sägen wir mit der Laubsäge oder der Uhrmachersäge. Das Metallsägeblatt wird straff eingespannt; die Zähne des Sägeblatts zeigen nach unten, also zum Griff.

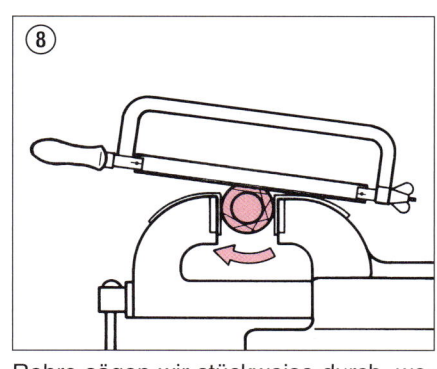

⑧ Rohre sägen wir stückweise durch, wobei das Rohr laufend gedreht wird.

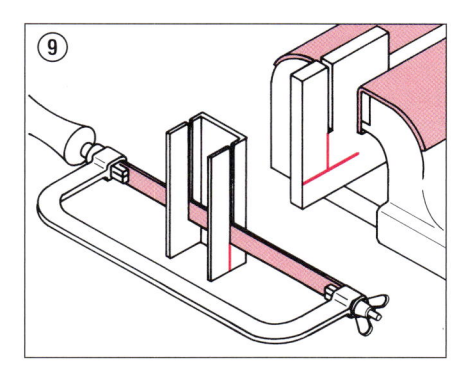

⑨ Wenn so tief eingesägt werden soll, dass der Bügel der Säge anschlägt, kann das Sägeblatt gedreht werden.

Scheren

Bei der Fertigung von Werkstücken und für das Anfertigen von Vorrichtungen, Halterungen usw. müssen wir häufig Bleche unterschiedlicher Dicke und Härte zuschneiden.
Bleche **trennen (scheren)** wir mit **Blechscheren**.
Um Verletzungen zu vermeiden, achten wir darauf, dass die Finger nicht zwischen die Schneiden geraten, dass wir uns beim Zusammendrücken der Scheren nicht am Griffende den Handballen quetschen. Die scharfen Ränder der Schnittkanten müssen immer entgratet werden, bevor wir weiterarbeiten. Wenn wir Bleche mit scharfen Rändern festhalten müssen, tragen wir Schutzhandschuhe.

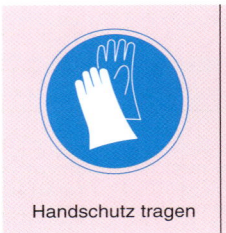

Handschutz tragen

Gerade Schnitte

Gerade Schnitte in dünnen Blechen führen wir mit der geraden **Lotblechschere** (Abb. ①) aus. Längere Schnitte in dickerem Blech lassen sich mit der **Ideal-Lochschere** (Abb. ③) oder einer größeren **Universal-Blechschere** sauber ausführen.

① Lotblechschere

Wie beim Sägen setzen wir den Schnitt am Anriss an und schneiden im Abfall. Bei Schnitten, die länger sind als die Schneiden der Schere, wird die Schere nie ganz zusammengedrückt, weil die Spitzen der Schere sonst Querrisse verursachen. Wir drücken die Schere ca. $^2/_3$ zusammen und führen sie dann weiter. Beim Durchschneiden des letzten Streifens an der Außenkante arbeiten wir behutsam, damit die Schere nicht „verläuft" und einen Bogen schneidet.

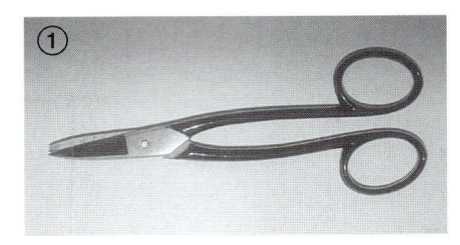

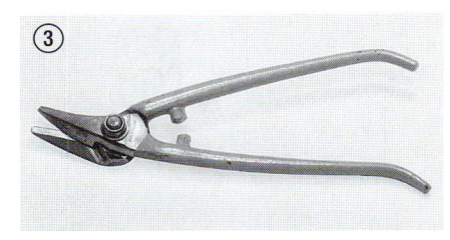

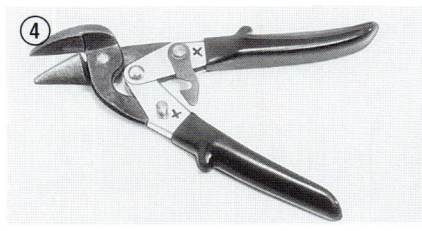

③ Ideal-Lochschere

④ Übersetzte Spezial-Handblechschere

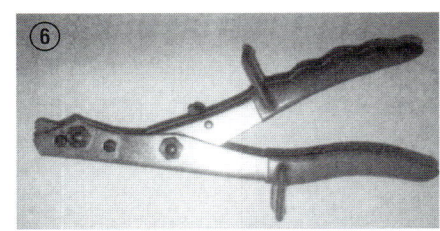

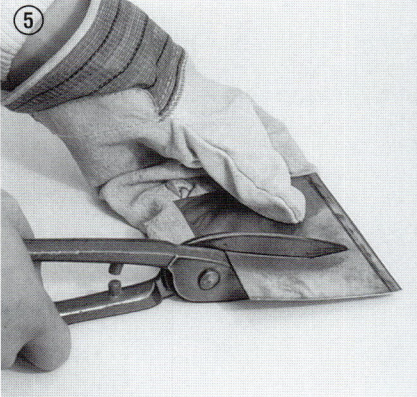

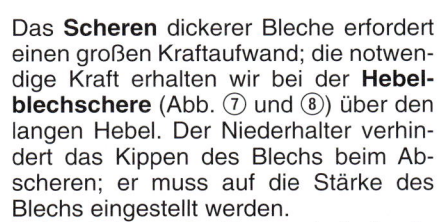

Die **Knabberblechschere** (Abb. ⑥) ist eine übersetzte spezielle Handblechschere. Sie eignet sich besonders für dickere Bleche und enge Bögen. Allerdings ist zu beachten, dass ein mehrere Millimeter breiter Abfall entsteht.

⑥ Knabberblechschere

Das **Scheren** dickerer Bleche erfordert einen großen Kraftaufwand; die notwendige Kraft erhalten wir bei der **Hebelblechschere** (Abb. ⑦ und ⑧) über den langen Hebel. Der Niederhalter verhindert das Kippen des Blechs beim Abscheren; er muss auf die Stärke des Blechs eingestellt werden.
Bei Schnitten, die länger sind als die Schneiden der Schere, drücken wir die Schere nicht ganz zusammen, sondern schieben das Blech nach, bis wir durchschneiden können.

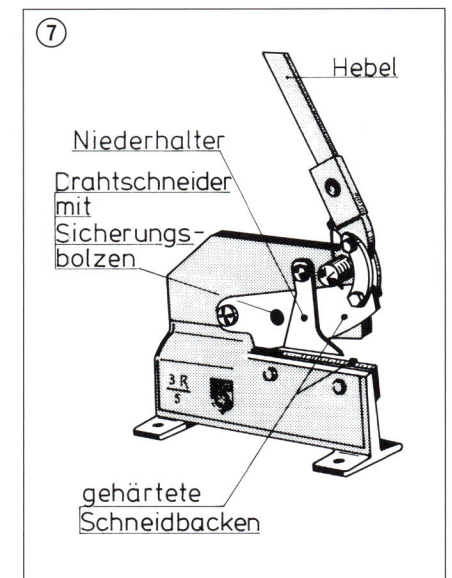

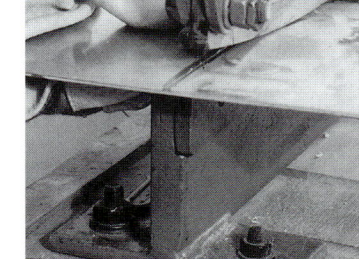

⑦ Hebel, Niederhalter, Drahtschneider mit Sicherungsbolzen, gehärtete Schneidbacken

Achtung:
- Hände weg von den Schneiden!
- Schutzhandschuhe tragen zum Festhalten des Blechs!
- Schere nach Gebrauch immer sichern!

Gebogene Schnitte

Gebogene Schnitte, Kurven, Aussparungen schneidet man bei dünnen Blechen mit der gebogenen **Lotblechschere** (Abb. ①).
Für größere Schnitte und für dickere Bleche eignet sich die Ideal-Lochschere (Abb. ③, S. 122) oder die **Lochblechschere**. Lochblechscheren gibt es linksschneidend und rechtsschneidend: Um einen Kreisbogen in Uhrzeigerrichtung schneiden zu können, wird die rechtsschneidende Schere (Abb. ②) benötigt; entgegen dem Uhrzeigersinn schneidet die linksschneidende (Abb. ③).

① 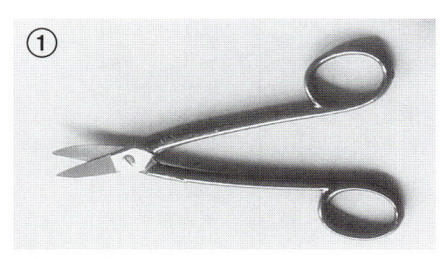 Lotblechschere, gebogen

② 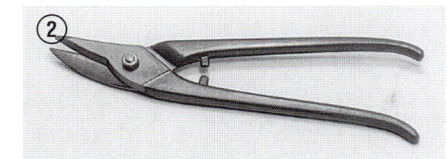 Lochblechschere, rechtsschneidend

③ 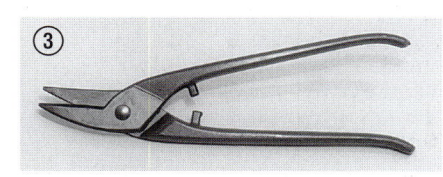 Lochblechschere, linksschneidend

④ 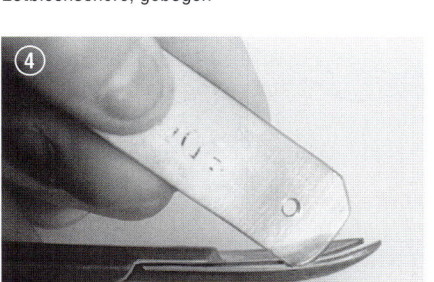 Die Ecken des Messingblechs werden mit der Lotblechschere gerundet.

⑤ Eine Kupferronde wird mit der Lochblechschere geschnitten.
So arbeitet die rechtsschneidende Lochblechschere.

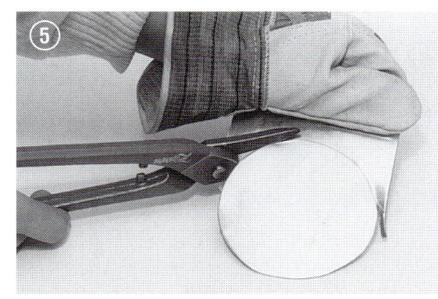

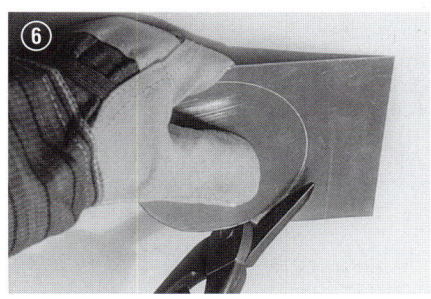

⑥ So arbeitet die linksschneidende Lochblechschere.

Feilen

Beim **Feilen** spannen wir das Werkstück so ein, dass es nicht federn kann.

Zur Schonung blanker Werkstückoberflächen verwenden wir **Schutzbacken** (Abb. ⑤) und spannen das Werkstück so ein, dass seine Kanten parallel zu den Schraubstockbacken verlaufen.

Beim Feilen versuchen wir, die ganze Länge der Feile auszunutzen. Dabei führen beide Hände die Feile und verteilen den Druck (Abb. ⑥ und ⑦).

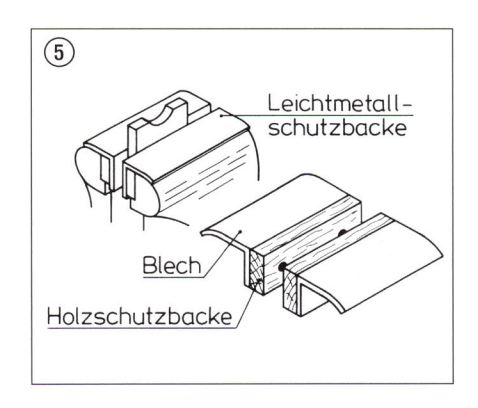

Beim **Planfeilen** gerader Flächen deuten starke Feilspuren und Schattierungen auf der Werkstückoberfläche auf Unebenheiten hin.

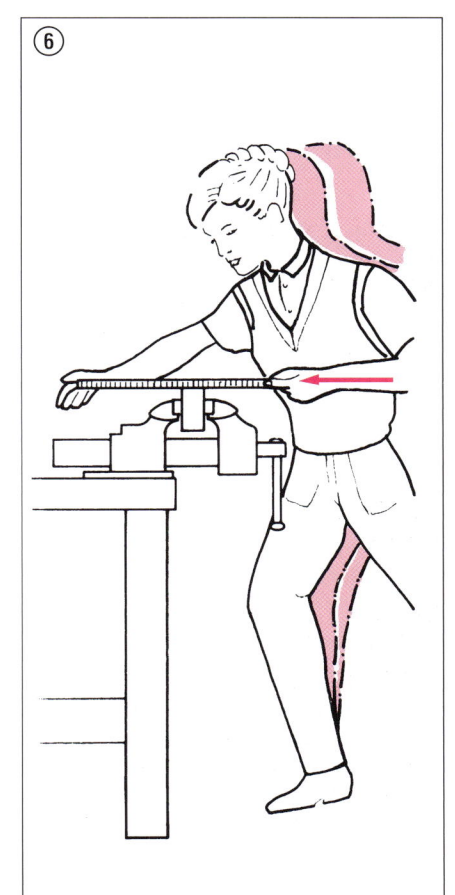

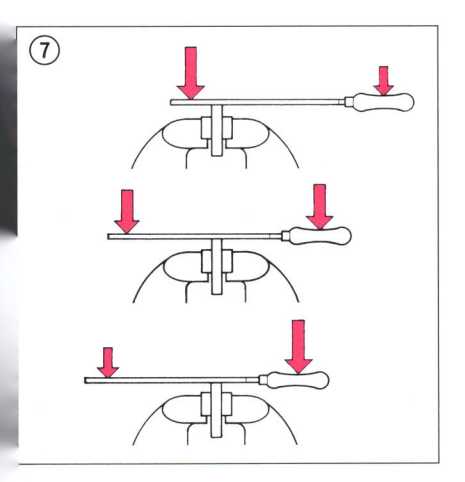

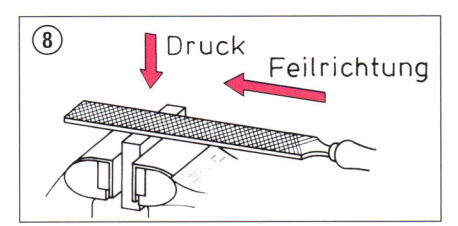

Beim Feilen soll der ganze Körper mitschwingen. Bei der Vorwärtsbewegung wird Druck auf die Feile ausgeübt; ohne Druck wird die Feile zurückgeführt. Beide Hände führen die Feile und verteilen den Druck.

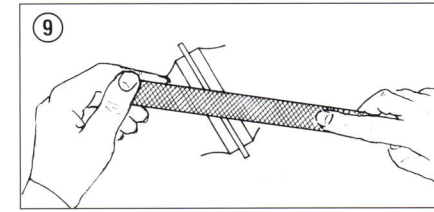

Achtung: Bevor wir mit der Feile arbeiten, überprüfen wir den festen Sitz des Feilenheftes im Griff!

Wahl der Feile

Für die unterschiedlichen Eigenschaften der Metallwerkstoffe und die große Zahl verschiedener Bearbeitungsaufgaben wurde ein reichhaltiges Angebot an Feilen entwickelt. Daraus wählen wir die richtige **Feile** aus:
– nach der Form, die gefeilt werden soll
– nach dem Werkstoff, den wir bearbeiten
– nach der gewünschten Oberflächengüte

① **Flachstumpffeile**

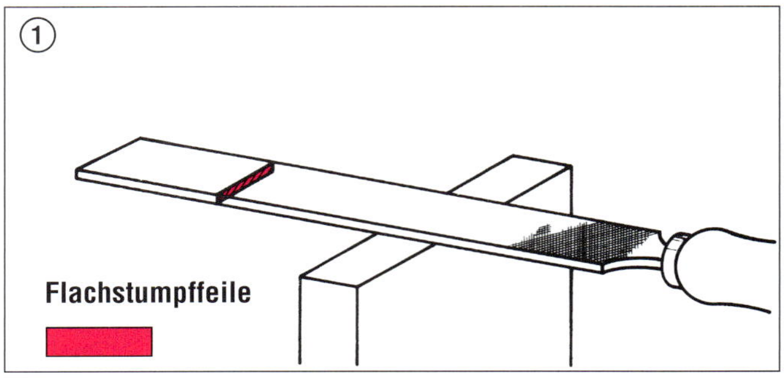

Wahl der Feile nach der Form, die gefeilt werden soll

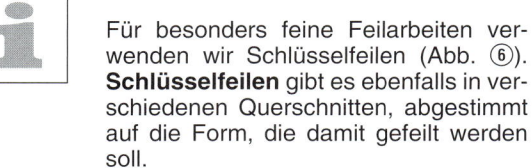

② **Vierkantfeile**

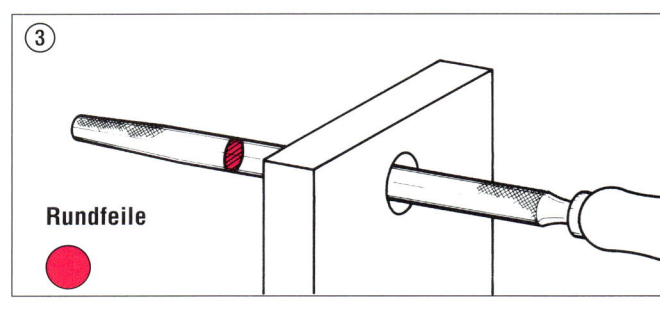

③ **Rundfeile**

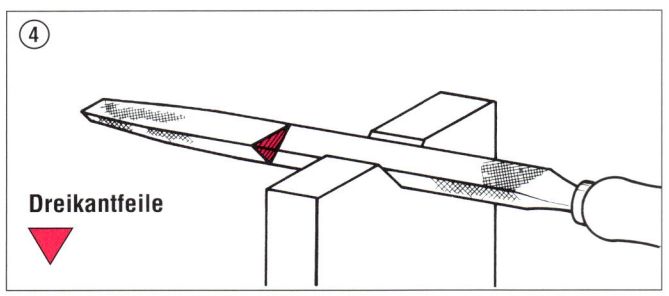

④ **Dreikantfeile**

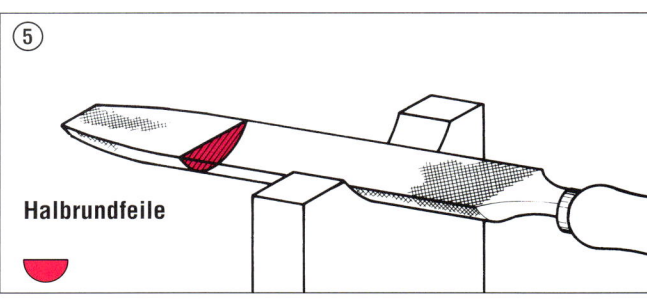

⑤ **Halbrundfeile**

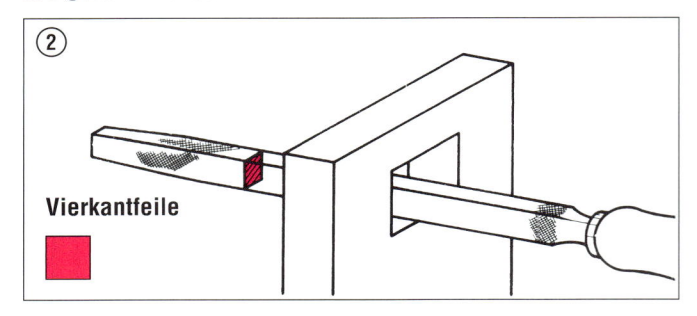

Für besonders feine Feilarbeiten verwenden wir Schlüsselfeilen (Abb. ⑥). **Schlüsselfeilen** gibt es ebenfalls in verschiedenen Querschnitten, abgestimmt auf die Form, die damit gefeilt werden soll.

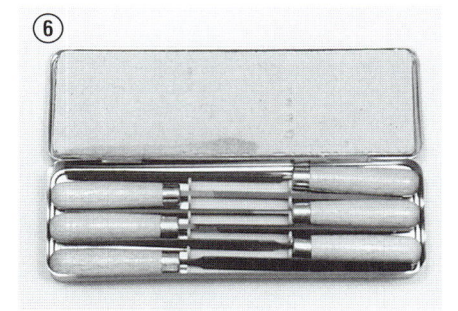

⑥

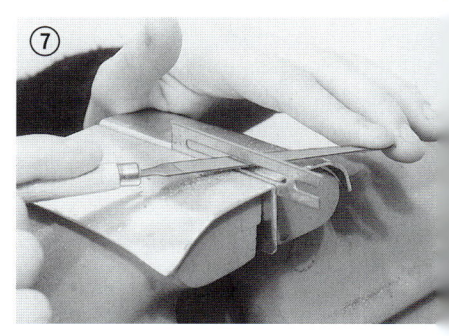

⑦

Wahl der Feile nach dem Werkstoff und nach der gewünschten Oberflächengüte

Für die Bearbeitung weicher Metalle wie Zinn, Zink, Aluminium eignen sich **Feilen** mit sehr grobem Hieb (Abb. ⑨), weil ein feiner Hieb durch das weiche Material verschmieren würde.

Für härtere Metalle wie Stahl, Grauguss, harte Aluminiumlegierungen verwenden wir bei groben Unebenheiten oder wenn viel Material abgetragen werden soll, eine **Schruppfeile** mit grobem **Feilenhieb** (Hieb 1) (Abb. ⑧).

Danach benötigen wir eine **Schlichtfeile** mit feinem Hieb (Hieb 2 [Abb. ⑩] oder Hieb 3 [Abb. ⑪]), um feinere Feilarbeiten auszuführen.

Je feiner der Hieb, umso glatter wird bei richtiger Handhabung die Oberfläche des Werkstücks.

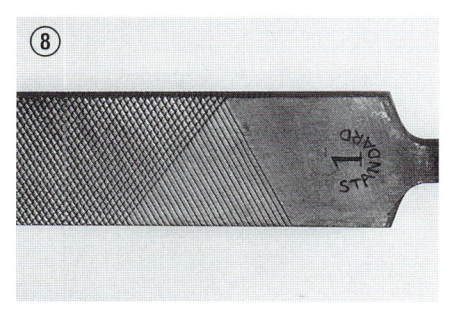

⑧

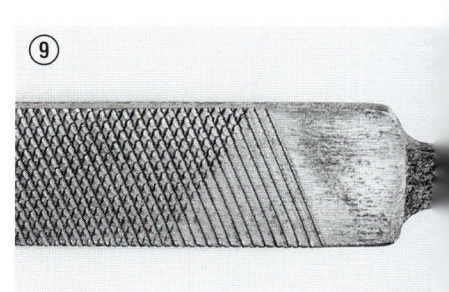

⑨

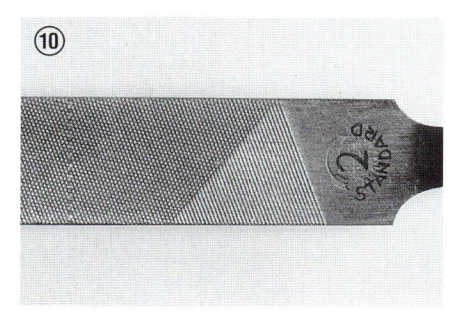

⑩

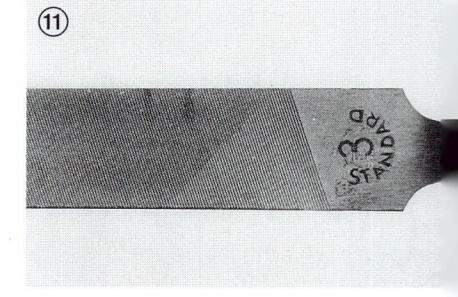

⑪

Bohren

Wenn wir Löcher in Metall **bohren,** wählen wir je nach Größe und Beschaffenheit des Bohrlochs entsprechende **Metallbohrer** (Abb. ⑦).
Wir entnehmen die Maße aus der Zeichnung und reißen die Bohrungsmitten auf dem Werkstück an. Damit die Bohrungen „richtig sitzen" und die Bohrerspitze geführt wird (Abb. ⑥), werden sie mit dem **Körne**r (Abb. ②) angekörnt.
Damit die Körnerspitze exakt auf dem Schnittpunkt der Außenlinien angesetzt werden kann, wird der Körner leicht schräg gehalten (Abb. ③). Er wird vorsichtig aufgerichtet. Die **Körnung** wird mit **einem** satten Hammerschlag eingebracht (Abb. ④ u. ⑤).

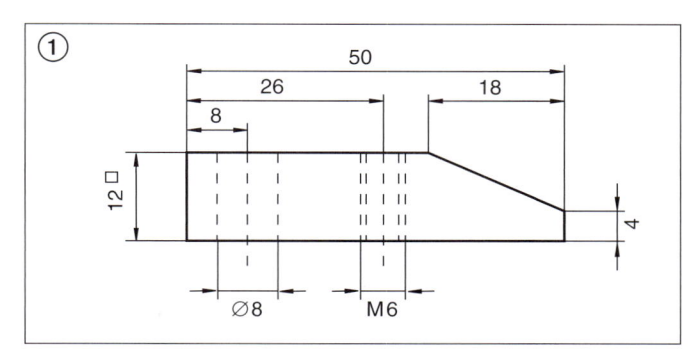

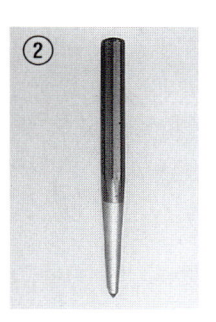

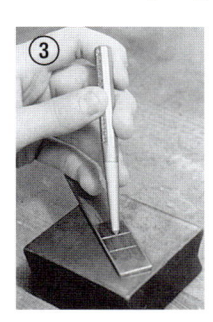

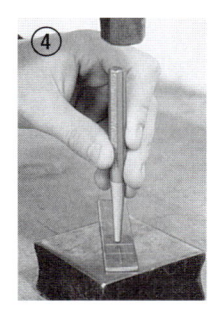

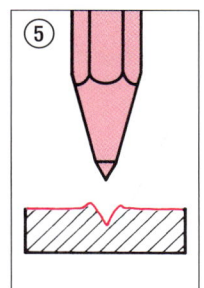

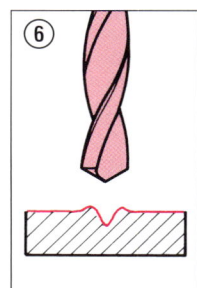

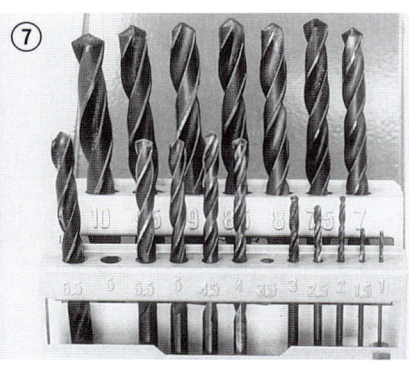

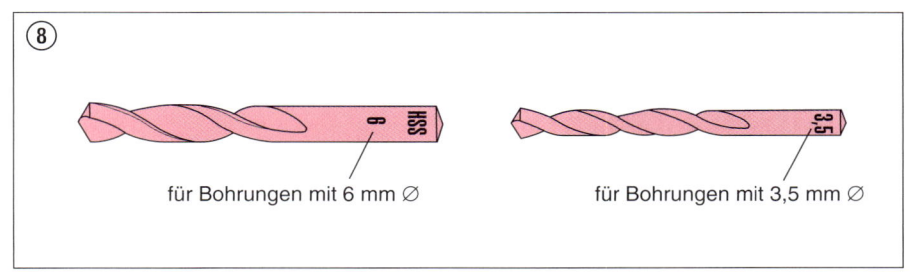

Für Bohrungen in Metall verwenden wir **Spiralbohrer** aus Hochleistungsschnellschnittstahl – HSS – mit dem benötigten Durchmesser.
Eine exakte Bohrung gelingt nur mit einem scharfen Bohrer.

Bohren mit der Maschine

An der **Bohrmaschine** kann die **Drehzahl** eingestellt werden. Wir richten uns nach dem Durchmesser des Bohrers und beachten folgende Faustregel:
– Für einen kleineren Bohrerdurchmesser wählen wir eine höhere Drehzahl,
– für einen größeren Bohrerdurchmesser wählen wir eine niedrigere Drehzahl.

Häufig ist auf der Maschine selbst eine **Drehzahltabelle** angebracht, auf der die für den Werkstoff und den Bohrerdurchmesser geeignete Drehzahl abgelesen werden kann.

Sollen Werkstücke nicht durchgebohrt werden, können wir an der Maschine die **Bohrtiefe** genau einstellen:
– Der Bohrtisch wird entsprechend der Höhe des in den **Maschinenschraubstock** eingespannten Werkstücks festgemacht,
– die Anschlagschraube für die **Bohrtiefeneinstellung** wird gelöst,
– der Bohrer wird bis zum Werkstück geführt (Maschine nicht eingeschaltet),
– mit der Einstellung für die Bohrtiefe wird die gewünschte Tiefe der Bohrung eingestellt,
– in dieser Stellung wird die Anschlagschraube festgezogen.

Beim Bohren schneidet der Bohrer sich ein, bis der **Anschlag** ein weiteres Eindringen des Bohrers verhindert.

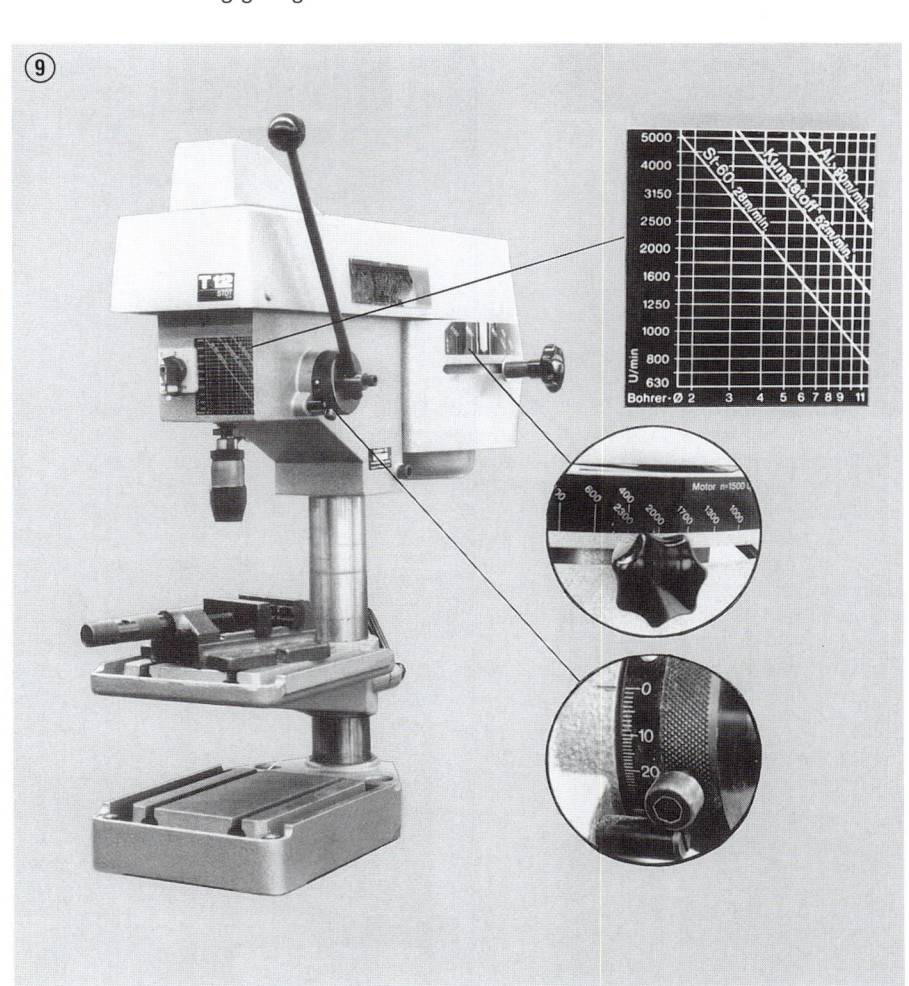

Unsere Werkstücke müssen beim Bohren immer fest **eingespannt** und gegen Mitreißen gesichert werden (Abb. ①). Dazu benutzen wir den **Maschinenschraubstock**, den wir auf dem Bohrtisch der Maschine festmachen können.

Rundteile müssen in die dafür vorgesehene Aussparung des Maschinenschraubstocks – Prisma – eingespannt werden, damit sie sich nicht drehen können (Abb. ④). Zusätzlich müssen sie so ausgerichtet werden, dass der Bohrer senkrecht auf das Werkstück trifft.

Gebogene Teile müssen unbedingt senkrecht fest eingespannt und ausgerichtet werden (Abb. ②). Der Bohrer wird vorsichtig angesetzt – Teil kann federn –, dann wird mit geringem Druck gebohrt.

Bleche sind scharfkantig und werden nicht mit der Hand fest gehalten; durch eine Vorrichtung mit einem Anschlag, der am Bohrtisch befestigt wird, ist das Blech gegen Mitreißen gesichert.

Kleinere Bleche werden mit dem **Feilkloben** fest gehalten und auf einer Holzunterlage gebohrt. Soll das Werkstück durchgebohrt werden, müssen wir bei Blechen immer eine Holzunterlage unterlegen (Abb. ③).

Senken, Entgraten

Mit dem **Senker** entfernen wir den **Grat** am Bohrloch (Abb. ⑤ bis ⑦). Sollen Senkkopfschrauben eingesetzt werden, **senken** wir entsprechend der Schraubengröße so an, dass der Schraubenkopf genau im Werkstück eingepasst wird (Abb. ⑧). Für die Arbeit mit dem Senker gelten dieselben Regeln wie beim Bohren. Für den Senker wählen wir eine niedrige Drehzahl.

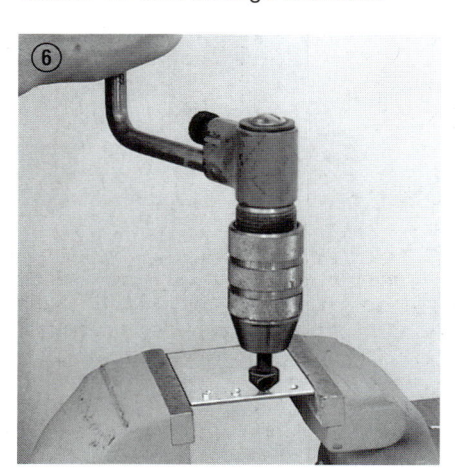

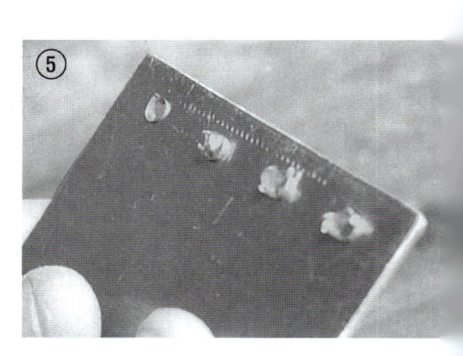

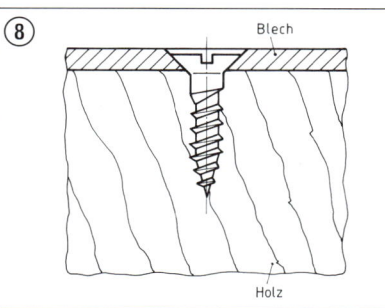

Gewinden

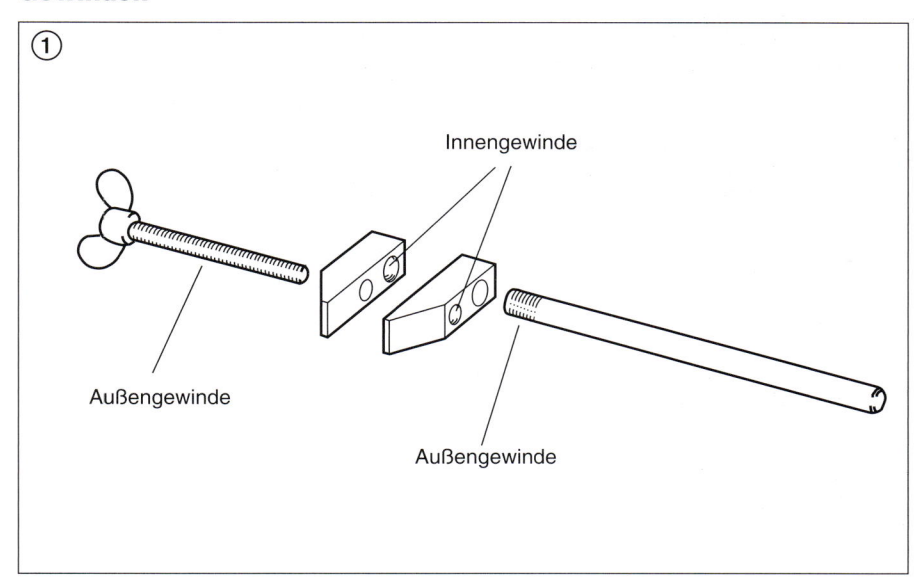

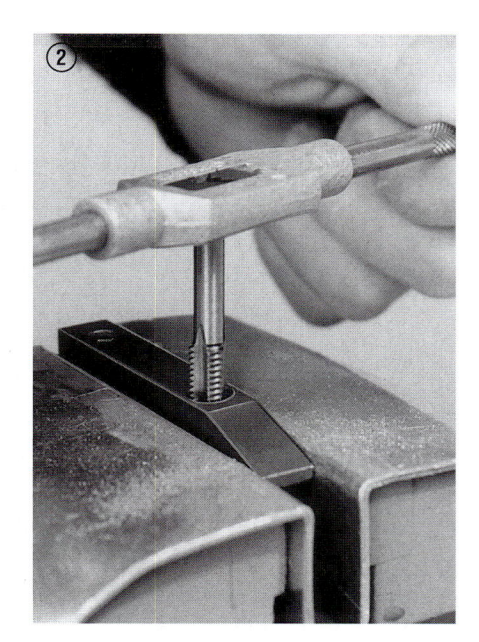

①
Innengewinde
Außengewinde
Außengewinde

②

Holzschrauben und spezielle Blechschrauben schneiden sich beim Eindrehen ihr **Gewinde** selbst. Beim Verbinden von Metallteilen werden Schrauben verwendet, die ein metrisches Gewinde haben. Die Schraubenmutter hat ein **Innengewinde**, das exakt zum **Außengewinde** der Schraube oder der Gewindestange passt. Wird die Schraube ohne Mutter direkt ins Werkstück gedreht, muss in die Bohrung mit einem Gewindebohrer (Abb. ②, ⑤, ⑥, ⑦) das passende Innengewinde geschnitten werden.
Alle Gewinde mit der gleichen Bezeichnung und die dazugehörenden Schneidwerkzeuge sind genormt, sie passen also genau zueinander.

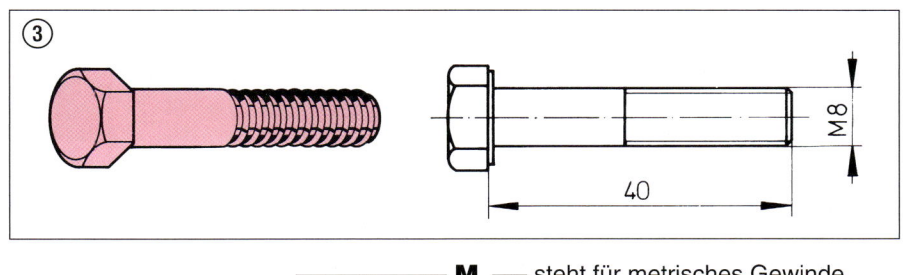

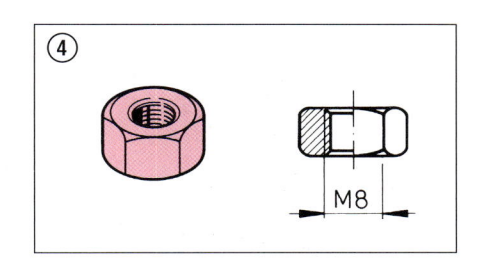

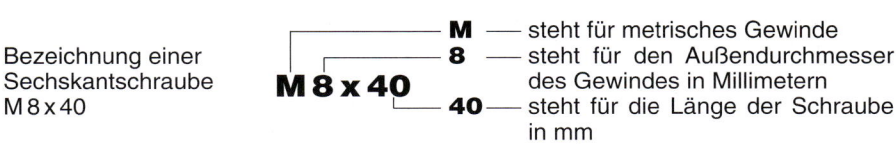

③

Bezeichnung einer Sechskantschraube M 8 x 40

M 8 x 40

- **M** — steht für metrisches Gewinde
- **8** — steht für den Außendurchmesser des Gewindes in Millimetern
- **40** — steht für die Länge der Schraube in mm

④

M8 (Abb. ④) bedeutet, dass das Innengewinde der Sechskantmutter exakt auf das Außengewinde der Sechskantschraube M8 passt.

Schneiden von Innengewinden

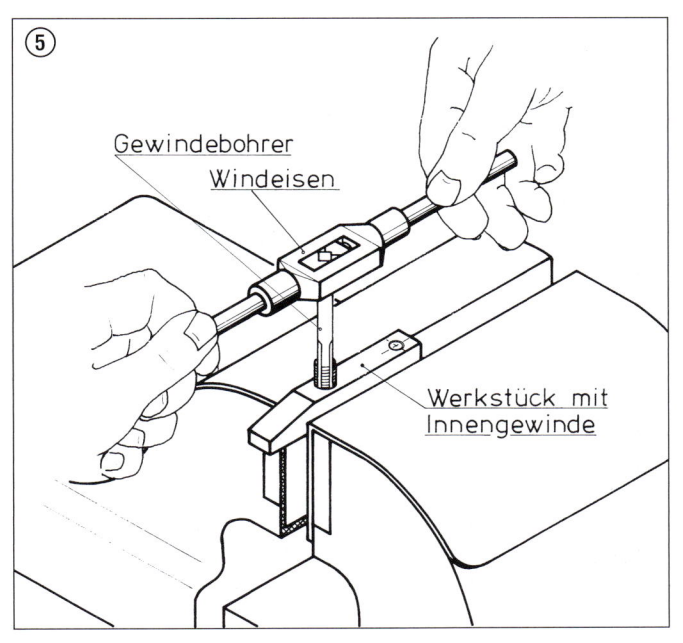

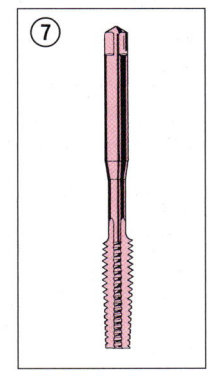

⑤
Gewindebohrer
Windeisen
Werkstück mit Innengewinde

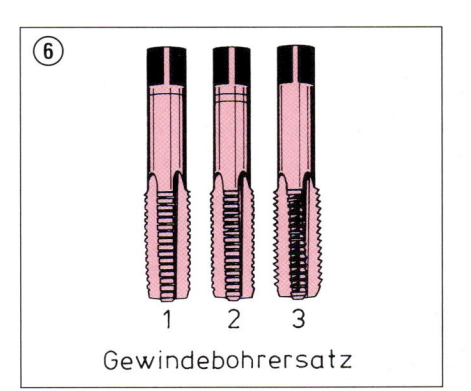

⑥
Gewindebohrersatz
1 2 3

⑦

Für das Innengewinde wird mit dem Spiralbohrer das **Kernloch** gebohrt. In das Kernloch wird dann mit dem **Gewindebohrersatz** (Abb. ⑥) in 3 Arbeitsgängen oder mit dem **Einschnittgewindebohrer** (Abb. ⑦ **Maschinengewindebohrer**) in einem Arbeitsgang das Gewinde geschnitten. Der Gewindebohrer wird in das **Windeisen** (Abb. ⑤) eingespannt.
Schneidwerkzeuge sind teuer, sie müssen sachgerecht eingesetzt und aufbewahrt werden, weil nur intakte Werkzeuge gute Arbeitsergebnisse bringen.

Treiben

Zähe Metalle wie Kupfer, Messing, Silber lassen sich als Bleche gut **treiben** (kaltschmieden).

Durch dicht nebeneinander gesetzte Schläge mit dem **Treibhammer** wölbt sich das Blech zu einer Hohlform (Abb. ①).

Als Unterlage dient ein **Treibklotz** mit einer Vertiefung. Das Blech muss an der Schlagstelle immer aufliegen.

Durch das Treiben wird das Metall verdichtet, es wird hart und spröde und kann sogar reißen.

Wenn man das Werkstück aus Kupfer **ausglüht** (Abb. ④), wird es wieder weich und schmiedbar, behält aber seine Form. Dabei entsteht eine Zunderschicht, die beim Abschrecken mit Wasser abspringt. Vor dem weiteren Bearbeiten müssen die Zunderreste mit Stahlwolle entfernt werden.

Unebenheiten werden über einer „**Faust**" geglättet (planiert) (Abb. ⑧). Die Ränder des Werkstücks müssen nach dem Treiben nachgearbeitet werden: Kanten runden und Ebenheit prüfen (Abb. ⑦).

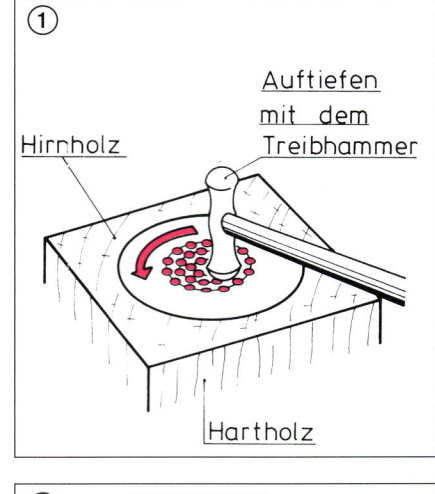

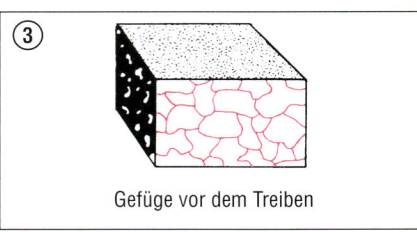

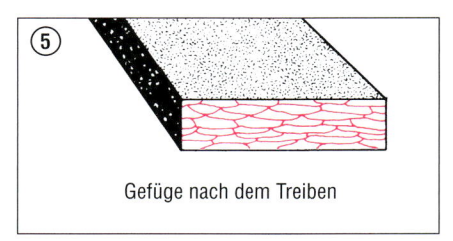

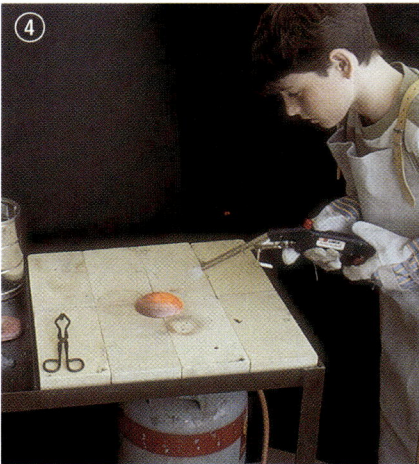

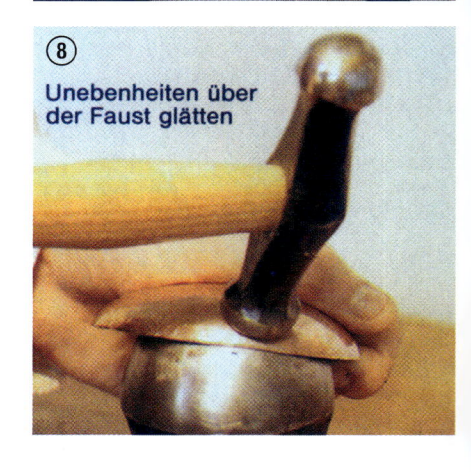

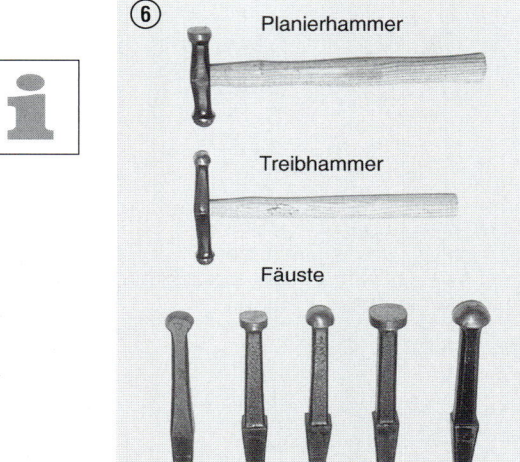

① Auftiefen mit dem Treibhammer — Hirnholz — Hartholz

③ Gefüge vor dem Treiben

⑤ Gefüge nach dem Treiben

⑥ Planierhammer, Treibhammer, Fäuste

⑦ „Ebenheit prüfen" auf planer Fläche

⑧ Unebenheiten über der Faust glätten

Schmieden, härten, anlassen

Beim **Schmieden** wird der Stahl in glühendem Zustand auf dem **Amboss** mit dem Schmiedehammer geschlagen und so in die gewünschte Form gebracht (Abb. ⑨). Ein Schmied muss geübt sein, das Werkstück richtig zu halten und den Hammer geschickt zu führen, um schnell die gewünschte Form zu schmieden, solange der Stahl glüht.

Stahl mit wenig Kohlenstoffgehalt, z. B. Baustahl, ist gut schmiedbar bei einer **Schmiedetemperatur** von 750 °C – 1300 °C.

Erwärmt wird das Werkstück im Schmiedefeuer einer **Esse**. In der Industrie werden Formteile serienmäßig auf Pressen mit Gesenken geschmiedet. Geschmiedete Formteile haben eine höhere Festigkeit und das Gefüge ist dichter als bei gleichen Formteilen, die z. B. durch Fräsen oder Drehen ihre Form erhalten haben.

Härten

Werkzeuge, wie Reißnadeln, Körner, Bohrer, Meißel, sind gehärtet, damit man mit ihnen ungehärtete Metallwerkstoffe bearbeiten kann. Stahl mit einem Kohlenstoffgehalt von 0,5 – 1,5 % ist härtbar.

Beim **Härten** von unlegiertem **Werkzeugstahl** wird das Werkzeugteil, das hart werden soll, auf eine Temperatur von 780 °C – 850 °C, je nach Kohlenstoffgehalt, erhitzt (Abb. ①). Die **Glühfarbe** des Stahls (Abb. ⑥) zeigt, wann die gewünschte Temperatur erreicht ist. Bei der Erwärmung des Stahls auf **Härtetemperatur** ändert sich das Eisen-Kohlenstoff-Gefüge von Abb. ③ zu Abb. ②. Wenn man den Stahl von der Härtetemperatur aus sehr schnell in Wasser abkühlt, bleibt das geänderte Gefüge von Abb. ② erhalten. Es haben sich harte Eisen-Kohlenstoff-Kristalle gebildet (Abb. ⑤).

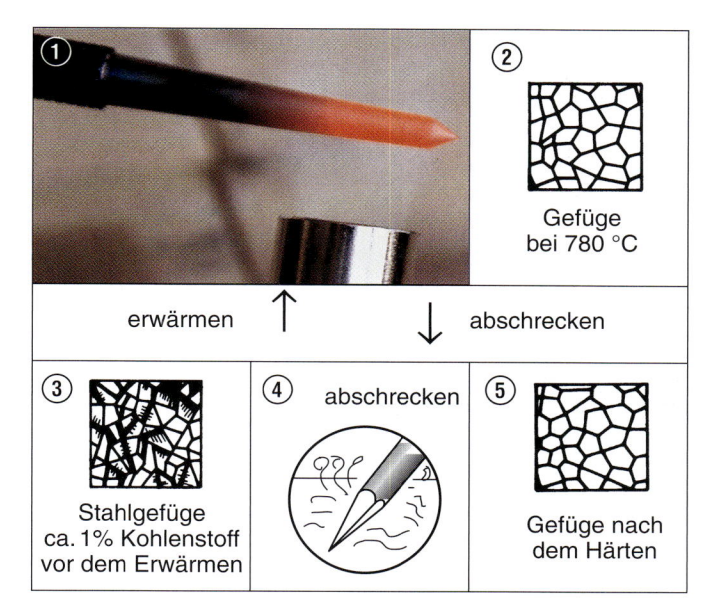

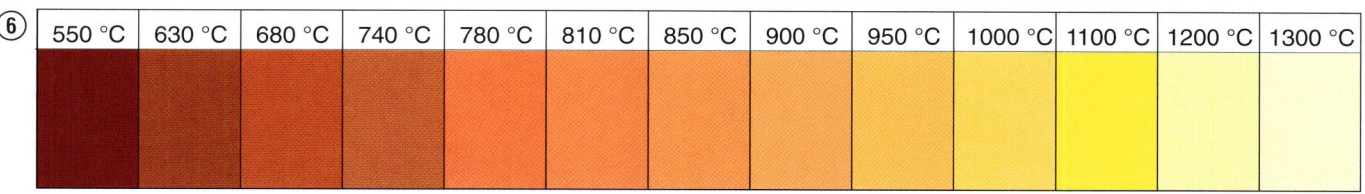

① (Werkstück wird erwärmt)
② Gefüge bei 780 °C
③ Stahlgefüge ca. 1% Kohlenstoff vor dem Erwärmen
④ abschrecken
⑤ Gefüge nach dem Härten

⑥ Glühfarben: 550 °C | 630 °C | 680 °C | 740 °C | 780 °C | 810 °C | 850 °C | 900 °C | 950 °C | 1000 °C | 1100 °C | 1200 °C | 1300 °C

Die Härtetemperatur beträgt für unlegierten Stahl (Kohlenstoffstahl)
mit 0,5 % C-Gehalt ca. 850 °C,
mit 0,6 bis 0,7 % C-Gehalt ca. 810 °C,
mit 0,8 bis 1,5 % C-Gehalt ca. 780 °C.

Anlassen

Nach dem Härten ist der Stahl sehr hart und spröde (Abb. ⑨), wie Abb. ② und ⑤. Je nach Beanspruchung müssen Werkzeuge nicht nur hart, sondern auch zäh sein.

Beim **Anlassen** geht ein Großteil der Sprödigkeit, aber auch etwas Härte verloren. Das Werkzeug wird jedoch mit zunehmender **Anlasstemperatur** zäher. Die **Anlassfarben** (Abb. ⑫) auf dem blanken Stahl zeigen uns, wann für das jeweilige Werkzeug die richtige Anlasstemperatur erreicht ist. Durch sehr schnelles Abkühlen in Wasser bleibt das durch die Anlasstemperatur erreichte Gefüge von Abb. ⑧ erhalten (Abb. ⑪).

Beachte: Bei unsachgemäßem Bohren kann die Bohrschneide heißlaufen und sich sogar auf über 200 °C erhitzen (sie wird „blau"), die Härte des Stahls ändert sich.

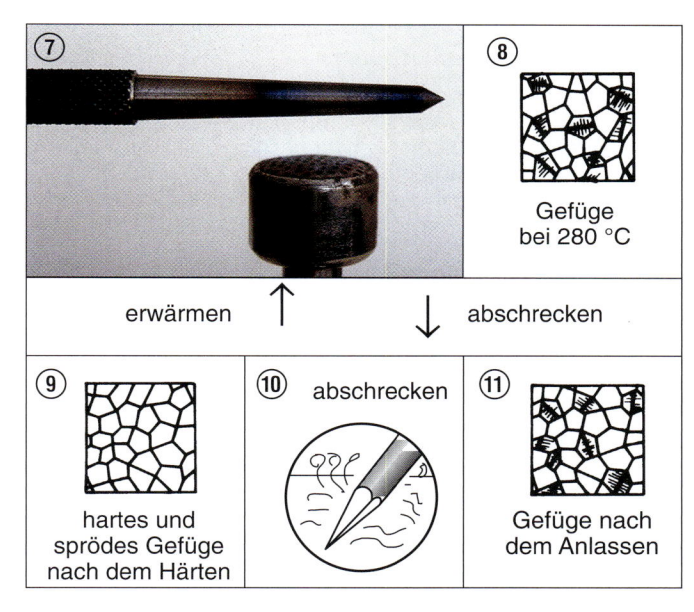

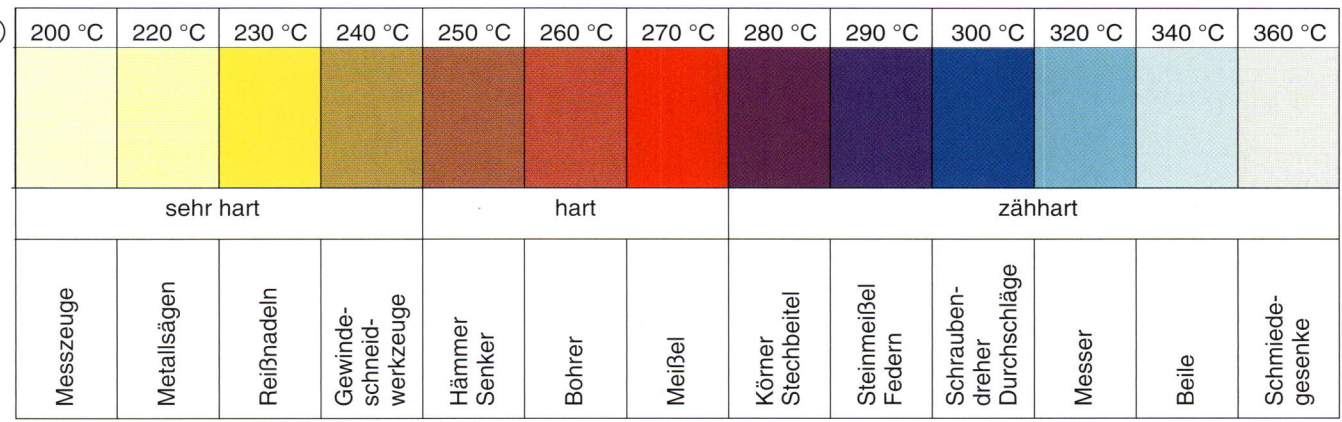

⑦ (Werkstück)
⑧ Gefüge bei 280 °C
⑨ hartes und sprödes Gefüge nach dem Härten
⑩ abschrecken
⑪ Gefüge nach dem Anlassen

⑫ Anlassfarben:

Temperatur	200 °C	220 °C	230 °C	240 °C	250 °C	260 °C	270 °C	280 °C	290 °C	300 °C	320 °C	340 °C	360 °C
Härte	sehr hart	sehr hart	sehr hart	sehr hart	hart	hart	hart	zähhart	zähhart	zähhart	zähhart	zähhart	zähhart
Werkzeuge	Messzeuge	Metallsägen	Reißnadeln	Gewindeschneidwerkzeuge	Hämmer Senker	Bohrer	Meißel	Körner Stechbeitel	Steinmeißel Federn	Schraubendreher Durchschläge	Messer	Beile	Schmiedegesenke

Zusammenfügen von Einzelteilen aus Metall

Um die Teile eines Werkstücks zu **verbinden,** können wir unter verschiedenen Verfahren wählen:

- bohren und schrauben
- gewinden und schrauben
- bohren und nieten
- weichlöten
- hartlöten
- kleben

Bei der Planung des Werkstücks sollten wir die Entscheidung frühzeitig treffen, damit die Teile entsprechend bearbeitet (z. B. gebohrt) werden können oder das Material entsprechend gewählt werden kann (Abb. ①).

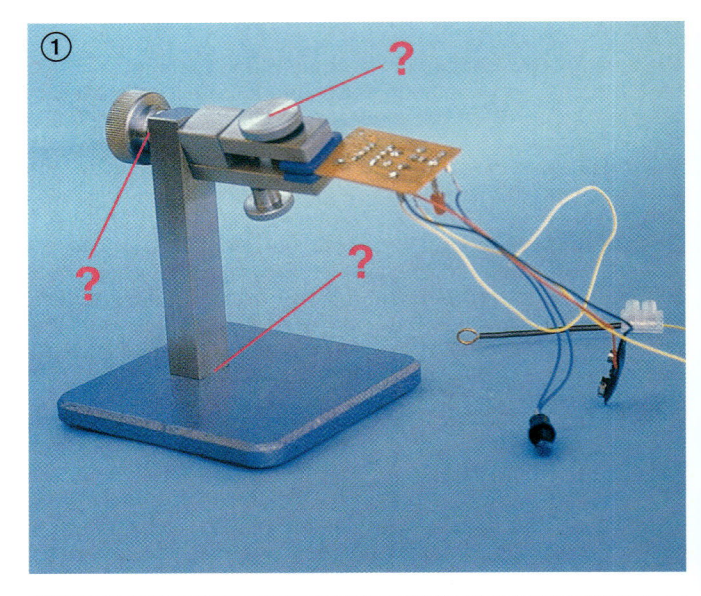

Schraubverbindung

Schraubverbindungen haben den Vorteil, dass sie jederzeit wieder gelöst werden können (Abb. ②).
Der Handel bietet eine Vielzahl gängiger Schrauben für unterschiedliche Verwendungszwecke an. Außer für selbstschneidende Blechschrauben müssen für Schraubverbindungen die Teile immer gebohrt werden. Die Schrauben werden in ein Innengewinde eingedreht. Entweder kann dieses Innengewinde ins Werkstück selber geschnitten werden, oder es wird eine Mutter aufgeschraubt und angezogen.

Nieten mit der Blindnietzange

Ist die Nietstelle nur von einer Seite zugänglich oder sollen Blechteile rasch miteinander verbunden werden, können wir **Blindnieten** (Abreißnieten) verwenden.
Sie werden mit der **Blindnietzange** (Abb. ⑥) verarbeitet.
Blindnieten erhalten wir in verschiedenen Stärken und Längen.

Verbindung durch Abreißnieten

Der Abreißniet (Abb. ⑤) besteht aus einem Hohlniet und einem Nietdorn mit Kopf. Der Kopf des Nietdorns wird beim Nietvorgang in den Hohlniet gezogen, drückt diesen auseinander und klemmt so die Blechteile zusammen.

Beim Blindnieten gehen wir nach Abb. ④ vor:
a) Bohren des Nietloches.
b) Abreißniet in das vorgebohrte Loch stecken.
c) Nietzange aufsetzen und betätigen. Dabei wird der Dornkopf gegen den Hohlniet gepresst. Der Nietschaft wird gestaucht und presst die Teile zusammen.
d) Bei weiterer Betätigung der Zange reißt der Nietdorn an der vorbestimmten Sollbruchstelle ab.

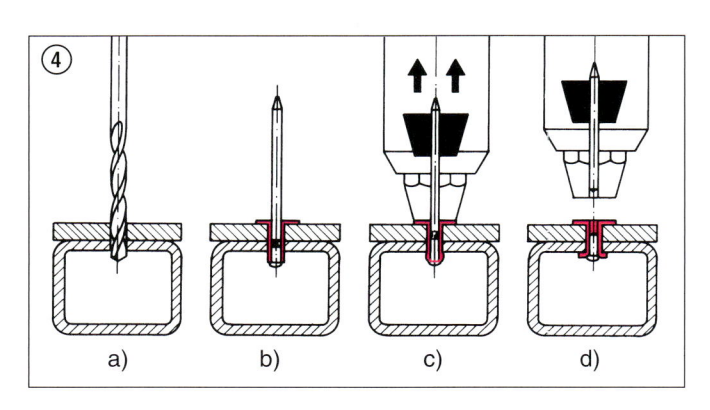

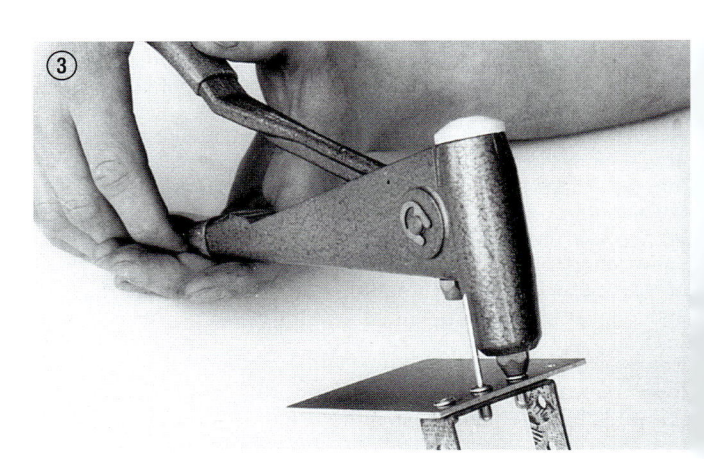

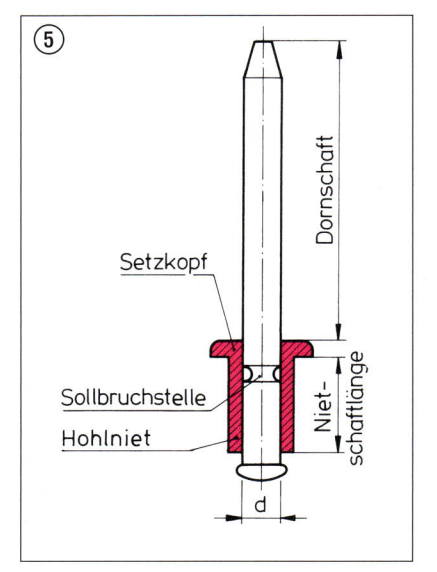

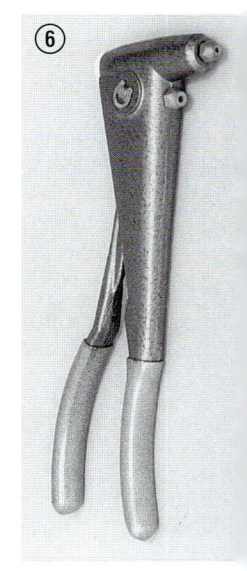

Löten

Voraussetzungen für haltbare Lötstellen:
- Die Lötstelle (beide Teile) muss metallisch blank, fettfrei und sauber sein.
- Die Metallteile müssen vor dem **Löten** gut angepasst werden, damit der Lötspalt möglichst klein ist.
- Je dünner die Lotschicht ist, umso besser hält die Verbindung.
- **Flussmittel** lässt das Lot besser fließen und verhindert, dass sich die blanken Teile beim Erwärmen wieder mit einer Oxidschicht überziehen, die das einfließende Lot abweisen würde.
- Das Lot wird erst an die Lötstelle gegeben, wenn die Teile an der Lötstelle auf **Schmelztemperatur des Lots** erwärmt wurden.
- Die Teile werden so befestigt, dass sie sich beim Erkalten des Lots nicht bewegen können.

Weichlöten

Teile aus Blechen oder Drähte können wir durch **Weichlöten** verbinden (Abb. ①). Das Weichlot **(Lötzinn)** wird bei ca. 300 °C flüssig. Das Lot „kriecht" zwischen die zu verbindenden Teile. Lot ist eine Legierung aus Zinn und Blei (z. B. 40% zu 60%). Damit das Lot besser fließt, verwenden wir ein Flussmittel (Lötfett, Lötwasser).

Lötkolben mit ca. 150 Watt sind für unsere Arbeiten (Bleche und Drähte bis 1,5 mm) geeignet (Abb. ③). Wichtig ist die Wahl der **Lötspitze**:
- **Kupferspitzen** müssen vor dem Gebrauch verzinnt werden,
- vernickelte **Dauerlötspitzen** dürfen nur feucht abgewischt werden.

Gelötet wird auf einer feuerfesten Unterlage (Abb. ③).
Weichlötarbeiten können auch mit dem Bunsenbrenner oder der Lötlampe mit Gaskartusche ausgeführt werden.

Hartlöten

Hartgelötete Verbindungen können stärker belastet werden und halten höheren Temperaturen stand (Abb. ②).
Hartlöten benötigt Temperaturen ab ca. 500 °C; **Messinglot** ist eine Legierung aus 60% Kupfer mit Zink und Silber und hat einen höheren Schmelzpunkt als **Silberlot** (ca. 620 °C). Als **Flussmittel** verwendet man Borax. Im Handel sind Lote mit eingearbeitetem Flussmittel erhältlich.
Beim Hartlöten wird mit offener Flamme auf einer **feuerfesten Unterlage** aus Schamottesteinen gearbeitet (Abb. ④). Der Handel bietet speziell zum Hartlöten geeignete Geräte mit Gasversorgung an.

Kleben

Die Industrie verwendet zunehmend spezielle Klebeverfahren für die Verbindung von Metallteilen und für die Verbindung von Metallen mit anderen Werkstoffen, z. B. das **Kleben** einer Kupferfolie auf eine Kunststoffhülse zur Herstellung eines Kollektors (Abb. ⑤).
Wir verwenden in der Regel so genannte **Zweikomponentenkleber,** wobei die Gebrauchsanleitung genau beachtet werden muss, damit eine dauerhafte Klebung entsteht.

Die Gebrauchsanleitung informiert über
- Vorbereitung der Klebestellen,
- Mischung der Komponenten (Harz und Härter),
- Klebstoffauftrag,
- Fixierung und Pressung der Teile,
- Abbinde- und Aushärtezeit bei bestimmten Temperaturen,
- Unfallgefahren.

In einer Firma, die Elektromotoren herstellt, erfahren wir, dass Lager auf die Ankerwelle geklebt werden (Abb. ⑥).
Neben einem festen Sitz wird durch den Klebefilm zwischen den Metallteilen ein ruhigerer Lauf des Motors erzielt. Schwingungen, die bei aufeinander gleitenden Metallteilen entstehen, werden dadurch gedämpft.

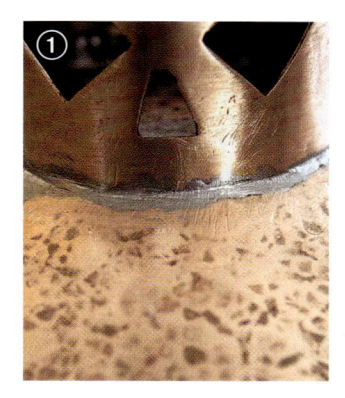

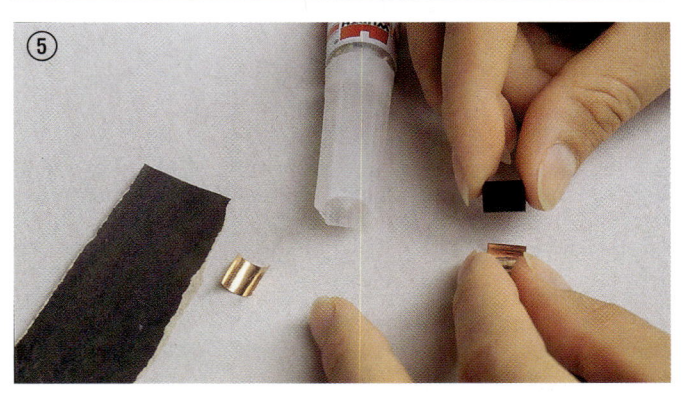

Korrosionsschutz

Metalle reagieren auf Witterungs- und andere Umwelteinflüsse unterschiedlich:
- Platin, Gold und Silber sind korrosionsfest, d. h., ihre Oberfläche wird durch Einwirkung von Feuchtigkeit, Salzen u. Ä. nicht angegriffen oder zerstört,
- Zink, Aluminium, Nickel und Chrom überziehen sich mit einer **Oxidschicht,** die fest auf dem Metall haftet und dieses vor **Korrosion** schützt,
- Kupfer bildet bei Berührung mit Feuchtigkeit, also z. B. feuchter Luft, ebenfalls eine Schutzschicht, die so genannte **Patina**. Diese bildet sich aber in Verbindung mit Säuren als giftiger Grünspanüberzug aus (Abb. ①).
- Eisen und Stahl sind Metalle, die rosten. Feuchtigkeit, Salze, Abgase etc. beschleunigen die Bildung von Rost.

Auch unsere Werkstücke aus Metall müssen wir vor Korrosion schützen!
Durch spezielle Herstellungsverfahren kann die Oberfläche von Stahlblechen und von Stahlprofilen bereits mit einer Oxidschicht überzogen sein, sodass sie vor dem Lackieren nicht blank gemacht und auch nicht grundiert werden muss.
Eine Schutzhaut für Werkstücke aus Metall erreicht man durch das Lackieren und durch das Einfetten oder Einölen mit säurefreiem Fett oder Öl.

Farblackieren

Metalloberflächen, die lackiert werden sollen, müssen sauber und fettfrei sein. Mit Schleifleinen und Stahlwolle werden Metallflächen blank gemacht (Abb. ②). Blanke Metalloberflächen werden aber nur dauerhaft vor Korrosion geschützt, wenn die Oberfläche vor dem **Lackieren** sorgfältig **grundiert** (Abb. ③) oder zaponiert wird.
Wir verwenden so genannte „Wasserlacke" mit dem „Blauen Engel". Dies sind Acryllacke, die nur geringe Mengen von organischen Lösemitteln enthalten und mit Wasser verdünnbar sind. Deshalb können die Pinsel nach dem Lackauftrag mit Wasser ausgewaschen werden. Acryllacke trocknen rasch und bilden keine „Tropfen". Lacke tragen wir mit dem Pinsel gleichmäßig dünn auf (Abb. ④). Sind mehrere Schichten nötig, muss jede Grundierungs- oder Farbschicht gut durchtrocknen und bei sehr glatten Flächen leicht angeschliffen werden, bevor der nächste Farbauftrag erfolgen kann.
Die Verarbeitungshinweise auf den Behältern müssen unbedingt beachtet werden. Sie geben genaue Anleitungen für die Verwendung, Lagerung und Entsorgung.

Zaponieren

Soll der metallische Glanz vom blanken Stahl, Messing oder Kupfer sichtbar bleiben, empfiehlt sich der Überzug mit **Zaponlack**; vorher müssen die Metallteile blank und fettfrei (Fingerspuren) sein: Mit Schleifleinen und Stahlwolle werden die Metallflächen blank gemacht, mit einem Lappen werden Schmutz- und Fettspuren beseitigt.
Kupfer legen wir zusätzlich in eine Essig-Salz-Lösung; diese löst Fingerspuren oder eine bereits gebildete Oxidschicht ab.
Den Zaponlack tragen wir mit dem Pinsel oder mit der Sprühdose auf oder tauchen kleinere Teile kurz ein.

Für alle Arbeiten mit Mitteln zur **Oberflächenbehandlung** gilt:
- Gebrauchsanleitung genau lesen und Verarbeitungshinweise befolgen,
- für gute Entlüftung sorgen,
- Reste gut verschlossen und nur in Originalgefäßen oder in genau und deutlich beschrifteten Behältern aufbewahren!

Zum Schutz der Umwelt schütten wir Farb-, Lack- und Lösungsmittelreste nicht in den Ausguss. Solche Reste, wie auch eingetrocknete Lacke und Klebstofftuben, werden gesammelt und als Sondermüll an extra dafür eingerichteten Sammelstellen abgeliefert. Am besten verwenden wir umweltfreundliche „Wasser"-Lacke und -Lasuren, die auch geruchsarm sind.

Informationen zum Montieren, zu Maschinenteilen und ihrer Funktionsweise

Aufbau von Maschinen

Wer Maschinen entwickelt, konstruiert und herstellt, muss grundsätzlich immer wieder ähnliche Probleme lösen. Dies macht der Vergleich zwischen der historischen Wasserhebemaschine und einer heute verwendeten Tischbohrmaschine deutlich.

Schon in früher Zeit gab es Vorrichtungen, mit denen Wasser aus unterirdischen Quellen heraufgeholt oder aus Flüssen geschöpft wurde zur Bewässerung der Felder. Tiere wurden jahrhundertelang in der ganzen Welt zum Antrieb von Kornmühlen und Wasserschöpfwerken eingesetzt.

Wenn auch die technische Entwicklung Werkzeuge, Materialien, Antriebe usw. zur Verfügung stellt, so müssen die Konstrukteure der Tischbohrmaschine ähnliche Fragen stellen und klären wie der Erbauer der historischen Wasserhebemaschine:

- Wie treibe ich die Bohrmaschine an?
- Welche Bewegung soll das Werkzeug ausführen?
- Wie kann die Kraft übertragen werden?
- Wie kann der Bewegungsablauf der Bohrmaschine gesteuert werden?

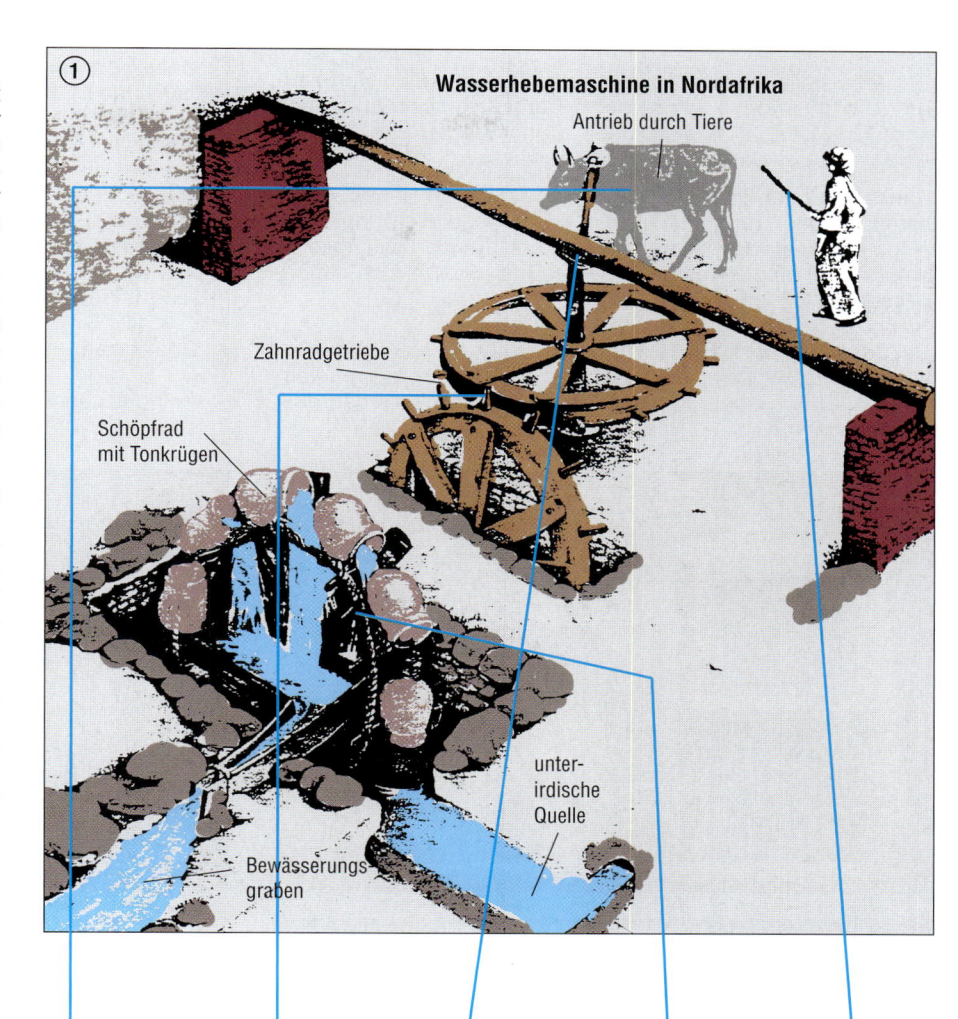

① Wasserhebemaschine in Nordafrika
Antrieb durch Tiere
Zahnradgetriebe
Schöpfrad mit Tonkrügen
unterirdische Quelle
Bewässerungsgraben

Antrieb | Getriebe | Gestell | Werkzeug | Steuerung

Der **Antrieb** erfolgt bei der Wasserhebemaschine (Abb. ①) durch einen Ochsen. Bei der Tischbohrmaschine treibt ein E-Motor an. Maschinen können auch durch Wasserräder, Dampfkraft, Verbrennungsmotoren oder Windräder angetrieben werden.

Ein **Getriebe** wird eingesetzt, um die Antriebskraft auf das Arbeitsteil (Bohrkopf mit Bohrer) zu übertragen. Häufig erfolgt dies durch Zahnräder, über Riemen oder Ketten. Durch Getriebe können Drehzahl, Drehkraft und Drehrichtung des Arbeitsteils bestimmt werden.

Das **Gestell** dient als Träger, als Aufnahme der Lager oder als Gehäuse.

Arbeitsteile wie Bohrer oder Schöpfer werden so konstruiert, dass sie die gewünschte Arbeit möglichst optimal verrichten.

Bei den Maschinen in Abb. ① und ② erfolgt die **Steuerung** durch die „gefühlvolle" Hand eines Menschen. Steuerungsaufgaben werden heute zunehmend von elektromagnetischen, pneumatischen, hydraulischen Einrichtungen und elektronischen Bauteilen übernommen.

②

Bauteile zum Bau von Maschinen

Zur Übertragung von Antriebskräften gibt es unterschiedliche Möglichkeiten wie Zahnrad-, Reibrad-, Ketten- und Riemengetriebe.

Die Teile stellen wir nicht selbst her. Wir verwenden **Halbzeuge** (Abb. ① und ②) wie gelochte Bandmaterialien aus Blech oder Kunststoff, Acrylglasplatten, Zahnräder, Räder, Wellen, Achsen u. a. mehr.

Baukästen oder **Bausätze** (Abb. ⑤), wie sie im Handel angeboten werden, vereinfachen die Arbeit wesentlich. Innerhalb eines **Baukastensystems** (Abb. ③ und ④) sind alle Teile so aufeinander abgestimmt, dass die Rastermaße zusammenpassen.

Bei der Arbeit mit **Baukästen** müssen wir beachten, dass Teile aus unterschiedlichen Systemen meist nicht zusammenpassen. Es ist daher unbedingt notwendig, alle Teile geordnet aufzubewahren.

Um eine funktionstüchtige **Maschine** bauen zu können, müssen zuvor alle Bedingungen, die sie erfüllen muss, genau ermittelt werden.

Sind die Bedingungen erkundet, ist zu überlegen, auf welche Weise und mit welchen gegebenen technischen Mitteln sie realisiert werden können:

- Wenn wir beispielsweise ein Gestell oder ein Gehäuse bauen, müssen wir Teile miteinander verbinden. Dafür gibt es unterschiedliche Möglichkeiten wie Kleben, Verschrauben, Stecken, u. Ä.
- Wenn Achsen und Wellen leichtgängig laufen sollen, müssen wir sie lagern und sichern. Dafür gibt es unterschiedliche Lösungen wie Hülsen als Lagerbuchsen, Kugellager u. a. (☞ S. 136).
- Gesichert werden sie durch Kontermuttern, Stellringe u. a. (☞ S. 137).
- Antriebe können sein: Kurbeln, E-Motoren, Wind- und Wasserräder.

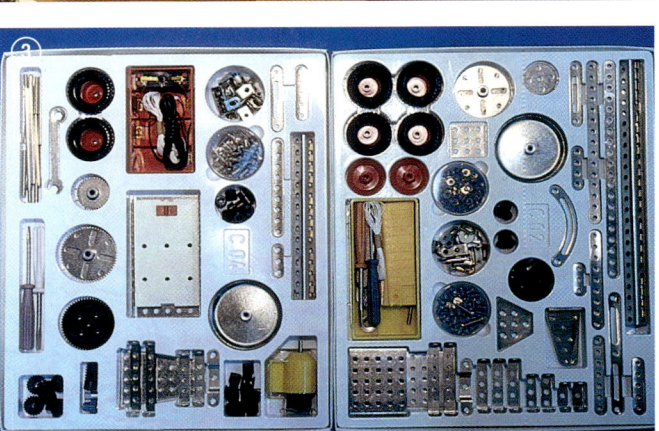

Bauteile verbinden

Verschrauben

Maschinenteile werden häufig verschraubt. Die **Schraubverbindung** ist stabil und kann bei Bedarf (Umrüsten, Einbau von Ersatzteilen) wieder gelöst werden. Wir **verschrauben** Bauteile aus Baukästen oder selbst gefertigte Bauteile wie Lochplatten, Lochstreifen und Räder.

Schrauben und Muttern können wir fest anziehen, wenn wir **Schraubendreher, Gabel-** oder **Steckschlüssel** passend wählen (Abb. ①).

Die Durchgangsbohrung für die Schraube muss so gebohrt sein, dass der Durchmesser etwa 0,5 mm größer ist als der Schraubendurchmesser (Abb. ① u. ②). Eine **Unterlegscheibe** verhindert das Einziehen des Schraubenkopfes und der Schraubenmutter ins Material. Gleichzeitig wird die Oberfläche vor Beschädigung geschützt (Abb. ②).

Ein Rad kann durch das Anziehen von je einer Mutter an beiden Seiten auf einer **Welle mit Gewindeenden** fest montiert werden (Abb. ③ u. ④).
Unterlegscheiben verwenden!
Wellen mit Gewindeenden können wir auf das gewünschte Maß ablängen und das Gewinde ggf. nachschneiden.
Zum Spannen der Wellen Schutzbacken verwenden!
Nach dem Sägen sauber entgraten!
Räder mit Buchse lassen sich mithilfe eines Gewindestifts fest montieren.

Schrauben, Unterlegscheiben und **Muttern** müssen zueinander passen (Norm, Abb. ④).
Zylinder- und **Senkkopfschrauben** halten wir mit dem Schraubendreher fest, wenn wir die Mutter mit dem Gabel- oder Steckschlüssel anziehen (Abb. ①).
Werden **Sechskantmuttern** auf **Schrauben mit Sechskantkopf** festgezogen, arbeiten wir mit zwei Gabelschlüsseln.
Flügelmuttern verwenden wir dann, wenn die Verschraubung rasch und ohne Werkzeug gelöst oder angezogen werden soll (Abb. ④).
Schrauben wählen wir in der erforderlichen Länge, sodass das Schraubenende nur geringfügig über die Mutter hinausragt.

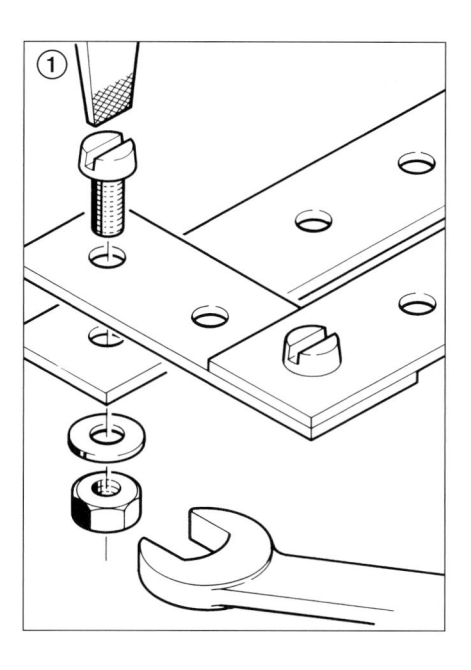

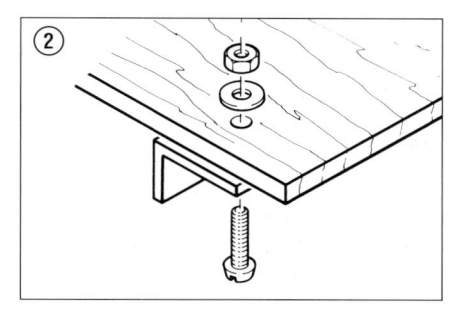

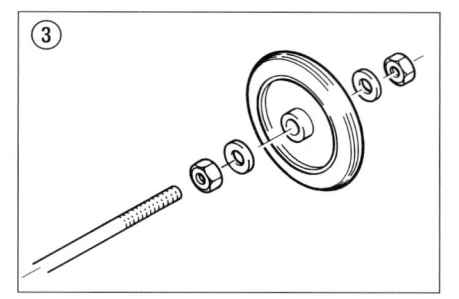

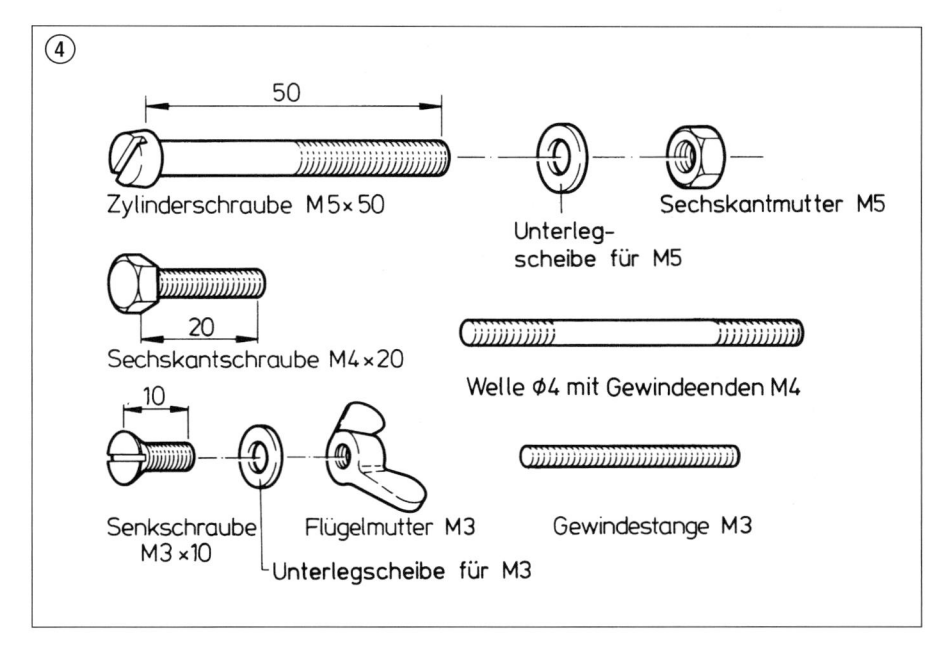

Stecken, Pressen

Der Bohrungsdurchmesser von Zahnrädern ist oft so gewählt, dass das Zahnrad fest sitzt, wenn es auf die Welle gepresst wird.
Dadurch werden die Drehbewegungen der Motorwelle weitergeleitet.
Entspricht der Wellendurchmesser (z. B. Motorenwelle) nicht dem Bohrungsdurchmesser des Zahnrads, kann eine passende Hülse (siehe Abb. ⑤) aufgesteckt werden.

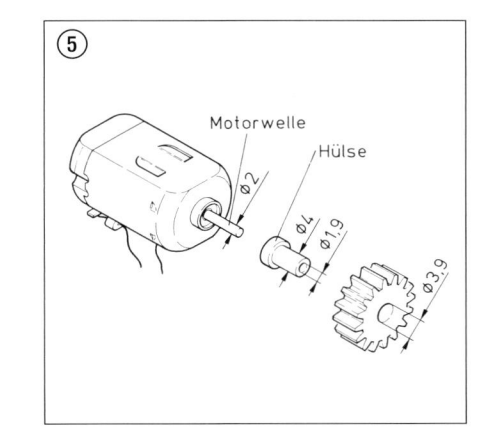

Kleben

Können metallische Bauteile nicht gesteckt oder verschraubt werden (z. B. die **Befestigung von E-Motoren** in Abb. ⑥, S. 135), **kleben** wir. Dies empfiehlt sich dort, wo die Verbindung endgültig ist, also kein Umbau vorgesehen wird. **Klebverbindungen** sind nur haltbar, wenn die Verarbeitungshinweise für den Kleber genau befolgt werden. (Siehe nebenstehendes Beispiel eines Verarbeitungshinweises.)

Beachte die Verarbeitungshinweise und Sicherheitsbestimmungen des verwendeten Klebers zum Beispiel:
Leicht entzündlich VbF A I 
Reizend Enthält Methylmethacrylat

Schnell härtender Zweikomponenten-Kleber, der Materialunebenheiten ausgleicht. Für Stein, Kunststoffe, Keramik, Holz, Metall und mehr. Nicht geeignet für Polyethylen, Teflon®, Weich-PVC, Polyamide.

Verarbeitung:
1. Vorbereitung: Klebeflächen säubern (möglichst mit Alkohol oder Benzin reinigen), bei Metallen und Kunststoffen erhöht Aufrauen die Klebfestigkeit.
2. Mischung: Vom Härte-Pulver (B) je nach benötigter Klebstoffmenge einen, zwei oder drei Löffel (randvoll) in die mit 1, 2, bzw. 3 gekennzeichnete Vertiefung geben (siehe Zeichnung). Mit Harz (A) bis zum Rand auffüllen. Mit der spitzen Seite des Spatels durchrühren, bis ein gleichmäßiges Gemisch entstanden ist.
3. Klebung: Klebstoff auf beide Klebflächen dünn auftragen, Teile bis zur Anfangsfestigkeit (nach ca. 20 Minuten) mit Klammern oder Klebeband fixieren.
Klebstoffreste lassen sich aus den Vertiefungen des Mischsystems gut entfernen (von unten gegendrücken).

Besonderer Hinweis:
Gemisch innerhalb von 8 Minuten verarbeiten. Darf nicht in die Hände von Kindern gelangen.

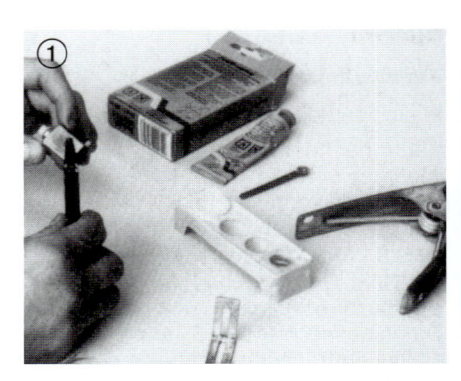

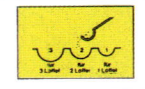

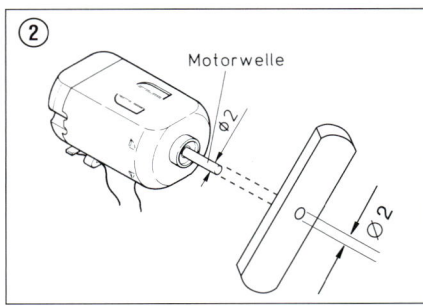

Gestelle, Lager

Ein **Gestell** muss so konstruiert sein, dass es als Rahmen, als Träger, als Lager oder als Gehäuse für die anderen Teile dienen kann: Es muss stabil sein.

Eine Konstruktion wird stabil, wenn Verstrebungen so angebracht werden, dass Dreiecke entstehen (Abb. ③).

Auch Platten stellen Verstrebungen dar, wenn die Befestigung in Form des Dreiecks vorgenommen wird. Noch stabiler und tragfähiger werden Gestelle z. B. durch die Verwendung von **Winkelprofilen** anstelle von Flachprofilen oder von Rohren wie z. B. beim Fahrrad (Abb. ③).

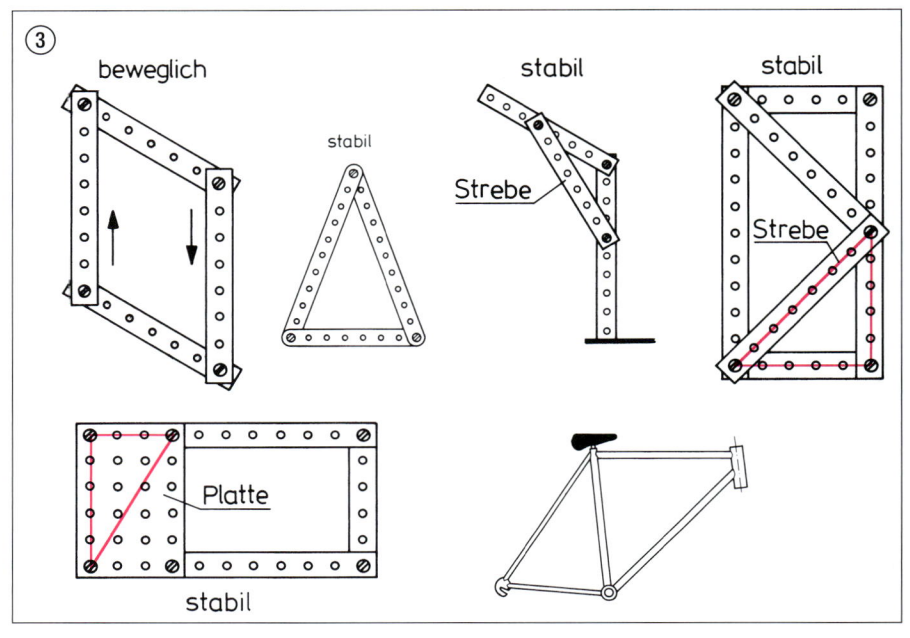

Teile, die sich drehen, wie Achsen oder **Wellen,** müssen gelagert werden. Diese Lager sollen
– die Belastungen aufnehmen,
– als Halterung bzw. Befestigung dienen,
– so gebaut sein, dass sich Wellen oder Achsen bei geringem „Spiel" leicht drehen können, also die Reibung möglichst gering ist.

Lochstreifen aus Metall können dann als Lager dienen, wenn die Bohrung nur geringfügig größer ist als der Durchmesser der Welle.
Ist das Bohrloch zu groß, sodass die Welle zu viel „Spiel" hat, kann durch Aufbohren und Einsetzen einer passenden Messinghülse eine gute Lagerung erreicht werden (Abb. ⑤).

In Abb. ⑦ läuft die Welle in einem **Kunststofflager.**

Lager müssen **geschmiert** werden, damit sie leicht laufen, nicht heiß werden und sich nicht „festfressen".

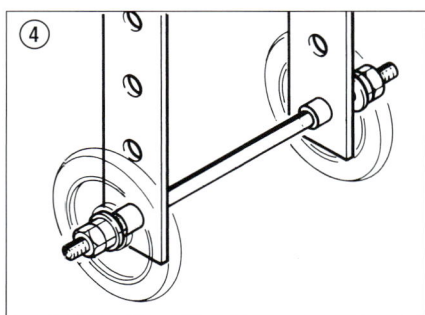

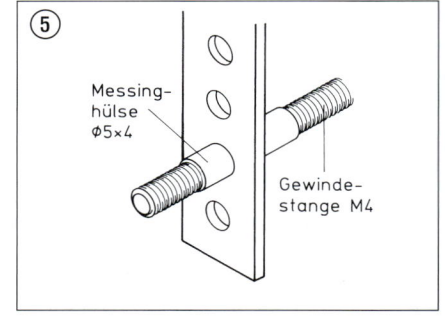

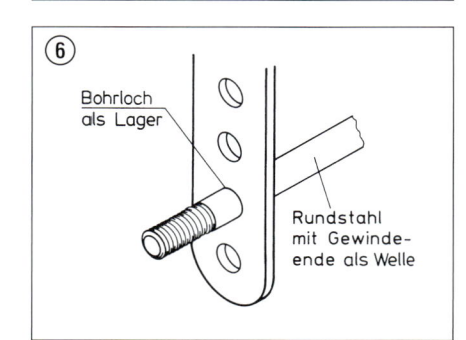

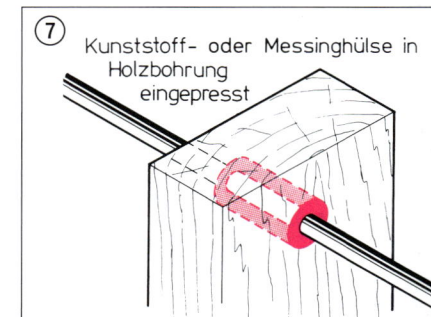

Sichern

Wellen und Achsen können sich seitlich verschieben. Um dies zu verhindern, müssen sie gesichert werden. Dies kann bei Metallrundstäben durch die Montage von Stellringen (Abb. ② u. ③) erreicht werden. **Stellringe** werden an der gewünschten Stelle mit dem Gewindestift auf der Achse/Welle festgeklemmt. Werden Wellen mit Gewindeenden verwendet, so können – wie in Abb. ① dargestellt – zwei Muttern gegeneinander angezogen werden; man nennt dies **kontern.**

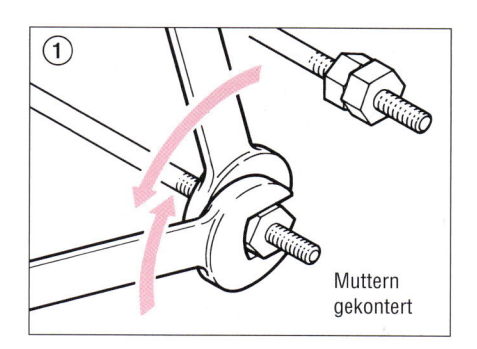

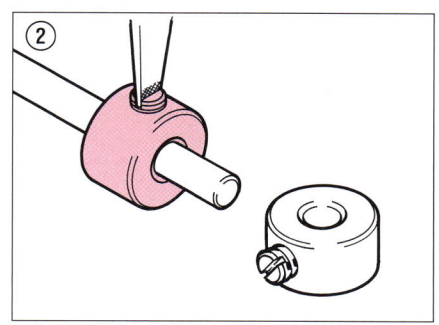

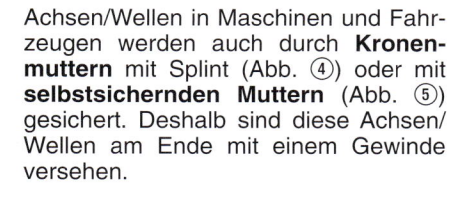

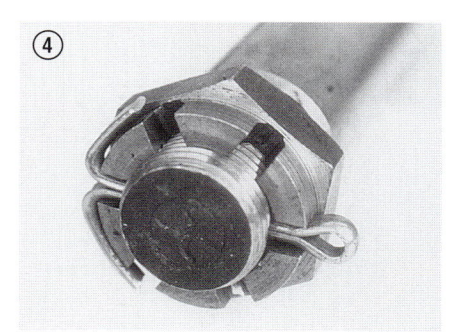

Muttern gekontert

Achsen/Wellen in Maschinen und Fahrzeugen werden auch durch **Kronenmuttern** mit Splint (Abb. ④) oder mit **selbstsichernden Muttern** (Abb. ⑤) gesichert. Deshalb sind diese Achsen/Wellen am Ende mit einem Gewinde versehen.

Antrieb

Mechanische Spielzeuge oder Geräte und Maschinen erfüllen ihren Zweck nur, wenn eine Kraft sie antreibt. Muskelkraft, Wasserkraft, Windkraft oder Motoren dienen z. B. als **Antrieb.**
Maschinen, die wir bauen, werden meistens mit einem Elektromotor (Abb. ⑥ und ⑦) angetrieben.

Antrieb über einen Elektromotor

Elektromotoren sind wartungsfrei, laufen leise und haben eine lange Lebensdauer.
Modellbau-Elektromotoren sind Schnellläufer, sie liefern aber nur eine geringe Antriebskraft. Ihre Motorwelle dreht sich mit ca. 6000 bis 9000 U/min (Umdrehungen pro Minute).
Es ergibt sich deshalb die Problemstellung: schneller Antrieb (Motorendrehzahl) bei benötigtem langsameren, aber kräftigem Abtrieb (Drehzahl der Räder). In mechanischen Spielzeugen oder Maschinen wird dieses Problem mithilfe von Getrieben gelöst.
In Abb ⑦ ist am Beispiel des Getriebes von Abb. ⑥ dargestellt, wie Getriebe gezeichnet werden. Zudem enthält Abb. ⑦ den Schaltplan für den Anschluss eines Motors.

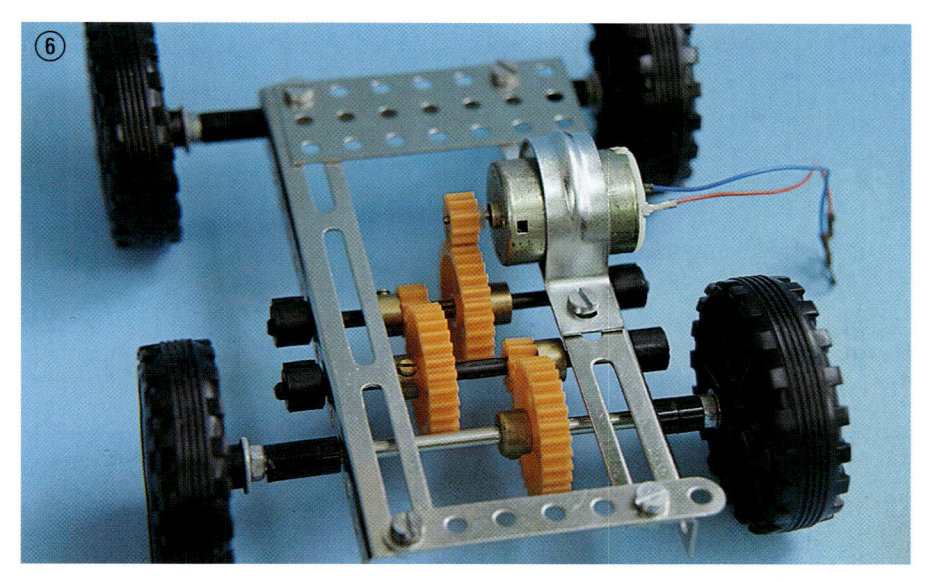

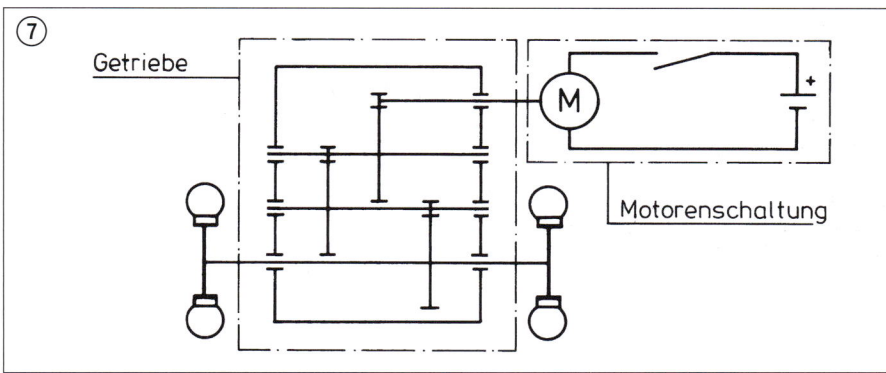

Getriebe

Motorenschaltung

Getriebe

Getriebe werden eingesetzt, um
- die **Antriebskraft** von der **Antriebswelle** über eine bestimmte Entfernung auf die Abtriebswelle zu übertragen,
- die geeignete **Drehzahl** und die benötigte **Drehkraft** am Antrieb zu erreichen,
- die gewünschte **Drehrichtung** am Antrieb zu erzielen.

Zahnradgetriebe

Bei einem **Stirnradgetriebe** (Abb. ①) mit zwei gleich großen **Stirnzahnrädern** dreht sich das **getriebene Rad** gleich schnell wie das **antreibende Rad**. Die Räder drehen sich in entgegengesetzter **Drehrichtung**.

Bei einem Getriebe mit einem kleineren Antriebsrad (Abb. ②) dreht sich das getriebene größere Rad mit geringerer Drehzahl. Die **Drehkraft** am getriebenen Rad ist größer als die Drehkraft am antreibenden Rad. Die Räder drehen sich in entgegengesetzter Drehrichtung.

Ist das **Antriebsrad** größer, dreht sich das getriebene kleinere Rad mit größerer Drehzahl (Abb. ③). Die Drehkraft am getriebenen Rad ist kleiner als die Drehkraft am antreibenden Rad. Die Räder drehen sich in entgegengesetzter Drehrichtung.

Setzen wir zwischen zwei gleich große Stirnzahnräder ein drittes Rad als **Zwischenrad** (Abb. ④), drehen sich antreibendes und getriebenes Rad mit gleicher Drehzahl. Damit ändert sich auch die Drehkraft nicht. Durch das Zwischenrad haben das antreibende und das getriebene Rad die gleiche Drehrichtung.

Wenn wir die Antriebskraft winklig weiterleiten wollen, bauen wir mit **Kegelzahnrädern** ein **Kegelradgetriebe** (Abb. ⑤ und ⑥).

Beim **Schneckengetriebe** wird ein Zahnrad durch eine **Schnecke** angetrieben. Dabei dreht sich das getriebene Rad mit viel geringerer Drehzahl als die antreibende Schnecke (Abb. ⑦).
Die Drehkraft am Zahnrad erhöht sich dadurch stark. Wenn die Schnecke stillsteht, ist das Getriebe **gesperrt**, wodurch z. B. eine Seilwinde gegen unbeabsichtigtes Zurückdrehen gesichert ist. Dreht sich eine einfache Schnecke 1-mal, so dreht sich das Zahnrad, in das die **Schnecke** eingreift, um einen Zahn weiter.
Bei der Übersetzung wirkt die einfache Schnecke wie ein Zahnrad mit einem Zahn. Die Schnecke muss sich also 15-mal drehen, bis sich ein Zahnrad mit 15 Zähnen 1-mal dreht.

Zahnstangengetriebe geben die Antriebskraft direkt weiter. Sie drehen nicht durch, weil die Zähne passgenau ineinander greifen (Abb. ⑧). Zahnstangengetriebe ermöglichen das Umwandeln von Drehbewegungen in geradlinige Hin- und Herbewegungen und umgekehrt (z. B. bei der Fahrzeuglenkung).

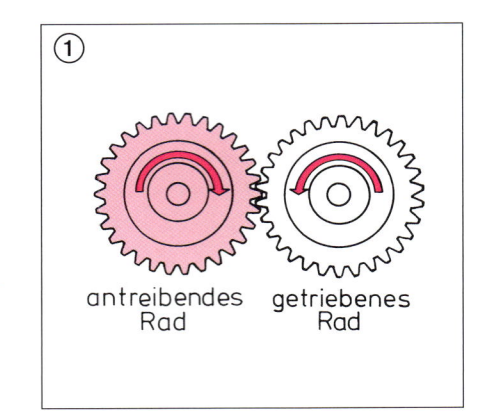

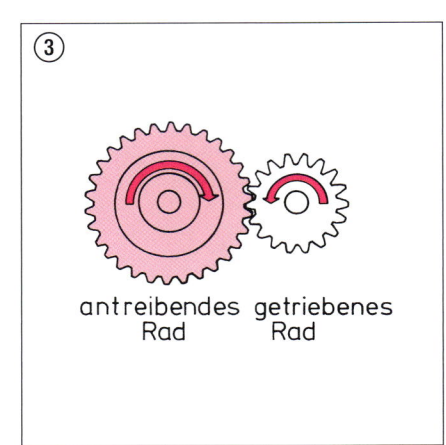

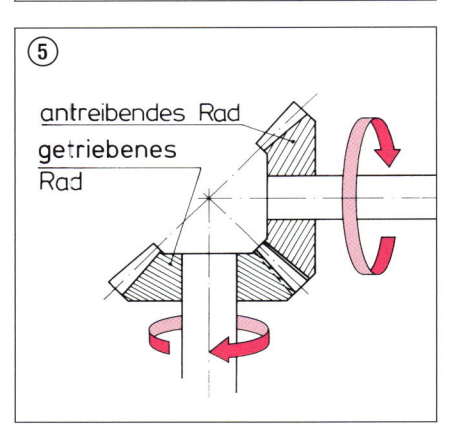

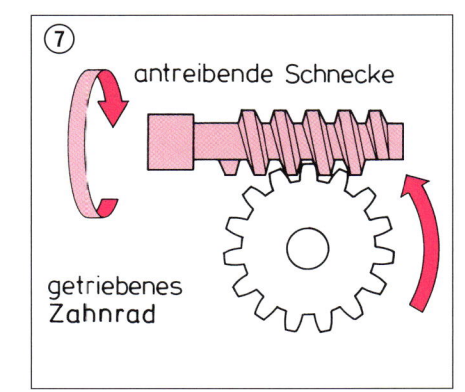

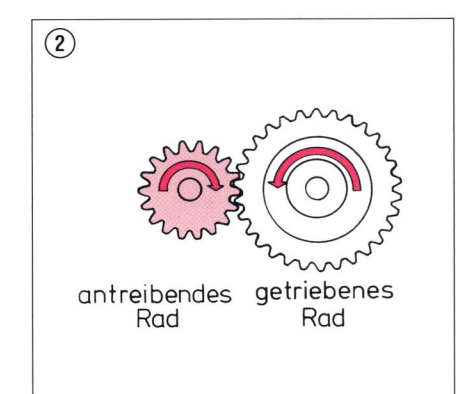

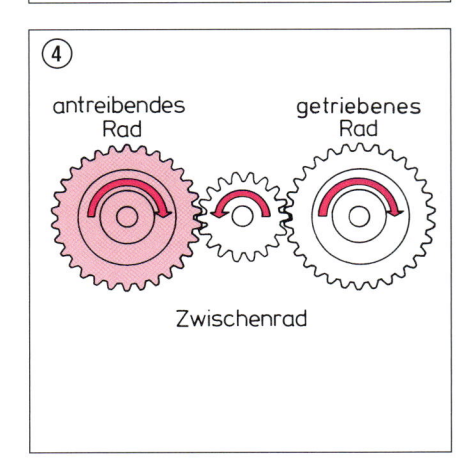

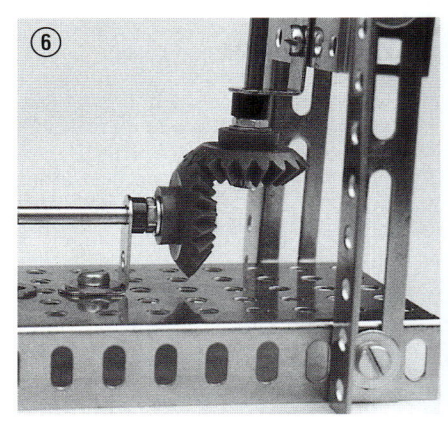

Zugmittelgetriebe

Beim **Riemengetriebe** überbrückt ein Riemen die Entfernung zwischen Antriebsrad und getriebenem Rad. In Abb. ① und ② dreht sich das getriebene, größere Rad mit geringerer Drehzahl, beide Räder drehen sich in die gleiche Richtung.
Als Riemen werden Flach-, Rund-, Zahn- oder Keilriemen eingesetzt. Wichtig ist die richtige Einstellung der Riemenspannung. Wenn das Riemengetriebe keine Verzahnung hat, kann der Riemen bei Überbelastung oder zu schwacher Spannung rutschen.

Beim **Kettengetriebe** überbrückt eine Kette die Entfernung zwischen Antriebsrad und getriebenem Rad. In Abb. ③ dreht sich das getriebene, kleinere Rad mit höherer Drehzahl, die Räder drehen sich in die gleiche Richtung. Gegenüber dem Riemengetriebe hat das Kettengetriebe den Vorteil, dass es auch bei starker Belastung nicht rutscht.

Reibradgetriebe

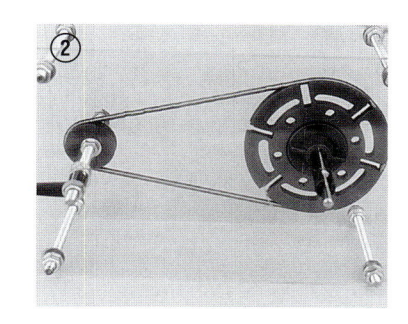

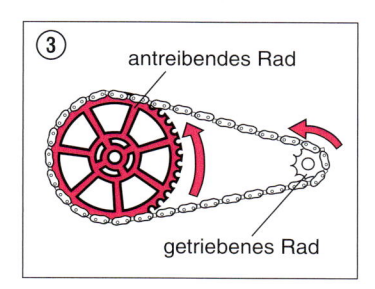

Das **Reibradgetriebe** kennen wir vom Dynamo am Fahrrad. Zwei unverzahnte Räder werden aneinander gepresst; das antreibende und das getriebene Rad drehen sich in entgegengesetzter Drehrichtung (Abb. ⑤). Um das Rutschen zu verhindern, werden Reibräder mit einem Reibbelag überzogen.
Abb. ⑥ zeigt ein solches Reibradgetriebe, über das die Einrichtung zum Spulen bei der Nähmaschine angetrieben wird.

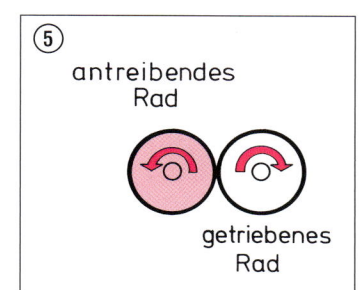

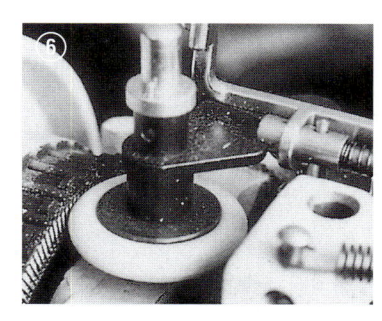

Gesperre

Bei **Seilwinden** werden die Seilrollen gegen ungewolltes Abspulen oder Zurücklaufen durch ein **Gesperre** gesichert. Abb. ⑨ und ⑩ zeigen **Sperrklinkengetriebe,** die Abb. ⑧ zeigt eine Bolzensicherung.

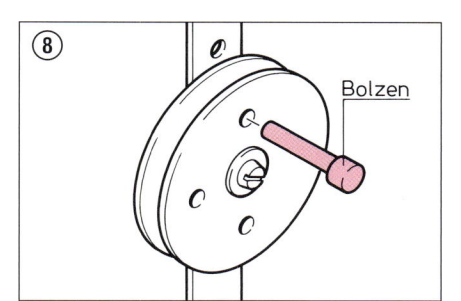

Funktionsweise mehrstufiger Getriebe

Die Funktionsweise des in Abb. ⑪ dargestellten **Getriebes** kann so erklärt werden:
- Die Motorenwelle dreht sich mit hoher **Drehzahl,** hat aber wenig Kraft.
- Das angetriebene Rad 2 dreht sich mit geringerer Drehzahl als das antreibende Rad 1; die **Drehkraft** erhöht sich.
- Rad 2 und Rad 3 sind mit derselben Welle fest verbunden; sie haben die gleiche Drehzahl.
- Das Rad 4 dreht sich mit geringerer Drehzahl als Rad 3; die Drehkraft erhöht sich nochmals.
- Rad 4 und Rad 5 drehen sich mit gleicher Drehzahl; das Rad 6 hat eine geringere Drehzahl als Rad 5.
- Die Welle mit Rad 6 dreht sich mit der kleinsten Drehzahl; sie hat die größte Drehkraft.

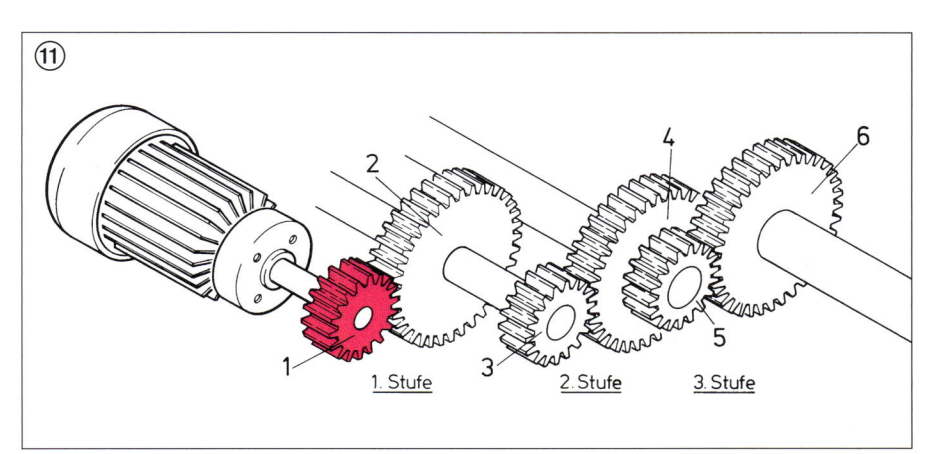

Übersetzung von Getrieben berechnen

Übersetzungen lassen sich berechnen:
Bei **Zahnradgetrieben** braucht man dazu die Zähnezahl der Zahnräder.
Zur Berechnung des Übersetzungsverhältnisses (Kurzzeichen „i") geht man vom antreibenden Zahnrad der 1. Stufe des Getriebes aus.

Übersetzung ins Langsame bei einem 2-stufigen Getriebe:

1. Stufe (Abb. ①)
Das antreibende Zahnrad (Z_1, 10 Zähne) muss sich 3-mal drehen, bis sich das angetriebene Zahnrad (Z_2, 30 Zähne) 1-mal dreht.
Es handelt sich also um eine 3fache Übersetzung ins Langsame.

Übersetzungsverhältnis i = Zähnezahl des **angetriebenen** Rades Z_2 geteilt durch die Zähnezahl des **treibenden** Rades Z_1

$$i = \frac{Z_2}{Z_1} = \frac{30}{10} = 3$$

2. Stufe (Abb. ②)
Zahnrad 3 (Z_3, 10 Zähne) treibt Zahnrad 4 (Z_4, 40 Zähne).

Übersetzungsverhältnis $i = \frac{Z_4 \text{ (angetr. Rad)}}{Z_3 \text{ (treib. Rad)}} = \frac{40}{10} = 4$

Bei einer Übersetzung von „4 zu 1" dreht sich das angetriebene Rad 4-mal langsamer als das treibende Rad.

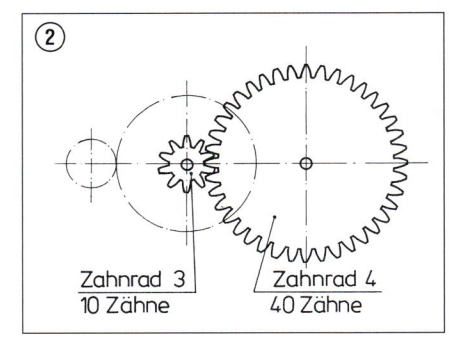

Zur Berechnung des gesamten Übersetzungsverhältnisses von Zahnrad 1 zu Zahnrad 4 werden die Übersetzungsverhältnisse der einzelnen Stufen miteinander multipliziert.

$$i \text{ gesamt} = i_1 \cdot i_2 = 3 \cdot 4 = 12$$

Das angetriebene Rad (Zahnrad 4) dreht sich somit 12-mal langsamer als das treibende Rad (Zahnrad 1).

Die **Drehzahl** eines Motors mit 2400 Umdrehungen in der Minute (2400 U/min) kann mit diesem Getriebe auf 200 U/min reduziert werden:

Drehzahl des Motors geteilt durch **Übersetzungsverhältnis** des Getriebes $= \frac{2400 \text{ U/min}}{12} = 200 \text{ U/min}$

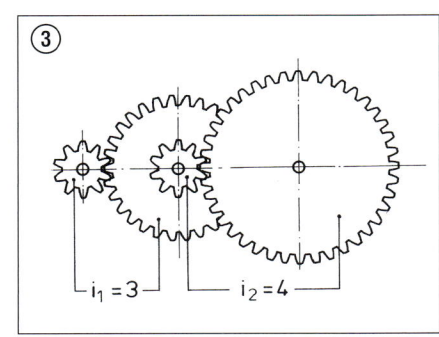

Müssen schwere Lasten gehoben werden oder benötigt man für Maschinen große Antriebskräfte, bewirkt ein **mehrstufiges Getriebe** ins Langsame, dass bei geringer **Antriebskraft** der Motorwelle eine große Abtriebskraft erreicht wird. Konstrukteure wissen, dass dabei die goldene Regel der Mechanik für das Verhältnis von Weg und Kraft gilt: Sollen mit geringer Kraft größere Lasten gehoben werden, so benötigen wir dafür einen längeren Weg.

Heben wir eine Last mit einem einfachen Seilzug 1 m hoch (Abb. ⑤), sind der Weg der Kraft und der Weg der Last etwa gleich lang.
Soll die gleiche Last mit viel weniger Kraft gleich hoch gehoben werden, kann dies eine Seilwinde mit Getriebe leisten (Abb. ⑥). Steht z. B. nur der 12. Teil der Kraft zur Verfügung, bedeutet dies nach der Regel der Mechanik, dass der Weg der Kraft 12-mal so lang wird. Ein Getriebe mit der Übersetzung 12:1 ist erforderlich.

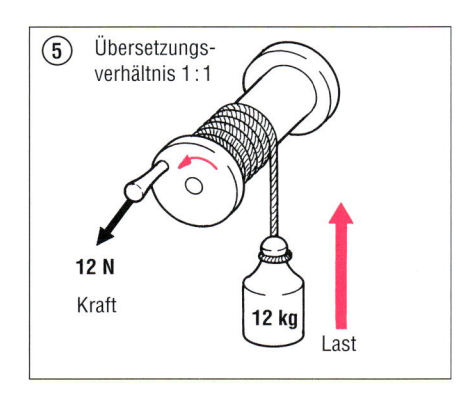

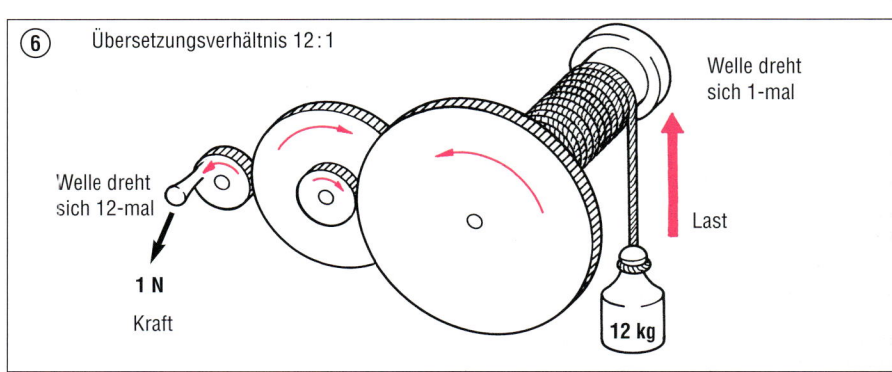

Wasserhebemaschinen – Pumpen

Ohne Wasser ist Leben nicht möglich, das wussten die Menschen schon, als sie noch Jäger und Sammler waren. Deshalb war neben den Jagdgeräten das Gefäß ein wichtiges Gerät, mit dem man Wasser transportieren konnte.

Mit Beginn des Ackerbaus erkannte man den Wert der Bewässerung. Für gute Ernten war es notwendig, dass Wasser in ausreichender Menge zu den Feldern transportiert werden konnte.

Eine der ältesten Darstellungen einer „**Wasserhebemaschine**" (Abb. ①) stammt aus einem ägyptischen Grab aus der Zeit um 1200 v. Chr. Sie zeigt, wie ein Sklave mit einem Schaduf einen Garten bewässert: An einer langen, drehbaren Ziehstange ist ein Eimer befestigt. Am anderen Ende der Ziehstange ist ein Gegengewicht angebracht. Mit diesem einfachen Hebel kann ohne große Mühen Wasser geschöpft werden. Der Schaduf wird heute noch im Orient und in Asien verwendet.

Mit der Erfindung des Rades war eine effektivere Technik des Wasserschöpfens möglich. Am Rad wurden Schöpfgefäße befestigt, die das Wasser vom Fluss oder einem See in höher gelegene Kanäle befördern konnten. Die **Wasserschöpfräder** wurden von Menschen betrieben, später wurden Wasserbüffel, Kamele, Esel oder andere Tiere für den Antrieb eingesetzt. Abb. ② zeigt ein **Wasserschöpfwerk** (Sakiah) aus Nordafrika in Schnittdarstellung. Am Schöpfrad sind Tonkrüge befestigt. Ein Esel dreht das Schöpfrad über ein **Getriebe** aus Holzzahnrädern. Mit der Sakiah konnten Förderhöhen von 70 bis 80 % des Raddurchmessers erreicht werden.

Die **archimedische Schraube** (Abb. ③) ist eine Wasserhebemaschine mit gleich bleibender Förderung. In einer Röhre ist eine Schnecke (ähnlich wie eine Schraube mit tiefen Gewindegängen) untergebracht. Durch das Drehen der Schnecke mittels einer Kurbel wird Wasser nach oben befördert. In Ägypten wurde früher und wird auch noch heute die archimedische Schraube an den Nilufern für die Feldbewässerung eingesetzt. Die Römer benutzten sie zum Entwässern ihrer Bergwerke. Die archimedische Schraube wird heute zum Beispiel in Kläranlagen zur Abwasserbeseitigung eingesetzt.

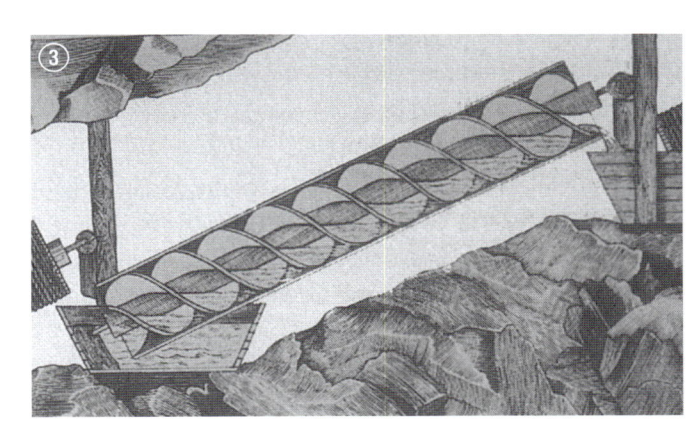

Kolbenpumpen

Die früheste noch heute gebräuchliche Pumpe ist die **Saug- und Druckpumpe**, bei der ein Kolben in einem Zylinder auf- und abbewegt wird.

Die Saugwirkung entsteht durch die Einwirkung des atmosphärischen Luftdrucks (Abb. ④a). Der Luftdruck drückt das Wasser in einem luftleeren Rohr hoch. Theoretisch kann das Wasser eine Höhe von 10,33 m erreichen. Das notwendige Vakuum (Unterdruck) wird bei der Pumpe (Abb. ④b) durch die Kolbenbewegung erzielt. Da jedoch kein vollständiges Vakuum möglich ist und an der Rohrwandung Reibungsverluste auftreten, kann das Wasser höchstens auf 7 m (Saughöhe) steigen.

Die einfache **Saugpumpe** oder **Kolbenpumpe** (Abb. ④b) besteht aus einem Zylinder (e) und einem Saugrohr (c). Wird der Kolben (d) aufwärts bewegt, entsteht im Zylinder ein Unterdruck. Dabei öffnet sich das Saugventil (b) und Wasser wird angesaugt. Wenn der Kolben wieder nach unten bewegt wird, schließt sich das Saugventil und das Druckventil (a) öffnet sich. Das Wasser gelangt dabei über den abwärts gehenden Kolben. Dieser hebt es beim nächsten Hub hoch, bis es aus der Pumpe fließt (f).

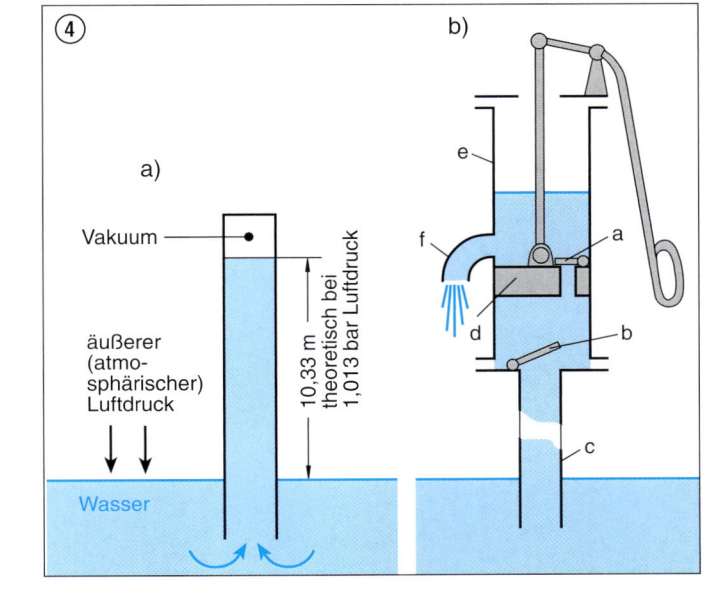

Membranpumpen

Membranpumpen (Abb. ①) arbeiten mit einer biegsamen Platte (Membran) aus Gummi oder Kunststoff, die zwischen zwei Gehäusehälften eingespannt ist.
Wenn die Membran durch die Feder nach links gezogen wird, öffnet sich das Saugventil und die Flüssigkeit wird angesaugt. Beim Eindrücken der **Membran** durch den Nocken schließt sich das Saugventil und die Flüssigkeit wird über das geöffnete Druckventil hinausgedrückt.
Membranpumpen besitzen nur wenige bewegliche Teile. Sie sind deshalb unempfindlich und betriebssicher.
Sie eignen sich in kleinen Bauformen zur Förderung von Benzin in Verbrennungskraftmaschinen.

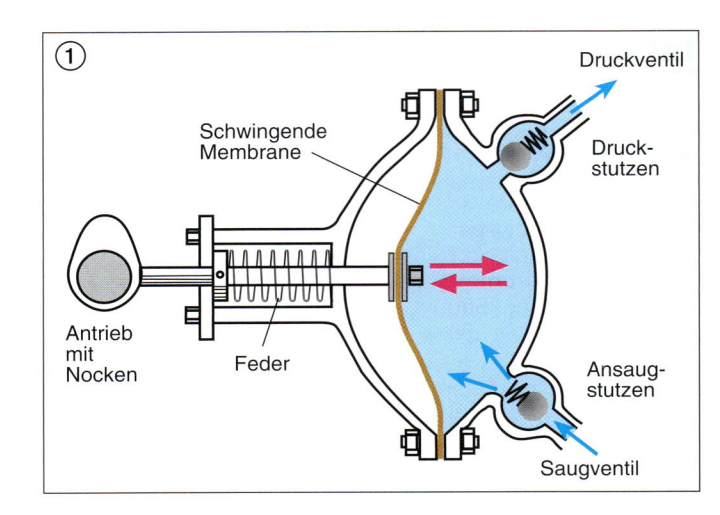

Zahnradpumpen

Bei **Zahnradpumpen** (Abb. ②) wälzen sich in einem Gehäuse zwei Zahnräder aufeinander ab. Die Zahnräder wirken als Verdränger der Flüssigkeit. Zwischen Gehäuse und Zahnrädern darf möglichst kein Spiel vorhanden sein.
In dem jeweils von zwei Zähnen und der Gehäusewand abgegrenzten Raum (Zahnlücke) wird Flüssigkeit von der Saugseite (a) mitgenommen. So entsteht im Bereich der Öffnung (a) Unterdruck. Im Bereich der Öffnung (b) entsteht Überdruck, weil die Zähne dadurch, dass sie ineinander greifen, den Rückfluss verhindern. Die Flüssigkeit wird durch die Drucköffnung (b) gedrückt.
Zahnradpumpen werden bevorzugt als Umwälzpumpen verwendet, so zum Beispiel im Schmierkreislauf von Verbrennungsmotoren.

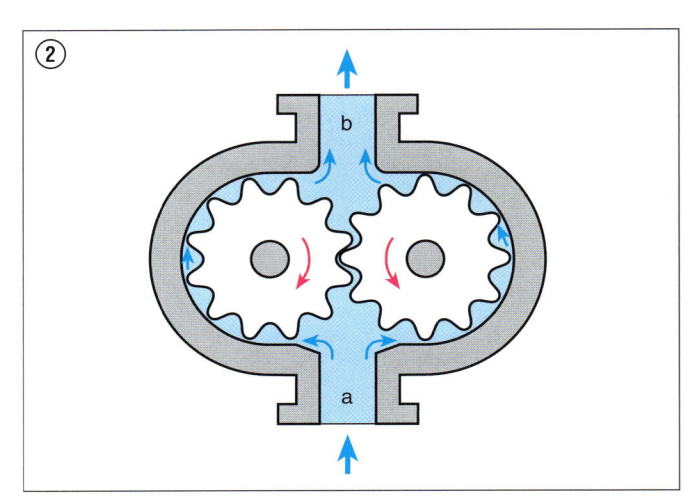

Kreiselpumpen

Die verbreitetste und wichtigste Pumpenart ist heute die **Kreiselpumpe** (Abb. ③), die von einem Elektromotor angetrieben wird.
Sie besteht aus einem Gehäuse (a) mit einer Ansaugöffnung (b) und einer Abflussöffnung (c). Anstelle des Kolbens der Kolbenpumpe (S. 141) hat sie ein Schaufelrad (d).
Wenn sich das Schaufelrad dreht, entsteht ein Unterdruck an seiner Achse. Die Flüssigkeit wird durch die Ansaugöffnung angesaugt und von den Schaufeln des Laufrads durch die Abflussöffnung geschleudert.
Einsatzbereiche: Feuerwehrpumpen, Teichpumpen, Warmwasserpumpen in Heizungsanlagen, Bewässerungspumpen, Entwässerungspumpen.

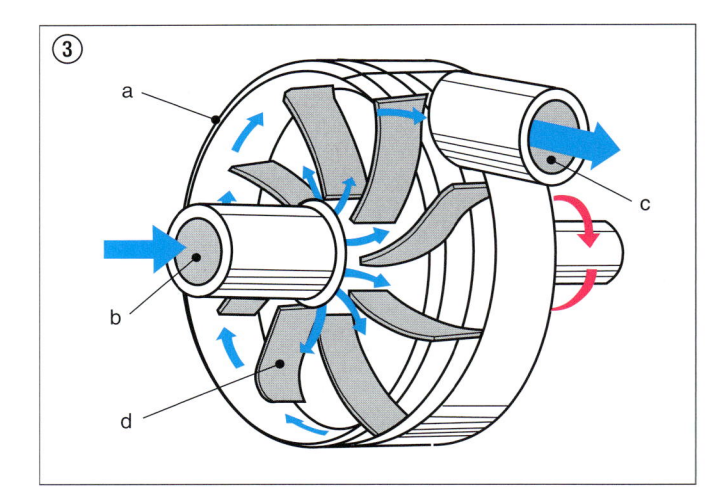

Kreiselpumpe für Zimmerspringbrunnen

Bauteile und technische Daten

A: Motorgehäuse
B: Magnetläufer (Motorwelle mit Rotor)
C: Rotorgehäuse
D: Filterschwamm
E: Ansaugteil
F: Durchflussmengenregulierer

Spannung (U): 220–240 V
Leistung (P): 6 W
Förderhöhe: 0,6 m
Fördermenge: 150/400 l/h
max. Tauchtiefe: 0,5 m

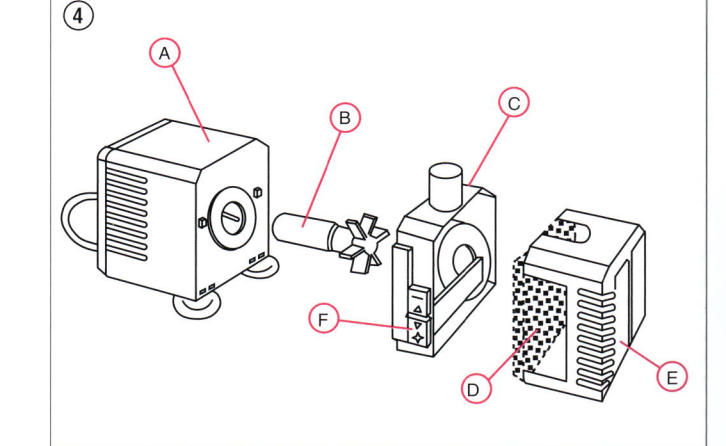

Informationen zu elektrischen Bauteilen und deren Schaltung

Stromquellen

Wir bauen unsere Schaltungen im „Schutzkleinspannungsbereich bis 24 Volt", d.h., wir benutzen nur **Stromquellen**, die uns elektrischen Strom mit einer Spannung bis höchstens 24 Volt liefern (Abb. ① – ⑥).

Verbrauchte Monozellen und Batterien werfen wir nicht in den Hausmüll, denn sie enthalten chemische Stoffe, die bei der Zersetzung als Gifte frei werden. Wir liefern deshalb Monozellen und Batterien als Sondermüll ab. Noch besser ist es aber, Solarzellen oder schadstoffarme Monozellen bzw. Batterien oder Akkus, die wieder aufladbar sind, zu verwenden, um den Sondermüll zu reduzieren oder erst gar nicht entstehen zu lassen (Aufschrift beachten!).

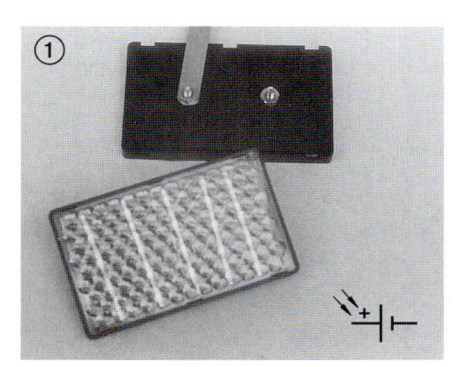

① Die **Solarzelle** wandelt Licht direkt in elektrische Energie um. Sie liefert ca. 0,3 V Spannung.

② Die **Monozelle** liefert 1,5 Volt Spannung.

③ Die **Flachbatterie** liefert 4,5 Volt Spannung.

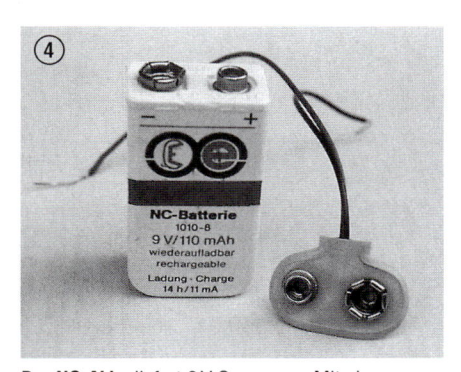

④ Der **NC-Akku** liefert 9 V Spannung. Mit einem Batterieclip wird der Akku angeschlossen.

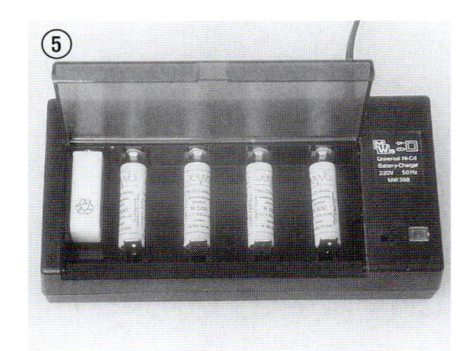

⑤ **Akkus** gibt es in verschiedenen Bauformen, sie können wieder aufgeladen werden.

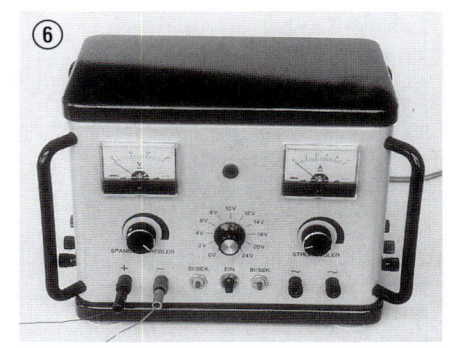

⑥ **Netzgeräte** liefern verschiedene Spannungen bis 24 Volt.

Aufbau von Batterien

Eine elektrische Spannung wird chemisch erzeugt, wenn man zwei unterschiedliche Metalle oder ein Metall und einen Kohlestab in eine Strom leitende Flüssigkeit stellt. Die Metallstreifen und den Kohlestab nennt man Elektroden und die Flüssigkeit Elektrolyt. Diese Anordnung von Elektroden und Elektrolyt nennt man **galvanisches Element.**

Wenn wir bei einer Flachbatterie die Ummantelung entfernen, finden wir drei galvanische Elemente, die miteinander verbunden sind. Jedes Element, auch Monozelle genannt, liefert eine Spannung von 1,5 Volt.
Der Zinkbecher dient als Behälter und ist gleichzeitig die negative Elektrode. Der Kohlestab in der Mitte ist die positive Elektrode, die Messingkappe schützt den Kohlestab. Zwischen Kohle und Zink befindet sich der zur Paste eingedickte Elektrolyt. Durch ihn fließt der Strom zwischen den beiden Elektroden, wenn außen ein Verbraucher, z.B. eine Glühlampe angeschlossen ist. Das Zink beginnt sich als Folge einer chemischen Reaktion aufzulösen, dabei werden Wasserstoffatome frei, die sich am Kohlestab anlagern. Dadurch aber wird der Stromfluss gehemmt. Um dies zu verhindern, ist der Kohlestab mit fein gemahlenem Manganoxid (Braunstein) umpresst. Diese sauerstoffhaltige Chemikalie bindet den entstehenden Wasserstoff.

⑦ **Verschiedene Spannungen in der Technik**

Solarzelle	0,5 V	Fahrraddynamo	6 V
NC-Zelle	1,3 V	Blockbatterie	9 V
Kohle-Zink-Zelle	1,5 V	Spielzeugtrafo	24 V
Flachbatterie	4,5 V	Auto-Akku	12 V

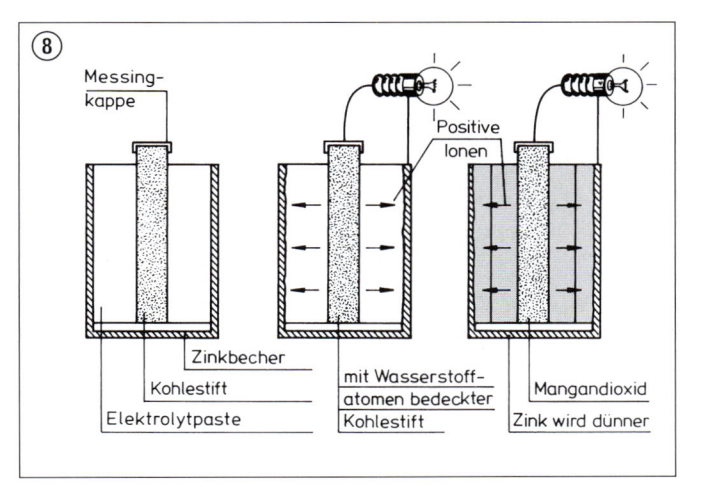

⑧ Aufbau eines Kohle-Zink-Elements

Das Element liefert so lange eine elektrische Spannung, wie Manganoxid und Zink vorhanden sind. Man nennt solche Elemente auch Primärelemente oder Trockenbatterien, weil als Elektrolyt keine Flüssigkeit verwendet wird.
Eine Weiterentwicklung des Kohle-Zink-Elements ist die Alkali-Mangan-Zelle. Sie ermöglicht eine längere Lagerfähigkeit und Betriebszeit. Als Elektrolyt verwendet man Kaliumhydroxid. Wegen dieser chemisch sehr aggressiven Substanz ist die Zelle mit einer Isolation und einem Stahlmantel umgeben.
Eines der kleinsten Elemente ist die Quecksilberoxid-Zelle, die so genannte Knopfzelle.

> ⚠ Die meisten Trockenbatterien enthalten giftige Chemikalien. Deshalb müssen verbrauchte **Batterien** gesondert entsorgt werden.

① Positiver Anschluss, Ventil, Plastikdichtung, Positive Elektrode, Separator, Negative Elektrode, Stahlblech (negativer Anschluss)

Der Nickel-Cadmium-Akku

Es wurden leichtere Akkus wie z. B. der NiCd-Akku entwickelt. Wegen ihrer kleinen Bauweise und wegen ihres geringen Gewichts werden diese Akkus in Spielzeugen und in elektronischen Geräten verwendet.
Die Abbildung ① zeigt, wie ein NiCd-Akku aufgebaut ist. Die beiden Elektroden sind als lange Streifen, durch einen Separator getrennt, miteinander aufgewickelt. Bei zu hohen Ladeströmen kann der Innendruck im Akku stark ansteigen. Damit er nicht explodiert, ist ein Sicherheitsventil eingebaut, sodass die Gase entweichen können. Akkus bezeichnet man auch als Sekundärelemente, da sie eine Spannung erst nach dem Aufladen liefern.
Damit Akkus beim Aufladen nicht zerstört werden, müssen die Vorschriften der Hersteller genau beachtet werden. Nur so kann man z. B. bei NiCd-Akkus über 1000 Lade-Entlade-Zyklen erreichen.

> ⚠ Akkus enthalten ätzende Elektrolyte. Alle verbrauchten Akkus müssen deshalb gesondert entsorgt werden.

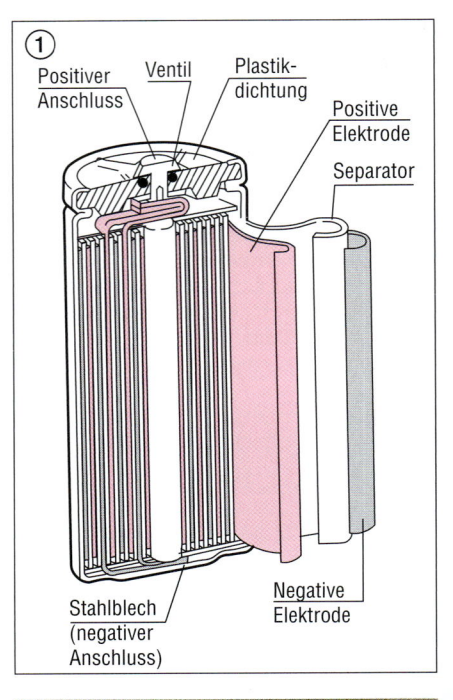

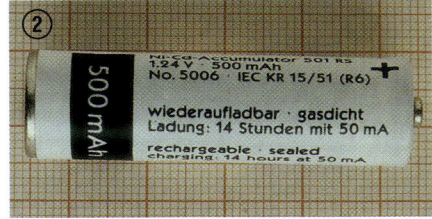

②

Elektrischer Strom	**Elektrische Spannung**
Der elektrische Strom ist die gerichtete Bewegung freier Ladungsträger. ☞ auch Unterrichtsfach Physik	Die elektrische Spannung ist der auf die freien Ladungsträger wirkende Antrieb. ☞ auch Unterrichtsfach Physik

Glühlampen

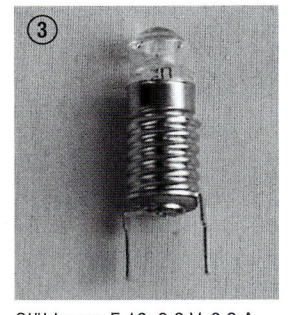

③ Glühlampe E 10: 3,8 V, 0,2 A, mit Linse in Stecksockel

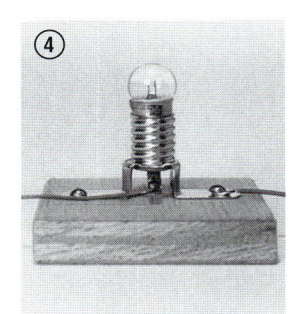

④ Glühlampe E 10: 3,8 V, 0,07 A, in Fassung aus Metall

⑤ Glühlampe E 10: 3,8 V, 0,3 A, in Isolierfassung

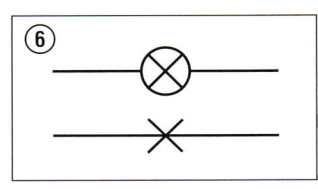

⑥ Schaltzeichen für Glühlampe

Elektromotoren

⑦ Elektromotor RE 260: 1,5–4,5 V, mit Befestigungsklammer, Welle ⌀ 2

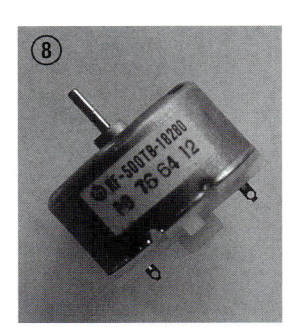

⑧ Solar-Motor, Anlaufspannung/-strom 0,4 V/10 mA, Abmessungen 35,4 mm ⌀ x 26 mm, Welle ⌀ 2, geeignet für Solarzellen ab 10 mA (bei voller Sonneneinstrahlung).

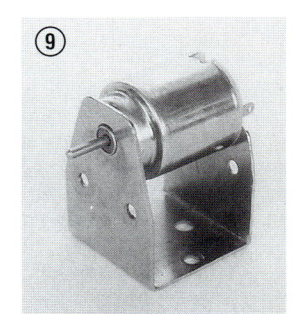

⑨ Elektromotor 1,5–4,5 V, mit Metall-Bügelhalterung, Welle ⌀ 2

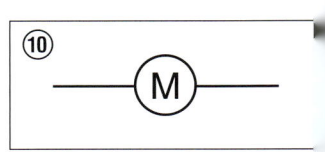

⑩ Schaltzeichen für E-Motoren

Schalter

① **Druckschalter** Ein/Aus 
② **Schiebeschalter** Ein/Aus, 1 x um 
③ **Kippschalter** Ein/Aus, 1 x um
④ Schaltzeichen für Schalter
⑤ Schaltzeichen für Umschalter

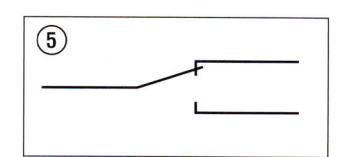

Beim Betätigen eines Schalters wird der Stromkreis geschlossen oder geöffnet. Lässt man den Schalter los, bleibt die Einstellung erhalten.

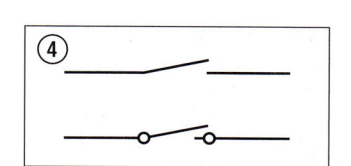

Taster

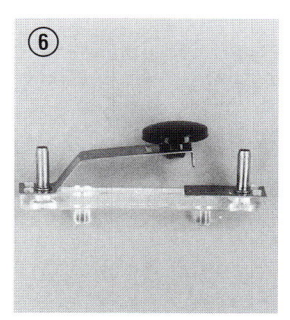

⑥ **Taster** aus Baukasten
⑦ **Mini-Taster** 
⑧ **Mikrotaster** Ein/Aus, 1 x um 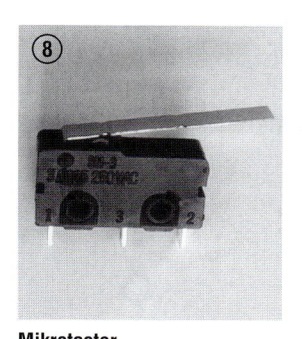
⑨ schließt den Stromkreis — Schaltzeichen für Taster
⑩ öffnet den Stromkreis

Taster sind so gebaut, dass sie bei Betätigung den Stromkreis schließen oder den Stromkreis unterbrechen. Beim Schließen der Kühlschranktür wird der Stromkreis unterbrochen, beim Drücken des Klingelknopfes wird dagegen der Stromkreis geschlossen. Beim Loslassen gehen Taster selbsttätig in die Ausgangsposition zurück.

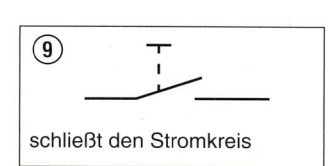

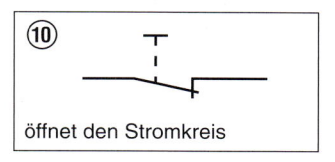

Summer, Klingel, Elektromagnet

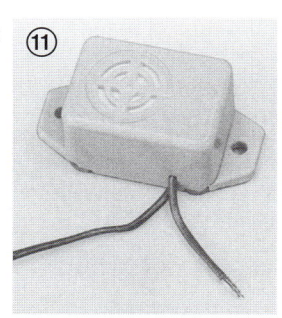

⑪ Dieser **Summer** ist für 3–6 V oder 9 V Gleichstrom geeignet; die Leitungen müssen jeweils am richtigen Pol angelegt werden. 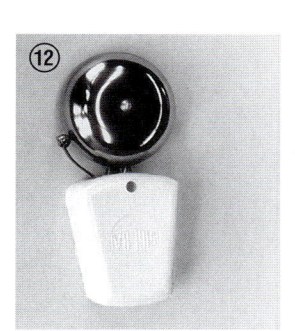
⑫ **Flachglocken** haben zwei Elektromagneten und arbeiten mit 4,5–6 Volt. 
⑬ **Elektromagnet 6 V** 
⑭ Schaltzeichen für Summer und Glocken 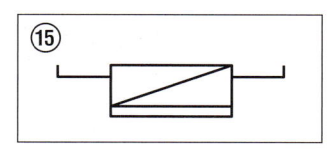
⑮ Schaltzeichen für Elektromagneten

Leitungen

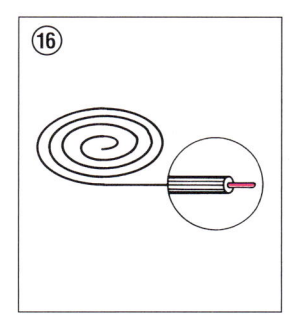

⑯ **Schaltdraht** besteht aus einem Kupferdraht, der von einem Isoliermantel umgeben ist. Schaltdraht wird für fest verlegte Leitungen verwendet. 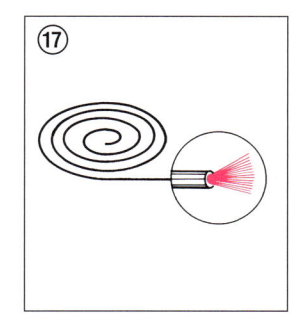
⑰ **Schaltlitze** besteht aus vielen dünnen Drähten. Dadurch ist sie geeignet für elektrische Leitungen, die beweglich sein müssen. 
⑱ **Kupferlackdraht** ⌀ 0,3 mm, geeignet für das Herstellen von selbst gewickelten Elektromagneten. 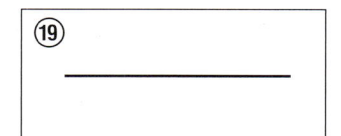
⑲ Schaltzeichen für Leitungen

145

Widerstände

Aus unserer Erfahrung wissen wir, dass es Materialien gibt, die den elektrischen Strom leiten. Man bezeichnet sie als **Leiter**. Materialien, die den Strom nicht leiten, sind demnach **Nichtleiter**.

Konstantandraht – eine Legierung aus 56 % Kupfer und 44 % Nickel – leitet den elektrischen Strom schlechter als Kupfer- oder Eisendraht.
Man hat ermittelt, dass die **Leitfähigkeit** von Kupfer ca. 6-mal höher als die von Eisen und ca. 28-mal höher als die von Konstantan ist.

In der Umkehrung bedeutet dies:
- Der elektrische Widerstand von Eisen ist 6-mal höher als der von Kupfer,
- der **elektrische Widerstand** von **Konstantan** ist 28-mal höher als der von Kupfer.

Je länger der „Widerstandsdraht" Konstantan ist, desto höher ist sein Widerstand.
Hochbelastbare Widerstände werden deshalb als Drahtwiderstände gewickelt.

Aus Kostengründen und dem Trend zu immer kleineren Bauteilen hat man so genannte Schichtwiderstände entwickelt: Eine auf einen Keramikkörper aufgebrachte Schicht aus Kohle oder Metall übernimmt hier die Funktion des Widerstandsdrahtes.

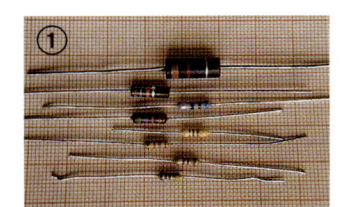

① Kohleschicht-Festwiderstände
② Einstellbare Kohleschicht-Widerst.  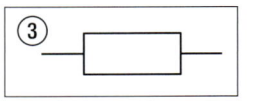
③ Schaltzeichen für Festwiderstände 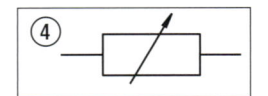
④ Schaltzeichen für einstellbare Widerstände (Potentiometer)

Widerstände werden verwendet, um Spannungen und Ströme zu begrenzen. Man schützt dadurch elektrische und elektronische Bauteile vor Überlastung.

Die Maßeinheit für elektrische Widerstände ist das **Ohm** (Ω), benannt nach dem deutschen Physiker Georg Simon Ohm (1789–1854).

Bei höheren Widerstandswerten wird der Ω-Wert abgekürzt angegeben in:

$1\ K\Omega = 1\ \text{Kiloohm} = 1.000\ \Omega$
$1\ M\Omega = 1\ \text{Megaohm} = 1.000.000\ \Omega$

Bestimmen von Widerstandswerten

Widerstandswerte lassen sich auch mithilfe des **internationalen Farbcodes** (Abb. ⑤) bestimmen. Der 3. Ring gibt dabei den Exponenten **n** für den Multiplikator 10^n an (10^0, 10^1, 10^2, 10^3 …).

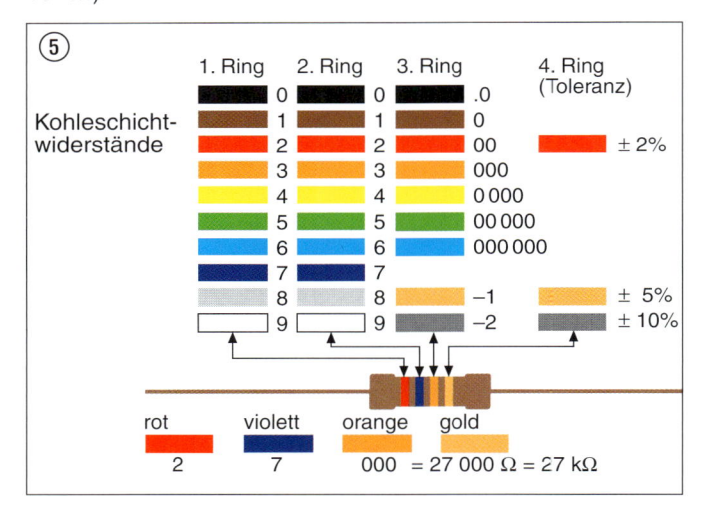

⑤ Kohleschichtwiderstände

1. Ring	2. Ring	3. Ring	4. Ring (Toleranz)
0 schwarz	0	.0	
1 braun	1	0	
2 rot	2	00	± 2 %
3 orange	3	000	
4 gelb	4	0 000	
5 grün	5	00 000	
6 blau	6	000 000	
7 violett	7		
8 grau	8	–1	± 5 %
9 weiß	9	–2	± 10 %

rot – violett – orange – gold
2   7   000 = 27 000 Ω = 27 kΩ

Widerstandswerte können auch durch Messen mit dem Vielfachmessgerät (☞ Ohmmeter S. 161) ermittelt werden.

Damit man beim Messen korrekte Werte erhält, muss die Vorgehensweise – wie auf Seite 161 beschrieben – eingehalten werden.

Widerstände sind in den Werten erhältlich, die sich durch fortlaufende Multiplikation der Zahlen mit 10 ergeben (Abb. ⑥).
Zum Beispiel E 12: 5,6 als 56 Ω, 560 Ω, 5600 Ω, …

Berechnen von Widerstandswerten

Widerstandswerte können nach dem ohmschen Gesetz berechnet werden:

Ohmsches Gesetz: $R = \dfrac{U}{I}$

R = Widerstand W (Ohm)
U = Spannung V (Volt)
I = Stromstärke A (Ampere)

Beispiel: Beim Einbau einer LED in eine Schaltung berechnen wir den **Schutzwiderstand** entsprechend der anliegenden Spannung.

Dabei müssen wir berücksichtigen,
- dass durch die LED nur ein Strom von ca. 20 mA fließen soll und
- dass sich durch den Anschluss einer LED die Spannung im Stromkreis gegenüber der Batteriespannung um etwa 1,6 V vermindert.

Bei 3 V Batteriespannung: $R = \dfrac{3\ V - 1{,}6\ V}{20\ mA} = \dfrac{1{,}4\ V}{0{,}02\ A} = 70\ \Omega$

Bei 4,5 V Batteriespannung: $R = \dfrac{4{,}5\ V - 1{,}6\ V}{20\ mA} = \dfrac{2{,}9\ V}{0{,}02\ A} = 145\ \Omega$

Bei 9 V Batteriespannung: $R = \dfrac{9\ V - 1{,}6\ V}{20\ mA} = \dfrac{7{,}4\ V}{0{,}02\ A} = 370\ \Omega$

Widerstände werden nach internationaler Norm **(IEC-Norm)** mit den in der Tabelle angegebenen Werten im Handel angeboten (Abb. ⑥).
Die berechneten Widerstandswerte entsprechen oft nicht den Werten der im Handel angebotenen Widerstände. Wir wählen grundsätzlich den höheren Wert.

Beispiel: 70 Ω → 82 Ω; 145 Ω → 150 Ω; 370 Ω → 390 Ω.

⑥ Widerstände — IEC-Reihen E 6, E 12 und E 24

E 6	1,0				1,5				2,2				3,3				4,7				6,8			
E 12	1,0		1,2		1,5		1,8		2,2		2,7		3,3		3,9		4,7		5,6		6,8		8,2	
E 24	1,0	1,1	1,2	1,3	1,5	1,6	1,8	2,0	2,2	2,4	2,7	3,0	3,3	3,6	3,9	4,3	4,7	5,1	5,6	6,2	6,8	7,5	8,2	9,1

Dioden

Dioden werden je nach Verwendungszweck in unterschiedlicher Größe und Ausführung angeboten.
Baue eine Diode so in eine Versuchsschaltung (Abb. ②) ein, dass ihr Pluspol an „+"
und ihr Minuspol an „–" angeschlossen ist. Ein aufgedrucktes Minuszeichen oder ein
Ring kennzeichnen den Minuspol der Diode (Abb. ①).
Wird die Schaltung umgepolt, z. B. weil die Batterie versehentlich verkehrt eingesetzt
wird, sperrt die Diode den Stromdurchfluss: Die Lampe leuchtet nicht (Abb. ③).
Diese Eigenschaft einer Diode, nämlich – je nach Einbaurichtung – den Strom durchzulassen oder zu sperren, wird in der Schaltungstechnik vielfach genutzt, um den
Stromfluss zu steuern.

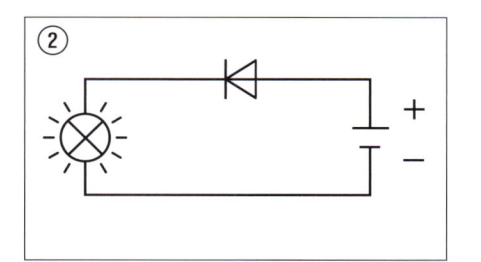

Der Strom fließt durch die Diode; die Glühlampe leuchtet.

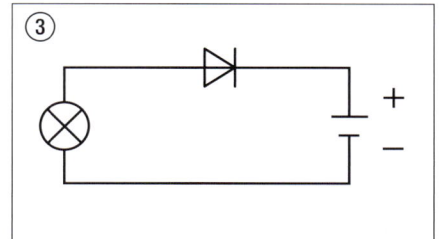

Die Diode sperrt den Stromdurchfluss; die Glühlampe leuchtet nicht.

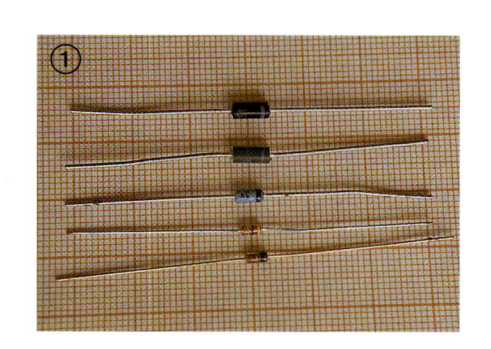

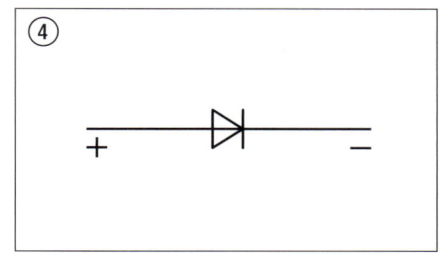

Schaltzeichen für Diode

Leuchtdioden

Dioden, die so gebaut sind, dass sie bei Stromdurchfluss
leuchten, heißen Leuchtdioden (LED; engl. **L**ight **E**mitting
Diode, Abb. ⑦).
Die Leuchtdiode wirkt wie die Diode als Ventil; sie lässt den
Strom in einer Richtung durch und sperrt in der Gegenrichtung
den Stromdurchfluss. Der Minuspol der Leuchtdiode ist gekennzeichnet durch die abgeflachte Seite des Kunststoffgehäuses und den kürzeren Anschlussdraht.
Die Leuchtdiode leuchtet bereits dann, wenn sie ein schwacher Strom durchfließt. Ihr Arbeitsstrom liegt bei ca. 20 mA
(1 mA = 1 **Milli-Ampere** = $1/1000$ Ampere). Die Leuchtdiode ist
ein empfindliches Bauteil. Direkter Anschluss an eine Batterie
oder falsche Polung bei zu hohen Strömen kann sie zerstören.
Deshalb bauen wir immer einen **Schutzwiderstand** ein, der
einen auf die Schaltung abgestimmten Widerstandswert haben muss. Dieser begrenzt den Strom auf das für die verwendete LED zulässige Maß.

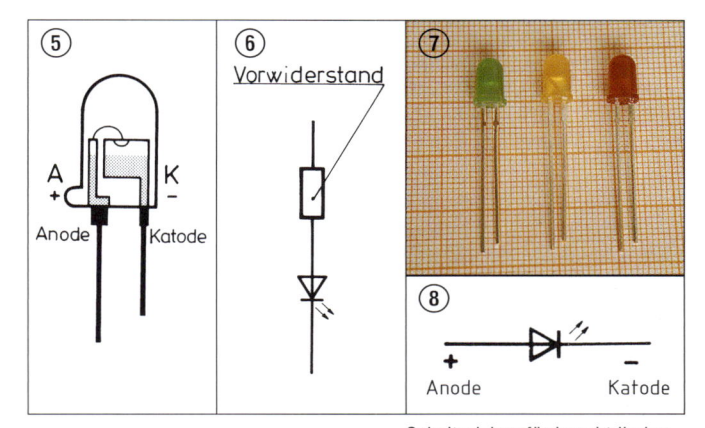

Schaltzeichen für Leuchtdioden

Magnetismus

Magneteisenstein, ein Material mit natürlichen magnetischen Wirkungen, hat man
nach der Überlieferung im Altertum in der Nähe der Stadt Magnesia in Kleinasien gefunden.
Dauermagnete bzw. Permanentmagnete sind künstlich hergestellt. Durch Bestreichen mit einem Magneten in einer Richtung wird ein Eisendraht magnetisch gemacht. Mit einem so magnetisierten Eisendraht (Abb. ⑩) können wir z. B. wie beim
Kompass die Nord-Süd-Richtung bestimmen.
Jeder Magnet besitzt einen so genannten Nord- und einen so genannten Südpol.
Zwischen diesen **Polen** wirken unsichtbare Kräfte, deren Feldlinien man mithilfe von
Feilspänen aus Eisen zeigen kann (Abb. ⑪). Das Gebiet, in dem diese magnetischen
Kräfte wirken, nennen wir **Magnetfeld**.
Auch die Erde hat ein solches Magnetfeld (Abb. ⑫), das die Magnetnadel des Kompasses nach Norden ausrichtet.

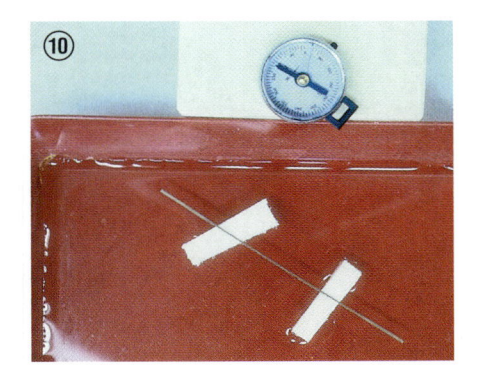

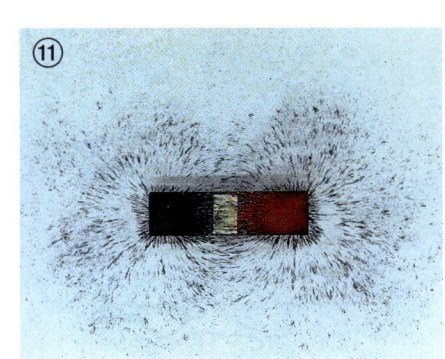

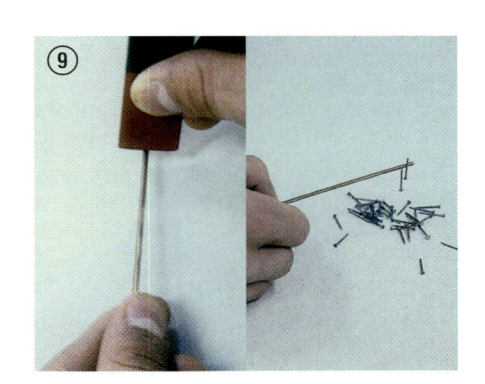

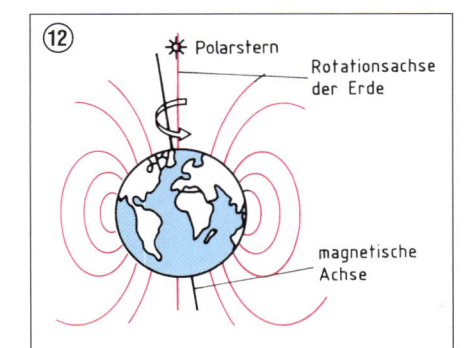

Dauermagnete

Dauermagnete findet man in den verschiedensten Formen. Die Formen sind in der Regel abhängig vom Verwendungszweck, für den der einzelne Magnet vorgesehen ist. Der Anwendungsbereich für Dauermagneten ist vielfältig. Wir finden diese Magneten als Hilfe an Pinnwänden, als Türverschlüsse, als Kontakte einfacher Alarmanlagen und in Elektromotoren.

Der Elektromagnet

Im Jahre 1807 zog der Däne Hans Christian Oersted den Schluss, dass ein durch einen Draht fließender elektrischer Strom diesen Draht in eine Art Magneten mit dem charakteristischen Nord- und Südpol verwandeln müsste. Er baute einen elektrischen Leiter quer über einen Kompass auf und erwartete, dass sich die Kompassnadel mit der Magnetisierung des Leiters um 90° drehen würde. Als er den Strom einschaltete, geschah jedoch nichts.

Jahre später, als er an der Universität Vorlesungen hielt, legte er versehentlich den Leiter parallel anstatt quer zur Nadel und schaltete den Strom ein: Die Nadel drehte sich um 90°. Oersted entdeckte auf diese Weise, dass ein elektrischer Strom eine magnetische Wirkung ausübt. Diese grundlegende Erkenntnis war praktisch das Startsignal für die technische Erzeugung (Dynamo, Generator) und Nutzung (E-Motor) des elektrischen Stroms.

Ein stromdurchflossener elektrischer Leiter (Lackdraht) baut ein Magnetfeld auf. Durch „wickeln" zu einer Spule lässt sich, weil dabei viele Drähte nebeneinander zu liegen kommen, die magnetische Wirkung eines solchen „Leiters" summieren.

Je stärker ein elektrischer Strom ist, der durch eine Spule fließt, desto größer ist auch die erzeugte magnetische Kraft.

Das Material des Spulenkerns kann durch seinen atomaren Aufbau die magnetische Wirkung der Spule verbessern. Weicheisen, das sich schneller als Stahl entmagnetisiert, ist als Spulenkern für **Elektromagneten** besser geeignet.

Probleme kann es dabei mit zu langen Wicklungsdrähten geben, da mit zunehmender Länge des Drahtes der Leitungswiderstand der Spule steigt. Dadurch nimmt andererseits bei gleich bleibender Spannung die Stromstärke ab. Um die Stromstärke wieder zu erhöhen, könnte eine höhere Spannung angelegt werden. Durch den höheren Leitungswiderstand erhitzt sich aber dann die Spule, was zur Zerstörung der Ummantelung (Isolierung) des Leiters führen kann.

Ein Kupferleiter kann mit 6 A pro mm² belastet werden. Daraus ergibt sich, dass beispielsweise ein Kupferlackdraht mit 0,3 mm Durchmesser mit einer Stromstärke von etwa 450 mA belastet werden darf.

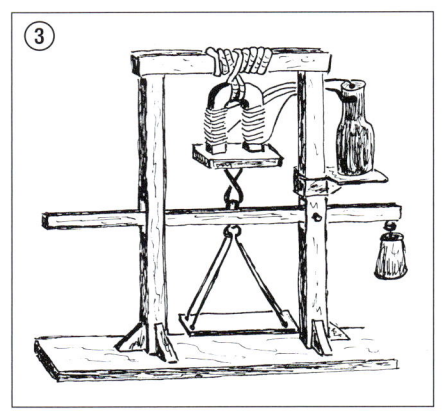

Mit dieser Vorrichtung hat Joseph Henry um 1830 die Kraft von Elektromagneten getestet

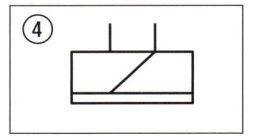

Schaltzeichen für Elektromagneten

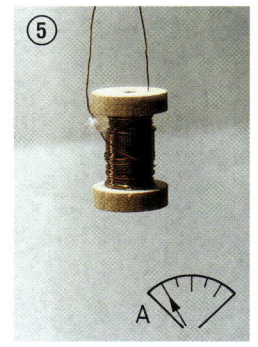

Wenig Windungen, ohne Kern

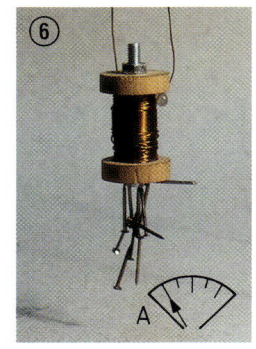

Wenig Windungen, mit Kern

Viele Windungen, mit Kern

Viele Windungen, mit Kern und doppelter Stromstärke

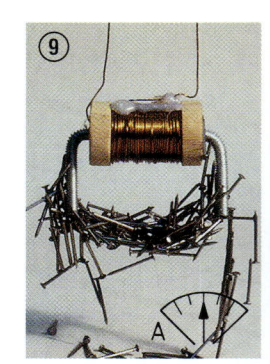

Viele Windungen, doppelte Stromstärke und Kern in Hufeisenform

Relais

Da über **Relais** mit kleinen Steuerströmen und niedrigen Spannungen große Ströme mit hohen Spannungen geschaltet werden können, helfen Relais, die Sicherheit für Mensch und Gerät zu erhöhen. So schützt man beispielsweise auch Computer über Relais, die, in Interfaces eingesetzt, den Steuerstromkreis des Computers vom Arbeitsstromkreis einer Anlage trennen. Nachteilig ist, dass Relais verschleißen und dass ihre Schaltgeschwindigkeit im Vergleich zu elektronischen Schaltungen gering ist.

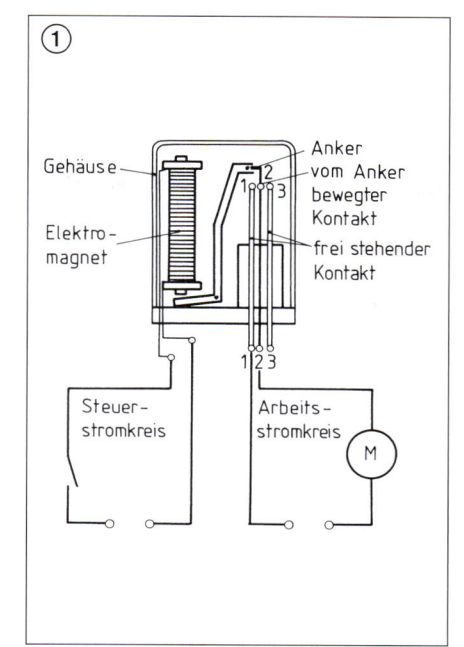

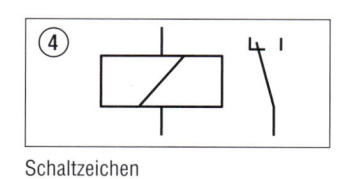

Schaltzeichen für Relais mit Wechsler

Mit einem Relais schalten

Man bezeichnet ein Relais, das beim Ansprechen des Magneten einen Arbeitsstromkreis öffnet, als „Öffner", im umgekehrten Fall wird es als „Schließer" bezeichnet (Abb. ⑤ und ⑥).

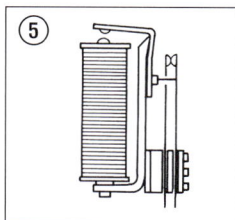

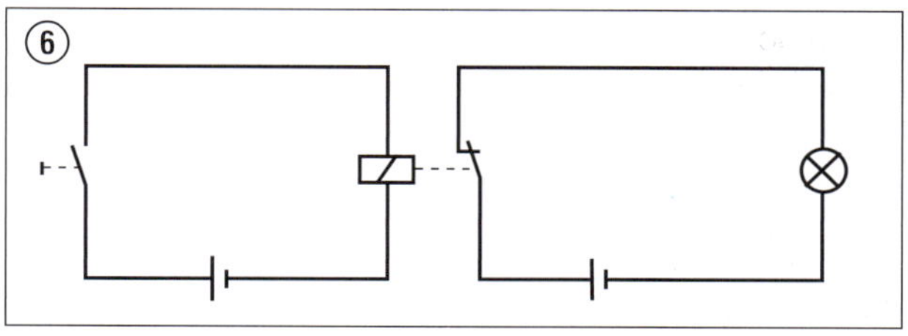

Spezielle Relais können mit einem einzigen Schaltvorgang einen Arbeitsstromkreis schließen und gleichzeitig einen zweiten Arbeitsstromkreis öffnen, das heißt, ein Gerät ein- und ein anderes ausschalten (Abb. ⑦ und ⑧).

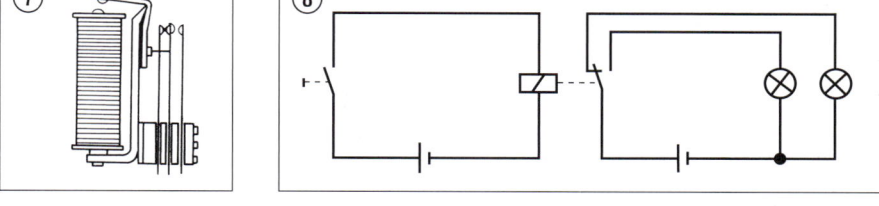

Neben den einfachen Relais, die nur einen einzigen Zustand schalten können, gibt es auch solche, die mehrere Schaltfunktionen ausführen. In diesen Relais können Öffner, Schließer und Umschalter mehrfach miteinander kombiniert sein (Abb. ⑨).

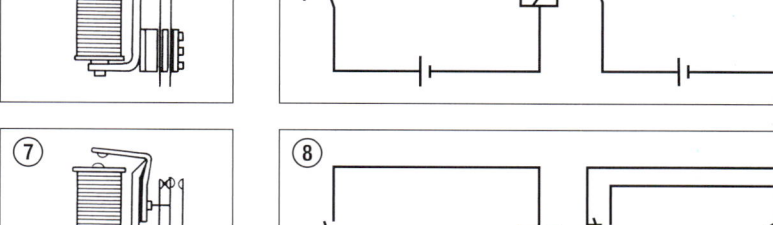

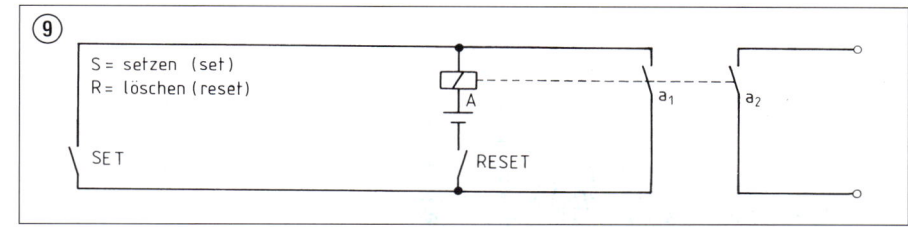

Selbsthalteschaltung

In einer **Selbsthalteschaltung** ist ein Relais so in einen Stromkreis gelegt, dass der Kontakt des Arbeitsstromkreises zunächst geöffnet ist. Wird der Steuerstromkreis geschlossen, zieht das Relais an und schaltet den Arbeitsstromkreis ein. Mit demselben Schaltvorgang wird im selben Moment ein zusätzlicher Versorgungsstromkreis für die Magnetspule geschlossen, wodurch diese auch dann noch mit Strom versorgt wird, wenn der Steuerstromkreis wieder unterbrochen wird. Das Relais bleibt also in Arbeitsstellung.

Mit dem Schalter „Reset" kann der Versorgungsstromkreis des Relais unterbrochen werden, wodurch das Relais in die „Ruhestellung" zurückschaltet (Abb. ⑩ und ⑪).

Die Selbsthalteschaltung wird beispielsweise bei **Alarmanlagen** verwendet.

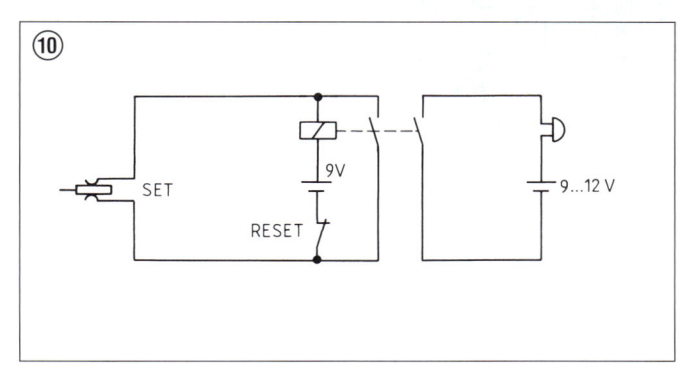

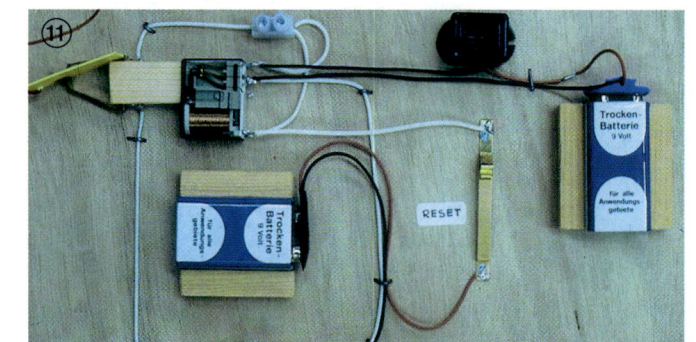

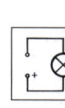

Hebemagnet

In Walzwerken, Stahl- und Eisengießereien, im Schrotthandel und an Umschlagstellen von Eisenerzen und Eisenteilen werden **Elektromagnete** zum Heben von Lasten eingesetzt (Abb. ②). Man braucht bei diesen Lastenhebemagneten nur einen elektrischen Schalter zu schließen, und der elektrische Strom erzeugt über eine Spule ein magnetisches Feld, das durch einen Weicheisenkern noch verstärkt wird. Dabei werden wie von „Geisterhand" schwere Eisenteile, Bleche und sogar Autos festgehalten und hochgehoben.

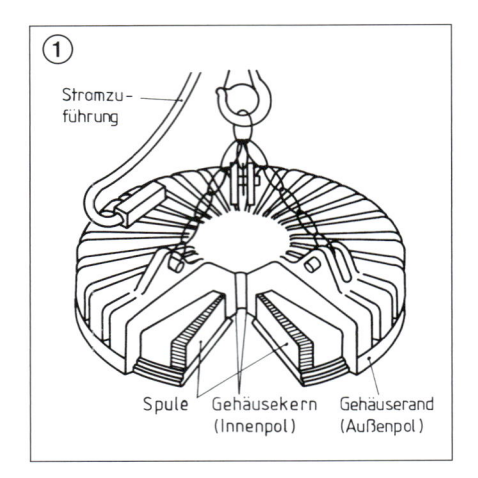

Magnetventil

Mit dem Elektromagneten wird ein Zu- oder Ablauf geöffnet oder geschlossen. Derartige Ventile finden sich in Wasch- und Geschirrspülmaschinen, sie steuern dort den Wasserzu- und Wasserablauf (Abb. ③ und ④). Man setzt sie aber auch in Abfüll- und Dosieranlagen ein. Auch pneumatische Anlagen lassen sich mithilfe solcher Ventile steuern.

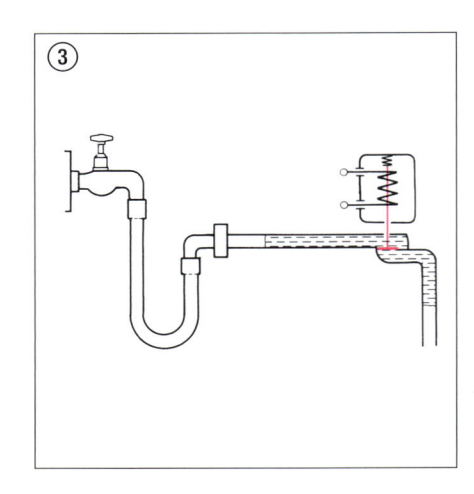

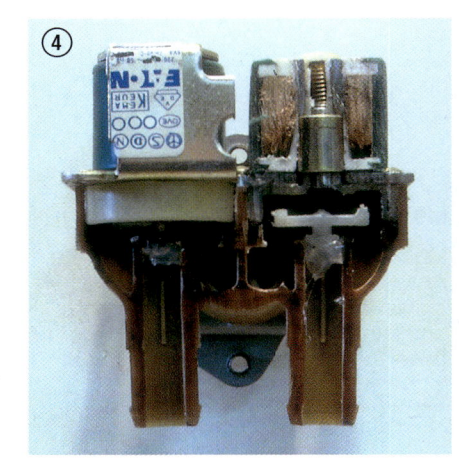

E-Magnet-Technologie für ein Verkehrssystem der Zukunft

Auf der Versuchsstrecke im Emsland (Niedersachsen) wurden mit der **Magnetschnellbahn** Geschwindigkeiten von über 400 km/h erreicht.
Das Trag- und Führsystem arbeitet nach dem Prinzip des elektromagnetischen Schwebens. Tragmagnete heben das Fahrzeug von unten an die Fahrbahn heran. Ein Regulierungssystem sorgt für einen gleichbleibenden Luftspalt von ca. 1 cm. Seitliche Führungsmagnete halten das Fahrzeug in der Spur.
Das Antriebs- und Bremssystem arbeitet nach dem Prinzip des Linearmotors. Bei dieser Technik wird in den Wicklungen im Fahrweg ein elektromagnetisches Wanderfeld erzeugt, von dem das Fahrzeug durch seine Tragmagnete mitgezogen wird.

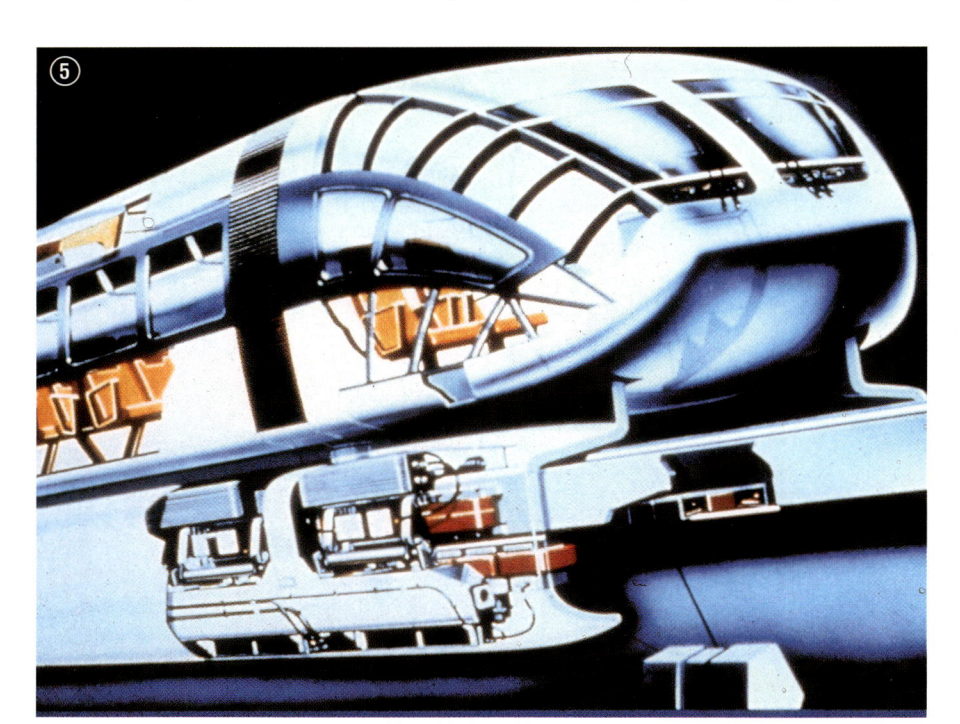

Funktion eines Gleichstrommotors

Der **Elektromotor** (Gleichstrommotor) besitzt 2 Dauermagnete. Jeder Magnet hat einen Südpol (S) und einen Nordpol (N). Ungleichnamige Pole ziehen sich an, gleichnamige Pole stoßen sich ab. Dieses Gesetz des Magnetismus wird durch den Elektromotor technisch genutzt.

Lagert man einen kleinen Stabmagneten drehbar zwischen den Magneten des Elektromotors, sodass sich gleichnamige **Pole** gegenüberstehen, so dreht sich der Stabmagnet ruckartig, bis sich ungleichnamige Pole gegenüberstehen, die sich anziehen. Der Stabmagnet bleibt in dieser Stellung stehen.

Wenn nun der Stabmagnet schnell umgepolt werden könnte, also der Nordpol zum Südpol werden könnte, so würde sich der Stabmagnet weiterdrehen. Techniker nützen hier die Eigenschaften eines Elektromagneten (☞ S. 148). Der Anker des Elektromotors stellt einen Elektromagneten dar. Ein Elektromagnet besteht aus einem Eisenkern, der mit dünnem Kupferlackdraht umwickelt ist (die Lackschicht isoliert den Kupferdraht). Solange Strom durch den Lackdraht (Spule) fließt, wird der Eisenkern magnetisch und besitzt genauso wie der Stabmagnet einen Nord- und einen Südpol. Polt man den Stromanschluss um, so ändern sich auch die Magnetpole.

Schließt man die Spule an die Stromquelle an, so dreht sich der Anker so weit, bis sich die ungleichnamigen Pole gegenüberstehen. Das Umpolen und somit das Weiterdrehen des Ankers geschieht „automatisch" durch die Drehbewegung: Auf der Achse ist ein Zylinder aus nicht leitendem Material angebracht, an dessen Oberfläche 2 Kupferhalbschalen befestigt sind, die sich nicht berühren (Abb. ⑥). An diesen Kupferhalbschalen sind die Drahtenden der Spule angelötet. Die Stromzufuhr erfolgt über 2 Federbänder aus Kupfer, die an den Kupferhalbschalen schleifen (in der Technik „Bürsten" genannt). Durch die Drehbewegung sind somit die Spulenanschlüsse jeweils eine Halbdrehung lang mit dem Minuspol oder mit dem Pluspol der Batterie verbunden, d. h., sie werden nach jeder Halbdrehung umgepolt.

Läuft der Motor nicht in der gewünschten Drehrichtung, so lässt sich die Drehrichtung umkehren, indem man den Stromanschluss umpolt.

Die fest stehenden Dauermagnete, zwischen denen sich der Anker dreht, können durch eine zweite stromdurchflossene Spule mit Eisenkern ersetzt werden. Dabei ist wichtig, dass der Feldkern (Eisenkern) gleichmäßig straff und immer in der gleichen Richtung umwickelt wird – wegen des Aufbaus des Magnetfeldes. Ein E-Motor, der nach diesem Prinzip konstruiert ist, läuft auch mit Wechselstrom.

Industriell gefertigte E-Motoren laufen „ohne Schwung" aus dem Stillstand an, weil die Spule dreigeteilt ist und somit der Kollektor mit 3 Kupferschalen bestückt ist. Dies gewährleistet, dass mindestens eine der Kupferschalen mit einer Bürste immer Kontakt hat.

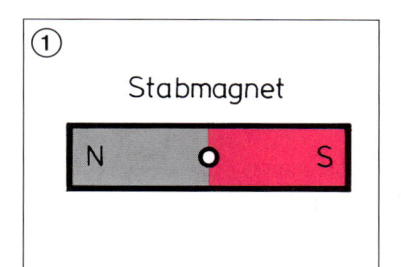

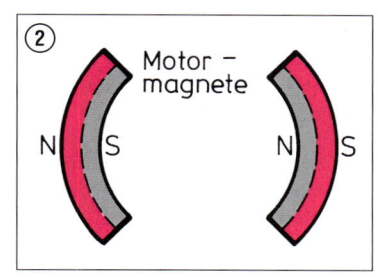

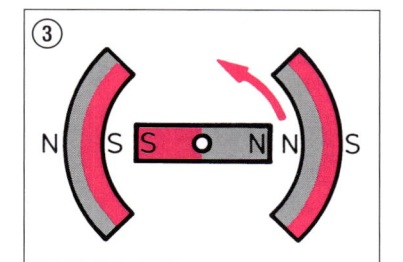

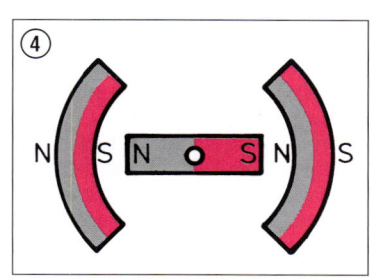

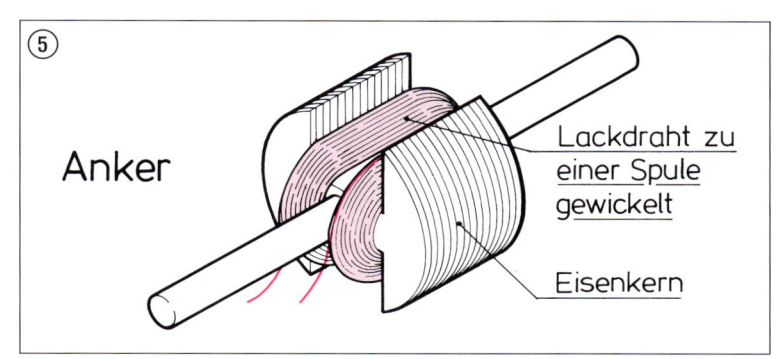

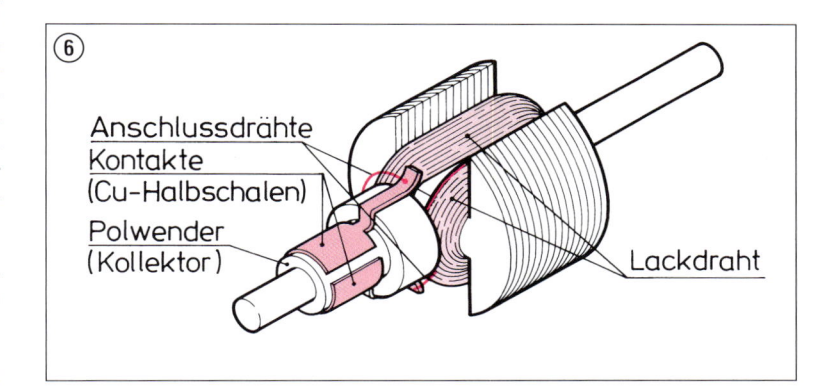

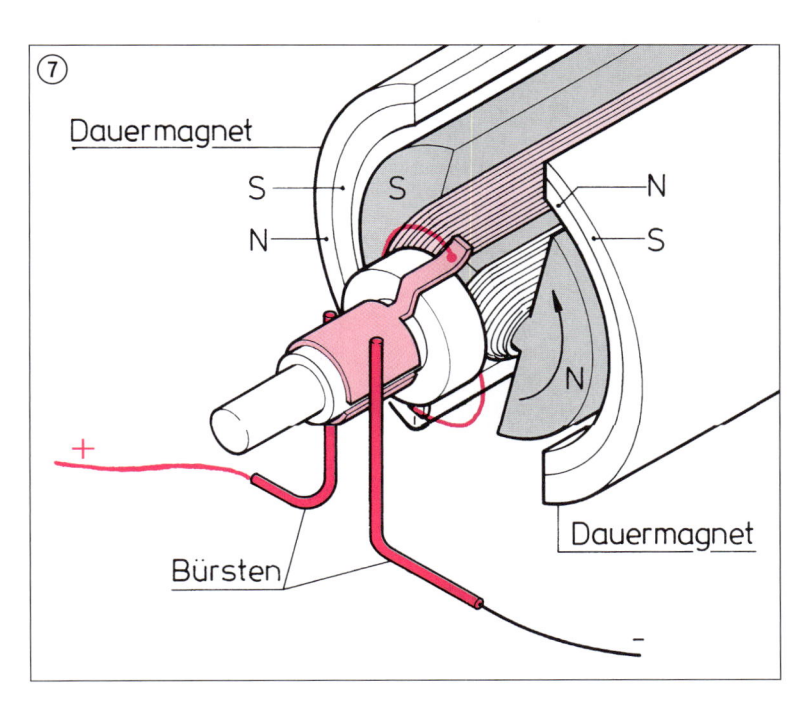

Vorgehensweise beim Aufbau elektrischer Schaltungen

Beim Entwickeln, Aufbauen und Erproben von elektrischen Schaltungen können wir so vorgehen:
- Fragestellung klären
- Bei Gruppenarbeit Zuständigkeiten abstimmen
- Schaltskizze entwickeln oder Versuch nach Schaltplan aufbauen
- Bauteile auswählen
- Schaltung sachgerecht aufbauen, Sicherheitsbestimmungen beachten
- Schaltung testen und gegebenenfalls verbessern
- Beobachtungen und Wirkungen festhalten (Schaltskizze)
- Erfahrungen mit Mitschülern austauschen

Werden Versuchsschaltungen mit einem geeigneten Baukastensystem aufgebaut, ist hierfür Voraussetzung,
- dass der Baukasten immer vollständig ist,
- dass auf strikte Ordnung geachtet und mit dem Baukasten sorgsam umgegangen wird und
- dass defekte Bauteile sofort ausgetauscht werden.

Werden Schaltungen z. B. in eine Anlage eingebaut, so müssen die Bauteile geschickt ausgesucht, fest montiert und gut verbunden werden. Die Anschlüsse werden verschraubt oder verlötet (☞ S. 153).

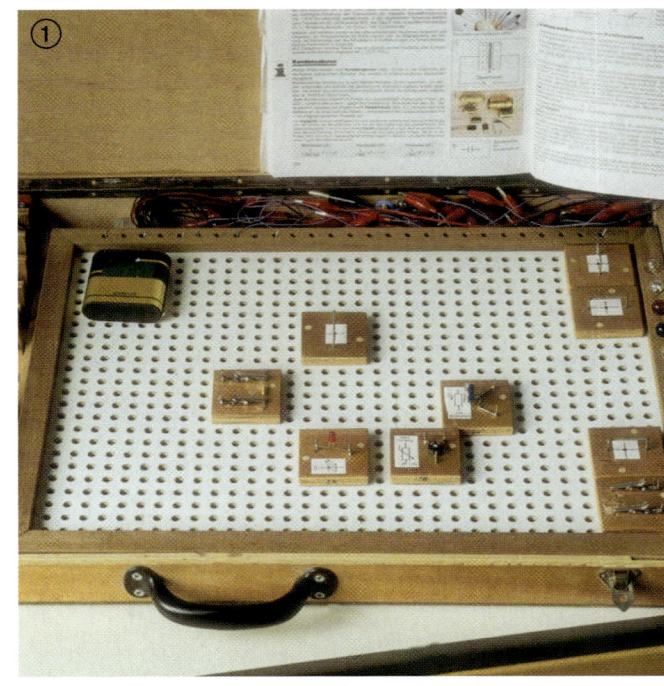

① Selbstentwickeltes Baukastensystem für Versuchsschaltungen

Verbinden von elektrischen Bauteilen

Schraubverbindungen mit Klemmschrauben

Schaltdraht und Litzenenden müssen abisoliert werden, um den Strom an das anzuschließende Bauteil weiterleiten zu können. Werden die Leitungsenden in einem **Stecker** oder in eine **Lüsterklemme** eingesetzt, müssen sie dort mittels einer Schraube festgeklemmt werden (Abb. ⑥). Dadurch wird verhindert, dass sie aus der Hülse herausrutschen.
Litzenenden werden nach dem Abisolieren verdrillt und zusätzlich verzinnt. Sie lassen sich so leichter in die Öffnungen einführen und festklemmen.

Schraubverbindungen mit Ösen

Viele elektrische Bauteile haben Schrauben als **Anschlussklemmen,** in denen das Leitungsende zwischen Anschlusskontakt und einem Schraubkopf festgeklemmt wird. (Abb. ④).

Das abisolierte Draht- oder Litzenende (Litzenende verdrillen und verzinnen) wird zu einer Öse gebogen, die genau um den Schraubenschaft passt. Diese **Öse** wird immer von der linken Seite um den Schraubenschaft gelegt, damit sich beim Anziehen der Schraube die Ösenform nicht öffnet.

Teile zum Verbinden elektrischer Leitungen

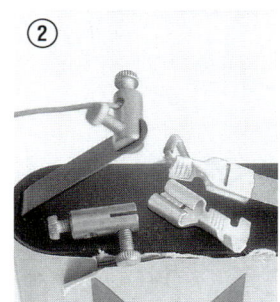

② Verbindung durch **Batterieklemmen** und **Aufsteckschuhe**

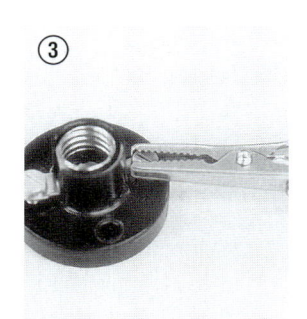

③ **Krokodilklemmen** sind zweckmäßige Verbindungen beim Experimentieren.

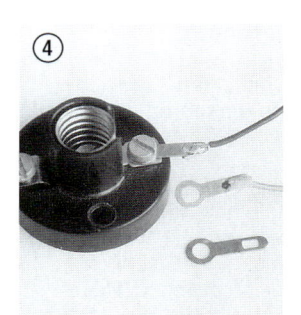

④ Schraubverbindungen mit **Lötösen**

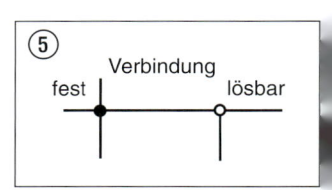

⑤ Schaltzeichen für die Verbindung elektrischer Leitungen (fest — lösbar, Verbindung)

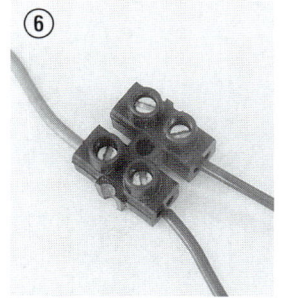

⑥ **Lüsterklemmen** ermöglichen eine rasche und leicht lösbare Verbindung.

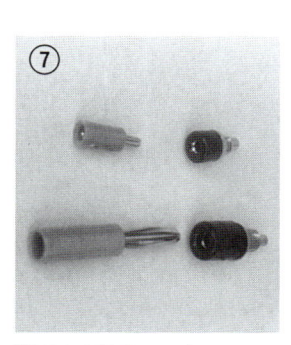

⑦ **Bananenstecker** und **Telefonbuchsen** gibt es in verschiedenen Größen, passend dazu Kupplungen.

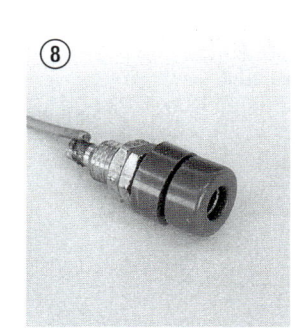

⑧ Spezielle Verbinder in Baukästen ermöglichen einen raschen Schaltungsauf- und -umbau beim Experimentieren.

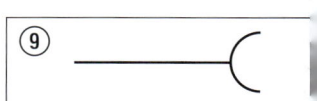

⑨ Schaltzeichen für Buchse

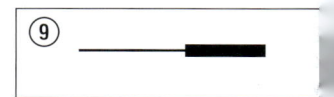

⑨ Schaltzeichen für Stecker

Lötverbindung

Elektrische Bauteile werden durch Löten dauerhaft und sicher „verbunden". So entsteht ein einwandfreier elektrischer Kontakt und eine haltbare **Lötverbindung.** Gelötet wird mit einem **elektrischen Lötkolben** (ca. 30 W, Abb. ③) oder mit einer **elektrischen Lötstation** (Abb. ①). Zum Löten eignet sich **Lot,** dessen Schmelzpunkt bei ca. 200 °C liegt und das Flussmittel enthält (Abb. ②). Wir verwenden Elektroniklot SN 60 (60 % Zinn, 40 % Blei). Flussmittel (Kolophonium) reinigt die Lötstelle und erleichtert das Fließen des Lots.

Der Arbeitsplatz muss so eingerichtet sein, dass sicher gearbeitet werden kann (Abb. ①), d. h.,
- Kabel müssen so liegen, dass sie nicht angeschmort werden können,
- der Lötkolben wird in einem Ständer abgelegt,
- Bauteile und Werkzeuge werden geordnet abgelegt,
- eine „dritte Hand" dient als Haltevorrichtung.

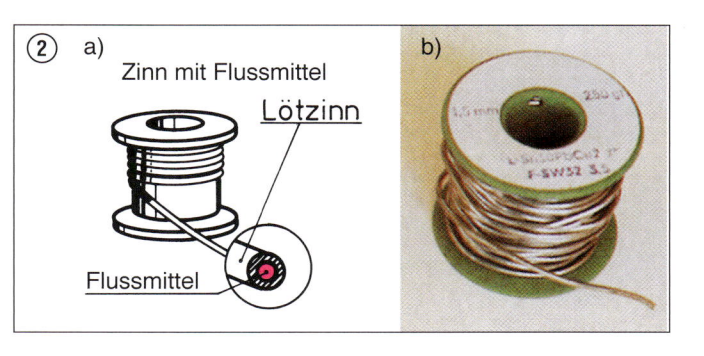

② a) Zinn mit Flussmittel — Lötzinn — Flussmittel
   b)

③ Der heiße **Lötkolben** muss sicher abgelegt werden; dazu benutzt man einen Lötkolbenständer.

Um eine einwandfreie **Lötverbindung** zu erreichen, sind folgende Arbeitsschritte notwendig:
- Mit dem Seitenschneider die benötigte Kabellänge abtrennen.
- Mit der **Abisolierzange** die Litzenenden **abisolieren** (Abb. ④). Die Abisolierzange lässt sich mittels einer Einstellschraube genau auf die Stärke der Schaltlitze einstellen (Leitungsquerschnitt); so werden keine Kupferdrähte zerschnitten.
- Das Litzenende verdrillen (Abb. ⑤) und dann verzinnen (Abb. ⑥), damit die feinen Drähte der Litze fest verbunden sind. Beim Verzinnen nur wenig Lötzinn an das mit dem Lötkolben erhitzte Litzenende geben.
- Die Teile müssen metallisch blank sein und gut aneinander anliegen.
- Je dünner bei einer **Lötverbindung** die Lötschicht zwischen den Teilen ist, desto haltbarer ist die Verbindung.

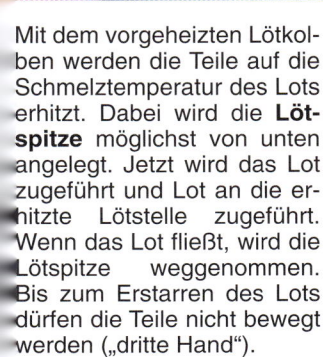

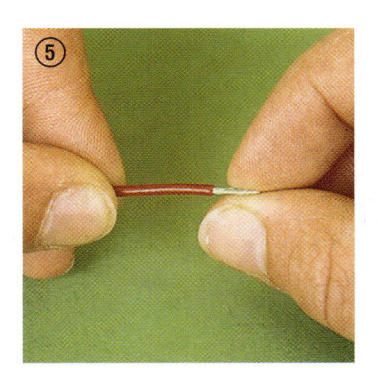

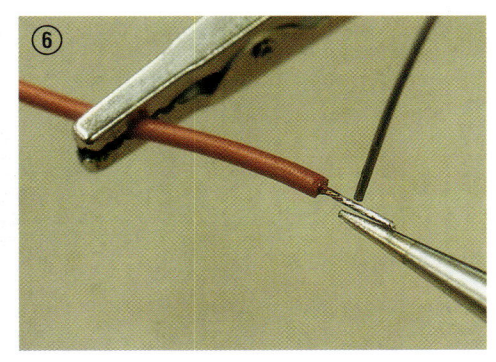

Mit dem vorgeheizten Lötkolben werden die Teile auf die Schmelztemperatur des Lots erhitzt. Dabei wird die **Lötspitze** möglichst von unten angelegt. Jetzt wird das Lot zugeführt und Lot an die erhitzte Lötstelle zugeführt. Wenn das Lot fließt, wird die Lötspitze weggenommen. Bis zum Erstarren des Lots dürfen die Teile nicht bewegt werden („dritte Hand").

Dauerlötspitzen werden in heißem Zustand mit einem feuchten Schwamm gereinigt. Vor dem Einordnen (Aufräumen) muss die Lötspitze erkaltet sein (Abb. ⑧).

153

Reihen- und Parallelschaltung von Stromquellen und elektrischen Bauteilen

Reihenschaltung von Solarzellen

Eine angeschlossene **Solarzelle** liefert ca. 0,3 V Spannung. Werden mehrere Solarzellen als **Reihenschaltung** in Reihe geschaltet, addiert sich die abgegebene Spannung (V). So kann durch Reihenschaltung von Solarzellen die für eine bestimmte Glühlampe, einen Motor oder Ähnliches benötigte Spannung erzeugt werden. (Versuchsschaltung Abb. ① und ③)

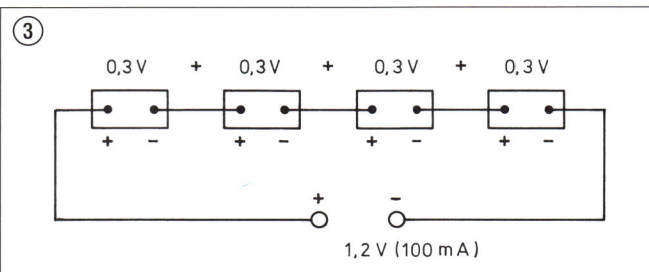

Parallelschaltung von Solarzellen

Der von Solarzellen abgegebene Strom wird als Stromstärke in mA (Milliampere) gemessen. Diese Stromstärke ist abhängig von der Größe der Solarzelle (siehe Tabelle S. 62). Werden mehrere Solarzellen parallel geschaltet, addiert sich die abgegebene Stromstärke. So kann durch die **Parallelschaltung** einer entsprechenden Anzahl von Solarzellen die für eine bestimmte Glühlampe, einen Motor o. Ä. benötigte Stromstärke erreicht werden. (Versuchschaltung Abb. ② und ④)

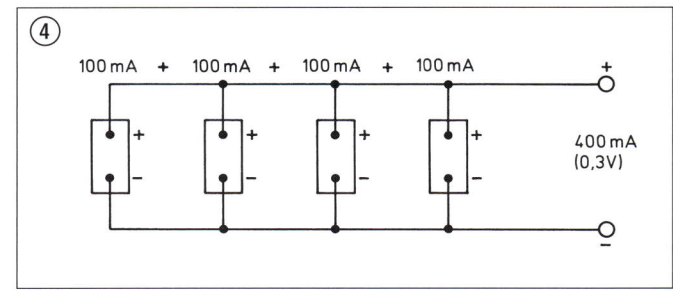

Reihenschaltung von Batterien

In der Flachbatterie sind drei Monozellen in Reihe geschaltet. Jede Monozelle hat 1,5 V Spannung. Die drei Monozellen in der Flachbatterie (siehe Abb. ⑤ und ⑦) liefern somit 4,5 V Spannung. Zwei Flachbatterien mit je 4,5 V liefern 9 V Spannung.

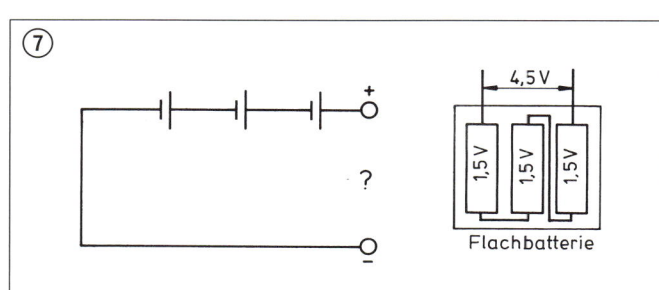

Parallelschaltung von Batterien

Wird bei einer Schaltung ein hoher Strom (Ampere) benötigt, z. B. für ein Fahrzeug, Glühlampen je 0,2 A und einen E-Motor 0,6 A, muss eine Flachbatterie viel Strom liefern und ist schnell leer. Soll die Stromquelle die gewünschte Stromstärke längere Zeit liefern, können wir dies erreichen, indem wir mehrere Batterien parallel schalten (Abb. ⑥ und ⑧).

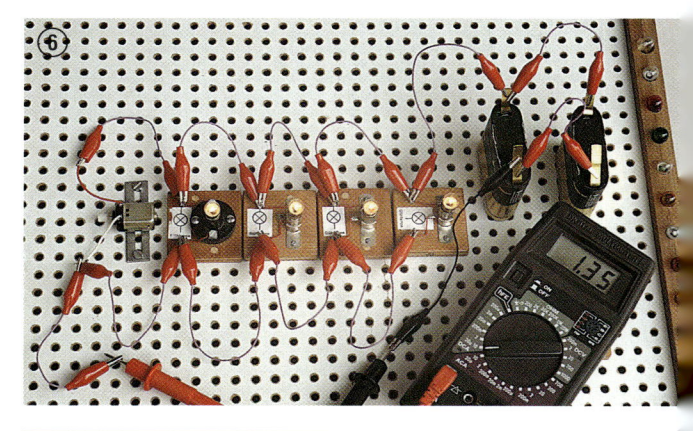

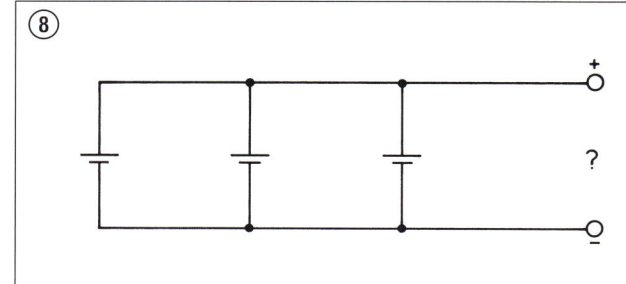

Reihenschaltung von Glühlampen

Werden drei Glühlampen mit jeweils 3,8 V in Reihe geschaltet und an eine Flachbatterie mit 4,5 V angeschlossen, so glimmen sie nur (siehe Abb. ①). Sollen sie hell leuchten, muss bei der **Reihenschaltung** von Glühlampen die Spannung der Stromquelle so hoch sein wie die Spannung der Glühlampen zusammen.
Bei der Reihenschaltung sind alle Bauteile in einem Stromkreis geschaltet. Was geschieht, wenn ein Bauteil defekt ist?

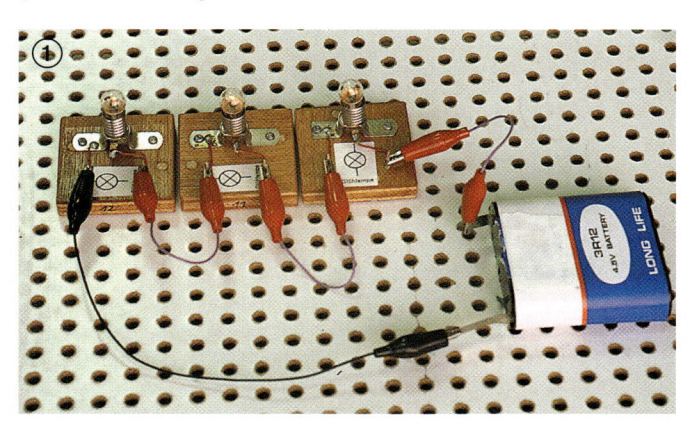

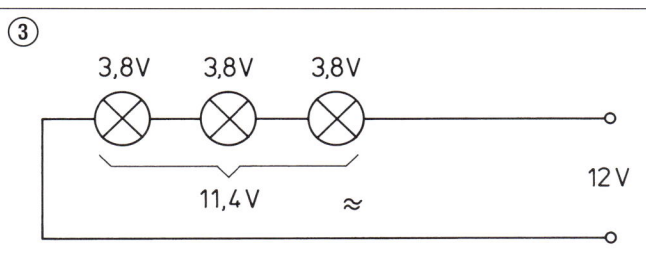

Parallelschaltung von Glühlampen

Werden drei Glühlampen mit jeweils 3,8 V / 0,2 A parallel geschaltet, leuchten alle Lampen hell (siehe Abb. ②). Sollen diese Lampen über längere Zeit leuchten, ist zu bedenken, dass die Batterie schneller leer wird, weil sich die Stromstärke der Glühlampen addiert.
Bei einer **Parallelschaltung** hat jedes Bauteil seinen eigenen Stromkreis. Was passiert, wenn ein Bauteil defekt ist?

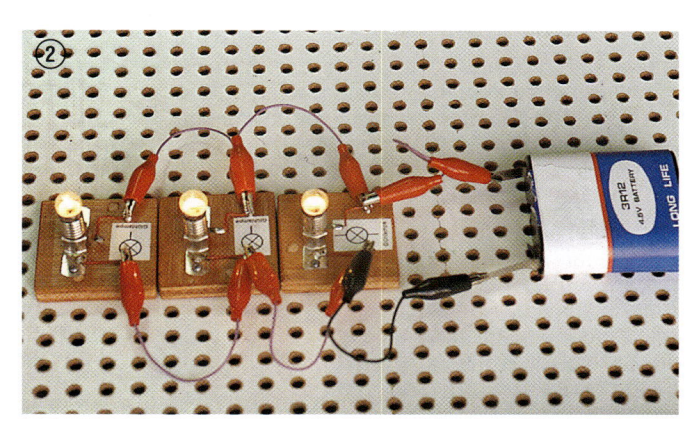

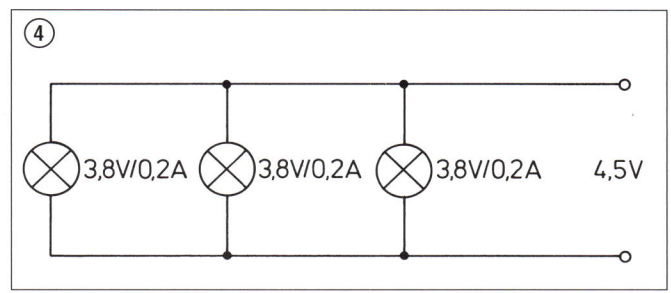

Reihenschaltung von Tastschaltern

An Maschinen sind die Bedienungsschalter in einem Stromkreis so angeordnet, dass die Maschine nur arbeitet, wenn z. B. Tastschalter 1 und Tastschalter 2 gleichzeitig gedrückt werden, also beide Hände außerhalb der Gefahrenzone sind (Abb. ⑤ und ⑦).

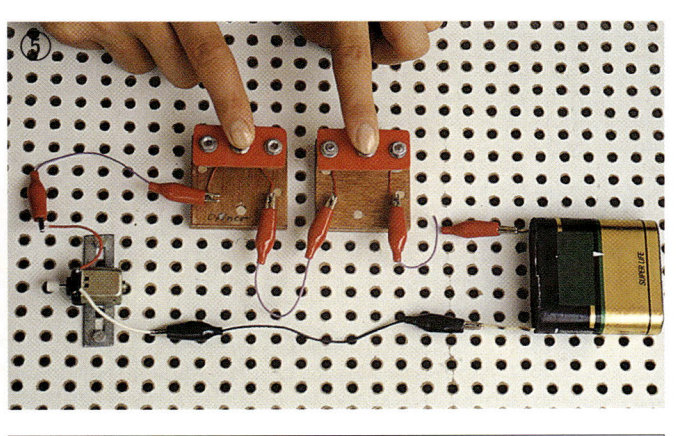

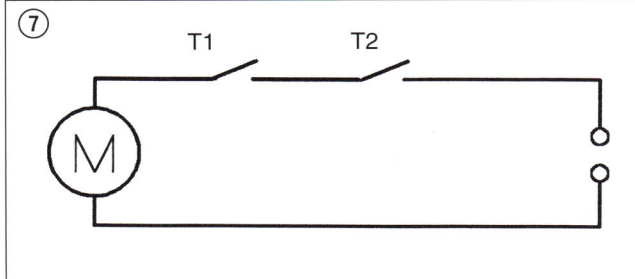

Parallelschaltung von Tastschaltern

In Klingelanlagen sind die **Tastschalter** so angeschlossen, dass jeder unabhängig von den anderen den Stromkreis schließt. So kann Tastschalter 1 oder Tastschalter 2 die Anlage in Gang setzen (Abb. ⑥ und ⑧).

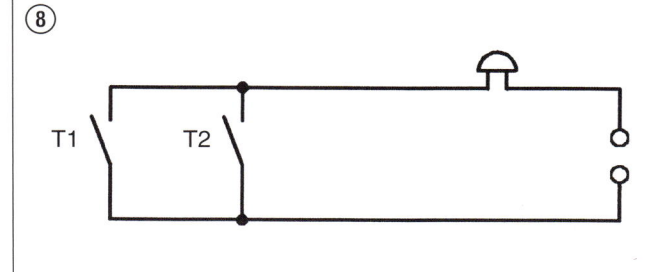

Informationen zur Bewertung des Arbeitens und Lernens im Technikunterricht

Leistungsbewertung und Notengebung im Technikunterricht

Die Bewertung von Schülerleistungen dient vor allem der Notengebung im Hinblick auf Versetzung und Erreichung von Schulabschlüssen. Zudem eröffnen Noten bzw. Zeugnisse Zugangsberechtigungen zur Berufsausbildung und zu weiteren schulischen Bildungsgängen.

Was sagen Noten aber aus?

Damit man die eigenen Kompetenzen oder Fähigkeiten einschätzen kann, bedarf es einer differenzierteren Rückmeldung, als es Ziffernoten darstellen. Dazu muss man wissen, welche Kompetenzen erwartet werden bzw. welche Kompetenzen man erwerben möchte. Vergleicht hierzu die nebenstehenden allgemeinen Ziele des Technikunterrichts sowie die Seiten 6, 7, 9, 19, 27, 39, 45, 59 und 73.

Betrachtet man diese Ziele, so wird deutlich, dass im Technikunterricht neben Wissen und Kenntnissen auch Fertigkeiten und Fähigkeiten sowie das Verhalten von Bedeutung sind. Dabei werden neben Produkten wie Werkstücken oder Klassenarbeiten Qualifikationen und Kompetenzen berücksichtigt wie Kreativität, Arbeitsverhalten und Teamfähigkeit. So kann jeder zur Einschätzung seiner Eignung, Befähigung und Leistung gelangen.

Wichtig ist, dass vor Beginn der Arbeit Vereinbarungen darüber getroffen werden, welche Kriterien einer Bewertung zugrunde gelegt und wie diese gewichtet werden.

An den entsprechenden Stellen ist in jedem Kapitel des Buches deshalb diesbezüglich ein Hinweis gegeben.

Bei der Festlegung der Kriterien ist zu prüfen, ob diese mit den Zielen des Technikunterrichts zu vereinbaren sind.

Neben der Festlegung von Kriterien ist es wichtig, vorab zu klären, mit welchem Anteil das jeweilige Kriterium bei der Gesamtbewertung berücksichtigt werden soll.

Das intensive Ringen um das gemeinsame Festlegen der Bewertungskriterien und um Bewertungsgerechtigkeit führt im Technikunterricht zur Diskussion von Werthaltungen und zur Bildung einer eigenen Meinung.

Auf Seite 158 sind Beispiele für Kriterien zur Bewertung des Arbeitens und Lernens im Technikunterricht dargestellt. Diese Kriterien können, orientiert an den Zielen des Technikunterrichts und an dem im Unterricht behandelten Thema, ausgewählt und gegebenenfalls erweitert werden.

Vergleicht dazu auch die Bewertungsbeispiele Seite 159.

Einen möglichst objektiven Eindruck über die persönliche Leistung im Fach Technik erhält man dadurch, dass verschiedene Personen nach den vorher vereinbarten Kriterien die gleiche Leistung bewerten. Die Bewertung kann jeweils durch den Lehrer bzw. durch die Lehrerin, durch Mitschüler und durch Selbstbewertung erfolgen. Kommt das Bewertungsergebnis so zustande, ist es leichter anzunehmen und zu akzeptieren.

Nach der Übersicht Seite 158 wird die Bewertung einerseits in die Bewertung von Produkten, d. h. in messbare, ablesbare oder testbare Objekte, und andererseits in die Bewertung von Prozessen, d. h. in Kriterien des beobachtbaren Lern- und Arbeitsverhaltens eingeteilt. Dabei lassen sich die Kriterien grundsätzlich drei Bereichen zuordnen, nämlich:
– den Fertigkeiten und Fähigkeiten (praktischer Schwerpunkt),
– den Kenntnissen (theoretischer Schwerpunkt),
– dem Verhalten und den Werthaltungen (ethischer Schwerpunkt).

Es ist durchaus möglich, dass manche Kriterien nicht eindeutig einem bestimmten Bereich zugeordnet werden können und unter Umständen doppelt auftreten.

Allgemeine Ziele des Technikunterrichts
☞ Vorwort S. II

Einblicke in geschichtliche und aktuelle Entwicklungen der Technik wie auch in naturwissenschaftliche Zusammenhänge gewinnen, um zu lernen, ökonomisch und ökologisch verantwortungsvoll mit der Technik und unserer Umwelt umzugehen

Mit unterschiedlichen Materialien, Werkzeugen, Maschinen und Geräten arbeiten und sich dadurch praktische Fähigkeiten und Fertigkeiten aneignen

Grundlegende Erfahrungen darüber sammeln, wie man sachgerecht und sicherheitsbewusst arbeitet

Erste Erfahrungen für die eigene Berufswahl gewinnen

Lernen, im Team zu arbeiten, gemeinsam Situationen zu erörtern, Entscheidungen zu treffen und diese durchzuführen

Vorgehensweisen üben, die es ermöglichen, positive wie negative Aspekte technischer Entwicklungen zu werten und daraus grundsätzliche Einstellungen zur Technik zu gewinnen

---

Verordnung über die Notenbildung
(Auszug Beispiel Baden-Württemberg)

3. Abschnitt:
Feststellung von Schülerleistungen

§ 7 Allgemeines
(1) Grundlage der Leistungsbewertung in einem Unterrichtsfach sind alle vom Schüler im Zusammenhang mit dem Unterricht erbrachten Leistungen (schriftliche, mündliche und praktische Leistungen). Schriftliche Leistungen sind insbesondere die schriftlichen Arbeiten (Klassenarbeiten und schriftliche Wiederholungsarbeiten). Der Fachlehrer hat zum Beginn seines Unterrichts bekannt zu geben, wie er in der Regel die verschiedenen Leistungen bei der Notenbildung gewichten wird.

(2) Die Bildung der Note in einem Unterrichtsfach ist eine pädagogisch-fachliche Gesamtbewertung der vom Schüler im Beurteilungszeitraum erbrachten Leistungen.

(3) Die allgemeinen für die Bewertung der Leistungen in den einzelnen Fächern maßgebenden Kriterien hat der Fachlehrer den Schülern und auf Befragen auch ihren Erziehungsberechtigten sowie den für die Berufserziehung der Schüler Mitverantwortlichen darzulegen.

(4) Der Fachlehrer hat dem Schüler auf Befragen den Stand seiner mündlichen und praktischen Leistungen anzugeben. Nimmt er eine besondere Prüfung vor, die er gesondert bewertet, hat er dem Schüler die Note bekannt zu geben.

Bewertung außerhalb des Unterrichts

In allen Bereichen der Gesellschaft werden sachliche und persönliche Bewertungen fortlaufend praktiziert.
Die Stiftung Warentest hat sich vor allem der Bewertung von Produkten angenommen (Abb. ①).

Abb. ② zeigt Aufgaben zur Bewertung der Eignung von Personen im Hinblick auf die Berufswahl.

① **STIFTUNG WARENTEST test KOMPASS** — MOBILTELEFONE — test-Ausgabe 12/97

	Mittlerer Preis (ohne Kartenvertrag) in € ca.[1]	Preisspanne (ohne Kartenvertrag) in €[1]	Sprachverständlichkeit	Akkubetrieb	Betrieb bei schwachem Netz	Handhabung	Fallprüfung	test-Qualitätsurteil
Gewichtung			30%	15%	20%	30%	5%	
Mobiltelefone für das D1-/D2-Netz								
~ox omox	200,–		+	+	+	o	+	gut
~mox	205,–		+	–*)	o	+	–	mangelhaft
~x	230,–	220,– bis 255,–	+	++	+	+	++	gut
	230,–	215,– bis 245,–	+	o	–	+	++	zufriedenst.
	235,–		+	+	o	o	+	zufriedenst.
	?55,–	240,– bis 270,–	+	o	o	+	–*)	zufriedenst.
			+	++	o	o	++	gut
				o	+	+	o	zufriedenst.
								gut

Reihenfolge der Bewertung: ++ = sehr gut, + = gut, o = zufriedenstellend, – = mangelhaft, –– = sehr mangelhaft
*) Führt zur Abwertung
[1] Mit Kartenvertrag erheblich billiger.

Aufgaben aus Tests zum mechanisch-technischen Verständnis

②

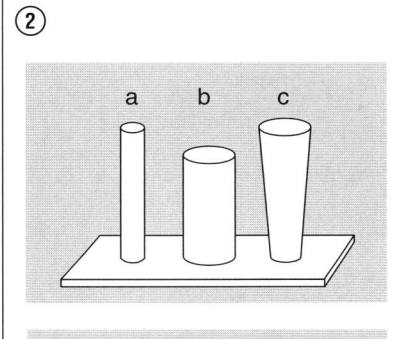

1) Welcher der drei Körper (a, b oder c) kann am leichtesten umgestoßen werden?

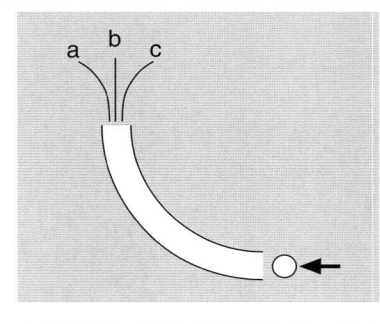

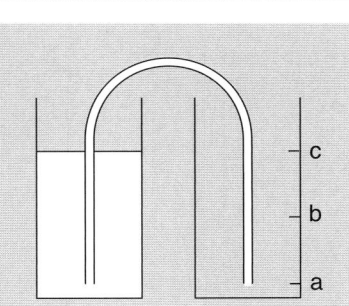

2) Durch einen Schlauch fließt Wasser von dem linken in den rechten Behälter. Bis zu welcher Markierung (a, b oder c) steigt das Wasser im rechten Behälter?

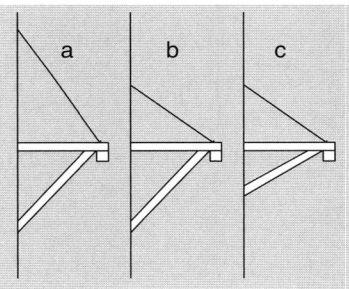

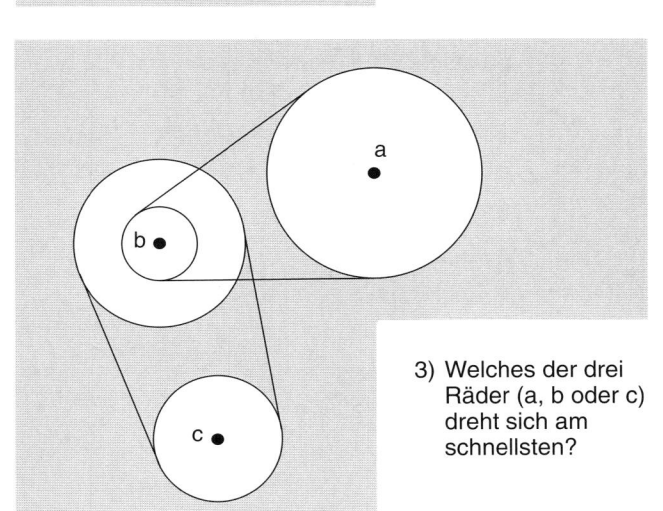

3) Welches der drei Räder (a, b oder c) dreht sich am schnellsten?

4) Eine Kugel wird durch ein flach auf dem Boden liegendes Rohr gestoßen. Welchen Weg (a, b oder c) nimmt die Kugel nach Verlassen des Rohres?

5) Welches der drei Bretter (a, b oder c) könnte das schwerste Gewicht tragen?

6) Zwei der vier Lampen sollen möglichst hell leuchten. Welche zwei der vier Punkte a, b, c oder d müssen dazu mit einem Draht verbunden werden?

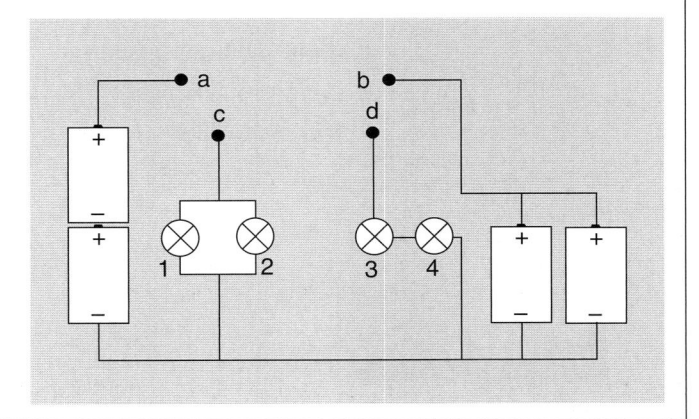

Übersicht: Kriterien zur Bewertung des Arbeitens und Lernens im Technikunterricht

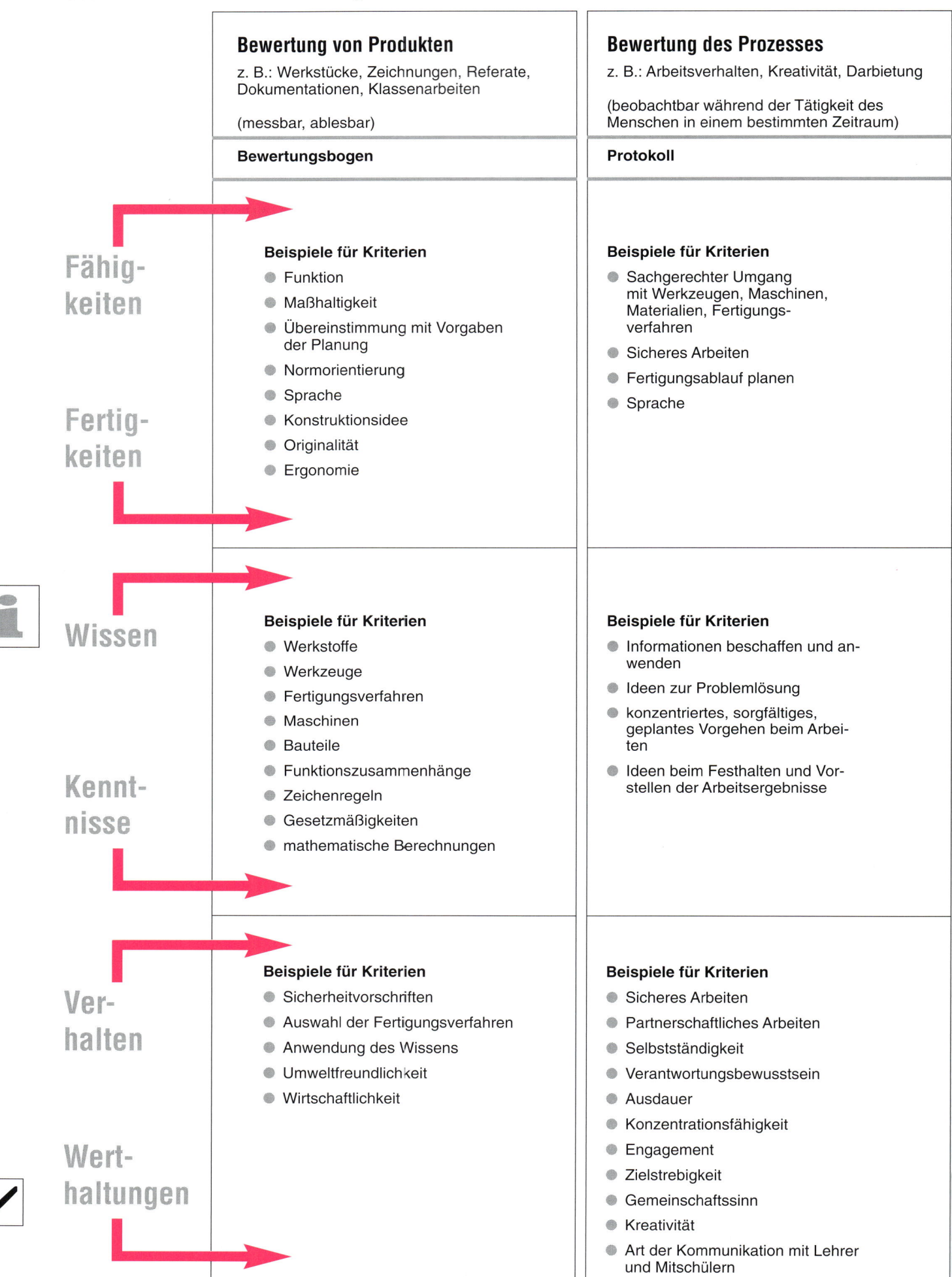

	Bewertung von Produkten z. B.: Werkstücke, Zeichnungen, Referate, Dokumentationen, Klassenarbeiten (messbar, ablesbar) **Bewertungsbogen**	**Bewertung des Prozesses** z. B.: Arbeitsverhalten, Kreativität, Darbietung (beobachtbar während der Tätigkeit des Menschen in einem bestimmten Zeitraum) **Protokoll**
Fähigkeiten / **Fertigkeiten**	**Beispiele für Kriterien** • Funktion • Maßhaltigkeit • Übereinstimmung mit Vorgaben der Planung • Normorientierung • Sprache • Konstruktionsidee • Originalität • Ergonomie	**Beispiele für Kriterien** • Sachgerechter Umgang mit Werkzeugen, Maschinen, Materialien, Fertigungsverfahren • Sicheres Arbeiten • Fertigungsablauf planen • Sprache
Wissen / **Kenntnisse**	**Beispiele für Kriterien** • Werkstoffe • Werkzeuge • Fertigungsverfahren • Maschinen • Bauteile • Funktionszusammenhänge • Zeichenregeln • Gesetzmäßigkeiten • mathematische Berechnungen	**Beispiele für Kriterien** • Informationen beschaffen und anwenden • Ideen zur Problemlösung • konzentriertes, sorgfältiges, geplantes Vorgehen beim Arbeiten • Ideen beim Festhalten und Vorstellen der Arbeitsergebnisse
Verhalten / **Werthaltungen**	**Beispiele für Kriterien** • Sicherheitsvorschriften • Auswahl der Fertigungsverfahren • Anwendung des Wissens • Umweltfreundlichkeit • Wirtschaftlichkeit	**Beispiele für Kriterien** • Sicheres Arbeiten • Partnerschaftliches Arbeiten • Selbstständigkeit • Verantwortungsbewusstsein • Ausdauer • Konzentrationsfähigkeit • Engagement • Zielstrebigkeit • Gemeinschaftssinn • Kreativität • Art der Kommunikation mit Lehrer und Mitschülern

Beispiele für Bewertungsbogen

Klasse 7
Name _____
Endbewertung des Karteikastens durch Mitschüler
Schule _____
Datum _____

Kriterien	Toleranz	Punkte	Notenschlüssel
● Maßhaltigkeit			
– Trennerbreite	+ 1 bis + 2 mm breiter als Karte	0 / 2	*Note:*
– Kastenbreite licht	+ 3 bis + 4 mm breiter als Karte	0 / 2	$6 - \dfrac{5 \times P \text{ (erreichte Punkte)}}{P_{max}}$
– Kastenhöhe licht	+ / – 1 mm festgelegtes Maß	0 / 2	
● Funktion			*Beispiel:*
– Problemlose Entnahme und Rückplatzierung der Karten		0 / 2	$6 - \dfrac{5 \times 12}{28} = 3{,}9$
– Ablesbarkeit der Reiter		0 1 2 3	
– Raum für 500 Karten		0 / 1	
– Flexible Gestaltung der Einteilung		0 1 2 3 4 5	
● Gestaltung des Trennersystems		0 1 2 3 4 5	
● Sachgerechte Ausführung der Eckverbindungen		0 1 2 3	
● Oberflächengüte/Sauberkeit der Verarbeitung		0 1 2 3	
	Summe erreichte Punkte	☐☐	P max 28

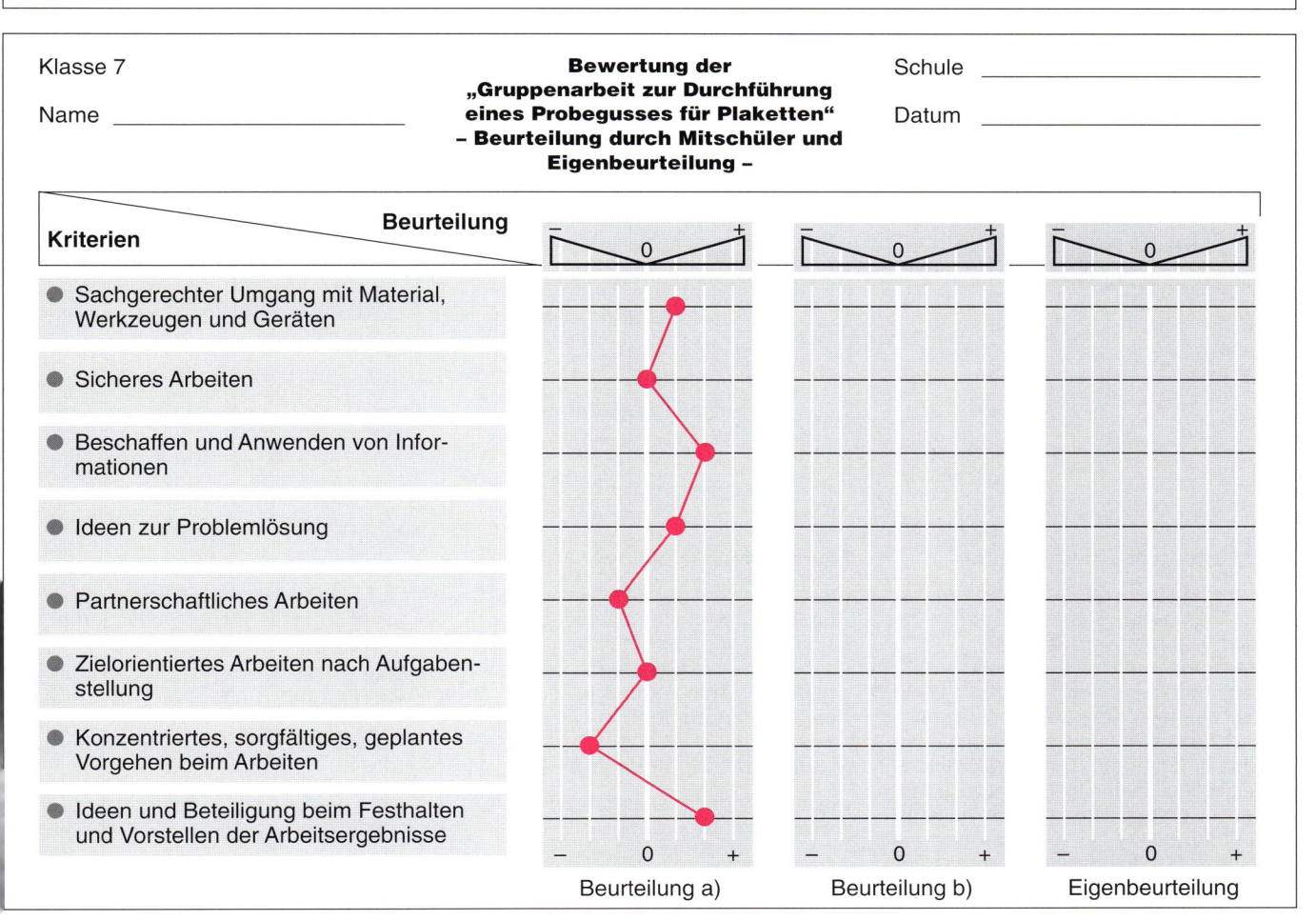

Klasse 7
Name _____
Bewertung der „Gruppenarbeit zur Durchführung eines Probegusses für Plaketten" – Beurteilung durch Mitschüler und Eigenbeurteilung –
Schule _____
Datum _____

Kriterien	Beurteilung a)	Beurteilung b)	Eigenbeurteilung
● Sachgerechter Umgang mit Material, Werkzeugen und Geräten			
● Sicheres Arbeiten			
● Beschaffen und Anwenden von Informationen			
● Ideen zur Problemlösung			
● Partnerschaftliches Arbeiten			
● Zielorientiertes Arbeiten nach Aufgabenstellung			
● Konzentriertes, sorgfältiges, geplantes Vorgehen beim Arbeiten			
● Ideen und Beteiligung beim Festhalten und Vorstellen der Arbeitsergebnisse			

Anhang: Messen, Formeln und Symbole

Messen von Spannungen, Strömen und Widerständen

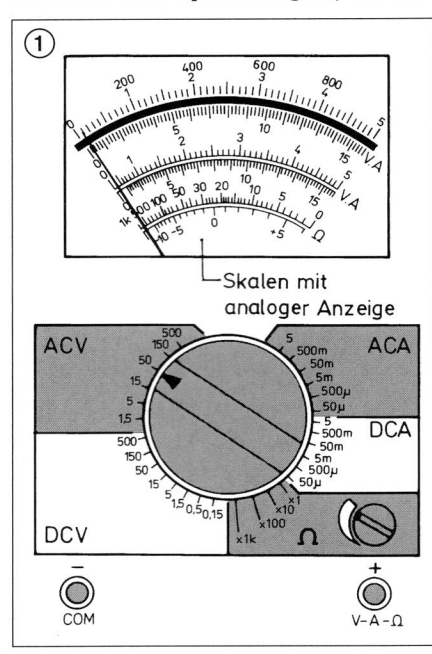

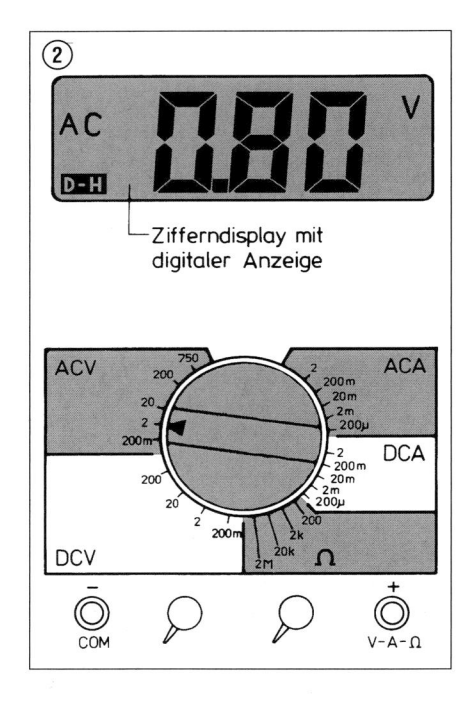

Messgeräte

Bei **Messgeräten** zum Messen elektrischer Größen unterscheidet man zwischen Geräten mit analoger und Geräten mit digitaler Anzeige.
Bei Messgeräten mit analoger Anzeige (Abb. ①) wird der zu messende Wert über einen Zeigerausschlag auf einer Skala angezeigt. Bei solchen mit digitaler Anzeige (Abb. ②) geschieht dies über ein Zifferndisplay.

Weil mit diesen Messgeräten Spannungen, Ströme und Widerstände sowohl im Wechselstrom- wie auch im Gleichstrombereich gemessen werden können, bezeichnet man sie als **Vielfachmessgeräte** oder auch **Multimeter.**

Durch die große Bedeutung der Elektronik und durch die weltweiten Verbindungen im industriellen Bereich sind internationale Normen und Standardisierungen wichtig. Deshalb sind bei vielen elektronischen Geräten die Benennungen in englischer Sprache angegeben.

Bei Vielfachmessgeräten werden Wechselstromwerte mit **AC** (Alternating-Current) und Gleichstromwerte mit **DC** (Direct-Current) angegeben.
Misst man Spannungen, die mit der Maßeinheit Volt (V) angegeben werden, wird in den Bereichen **ACV** bzw. **DCV** gemessen.
Misst man Stromstärken, die mit der Maßeinheit Ampere (A) angegeben werden, wird mit den Bereichen **ACA** bzw. **DCA** gemessen.

Mit Vielfachmessgeräten können wir messen:
– Spannungen bei Gleichströmen   (DCV – Direct-Current-Voltage),
– Spannungen bei Wechselströmen   (ACV – Alternating-Current-Voltage),
– Stromstärken von Gleichströmen   (DCA – Direct-Current-Ampere),
– Stromstärken von Wechselströmen   (ACA – Alternating-Current-Ampere),
– Widerstandswerte.

> Da wir in der Elektrotechnik und Elektronik nur mit Gleichströmen im Kleinspannungsbereich (bis 24 Volt) arbeiten, sind für uns die DCV- und DCA-Messbereiche und der Ohm-Messbereich wichtig.

Kennzeichnung von Messgeräten:

Messgeräte werden für vielfältige Aufgabenbereiche mit unterschiedlichen Qualitätsanforderungen hergestellt. Die Sinnbilder und Grafiken geben Hinweise auf deren Einsatz- und Anwendungsmöglichkeiten und deren Funktionsweise.

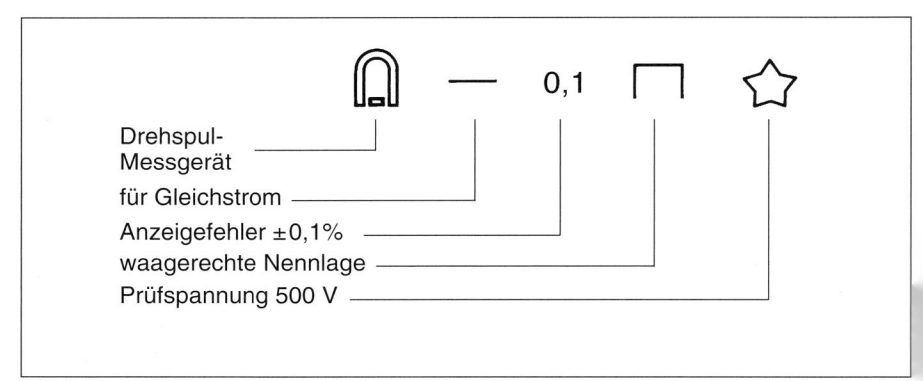

Drehspul-Messgerät
für Gleichstrom
Anzeigefehler ±0,1%
waagerechte Nennlage
Prüfspannung 500 V

Vorbereitung des Messgerätes

Vor dem Einsatz eines Vielfachmessgerätes an einer Schaltung muss Folgendes beachtet werden:
– Messgerät auf Durchgang und auf Eigenbatteriespannung prüfen. Dazu das Gerät in den kleinsten Ohmbereich schalten und die Prüfspitzen zusammenführen. Die Anzeige muss bei Vollausschlag gegen null gehen,
– gewünschten Messbereich einstellen,
– Polung des Gerätes durch kurzes Antippen an der Messstelle prüfen.

Messgeräte mit analoger Anzeige

Messgeräte mit analoger Anzeige (Abb. ①) sind meist mit einem „Spiegel" versehen. Für eine korrekte Messung muss der Zeiger des Vielfachmessgeräts mit seinem eigenen Spiegelbild zur Deckung gebracht werden. Dadurch will man erreichen, dass die Messwerte senkrecht von oben her abgelesen werden. Bei Messgeräten mit Analoganzeige lassen sich wechselnde Strom- bzw. Spannungswerte am Zeigerausschlag deutlich erkennen.

Messgeräte mit digitaler Anzeige

Messgeräte mit digitaler Anzeige (Abb. ②) erlauben ein einfacheres und genaueres Ablesen der Messwerte.

Spannungen messen:

Zum Messen von Gleichspannungen (U) muss das Vielfachmessgerät als Voltmeter (DCV) verwendet werden (Abb. ①). Die Spannung, die an einem Bauteil anliegt, wird innerhalb eines geschlossenen Stromkreises „vor" und „hinter" diesem Bauteil mit den Prüfspitzen – parallel zum Bauteil – abgegriffen (Abb. ②).

Vorgehensweise:
1. Gewünschten Messbereich einstellen.
   Ist dieser nicht bekannt, den größten Messbereich wählen.
2. Messprobe.
3. Bei geringem Zeigerausschlag prüfen, ob feinerer Messbereich einstellbar ist.

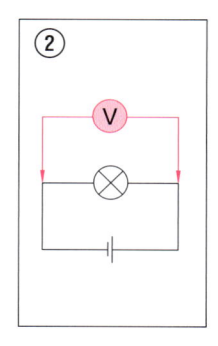

Ströme messen:

Zum Messen von Gleichströmen (I) muss das Vielfachmessgerät als Amperemeter (DCA) verwendet werden (Abb. ③). Dazu muss der Stromkreis geöffnet und das Vielfachmessgerät an den Trennstellen angeschlossen werden (Abb. ④).

Vorgehensweise:
1. Gewünschten Messbereich einstellen.
   Ist dieser nicht bekannt, den größten Messbereich wählen.
2. Messprobe.
3. Bei geringem Zeigerausschlag prüfen, ob feinerer Messbereich einstellbar ist.

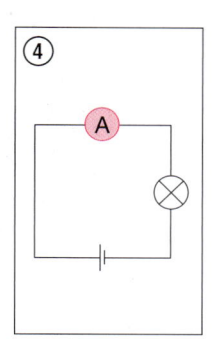

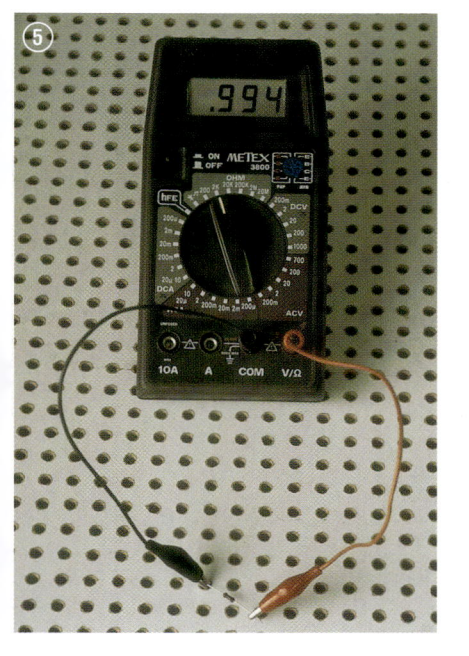

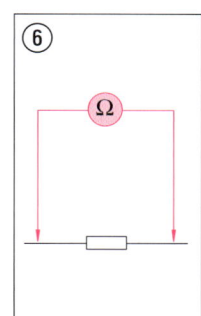

Widerstände messen:

Widerstandswerte lassen sich außer über den Farbcode auch mithilfe eines Ohmmeters bestimmen. Allerdings können Widerstände nur außerhalb von Schaltungen gemessen werden.

Vielfachmessgeräte mit analoger Anzeige besitzen für die Widerstandsbestimmung eine Skala, die zu den übrigen Skalen entgegengesetzt verläuft. Zur Widerstandsbestimmung muss bei diesen Geräten ein Multiplikator berücksichtigt werden. Ist der Wählschalter eines Vielfachmessgerätes beispielsweise auf:
– X10 eingestellt, müssen die Messergebnisse mit dem Faktor 10 multipliziert werden,
– X1K eingestellt, müssen die Messergebnisse mit einem Kiloohm, also dem Faktor 1000 multipliziert werden.

Um in allen Fällen korrekte Messwerte zu erhalten, ist beim Messen folgende Vorgehensweise zu beachten:
1. Ω-Bereich am Multimeter vorwählen.
2. Prüfspitzen zusammenführen. Erfolgt keine Anzeige, ist die eingebaute Batterie bzw. die Sicherung des Geräts zu überprüfen. Steht bei Messgeräten mit analoger Anzeige der Zeiger nicht genau auf null, ist auf der Widerstandsskala ein Nullabgleich vorzunehmen. Dies geschieht mithilfe des Rändelrades auf der Geräteoberseite. Sollte die Nullposition nicht einstellbar sein, ist die eingebaute Batterie zu überprüfen.
3. Zum Messen des Widerstandswertes eine Prüfspitze des Ohmmeters vor und eine hinter dem Bauteil anlegen (Abb. ⑤, ⑥).
4. Messwert ablesen.
5. Bei analog anzeigenden Messgeräten den Messwert gegebenenfalls mit dem gewählten Faktor multiplizieren.

161

Übungen zum Einsatz des Messgerätes

Aufgabe 1: **Widerstände sortieren**

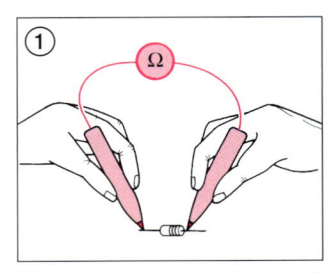

In der „Sammelbox" für elektronische Bauteile befinden sich ungeordnet zahlreiche Einzelwiderstände, deren Widerstandswert nicht bekannt ist.
Bestimmt mit dem Messgerät (☞ S. 161) den Wert der Widerstände (Abb. ①) und ordnet diese in den dafür bestimmten Sortimentskasten ein.

Aufgabe 2: **Diode auf Sperrverhalten prüfen**

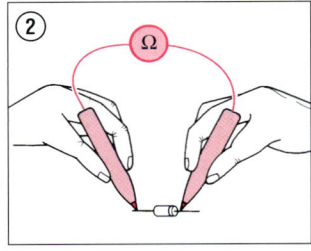

Vor dem Einsetzen einer Diode in eine Schaltung lässt sich diese mithilfe des Ohmmeters überprüfen (Abb. ②). Dazu legt man die Prüfspitzen an die beiden Ausgänge der Diode und misst den Widerstandswert.
Danach vertauscht man die beiden Prüfspitzen und kontrolliert erneut den Widerstandswert.
Im einen Fall muss das Ohmmeter einen bestimmten Widerstandswert anzeigen,
im anderen Fall muss der Widerstandswert unendlich hoch sein.

Aufgabe 3: **Überprüfen der Widerstandsberechnung durch Messen**

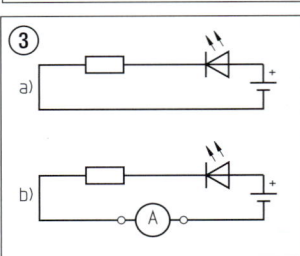

Eine LED benötigt zu ihrem Schutz einen Vorwiderstand, dessen Wert durch die im Stromkreis anliegende Spannung und durch den Betriebsstrom der LED bestimmt wird.
Berechnet den Vorwiderstand über das ohmsche Gesetz nach der Formel: $R_v = \dfrac{U_g - U_{LED}}{I}$
Vergleicht den für R_v errechneten Wert mit dem Farbcode (☞ S. 163).
Baut die Schaltung nach Abbildung ③ auf.
Überprüft durch Messen mit dem Amperemeter den tatsächlich fließenden Strom (☞ S. 161).

Ohmsches Gesetz

Der Strom, der durch einen Widerstand fließt, verändert sich proportional mit der an diesem Widerstand anliegenden Spannung:

$$R = \frac{U}{I} \Rightarrow I = \frac{U}{R} \Rightarrow U = R \cdot I$$

Beispiel:
Misst man z. B. an einem Widerstand (Farbringe: braun-grün-braun) von 150 Ω eine Spannung von 4,5 Volt, so gilt:

$$I = \frac{U}{R} = \frac{4,5\,V}{150\,\Omega} = 0,03\,A = \mathbf{30\,mA}$$

Durch den Widerstand fließt also ein Strom mit 30 mA.

Widerstände in Reihe geschaltet

Mit der Reihenschaltung werden Spannungen aufgeteilt, wobei der Strom überall der gleiche bleibt (Abb. ⑤). Das heißt, die Summe aus den Teilspannungen ergibt die Gesamtspannung:

$$U_g = U_1 + U_2 + U_3 + \ldots$$
$$I_g = I_1 = I_2 = I_3 = \ldots$$

Berechnung des Gesamtwiderstandes:

$$R_g = R_1 + R_2 + R_3 + \ldots$$

Beispiel: $R_g = R_1 + R_2 + R_3 = 300\,\Omega + 150\,\Omega + 100\,\Omega = \mathbf{550\,\Omega}$
Mit dem ohmschen Gesetz lässt sich mithilfe des Gesamtwiderstandes R_g der Gesamtstrom der Schaltung berechnen.

$$I_g = \frac{U_g}{R_g} = \frac{4,5\,[V]}{550\,[\Omega]} \approx 0,0082\,A \approx \mathbf{8,2\,mA}$$

Mit dem ohmschen Gesetz lässt sich nun für jeden Teilwiderstand die daran anliegende Spannung berechnen.

$U_1 = R_1 \cdot I_1 = 300\,\Omega \cdot 0,0082\,A \approx \mathbf{2,45\,V}$
$U_2 = R_2 \cdot I_2 = 150\,\Omega \cdot 0,0082\,A \approx \mathbf{1,23\,V}$
$U_3 = R_3 \cdot I_3 = 100\,\Omega \cdot 0,0082\,A \approx \mathbf{0,82\,V}$

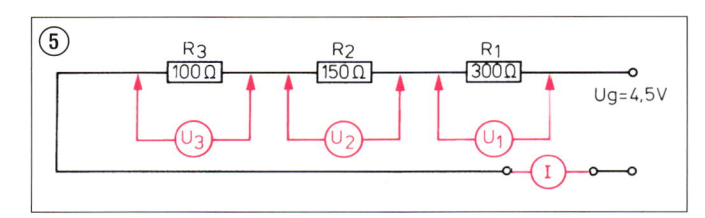

Widerstände parallel geschaltet

Mit der Parallelschaltung werden Ströme aufgeteilt (Abb. ④). Die Summe aus den einzelnen Teilströmen ergibt also den Gesamtstrom. Die anliegende Spannung ist überall die gleiche.

$$I_g = I_1 + I_2 + I_3 + \ldots \qquad U_g = U_1 = U_2 = U_3 = \ldots$$

Berechnung des Gesamtwiderstandes:

$$\frac{1}{R_g} = \frac{1}{R_1} + \frac{1}{R_2} + \frac{1}{R_3} + \ldots$$

Beispiel:

$$\frac{1}{R_g} = \frac{1}{R_1} + \frac{1}{R_2} + \frac{1}{R_3} = \frac{1}{150\,\Omega} + \frac{1}{300\,\Omega} + \frac{1}{150\,\Omega}$$

$$\frac{1}{R_g} = \frac{5}{300\,\Omega} = \frac{1}{60\,\Omega} \Rightarrow \mathbf{R_g = 60\,\Omega}$$

Mit dem ohmschen Gesetz lassen sich nun die Teilströme und der Gesamtstrom der Schaltung berechnen.

$I_g = \dfrac{U_g}{R_g} = \dfrac{4,5\,V}{60\,\Omega} = \mathbf{0,075\,A}$

$I_1 = \dfrac{U_1}{R_1} = \dfrac{4,5\,V}{150\,\Omega} = \mathbf{0,030\,A}$

$I_2 = \dfrac{U_2}{R_2} = \dfrac{4,5\,V}{300\,\Omega} = \mathbf{0,015\,A}$

$I_3 = \dfrac{U_3}{R_3} = \dfrac{4,5\,V}{150\,\Omega} = \mathbf{0,030\,A}$

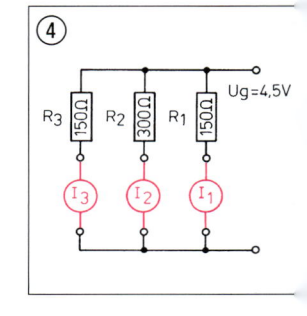

Farbcode für Widerstände

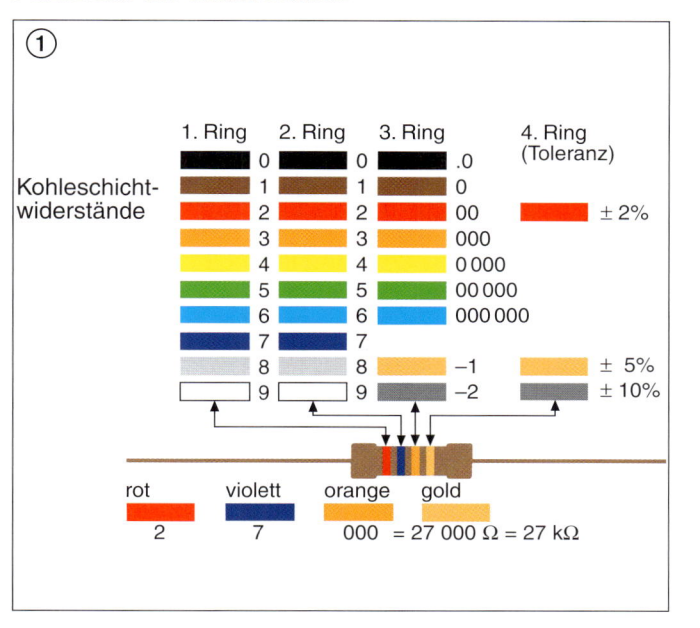

① Kohleschichtwiderstände

	1. Ring	2. Ring	3. Ring	4. Ring (Toleranz)
schwarz	0	0	.0	
braun	1	1	0	
rot	2	2	00	± 2%
orange	3	3	000	
gelb	4	4	0 000	
grün	5	5	00 000	
blau	6	6	000 000	
violett	7	7		
grau	8	8	−1	± 5%
weiß	9	9	−2	± 10%

Beispiel: rot – violett – orange – gold
2 – 7 – 000 = 27 000 Ω = 27 kΩ

Leistung von Widerständen

Wird ein Widerstand in einer Schaltung zu heiß, ist seine Leistungsfähigkeit (Watt) zu prüfen. Dazu wird der anliegende Spannungswert (V) mit der Höhe des durch den Widerstand fließenden Stromes (A) multipliziert. **P(W) = U(V) · I(A)**

Der Widerstand muss mindestens diesen Leistungswert P(W) aufweisen.

Also wird ein Widerstand außer durch seinen ohmschen Wert auch durch seinen Leistungswert bestimmt. Die untenstehenden Umrisse von Widerständen (Abb. ②) entsprechen der tatsächlichen Größe der Widerstände in Abhängigkeit von ihrer Leistung (Maßstab 1 : 1).

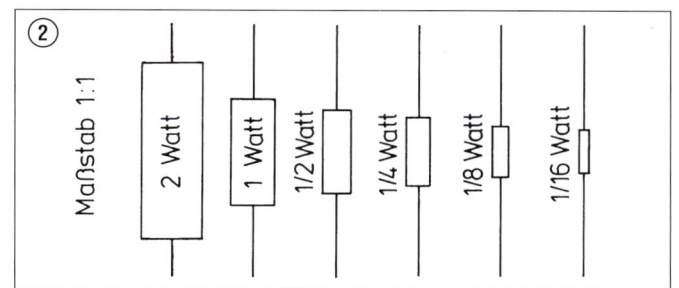

② Maßstab 1:1 — 2 Watt, 1 Watt, 1/2 Watt, 1/4 Watt, 1/8 Watt, 1/16 Watt

③ Widerstände — IEC-Reihen E 6, E 12 und E 24

E 6	1,0				1,5				2,2				3,3				4,7				6,8			
E 12	**1,0**		**1,2**		**1,5**		**1,8**		**2,2**		**2,7**		**3,3**		**3,9**		**4,7**		**5,6**		**6,8**		**8,2**	
E 24	1,0	1,1	1,2	1,3	1,5	1,6	1,8	2,0	2,2	2,4	2,7	3,0	3,3	3,6	3,9	4,3	4,7	5,1	5,6	6,2	6,8	7,5	8,2	9,1

Formeln

Formeln	Zeichen	Größen	Maßeinheiten
Energie, Arbeit – mechanisch $W = F \cdot s$ – elektrisch $W = U \cdot I \cdot t$	W	Arbeit/Energie – mechanisch Arbeit/Energie – elektrisch Arbeit/Energie – thermisch	Nm (Newtonmeter) Ws (Wattsekunde) J (Joule)
Leistung – mechanisch $P = \dfrac{F \cdot s}{t}$ – elektrisch $P = U \cdot I$ $P = \dfrac{U^2}{R}$	P	Leistung – mechanisch Leistung – elektrisch	$\dfrac{Nm}{s} \left(\dfrac{Newtonmeter}{Sekunde}\right)$ W Watt
Ohmsches Gesetz $I = \dfrac{U}{R}$; $R = \dfrac{U}{I}$; $U = R \cdot I$	F s t I U R	Kraft Weg Zeit Stromstärke Spannung Widerstand	N (Newton) m (Meter) s (Sekunde) A (Ampere) V (Volt) Ω (Ohm)

Schaltzeichen/Symbole

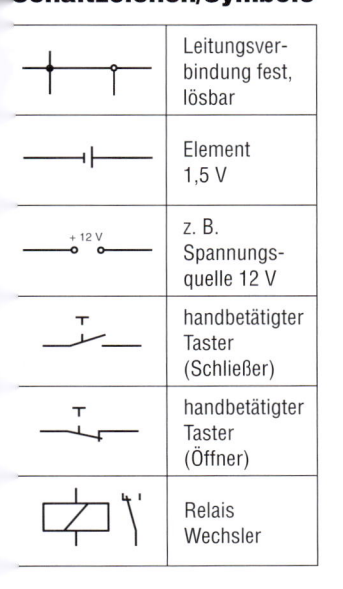

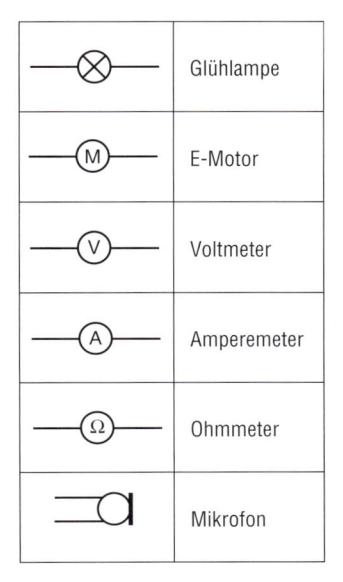

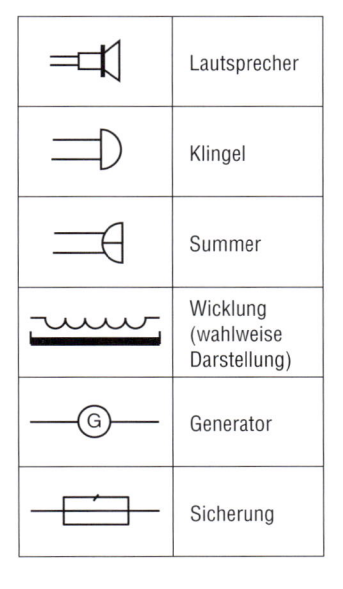

Symbol	Bedeutung	Symbol	Bedeutung	Symbol	Bedeutung	Symbol	Bedeutung
	Leitungsverbindung fest, lösbar		Glühlampe		Lautsprecher		Erde
	Element 1,5 V		E-Motor		Klingel		Widerstand
	z. B. Spannungsquelle 12 V		Voltmeter		Summer		Halbleiter-Diode
	handbetätigter Taster (Schließer)		Amperemeter		Wicklung (wahlweise Darstellung)		Z-Diode
	handbetätigter Taster (Öffner)		Ohmmeter		Generator		Leuchtdiode LED
	Relais Wechsler		Mikrofon		Sicherung		Solarzelle

163

Sachwortverzeichnis

A
abisolieren 153
Abisolierzange 153
abkanten 106
Abreißniet 130
AC 160
ACA 160
ACV 160
Akku 143
Alarmanlage 149
Aluminium 119
Amboss 128
Ampere 60, 147
Ändern der Stoffeigenschaften 115
angetriebenes Rad 140
Anker 65, 151
anlassen 129
Anlassfarben 129
Anlasstemperatur 129
anreißen 104
Anschlag 125
Anschlussklemme 152
antreibendes Rad 138
Antrieb 54, 133, 137
Antriebskraft 140
Antriebsrad 138
Arbeiten im Team 6
Arbeiten, sicheres 68
Arbeitsgang 113
Arbeitsgänge 11
Arbeitsplatz, Ordnung am 68
Arbeitsplatzeinrichtung 30, 34
Arbeitsregeln beim Bohren 95
Arbeitsteil 133
Arbeitsteilung 113
archimedische Schraube 44, 141
Aufgaben 73
ausglühen 128
Ausschnitt 86
Außengewinde 83, 127
automatisierte Fertigung 112

B
Bananenstecker 152
Bandschleifmaschine 94
Batterieklemme 152
Batterieladegerät 62
Baukastensystem 134
Bausatz 134
Baustahl 40, 118
Befestigung von E-Motoren 136
Beleuchtung 58
Bemaßung 87
Bemaßungsfunktion 87
beschichten 115
Bewertung 7, 10, 14, 15, 40, 54, 156
Bewertung des Prozesses 158
Bewertung von Produkten 158
Bewertung von Schülerleistungen 156
Bewertung, Kriterien zur 156, 158
Bewertungsbogen 159
Bewertungskriterien 10
Bezugskante 104
biegen 106
Biegezone 106
Bilderhalter 22
Blechschere 122
Blindniete 130
Blindnietzange 130
bohren 95, 105, 125
bohren in Kunststoff 105
Bohrer 95
Bohrmaschine 125
Bohrschablone 100
Bohrtiefe 125
Bohrtiefeneinstellung 125
Bohrzulage 95
brechen von Kunststoffen 105
breite Volllinie 79
Bremseinrichtung 67
Bürste 151

C
CAD-Fenster 86
Celluloid 20
Computer 77
Computer, Zeichnen mit dem 77

D
Darstellung in 2 Ansichten 80
Darstellung in 3 Ansichten 81
Dauerlötspitze 131, 153
Dauermagnet 148, 151
DC 160
DCA 160
DCV 160
Dekupiersäge 93
Demontage 64
Diode 147
Draufsicht 80, 87
Drehkraft 138
Drehrichtung 138
Drehzahl 125
Drehzahltabelle 125
Dreitafelbild 82
Druckpumpe 141
Druckschalter 145
Dübel 100
Dübelhilfe 100
Dübellehre 100
dübeln 100
Dübelung 100
Duroplaste 102

E
E-Motor, Befestigung 136
Eigenschaften von Kunststoffen 21
Einsatz des Messgerätes 162
Einschnittgewindebohrer 127
einspannen 126
Einzelfertigung 111
Eisenerz 38
Elastomere 102
elektrische Leistung des E-Motors 67
elektrischer Widerstand 146
Elektromagnet 144, 145, 148
Elektromotor 64,137, 144, 151
Elektrotechnik 58
entgraten 105
entwerfen 74

Erkundung 7, 32, 47
Erste-Hilfe-Schrank 69
Esse 128
Experiment 61, 73
Expertenbefragung 7
Explosionszeichnung 75
extrudieren 108
Extrusionsblasen 108

F
Fang 85
Fangpunkte 85
Farbcode für Widerstände 163
Farbcode, internationaler 146
Faust 128
Federstahl 118
Feile 124
feilen 105, 123
Feilenhieb 124
Feilkloben 126
Feinminenstift 76
Fertigung 29, 55
Fertigung, automatisiert 112
Fertigung, industriell 25
Fertigungsablauf 11, 14, 17, 23, 34, 37, 113
Fertigungsarten 111
Fertigungsplan 11, 14, 25, 41, 43
Fertigungsverfahren 26, 114
Fertigungszeichnung 80
Fertigungszeichnung mit 2 Ansichten 75
Festmeter 89
feuerfeste Unterlage 131,
Feuerlöscher 69
Flachbatterie 143
Flachglocken 145
Fließfertigung 112
Flügelmutter 135
Flussdiagramm 113
Flussmittel 131
Folienschweißgerät 107
Förderleistung 57
Form 116
Formeln 163
Formkasten 116
Formpuder 116
Formsand 116
Forstnerbohrer 95
Forstwirtschaft 89
fügen 115
funkentstört 70
Furnierplatte 91

G
galvanisches Element 143
Gasflasche 72
Gebrauchsanforderungen 8
Gebrauchseigenschaften 24
Gefahrensymbole 72
Gefahrstoffe 72
Gefahrstoffverordnung 72
Gehäuse 54
Gehrungssäge 92
Gehrungsschneidlade 92
geprüfte Sicherheit 70
Gerade 86
Gesperre 139
Gestell 133, 136
Getriebe 133, 139, 141
Getriebe, mehrstufig 139, 140

getriebenes Rad 138
Gewinde 83, 127
Gewindebohrersatz 127
gießen 116, 117
Gießkelle 116
Gießmaterial 117
Gießtemperatur 117
Gleichstrommotor 65, 151
Glühfarbe 128
Glühlampe 60, 144
Glühofen 71
Grat 126
grundieren 132
Grundierung 101

H
Halbzeuge 118, 134
härten 129
Härtetemperatur 129
hartlöten 131
Hebelblechschere 122
Heißluftpistole 106
Heizstab 106
Hilfen 6
Hochofen 38
Hölzer 90
Holzleim 98
Holzschrauben 96
Holzspiralbohrer 95
Holzstäube 72
Holzverbindung 100
Holzwerkstoffe 91
Hyatt 20

I
Ideal-Lochschere 122
IEC-Norm 146
industrielle Fertigung 35
Informationen ordnen 48
Innengewinde 83,127
internationaler Farbcode 146

K
kalandieren 108
Karteikasten 8, 10
Kegelradgetriebe 138
Kegelzahnrad 138
Keramikstrahler 106
Kerzenständer 39
Kettengetriebe 139
Kippschalter 145
Klatte, Fritz 20
kleben 107, 131, 136
Klebeverbindung 136
Kleidung, zweckmäßige 68
Knapperschere 122
Kohle-Zink-Element 143
Kolbenpumpe 141
Kollektor 65
Kolophonium 153
Kompass 147
Konstantan 146
Konstantandraht 106
Konstruktionshilfslinie 82
kontern 137
Koordinate 86
Körner 125
Körnung 125
Körperkante 79
Korrosion 132
Kraft 58
Kreis 87
Kreiselpumpe 53, 57, 142
Kreisschablone 76

164

Kreuzhiebfeile 124
Kriterien zur Bewertung 156, 158
Krokodilklemme 152
Kronenmutter 137
Kunststoff 110
Kunststoff, bohren in 105
Kunststoff, Sägen von 104
Kunststoffabfall 109, 110
Kunststoffe 18, 20, 102
Kunststoffe, Eigenschaften von 21
Kunststoffkleber 107
Kunststofflager 136
Kunststoffmüll 110
Kunststoffschweißtechnik 107
Kupfer 119
Kupferlackdraht 145
Kupferspitze 131
Kuvert 33

L
lackieren 101, 132
Lager 136
Lasthebemagnet 150
LED 147
legierter Stahl 119
Leim 98
leimen 98, 99
Leimverbindung 98
Leimzwinge 99
Leistung von Widerständen 163
Leiter 146
Leitfähigkeit 145
Leuchtdiode 147
Licht 58
Linienart 87
Linienbreite 79
Lochblechschere 123
lösbare Verbindung 115
Lösungsmittel 72
Lot, Schmelztemperatur 131
Lotblechschere 122, 123
löten 131, 153
Lötkolben 131, 153
Lötöse 152
Lötspitze 131
Lötstation 153
Lötverbindung 153
Lötzinn 131
Lüsterklemme 152

M
Magnet 147
Magnetfeld 147
Magnetschnellbahn 150
Magnetventil 150
Maschine 44, 133, 134
Maschinenführerschein 69
Maschinengewindebohrer 127
Maschinenschraubstock 95, 125, 126
Maßbegrenzung, Schrägstriche zur 79
Maßeinheiten 163
Massenfertigung 111
Maßhilfslinie 79
Maßlinie 79
Maßpfeile 79
Maßzahlen 79
mehrstufige Getriebe 139, Getriebe 140

Membran 142
Membranpumpe 142
Menüleiste 77
messen 120, 160, 162
messen, Spannungen 161
messen, Ströme 161
messen, Widerstände 161
Messgerät 160
Messgerät, Einsatz des 162
Messing 119
Messinglot 131
Messschieber 120
Metall 118
Metallbohrer 125
Metallbügelsäge 121
Metallgießen 116
Metallsägeblatt 121
Mikrotaster 145
Milli-Ampere 147
Mini-Taster 145
Modell 65, 116
Monozelle 143
Multimeter 160
Münzhalter 22
Mutter 135
Mutter, selbstsichernd 137

N
nageln 17
NC-Akku 143
Netzgerät 143
nicht lösbare Verbindung 115
Nichtleiter 146
Nickel-Cadmium-Akku 144
Nistkasten 8, 15
Nonius 121
Norm 78
Normteile 54
Not-Aus 69
Notengebung 156
Nullpunkt 86

O
Oberflächenbehandlung 101, 132
ohmsches Gesetz 162
Ordnung am Arbeitsplatz 68
Oxidschicht 132

P
Papierfabrik 35
Parallelschaltung 154, 155
Patina 132
PE 103
Pinsel 101
Plaketten 36
planen 47
planfeilen 123
Planung 6, 10, 15, 23, 24, 41
PMMA 103
Pol 151
Polyethylen 103
Polymethylmethacrylat 103
Polystyrol 103
Polyurethanharz 103
Polyvinylchlorid 103
Präsentation 50, 51
pressen 99, 135
Profilhölzer 91
Projekt 46, 47
Prototyp 112
prüfen 162
Prüfzeichen 70

PS 103
PU 103
Puksäge 121
Pumpe 52, 53
Pumpenanlage 44
PVC 103

R
Rad, angetrieben 140
Rad, antreibend 138
Rad, getrieben 138
Rad, treibendes 140
Raster 85, 86
Rasterpunkte 85
Raummeter 89
Rechteck 86
Regeln zum Sägen 92
Regenwassernutzung 46
Reibradgetriebe 139
Reihenschaltung 154, 155
Reinzinn 116
Relais 149
Riemengetriebe 139
ritzen und brechen von Kunststoffen 105
Rotor 54, 65

S
Sägeblatt 93
sägen 92, 93, 104, 121
sägen von Kunststoff 104
Salzstreuer 9
Sandgussverfahren 36, 116
Saugpumpe 141
Schaduf 141
Schaltdraht 145
Schalter 61
Schaltlitze 145
Schaltplan 60
Schaltskizze 75
Schaltzeichen 144, 145, 163
schäumen 108
scheren 105, 122
Schiebeschalter 145
schleifen 94
Schleifpapier 101
Schlichtfeile 124
Schlüsselanhänger 22
schmale Volllinie 79
Schmelztemperatur des Lots 131
Schmiedehammer 128
schmieden 128
Schmiedetemperatur 128
schmieren 136
Schnecke 138
Schneckengetriebe 138
Schnitt 82
Schnittebene 82
schraffiert 82
Schraffur 79
Schrägbild 75
Schrägstriche zur Maßbegrenzung 79
Schränkung 92
Schraube, archimedische 44, 141
Schrauben 40, 96, 97, 135
schrauben 96
Schraubendreher 39, 41
Schraubendreherklinge
Schraubenschlüssel 39, 42, 43
Schraubverbindung 97, 130, 135

Schraubzwinge 99
Schriftfeld 78
Schruppfeile 124
Schülerleistung, Bewertung 156
Schutzbacken 104, 121, 123
Schutzhinweise 70
schutzisoliert 70
Schutzkleidung 68
Schutzkleinspannungsbereich 70
Schutzwiderstand 146, 147
schweißen 107
Schwingschleifer 94
Sechskantkopf 135
Sechskantmutter 135
Seilwinde 139
Seitenansicht 80
Selbsthalteschaltung 149
selbstsichernde Mutter 137
senken 126
Senker 126
Senkkopfschraube 135
Serienfertigung 26, 37, 111
sicheres Arbeiten 68
Sicherheit 69
Sicherheit am Glühofen 71
Sicherheit beim Umgang mit Gasbrennern 71
Sicherheit beim Warmumformen 71
Sicherheit beim Weichlöten 71
Sicherheitshinweise 70
Sicherheitszeichen 68
sichern 137
Silberlot 131
Skizze 74
Solarladegerät 60
Solarmodul 62
Solarmotor 61, 144
Solarzelle 60, 61, 143
SOMA-Würfel 28
Spannung 60
Spannungen messen 161
Spannzeuge 99
sperren 138
Sperrklinkengetriebe 139
Spiralbohrer 125
Stahl 118
Stahl, legiert 119
stecken 135
Stecker 152
Stellring 137
Steuerung 133
stiften 99
Stirnradgetriebe 138
Stirnzahnräder 138
Stoffeigenschaften ändern 115
Strichlinie 79
Strichpunktlinie 79
Strom 58
Ströme messen 161
Stromkreis 60, 61
Stromquelle 60, 143
Stückliste 75
Styropor 107
Styroporschneidegerät 107
Summer 145
Symbole 163
Symmetrieachse 79

T
Taster 145

165

Team 68
Technikunterricht, Ziele des 156
technische Zeichnung 74
Telefonbuchse 152
Tellerschleifmaschine 94
Thermoplaste 102
Tiefenmaß 120
tiefziehen 106
Tiefziehvorrichtung 106
Tischlerplatte 91
treiben 128
treibendes Rad 140
Treibhammer 128
Treibklotz 128
Trennen 114
trennen 122
Trennmittel 116
Typenschild 70

U
Übersetzung 140
Übersetzung ins Langsame 140
Übersetzungsverhältnis 140
Umformen 114
Umgang mit elektrischen Geräten 70
Umgang mit Maschinen 69
Umwelt 109, 110
Umweltschutz 7
Universal-Blechschere 122
Unterlage, feuerfeste 131
Unterlegscheibe 135
Urformen 114

V
verbinden 107, 130
Verbinden von elektrischen Bauteilen 152
Verbindung, lösbare 115
Verbindung, nicht lösbare 115
Verbraucher 60
versäubern 105
verschrauben 135
Versuchsschaltung 152
Vielfachmessgerät 160
Vollholz 90
Volllinie, breite 79
Volllinie, schmale 79
vorbohren 97
Vorderansicht 80
Vorrichtung 106
Vorrichtungsbau 34

W
Wachs 101
wachsen 101
Wald 88
Wärme 58
Wärmequelle 106
Warmumformen 23, 71
Wasserhebemaschine 141
Wasserschöpfrad 44, 141
Wasserschöpfwerk 141
weichlöten 131
Weißleim 98
Welle 136
Welle mit Gewindeenden 135
Werkstattfertigung 112
Werkzeuge 40
Werkzeugstahl 40, 119, 129
Widerstand 163

Widerstand, elektrischer 146
Widerstände 146
Widerstände in Reihe geschaltet 162
Widerstände messen 161
Widerstände parallel geschaltet 162
Widerstände, Farbcode von 163
Widerstände, Leistung von 163
Widerstandswert 146, 162
Windeisen 127

Z
Zahnradgetriebe 138, 140
Zahnradpumpe 142
Zahnstangengetriebe 138
Zaponlack 132
Zeichendreieck 76
Zeichenfläche 85, 86
Zeichengeräte 76
Zeichenplatte 76
Zeichenprogramm 77, 84
Zeichenwerkzeug 77
Zeichnen mit dem Computer 77
Zeichnung 74, 84
Ziehklinge 101
Ziele des Technikunterrichts 156
Zierzinn 116
Zifferblatt 24
Zimmerspringbrunnen 57
Zinn 116
Zirkel 76
Zugmittelgetriebe 139
Zusammenstellzeichnung 75
zweckmäßige Kleidung 68
Zweikomponentenkleber 131
Zwinge 99
Zwischenrad 138
Zylinderschraube 135

Quellenverzeichnis

Fotos:
Reiner Erlewein, Harald Heinisch, Jürgen Henzler, Siegfried Henzler, Günther Krapp, Kurt Leins, Wolfgang Meidel, Herbert Schlegel.

Arbeitsgemeinschaft Holz, Düsseldorf/BIBB, Berlin, S. 89, 90
Autobar Packing Germany, Ravensburg, S. 18
BASF AG, Ludwigshafen, S. 18, 103, 109
Battenfeld Maschinen Meinerzhagen, S. 108
Bayer AG, Leverkusen, S. 103, 108
Beck Holzspielzeug, Hülben, S. 32
Beratungsstelle für Stahlverwendung, Düsseldorf, S. 38, 118
Blessing Briefumschlagerzeugnisse, Pfullingen, S. 35
Bundesanstalt für Arbeit, S. 157
Bundesforschungsanstalt für Forst- und Holzwirtschaft, Hamburg, S. 88
Conrad-Electronic, Hirschau, S. 61, 62
Dietz Verlag, S. 44
DOW Deutschland, Rheinmünster, S. 103
Foto Maier Furtwangen, S. 113
Haller SM-Technik, Schlierbach, S. 65, 66
Hoechst AG, Frankfurt, S. 20
IG Metall, Frankfurt a. M., S. 112
Illig Maschinenbau, Heilbronn, S. 26
Kienzle Uhren Schwenningen, S. 111, 113
Kienzle, Villingen-Schwenningen, S. 113
Krupp-Kautex Maschinenbau, Bonn, S. 108
Maier Sportbekleidung, Köngen, S. 26
MAX-Computer GmbH, Schömberg, S. 77, 84 ff.
Röhm GmbH, Darmstadt, S. 103
Rowohlt-Verlag, Reinbek, S. 44
Rübezahl Schokoladen, Dettingen/Teck, S. 26
RWE Entsorgung, Essen, S. 109
Sigloch-Verlag, S. 44
Technische Werke Stuttgart, S. 88
Thomas und Thomas Fotostudio, Heidesheim, S. 108
UHU GmbH Bühl, S. 35
Verband der Kunststofferzeugenden Industrie, Frankfurt, S. 18, 20, 108, 109, 110
Versuchs- und Planungsgesellschaft für Magnetbahnsysteme, München, S. 150
Wilkening, Fritz: Unterrichtsverfahren im Lernbereich Arbeit und Technik, S. 73
Winkler und Dünnebier Maschinenfabrik, Neuwied, S. 35
Zweckverband Landeswasserversorgung Stuttgart, S. 44

Grafiken:
comSet Helmut Ploß, Hamburg

Der Dank der Autoren und des Verlages gilt allen Personen, Firmen und Institutionen, die Bildmaterial und Informationen zur Verfügung gestellt, oder die Autoren bei der Aufnahme von Fotos unterstützt und beraten haben.